CARL AUER

D1931313

Manager*ie*

2. Jahrbuch

Systemisches Denken und Handeln im Management

Herausgeber:

Peter-W. Gester
Barbara Heitger
Christof Schmitz

1993

Über alle Rechte der deutschen Ausgabe verfügen Carl-Auer-Systeme
Verlag und Verlagsbuchhandlung GmbH, Heidelberg
Fotomechanische Wiedergabe nur mit Genehmigung des Verlages
DTP-Management: Peter-W. Gester
Satz und Diagramme: Melonie Drißner, Dipl. Grafik-Designerin
Umschlagentwurf: Cyan, Heidelberg
Gesamtherstellung: Druckerei Zimmermann, Balve
Printed in Germany 1993
ISBN 3-927809-26-8

Erste Auflage, Juli 1993

Die Deutsche Bibliothek- CIP-Einheitsaufnahme

Managerie : ...Jahrbuch für systemisches Denken und Handeln
im Management. - Heidelberg : Auer
Erscheint jährlich. - Aufnahme nach 1 (1992)
ISSN 0942-4121
1 (1992) -

INHALTSVERZEICHNIS

Systemisch angewandt . . .

Über das Unternehmen hinaus . . .

VORWORT DER HERAUSGEBER

„Systemisches Denken und Handeln *hält* Einzug ins Management", so hieß es im Vorwort der Manager*ie* 1 des vergangenen Jahres.

Jetzt, etwas mehr als ein Jahr nachdem das erste Jahrbuch erschienen ist, können wir ohne Übertreibung im Vorwort der 2. Ausgabe der Manager*ie* sagen: „Systemisches Denken und Handeln *hat* Einzug ins Management *gehalten*".

Natürlich glauben wir als Herausgeber keineswegs, daß die Manager*ie* diesen Einzug systemischen Denkens und Handelns ins Management hervorgebracht hat. Das wäre ein Rückfall in den Glauben an linear zu steuernde Prozesse. Statt dessen wird deutlich, daß, wo es einen Weg gibt, auch der Fuß vorhanden ist, der diesen beschreitet.

Der ersten Ausgabe der Manager*ie* war und ist ein großer Erfolg beschieden. Die vielen positiven Rückmeldungen, die den Autoren und Herausgebern zuteil wurden, zeigen

- das nachhaltige Interesse, mit dem systemische Ideen und Konzepte im Management aufgenommen und verfolgt werden,
- die ansteigende Zahl der Publikationen zu diesem Themenkomplex,
- die Vielzahl der „neuen" Autoren, die wir zu diesem Jahrbuch gewinnen konnten, und die Zahl der Autoren, die uns schon jetzt Beiträge zum nächsten, dem 3. Jahrbuch einsenden, und
- die zunehmende Zahl der Artikel, die sich mit der praktischen Umsetzung systemischer Konzepte in den unterschiedlichsten Unternehmen und Anwendungsbereichen beschäftigen.

Waren uns die meisten Autoren des ersten Jahrbuchs noch persönlich – aus mehr oder weniger „geheimen systemischen Logen" bekannt - die wir direkt auf einen Beitrag angesprochen hatten (in bestimmten „speak easies" systemischer Zusammenkünfte, zum Beispiel dem Heidelberger Kongreß 1991 „Das Ende der großen Entwürfe und das Blühen der systemischen Praxis" oder auf dem hiesigen Forum „Management open" sowie dem Kongreß „Die Wirklichkeit des Konstruktivismus", etc.), so setzen sich die Beiträge dieses Jahrbuches aus einem Autorenkreis zusammen, der nicht von den Herausgebern zusammengestellt wurde, sondern der sich aufgrund einer Initialzündung der Manager*ie* 1 im wesentlichen als Feedback aus der Leserschaft selbst ergab. Aus unserer Sicht ein „Indiz" für das (gut systemisch gesprochen) selbstorganisierte Interesse, auf das diese Konzepte treffen.

Natürlich belegen auch die Beiträge dieses Jahrbuchs gerade in ihrer Unterschiedlichkeit, daß es bisher keine einheitliche Sichtweise von Theorie und Praxis systemischer Konzepte im Anwendungsbereich Management gibt; im Gegenteil, die Verschiedenheit der Beiträge trägt dem systemischen Credo „Vielfalt statt Einfalt" Rechnung und belegt, daß wir aus einem Feld dynamischer, offener Entwicklungen berichten.

Um die Breite und Vielfalt systemischer Denkansätze im Management zu gliedern, haben wir dieses Jahrbuch unter folgenden Kategorien zusammengefaßt:

- ***Theoretische Zumutungen***
- ***Lernende Organisationen***
- ***Systemisch angewandt***
- ***Über das Unternehmen hinaus***

Nochmals ein Wort zu unserer Grundidee für dieses Jahrbuch. Wir möchten mit diesem Forum

- wichtige Ideen und Erfahrungen aus dem Bereich des Managements und der Beratung komplexer Systeme publik machen und damit
- die Diskussion neuer, konstruktiver Ideen und Entwicklungen in diesem gesellschaftlich immer bedeutsamer werdenden Bereich ermöglichen, um den systemischen Diskurs voranzutreiben.

Manager*ie* richtet sich an Manager, Berater, Wissenschaftler und all jene, die Interesse haben und Anteil nehmen an neuen Entwicklungen im Management und der Steuerung komplexer Systeme.

Manager*ie* erscheint jährlich und soll eine kontinuierliche Beobachtung dieses Feldes ermöglichen.

Einen Abriß der einzelnen Beiträge des Jahrbuchs finden Sie in dem folgenden Kapitel „Abstracts".

Sollten Sie durch dieses 2. Jahrbuch der Manager*ie* so angeregt werden, daß Sie Lust und Ideen entwickeln, einen Beitrag für ein weiteres Jahrbuch zu schreiben, freuen wir uns über Ihre Manuskripte z. Hd. der Carl-Auer-Systeme, Kußmaulstr. 10, 69120 Heidelberg, Tel.: 06221/40 64 12 und FAX 06221/40 64 22. Für die äußere Gestaltung Ihres Beitrages senden wir Ihnen gerne ein Stilmerkblatt zu.

Peter-W. Gester, Barbara Heitger, Christof Schmitz,
Heidelberg, Wien, Zürich im August 1993

P.S.: Wenn wir an dieser Stelle noch einen Wunsch äußern würden, würden wir uns für weitere Jahrbücher auch Beiträge zu Feldern systemischen Politik-, Parteien- und Kirchenmanagements wünschen.

ABSTRACTS

DIE UNSICHTBARE HAND IN ORGANISATIONEN

Ein Beitrag zur systemischen Managementphilosophie

Hans Rudi Fischer

reflektiert die aktuelle Kritik an Managern und dem Management und führt sie auf grundlegende Aporien der traditionellen Managementmethoden zurück. Das Scheitern der modernen Managementmethoden führt er auf den Glauben an eine triviale Logik zurück, die für das Begreifen sozialer Organisationen inadäquat ist. Demnach ist jede Ordnung in einem System entweder von sich aus da oder von einem Ordnungsgeber, einem Manager angeordnet. Neben erkenntnistheoretischen Überlegungen zur Wirklichkeit des Managements verdeutlicht Fischer dabei, daß in sozialen Systemen eine „dritte Kraft" am Werke ist, eine „unsichtbare Hand", die hierarchisch nicht in den Griff zu bekommen ist, die eine intelligente Ordnung schafft, die niemand beabsichtig hat. Mit der Anerkennung, daß es solche „Phänomene der dritten Art" gibt, stellt sich die Frage, ob und wie diese virtuelle Intelligenz sozialer Systeme kultiviert und verwirklicht werden kann.

SYSTEMLOGIK UND KONTEXTUELLE EINBINDUNG DER ÖKONOMIE IN HOCHDIFFERENZIERTEN GESELLSCHAFTEN

Helmut Willke

Der Artikel stellt die Frage nach der Möglichkeit der Beeinflussung, das heißt der kontextuellen Einbindung, einer Ökonomie, welche sich im Gefolge der hochgetriebenen funktionalen Differenzierung moderner Gesellschaften zu einem operativ geschlossenen Funktionssystem ausgebildet hat. Die Operationslogik der Ökonomie wird anhand der Abfolge der „Leitfaktoren" Land, Arbeit und schließlich Kapital analysiert und zugleich als historisch kontingent dargestellt. Besonders betont wird die gegenwärtig zu beobachtende Überlagerung der Logik des Kapitals durch die Logik des Wissens, welche mit der Wissensabhängigkeit moderner Produktions- und Unternehmensformen einhergeht und möglicherweise eine Transformation der Logik der Ökonomie bewirkt. Diese Veränderung der Systemlogik der Wirtschaft macht eine gesellschaftliche Einbindung der Ökonomie zugleich wichtiger und schwieriger.

UNTERNEHMENSENTWICKLUNG ALS LERNPROZEß: ROBUSTE SCHRITTE ZUR LERNENDEN ORGANISATION WAGEN

Thomas Sattelberger

beschreibt in seinem Artikel Konzepte „Unternehmensentwicklung als Lernprozeß". Die lernende Organisation sucht die unterschiedlichen Welten der Strategie, Struktur- und Kulturentwicklung – Intuition und Ratio, Chaos und Ordnung, Geist und Handlung, Macht und Sinngebung, Arbeit und Lernen, Entwicklung und Stabilität, Personal und Persönlichkeit, Individuum und Organisation, Vision und Realität – zu überbrücken und zu verknüpfen.

In sechs Thesen entwickelt er, ausgehend von unterschiedlichen Anwendungs- und Erfahrungsfeldern, einen umfassenden Strategie- und Konzeptrahmen zum Verständnis lernder Organisationen.

... ÜBER DEN STAB BRECHEN

Die Zukunft interner Dienstleister

Barbara Heitger, Christof Schmitz, Betty Zucker

Ausgehend von Porters Konzept der Wertschöpfungskette beleuchten Heitger, Schmitz und Zucker in ihrem Artikel die häufig antagonistischen Beziehungen zwischen Stabs- und Linienfunktionen sowie das klassische Rollen- und Funktionenverständnis von internen Dienstleistern im Unternehmen. Im Anschluß beschreiben sie Trends und Neuorientierung von unternehmensinternen Dienstleistungsfunktionen. Abschließend skizzieren sie ein Modell der Abkehr vom Expertentum in Fachabteilungen, hin zum flexiblen Wissensmanagement in Netzwerkstrukturen, als Beitrag zur „lernenden Organisation".

PROZESSE UND FÄHIGKEITEN IM UNTERNEHMEN

Christof Schmitz

Dieser Beitrag diskutiert auf der Basis systemischer Überlegungen einige Leitlinien in den derzeitigen Unternehmensentwicklungen. Dabei werden drei Dimensionen näher beleuchtet: *Leistungsprozesse, Prozeßfähigkeiten* und *dezentrale Strukturen.* Prozesse und Strukturen sind relativ bekannte *Denkwerkzeuge* unternehmerischer Veränderungen, wenngleich die Radikalität ihrer Anwendungen neue Einsichten und Unternehmenswelten hervorbringt. Prozeßfähigkeiten bilden eine neue Kategorie zur strategischen Ausrichtung von Unternehmen. Unternehmensentwicklungen dieser Art sind konsequenzenreich für Management und interne Veränderungsspezialisten.

LEAN-MANAGEMENT

Die „Erfindung" des systemischen Managements vor seiner theoretischen Entdeckung

Heinz Metzen

versucht in diesem Beitrag den Nachweis, daß das Erfolgsgeheimnis des laut MIT-Studie die zweite industrielle Revolution einläutenden *Lean*-Managements in dessen systemischer Praxis begründet liegt. Seine These stützt sich auf die erste umfassende Modellierung der Führungsstruktur von *Lean*-Management, an der er persönlich beteiligt war. Die Dekodierung des *leanen* Geheimcodes gelang nach mehreren Anläufen mit Hilfe des Modells lebensfähiger Systeme von Stafford Beer.

Das mehrschichtige Elementarmodell des *Lean*-Management wird in – angesichts der Komplexität und Interdisziplinarität von Wirtschaftsorganisationen – knappen Auszügen wiedergegeben. Um die Differenz zwischen dem abstrakten Modell und der *leanen* Wirklichkeit zu verdeutlichen, werden in die Modelldarstellung vier unterschiedliche Definitionsversuche eingestreut. Zudem liefert der Autor Hilfestellungen zum Denken in Modellen.

Bereits an der Komplexität des Regelungsmodells wird deutlich, daß *Lean*-Management – wie alle hochkomplexen soziotechnischen Systeme – niemals durch einen Kernbegriff charakterisiert werden kann (als da sind: *Kaizen*, Gruppenarbeit, Netzwerkintegration, Qualität etc). Trotzdem gestattet die vorgestellte Führungsstruktur aus Leitgedanken, Arbeits-/Organisationsprinzipien, Grundstrategien sowie Techniken und Werkzeugen einen qualitativ neuartigen Umgang mit *Lean*-Management: Für die praktische Aneignung *leaner* Kompetenz liefert das Modell die Möglichkeit zur bewußteren Reflexion der eigentätigen Entwicklung – für Individuen, Gruppen und Betriebe. Den vor der „Verschlankung" stehenden Unternehmen ermöglicht es so das Vorausdenken des Wandlungsbedarfs.

NOTIZEN AUS DER SCHULE DER KOMPLEXITÄT

François U. Escher

sieht in der Möglichkeit, daß Unternehmen früher oder später sich intensiv mit der Frage nach ihrer eigenen Systemwirklichkeit auseinandersetzen werden, das tiefstgreifende Veränderungspotential betriebswirtschaftlicher Logik der Zukunft und zugleich auch die größte Herausforderung an die Unternehmen: Wie werden sie eines Tages die Unterscheidung zwischen Zweckrationalität und Systemrationalität machen und konsequent als Ausgangslage ihres Handelns reflektieren können? Gegenüber den Anforderungen komplexer Systeme scheint das durch das Unternehmen abgesteckte Feld der Lernmöglichkeiten vergleichsmäßig eng bemessen. Deshalb spielt sich eine zunehmende Verlagerung solcher neuen Möglichkeiten des Lernens hinter dem Change-Management ab. Mit der Folge allerdings, daß Change-Management dann nicht mehr den Ausnahmezustand darstellt, sondern den einzig mit Systemverhalten kompatiblen Normalzustand.

GANZHEITLICHES DESIGN VON INFORMATIONSSTRATEGIEN

Lutz B. Reuter

Moderne weltweit vernetzte Datenverarbeitung bietet Anfang der 90er Jahre eigentlich eine ideale Möglichkeit, integrative abteilungs- und länderübergreifende Arbeitsabläufe in vor allem großen Unternehmen zu entwickeln. Das praktisch unbegrenzte Produktivpotential der Informatik wird aber erfahrungsgemäß eher dazu eingesetzt, herkömmliche Arbeitsprozesse mit ihren hierarchischen und machtpolitischen Implikationen festzuschreiben und künstlich komplex zu halten.

Der Artikel bringt eine Reihe von Anregungen, wie man die Informatikstrategien als einen Teil eines mehr ganzheitlichen, integrativen Unternehmensansatzes verwenden kann. Wenn man von den durchaus neuartigen visuellen Methoden absieht, sind die vorgeschlagenen Designelemente (wie die Beteiligung der Mitarbeiter an der Design- und Einführungsphase) in sich nicht revolutionierend. Alle zusammen schaffen jedoch ein Anspruchsniveau, das heute nur ganz selten erreicht wird. Wir sind bestenfalls auf dem Wege zu ganzheitlicher Unternehmensplanung, in der die Informationsstrategien eine immer wichtigere Rolle spielen werden.

PROZESS-MARKETING

– oder: Das Ende des Marketing-Mix?!

Othmar Sutrich

Das klassische Marketing-Paradigma „Der Mix" als Handlungsrahmen hat weitgehend ausgedient. Nur Unternehmen, die ihre dynamischen Umwelten als ihr Lebenssystem betrachten und Marketing als Austausch der ganzen Organisation mit seinem Lebenssystem, haben langfristig eine Chance. Dieser Perspektivenwechsel vom Instrumentenkasten zum Prozeß verlangt und produziert neues Denken und neue Denkwerkzeuge. Der Artikel vergleicht das Mix-Modell mit dem Ansatz des Prozeßmarketing, führt einige in der Marketingsprache unübliche Begriffe ein und beschreibt, wie die Prozeßperspektive andere, nützliche Bilder von Markt und Organisation stimuliert. Die fünf Basistechniken des Prozeßmarketing werden vorgestellt und zum Abschluß ein Modell zur praktischen Einführung des neuen Ansatzes.

PARADOXIEN IN NONPROFIT-ORGANISATIONEN

Ruth Simsa und Michael Patak

In diesem Beitrag werden anhand von fünf Thesen spezifische Charakteristika und Spannungsfelder von politisch-sozialen Nonprofit-Organisationen dargestellt und deren Auswirkungen auf die Steuerbarkeit dieser Organisationen analysiert. Die Autoren kommen zu dem Schluß, daß diese Spannungsfelder zwar oft Probleme erzeugen, daß in ihnen allerdings auch viel an Potential steckt. Es handelt sich weitgehend um notwendige Widersprüche, die nicht gänzlich aufgelöst werden dürfen, die allerdings an Manager und Berater spezifische, vom Profitbereich zu unterscheidende Anforderungen stellen.

PANEM ET CIRCENCES

Algorithmen und Denkzeuge in der systemischen Gesprächsführung

Peter-W. Gester

reflektiert in seinem Beitrag ausgehend von Wittgensteins Idee des Sprachspiels und den Analogien des Schach- und Tennisspiels den Umgang mit kritischen und festgefahrenen Kommunikationsmustern. Er beschreibt als vor- und nachbereitenden Algorithmus eine Analysemethode zur Dekonstruktion einzelner Sprechakte und zur Entwicklung unterschiedlichster Antwortalternativen. Hierdurch werden Gespräche, wie in einem Schach- oder Tennisspiel, zu einem flexiblen strategischen Stoff, den ein Sprecher durch unterschiedlichste Hochrechnungsszenarien gestalten kann.

PRODUKTE – IHRE SEELE UND IHRE WIDERSPRÜCHE

Gerhard Schwarz

Beim Versuch, Konflikte in Organisationen zu bearbeiten, sind wir einer Gesetzmäßigkeit auf die Spur gekommen: Die Konflikte (die notwendigen, nicht die Pannen) resultieren aus Aporien in den Produkten, die von den Organisationen erzeugt oder vertrieben werden. Produkte sind soweit erfolgreich, soweit sie Antworten auf die widersprüchlichen Grundfragen des Menschen darstellen. Der Mensch möchte sich für die Zukunft absichern und dort die Freiheit des Handelns (in Risiko) nicht verlieren. Eine Versicherung liefert ihm beides: Durch den Risikoausgleich wird Absicherung trotz Handlungsfreiheit erreicht. Innerhalb der Versicherungsgesellschaft gibt es aber nun den Konflikt zwischen dem Außendienst, der die Freiheit des Handelns durch ein Versprechen der Unglücksvermeidung erreicht, und dem Apparat der Gesellschaft, die den Risikoausgleich organisiert.

Erkennt man die (widersprüchliche) „Seele" in den Produkten, kann man auch Konflikte bearbeiten und eine Identität nach außen gewinnen.

ORDER THROUGH FLUCTUATION – DAS GEHEIMNIS DES JAPANISCHEN ERFOLGS

Frank-Jürgen Richter

schildert in seinem Beitrag die Gründe für den Erfolg japanischer Unternehmen. Management nach japanischer Art ist ganzheitlich ausgerichtet und orientiert sich daran, „Fluktuationen" auszulösen. Fluktuationen lösen die Unternehmen aus ihrem „Normalzustand" und bedeuten Chance und Risiko zugleich, neues Wissen zu erlernen sowie bestehendes Wissen zu verlernen. Der Autor beschreibt und diskutiert einige der zentralen Gestaltungselemente, die zur Entwicklung von Fluktuationen in Unternehmen führen und gibt dazu Impulse zu einer neuen (japanischen) Sicht von Management.

Theoretische Zumutungen . . .

DIE UNSICHTBARE HAND IN ORGANISATIONEN
Ein Beitrag zur systemischen Managementphilosophie

Einführende Zumutung

„Krisis“ verkünden die Diagnostiker des Zeitgeistes unisono als Signatur der Gegenwart. Am Ende unseres Jahrhunderts zeichnet sich in vielen Wissensbereichen ein Ende der großen Entwürfe ab: Großangelegte Theorieentwürfe mit ihren Ansprüchen auf objektive Erkenntnis, auf orts- und zeitübergreifende rationale Erklärungen, auf die Steuer- und Planbarkeit von technischen und sozialen Prozessen sowie auf umfassende Sinngebung brechen zusammen. Noch nie wurde die Beschränktheit menschlichen Herrschaftswissens so offenbar wie in den letzten Jahrzehnten, noch nie gab es so viele falsche Prognosen, noch nie lugte das Chaos deutlicher durchs Netz der Ordnung hindurch wie heute.

In allen gesellschaftlichen Bereichen (Wissenschaft, Politik, Organisationen etc.) beginnen sich die Grenzen unserer Erkenntnis immer deutlicher zu konturieren, die Allmachtsphantasie von der Beherrschbarkeit der Welt mit Hilfe der Mathematik bzw. ihrer modernen Inkarnation: der Technik, Descartes' Traum, scheint endgültig ausgeträumt.

Inzwischen ist dieser krisenhafte Prozeß beinahe zu einem permanenten Zustand geworden, der abendländischen Vernunft tun sich nicht nur ständig neue Abgründe von Unwissenheit auf, nein, auch ihr Lieblingskind, die vermeintlich zeitlose Wahrheit, erweist sich zusehends doch als Tochter der Zeit. Das, was wir heute für wahr halten, muß vielleicht schon morgen als falsch entsorgt werden. Was heute Herrschaft garantiert, ist womöglich die Ursache für eine Knechtschaft von morgen. Unser Denken unterliegt also einem eher im Prinzipiellen zu lokalisierenden Wandel.

Wenn wir vor diesem Hintergrund, in dem sich grundsätzliche Glaubensgewißheiten als erschüttert zeigen, auf das Subsystem Wirtschaft schauen, so zeigt sich dort das gleiche Phänomen. Hinter der zur Zeit im Vordergrund stehenden aktuellen ökonomischen Facette des Ganzen („Rezession") offenbart sich eine Grundlagenkrise des Managements. Die Kritik richtet sich nun nicht auf die theoretischen Grundlagen, die Methoden und Handlungsstrategien des Managements, sondern – wie könnte es anders sein – auf die Repräsentanten dieses Denkgebäudes: die Manager. Ganz gleich ob es sich um Politiker, Gewerkschafts- oder Industriebosse handelt, immer häufiger geraten sie ins Kreuzfeuer öffentlicher Kritik.

Das traditionelle Bild vom Manager wird zunehmend desavouiert. Noch vor wenigen Jahren wurden sie von den Schranzen der öffentlichen Meinung als

Helden, als Sieger, als Champions hoffiert. Nun droht den Hochgelobten der Absturz: Aus den Helden von Gestern sind die „Nieten in Nadelstreifen“ (Ogger) von heute geworden.

Wie konnte es zu dieser Metamorphose kommen, woran liegt das, und wie ist das zu verstehen? Worin liegen die Grundlagen des modernen Managements mit seinen Methoden?

Es ist interessant zu sehen, daß sich in dieser immer lauter werdenden Kritik eine für das moderne Management zentrale Denkfigur wiederholt, die den Mythos vom Manager erschaffen und lange Zeit aufrechterhalten hat. Ich möchte es vorweg auf eine simple Formel bringen: Hinter jeder Wirkung steht eine Ursache, hinter jeder Organisation ein Organisator, hinter jeder Ordnung einer, der diese Ordnung geschaffen hat, oder kurz: hinter jeder Tat steht ein dafür verantwortlicher Täter. Gerät die Tat ins Zwielicht, so fällt ein Schatten logischerweise auf den Täter. Im wirtschaftlichen Bereich sind die Übeltäter gleich dingfest gemacht, man hat – charakteristisch für die Wortmagie der Moderne, für das Erzeugen von Ordnung, sprich Erkenntnis durch Verwortung – einen Namen für sie gefunden: Manager. Von der Systemlogik her ist dies völlig stimmig, denn auch die guten „Taten“, sprich schwarze, hochkarätige Zahlen, wurden demgemäß auf Täter zurückgeführt, nur haben sich in der Vergangenheit leider die „schlechten Taten“ überproportional vermehrt, so daß entsprechend auch die Anzahl von Versagern zunehmen muß.

Ich möchte im folgenden die Illusion aufzeigen, die es in der Vergangenheit ermöglichte, daß den Managern viele Erfolge zugeschrieben wurden, für die sie gar nichts konnten, die sie sich aber dennoch – entsprechend der systeminternen Logik – als Erfolg ans Revers hefteten. In der gegenwärtigen Debatte wird daraus eine Entlastung der Manager, denn ebenso wie sie nicht für jeden Erfolg des Unternehmens verantwortlich sind, sind sie auch nicht für jeden Mißerfolg, der ihnen ad personam zugeschrieben wird, verantwortlich. Hier möchte ich zeigen, daß soziale Systeme wie Organisationen einen Bereich darstellen, in dem ein hohes Maß an Ordnung, ein hohes Maß ein Zweckhaftigkeit sozusagen durch eine „unsichtbare Hand“ entsteht, also ohne daß eine Hand, ein Manager diese Ordnung plant und erzeugt. Es ist dies der Bereich der „Phänomene der dritten Art“, auf den ich eingehen möchte und der sehr deutlich die Grenzen der traditionellen Managementtheorie markiert.

Dem Beobachter, der sich nach einer Erklärung für die gegenwärtige Krise fragt, zeigt sich das Problem auf zwei Ebenen, einmal auf einer „objektiven“, nämlich dem Scheitern einer Theorie, die das Entstehen von Ordnung erklären und das daraus abzuleitende Handlungswissen liefern soll, und zum anderen auf der subjektiven, der Seite der „Täter“, die nun „Opfer“ einer falschen Theorie geworden sind, deren Rollen nicht mehr passen und deren Methoden nicht mehr viabel sind. Die hier zu stellende Frage läßt sich daher so präzisieren: Warum versagen die herkömmlichen Managementmethoden, und warum macht sich dieses Versagen an den Subjekten fest, die für diese Methoden stehen, den Managern? Mir wird es im folgenden neben der Beantwortung dieser beiden Fragen auch um einige Konsequenzen systemischen Reflektierens für die Managementphilosophie der Zukunft gehen. Wenn ich im folgenden Zusammenhang von „Erzählung" spreche, so möchte ich mich auf die Konzeption von Lyotard (1986) beziehen, der unter „großen Erzählungen" die fundamentalen Leitideen einer Epoche versteht und davon ausgeht, daß es sich dabei um eine Form *narrativen Wissens* handelt, die überliefern, was für wahr gehalten wird, einerseits also Anschluß an die Tradition hält und andererseits auch nach vorne gerichtet ist, indem sie sagen, was die Zukunft bringen wird. Solche Erzählungen haben das Ziel, Denkformen, Institutionen, soziale und politische Praktiken etc. zu legitimieren. Der Konsens im Glauben an solche großen Erzählungen offenbart sich bei näherem Hinsehen nicht mehr als gerechtfertigt wahres Wissen im traditionellen Sinn, sondern solche Geschichten sichern auf pragmatischer Ebene das soziale Band zwischen den Individuen (d. i. Gesellschaft), indem sie den Stoff liefern, aus dem gemeinsame Wirklichkeiten gewebt werden. Es geht mir also um die Leitideen des modernen Managements und die damit korrespondierenden Wirklichkeiten.[1]

Die große Erzählung des Mangements oder die Wirklichkeit des Managers

„Hüten wir uns, zu denken, daß die Welt ein lebendiges Wesen sei ... Hüten wir uns davor, zu glauben, daß das All eine Maschine sei; es ist gewiß nicht auf ein Ziel konstruiert, wir tun ihm mit dem Wort ‚Maschine' eine viel zu hohe Ehre an."
F. Nietzsche, Fröhliche Wissenschaft

... Es war einmal ein Manager, der seine Karriere durch und durch vorausgeplant, seinen Weg an die Konzernspitze vorausberechnet hatte. Er hatte tatsächlich sein Ziel erreicht, seine Vision wurde Wirklichkeit. Das Leben schien exakt determinierbar und nach erkennbaren Gesetzen abzulaufen. Lange Zeit galt er als höchst erfolgreich, bis er mit einem Mal, für ihn selbst unverständlich, ins Kreuzfeuer der öffentlichen Kritik geriet. Nun blies ihm der Wind ins Gesicht, und man versuchte, ihn für den schlechten Zustand des Unternehmens – was sich bekanntlich darin zeigt, daß Zahlen plötzlich rot gesehen werden – verantwortlich zu machen. Dabei hatte er nur das getan, was er die ganze Zeit zuvor getan hatte, nämlich das, was er gelernt hatte und gut konnte: die richtigen Entscheidungen zu treffen. Nun wurden plötzlich viele Fehlentscheidungen ausfindig gemacht, die er getroffen habe.

Aus dem ehemaligen Helden und Sieger wurde eine öffentliche Niete. Aus dem visionären Manager, dem Seher, wurde nun ein zweifelnder, in die persönliche Krise geratener, ein revisionärer Manager, der sich ohne Nadelstreifen in die Obhut eines Beraters begab. Sein systemischer Coach durchschaute das Problem des Managers bereits in der ersten Sitzung: Unfähigkeit mit Zufall, Kontingenz, also mit Unberechenbarkeit umzugehen, und riet ihm, sozusagen als Selbsterfahrungsübung, daß das Leben sich nicht vorausberechnen lasse, bis zum nächsten Gespräch einmal Lotterie zu spielen. Der Manager weigerte sich zunächst, die Aufgabe anzunehmen, weil er sagte, daß das, was er bisher gemacht habe, nämlich managen, das Gegenteil von dem sei, was er nun tun solle: Lotteriespielen. Der Coach präzisierte daraufhin seine Aufgabenstellung und verlangte von ihm, daß er gewinnen müsse. Hier fühlte sich der Manager, ein Experte des „Muß", wieder angesprochen und akzeptierte die Aufgabenstellung.

Beim zweiten Gespräch, vier Wochen später[2], berichtet der Manager hocherfreut seinem Coach, er sei wieder auf Erfolgskurs gekommen, er habe doch tatsächlich in der Lotterie gewonnen. Der systemische Coach fragte, wie er das geschafft habe. Der Manager antwortete: „Ich habe meine Sekretärin nach Ihrem Geburtsdatum gefragt, sie ist am 8. Oktober geboren, habe mir die 8 gemerkt und habe dann das Geburtsdatum meines Assistenten genommen, er ist am 9. November geboren, habe die 9 zur 8 hinzuaddiert und habe dann auf die Summe, nämlich 16 gesetzt, und die ist dann tatsächlich auch gekommen." Der verblüffte Coach antwortete: „Aber 9 plus 8 ergibt doch *nicht* 16!" Worauf der erfolgreiche Manager antwortete: „Was, *ich* habe den Haupttreffer gewonnen, und *Sie* wollen mich belehren?"

Unser Manager tut hier das, was alle tun, die „managen", nämlich möglichst plausible Geschichten zu erzählen, die erklären sollen, warum der gegenwärtige Erfolg zustande kam. Die für soziale Systeme zentrale Kategorie „Sinn" wird im nachhinein narrativ eingeführt bzw. vermittelt, um an der Schnittstelle zwischen Vergangenheit und Zukunft, der Gegenwart, Legitimation zu liefern.

Aus dieser „wahren" kleinen Geschichte läßt sich die große Erzählung des modernen Managements rekonstruieren. Was tut ein Manager? Er plant, koordiniert, organisiert und kontrolliert, so etwa eine traditionelle Beschreibung seines Tätigkeitsfeldes. All diese Aktivitäten lassen sich auf eine reduzieren: das Errechnen einer Wirklichkeit, um, wie in obiger Geschichte, aus einem Lotteriespiel ein erfolgreiches Unternehmen zu machen, oder anders gesagt: um den Sumpf des Irrationalen, Unberechenbaren, Zufälligen trokkenzulegen in ein von Logik, Rationalität und Notwendigkeit beherrschtes Ackerland. Das Ziel, das der Manager in diesem Rechenprozeß anstrebt, ist Wissen. Im Hintergrund dieses Wissensbegriffs steht die Idee vom Wissen als Macht.

Die moderne Managementtheorie steht ganz in der Tradition dieses Wissensbegriffs. Der Manager, der an der Spitze eines Unternehmens steht, wird als die zentrale Instanz verstanden, bei der alles Wissen, alle Information zusammenläuft, um so die Grundlage für ein durch und durch zweckrationales Handeln zu bilden. Dabei ist nichts für den Manager bedrohlicher als Unberechenbarkeit oder Chaos, weil zweckrationales (auf ein *telos*, ein Ziel gerichtetes) Handeln komplexe Wirklichkeit vereinfacht und die Welt dadurch zu einer geordneten, berechenbaren *macht*. Nach dem neuzeitlichen Motto „Wissen ist Macht" denkt sich die moderne Managementtheorie den Führer eines Unternehmens am Ruder eines unternehmerischen Schiffes. Er hat die vollkommene *Kontrolle* über das Schiff und entscheidet über den Kurs. Hinter allen Tätigkeiten wie Führung, Organisation, Planung, Koordination etc. steht die Idee der *zielbezogenen Einflußnahme*.

Alle „management bys" sind letztlich Versuche, zielbezogen Einfluß zu nehmen. Das heißt nichts anderes, als daß der Wirklichkeitsbereich, in dem der Manager handelt, verhärtet wird, sprich: er denkt und handelt als Homo faber, als Techniker im weitesten Sinn. Die Welt, die Wirklichkeit wird der geheiligten Herrschaft (Hierarchie) des Subjektes über das Objekt unterworfen. Dabei wird kein grundsätzlicher Unterschied zwischen lebenden und nichtlebenden Objekten (Systemen) gemacht. Vor dieser Vernunft sind alle „Objekte" gleich. Für den (Management)-Techniker ist die Welt daher als ein Objekt, eine Maschine begreifbar, die beherrscht, gesteuert werden muß und kann. Hier realisiert sich die *instrumentelle* Form der Vernunft, die Zweck-Mittel-Relationen zur Verfügung stellt, um eine zweckgerichtete Ordnung zu erreichen. Dieser Ansatz wird natürlich auch auf die Führung von Mitarbeitern übertragen, es gilt die sich aus der hierarchischen Position ergebende Maxime: Führung von oben nach unten. Die Angemessenheit von Verfahren, von Instrumenten, orientiert sich dabei einzig und allein an vorgegebenen Zielen/Zwecken, die Ziele selbst werden nicht reflektiert.[3]

Heinz von Foerster (1993: 246) hat in diesem Zusammenhang eine treffliche Unterscheidung eingeführt, die geeignet ist, das Thema auf den Punkt zu bringen. Es ist der Unterschied zwischen trivialen und nichttrivialen Maschinen.

Bild einer Trivialmaschine

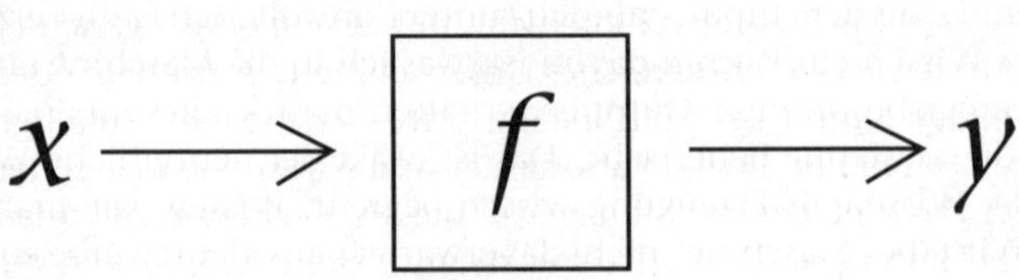

Eine triviale Maschine (TM) ist dadurch gekennzeichnet, daß gleiche Inputs immer zu gleichen Outputs führen. Werfe ich ein *x*, etwa ein Markstück, in den Cola-Automat, erhalte ich immer als output ein *y*, eine Dose Cola. Dabei läßt sich der Input *x* als *Ursache* für den Output *y* begreifen. Die Trivialität dieser Maschine besteht darin, daß sie nur endlich viele Zustände kennt und man nur die Eingangssymbole (Input) den Ausgangssymbolen (Output) gegenüberstellen muß, um eine Tabelle zu erstellen, in der alle Möglichkeiten des Systems erfaßt sind. Eine solche Maschine ist streng deterministisch, das Wissen, das sie liefert, besteht in einer „harten" bzw. notwendigen *Beziehung* zwischen Input und Output. Sie produziert also auch nichts Neues und ist insofern auch nicht kreativ.

Wir haben hier also ein System vor uns, das aufgrund der Unveränderlichkeit des „inneren" Zustandes voraussagbar und von der Vergangenheit unabhängig ist. Der Vorteil dieser Maschinen ist ihre Zuverlässigkeit, sie funktionieren berechenbar, solange sie nicht kaputt sind.

Die Idee der Trivialmaschine läßt sich auf eine ihr zugrundeliegende Logik reduzieren, es ist dies die Logik des Homo faber, die Logik des Managers, der die Welt als berechenbare Maschine begreift. Im folgenden Schema, das ich in Anlehnung an Heinz von Foersters Modell formuliert habe, wird die innere Logik deutlich, die dem Wissensbegriff des Managers zugrundeliegt.

Schema einer Trivialmaschine

***x* (Input)**	***f* (System)**	***y* (Output)**
steuerbare Variable	Funktion	abhängige Variable
Ursache	Naturgesetz	Wirkung
Reiz	Zentralnervensystem	Reaktion
Motivierung/Befehl	Mitarbeiter	Handlung/Leistung
Mittel	Organismus/System	Zweck

Diese Rationalität des Managements ist im Kern Logik pur, denn nur hier gilt das Gesetz der Notwendigkeit (Eindeutigkeit): Immer wenn *x*, dann *y*, das heißt, auf *x* folgt logisch notwendig *y*. Oder anders formuliert: Mit der Erkenntnis über den logisch notwendigen Zusammenhang zwischen *y*, dem Output, und *x*, als dem Input, habe ich *f* unter Kontrolle, ich kann *y* erzeugen. Wenn das Wissen ein Wissen davon ist, was ich in die Maschine eingeben muß, um einen bestimmten Output zu erhalten, dann ist dies ein Wissen, mit dem ich die Maschine beherrsche. Das ist exakt der neuzeitliche Wissensbegriff, der Wissen als Erzeugungswissen begreift, Wissen, wie man etwas erzeugt. Wirft die „Maschine" nicht das erwartet *y* aus, dann wurde entweder nicht *x* eingegeben oder sie ist defekt, tertium non datur (ein Drittes gibt es nicht)! Die herschende Logik wird also niemals in Frage gestellt. Es versteht sich beinahe von selbst, daß das Organisationsprinzip solcher „Maschinen" hierarchisch ist.

Diese Vorherrschaft der Vernunft über die Natur, die Objekte, die „Maschinen" hat vor über 200 Jahren Immanuel Kant so formuliert, daß die Vernunft der Natur die Gesetze vorschreibe. Dahinter steckt die Idee, das erkennende Subjekt zwinge der Natur, der Welt seine Ordnung förmlich auf.[4] Diese hierarchische Denkfigur wiederholt sich im Bild des modernen Managers, der seinem System, seinem Unternehmen, das Gesetz vorschreibt und dergestalt Ordnung erzeugt. Chaos wird so zum negativen Gegenstück von Ordnung, als Ausdruck von Kontingenz, Nichtberechenbarkeit oder Unsicherheit. Im Chaos äußert sich ein *Mangel an Kontrolle*.

Das zur Autonomie des „Gesetzgebers", des Steuermannes, komplementäre Prinzip auf der Seite der Welt, der Maschine, ist Heteronomie (Fremdbestimmung), Steuerbarkeit. Das charakteristische Merkmal solch trivialer Maschinen muß demnach Gehorsam sein, so haben wir Herren und Knechte, Herrscher und Beherrschte. Sie tun das, was man von ihnen verlangt, sie „hören" (gehorchen) auf Knopfdrücke, Eingaben, Anreize, kurz: auf „Befehle". Die so zustandekommende Ordnung kommt sozusagen per *Anordnung* zustande. Der Manager, der als Techniker im Geiste der Moderne denkt und handelt, bezieht sich auf das logische Fundament der Trivialmaschine. *Innerhalb* dieser Logik gibt es *Notwendigkeit*, denn unter der Voraussetzung, daß diese Maschine nicht kaputt oder krank ist, *muß* sie auf die Eingabe von *x eindeutig* mit einem *bestimmten y* reagieren, alles andere ist *logisch* ausgeschlossen.[5] Der moderne Manager, wenn ich zwecks Verdeutlichung hier einmal idealtypisch übertreibe, ist in diesem Sinne eine *Experte des Muß*, als Steuermann (d.i. griech. *cybernetes*) des unternehmerischen Schiffes ist er Anwalt der Sicherheit, der Berechenbarkeit, der Eindeutigkeit. Das ist der Versuch einer durchgängigen Rationalisierung, also der Vernunft mit dieser Logik die absolute Herrschaft in die Hand zu geben.

Nun können wir die Leitideen, die die große Erzählung des modernen Managements ausmachen, in einer Art Kurzgeschichte zusammenfassen.

Es gibt Erkenntnis im Sinne von „objektivem Wissen":

1. Mythos des Gegebenen: „Fakten" über die Wirklichkeit innerhalb und außerhalb (Umwelt) des Unternehmens sind gegeben.

Es gibt hierarchische Steuerbarkeit bzw. Kontrolle:

2. Mythos von der Kontrolle (von oben nach unten) des Schiffes (des Unternehmens, seiner Mitarbeiter), die Idee einer kausalen Einflußnahme auf die Fakten („nackten Tatsachen"),

Es gibt die Möglichkeit ein-eindeutiger Rationalität:

3. Mythos von der *rationalen* Steuerung des Schiffes zwecks zielbezogener (finaler) Einflußnahme: guter Input führt zu gutem Output.

Diese Leitideen lassen sich komprimieren in der einen, daß das Management für den Erfolg oder Mißerfolg des Unternehmens verantwortlich ist. Ich möchte es auf die Formel bringen:

Alles was ziel*gerichtet* ist, muß auch ziel*intendiert* sein.

Das ist in nuce die Idee: Jede Tat hat einen Täter, hinter jedem Zweck steckt eine Absicht, hinter jeder Ordnung eine ordnende Hand, hinter jeder Schöpfung ein Schöpfer.

Ich möchte im folgenden die aufgezeigten Mythen dekonstruieren, das heißt, ich will zeigen, daß sie in der genannten Weise nicht mehr funktionieren. Zunächst will ich das Pferd vom Schwanze her aufzäumen und den Holzweg verdeutlichen, der im Glauben an die Möglichkeit umfassend rationaler Steuerung (Mythos 3) besteht.

Mandevilles Paradox oder Die Aporien des modernen Managements

„Laissez-faire, laissez-passer, le monde va de lui-même!"
Formel der franz. Physiokraten des 18. Jhds.

Titanische Logik oder Das Ende der Eindeutigkeit

Die traditionellen Theorien des Managements entpuppen sich zusehends als den tatsächlichen Phänomenen völlig unangemessen, die daraus abgeleiteten Methoden erweisen sich als unfruchtbar wie eine gottgeweihte Jungfrau. Woran liegt das? Ich kann hier keine einfachen – und schon gar keine letztgültigen – Antworten verkünden, statt dessen möchte ich einige Anregungen oder Irritationen zur weiteren Reflexion formulieren.

Der Untergang der als unsinkbar geltenden Titanic ist nicht nur beredtes Symbol für das Scheitern des Fortschrittglaubens der Moderne im 20. Jahrhundert, sondern auch für den Glauben an die totale Gültigkeit der Logik der Trivialmaschine. Ich habe diese Logik als kognitives Werkzeug im Logbuch des modernen Technikers, des Managers, ausfindig gemacht. Diese Vorstellung vom Manager ist in der Figur des Titanen Prometheus, der der Sage nach den Menschen das Feuer brachte und dafür von den Göttern bestraft wurde, mythologisch beschrieben: Prometheus ist ein Vorausdenkender, ein Vorauswissender, und dieses „im voraus wissen“ (griech. *prometheomai*)[6] zeigt sich darin, daß *unfehlbare* Schlüsse gezogen werden, Fehlbarkeit, Zufälle, Kontingenz sind dabei kategorisch ausgeschlossen. Nun kann ja nicht bezweifelt werden, daß die Anwendung dieser Logik in den vergangenen Jahrhunderten gewisse Erfolge hatte und nach wie vor hat. Dennoch können wir die Augen nicht mehr davon verschließen, daß die Welt, die Wirklichkeit ein Bereich ist, aus dem sich Kontingenz, das Teuflische schlechthin, nicht aussperren läßt. Bei näherem Hinsehen erweist sich die oben beschriebene Logik selbst als infiziert vom Satanischen, als Wiederkehr des Verdrängten, Ausgeschlossenen. Das Scheitern dieser Logik wird ganz deutlich augenfällig, wenn man sie auf „Maschinen“ anwendet, die sich im Fluß der Zeit verändern, also auf Lebewesen. Es scheint sich im Bereich der „lebenden Systeme“ ein kognitives Defizit aufzutun, nämlich daß wir nur *induktive*, auf Erfahrung beruhende Schlußfolgerungen machen können, und diese sind prinzipiell fehlbar. Damit aber haben wir kein wirklich sicheres Fundament, auf dem titanisches Wissen, sprich „Im-voraus-Wissen“, ruhen könnte.

Um das zu verdeutlichen, lassen Sie mich auf jenen erfolgreichen Manager unserer Geschichte zurückkommen.
Rechnet er richtig, wenn er die Gleichung aufstellt „9 + 8 = 16"? Rechnet er darüber hinaus richtig, wenn er seinen Erfolg in der Lotterie auf eine richtige Handlung, der eine richtige Rechnung zugrunde liegt, zurückführt? Die Mathematik ist hier so einfach, daß jeder von uns sofort erkennen wird: Die Rechnung ist falsch! Aber was machen wir mit dem „richtigen“ Ergebnis? Theorie und Praxis scheinen hier windschief aneinander vorbeizulaufen, ohne daß es der Betroffene merkt.[7]

Ist das nun einer der Fälle, wo Erfahrung dumm macht, oder ist die vom Manager unterstellte Folgerung nicht die, die wir alle machen: Wer Erfolg hat, hat auch die richtige Methode (von griech. *hodos*, d.h. „der Weg") zum Ziel angewendet? Auf welch hohem erkenntnistheoretischen Niveau hier gedacht wird, wird deutlich, wenn wir berücksichtigen, daß unter Medizinern eine analoge Wahrheit gilt: „Wer heilt, hat Recht!“[8] Aber mit rustikalem Bewußtsein kommen wir hier nicht weiter. Das ist eine Variante der oben beschriebenen trivialen Logik der Maschine, sozusagen im Umkehrschluß, ex post, wird gefolgert: Die Richtigkeit des Outputs (Konklusion) garantiert die Richtigkeit des Inputs (der Prämissen). Was passiert hierbei? Es werden die Regeln, die Logik des einen Spiels (Arithmetik) auf die eines anderen, davon prinzipiell verschiedenen (Lotterie) übertragen. Wobei der Bereich der Mathematik einer von absoluter Notwendigkeit, von Nicht-Kontingenz, von Nicht-Zufälligkeit ist und damit das Gegenteil von Lotterie. Dahinter steckt der Anspruch, alles, das Ganze aus einer bestimmten Logik heraus zu begreifen. Die Idee der Vollständigkeit führt aber auf den Holzweg, in die Aporie. Denn es stellt sich immer die Frage nach dem Ort, den das diese Logik verwendende Subjekt einnimmt: Ist es Teil des Spiels und damit der Logik des Spiels unterworfen, oder steht es dem Objekt in einem davon disjunkten Bereich, dem des Subjektes, gegenüber? Es geht also um Selbstbezüglichkeit.

Wir können das Problem schärfer fassen, wenn wir noch einmal den oben formulierten Gedanken aufgreifen, daß der Manager im Glauben an die übliche Subjekt-Objekt-Spaltung versucht, dem System (s)eine Ordnung einzuhauchen. Jetzt stellt sich die Frage, ob der Manager den Gesetzen, den Regeln seiner eigenen Schöpfung unterliegt oder nicht. Hier geraten wir in die Paradoxie der mittelalterlichen Kirchenphilosophie, die die Frage beantworten wollte, ob Gott den Gesetzen seiner Schöpfung unterliege oder nicht. Der Teufel wußte das auszunutzen und forderte Gott auf, einen Felsen zu schaffen, der so riesig war, daß Gott selbst ihn nicht aufheben kann. Löst Gott diese Aufgabe und erschafft den geforderten Fels, den er nicht heben kann, dann ist er nicht allmächtig und damit nicht Gott. Kann er den geschaffenen Fels heben, dann ist er unfähig, die teuflische Aufgabe zu erfüllen und ebenfalls nicht allmächtig. Was nun?

Unter der Maske der Paradoxie verbirgt sich der Teufel in der Logik. Sichtbar wird dabei immer, daß der Anspruch aufs Ganze, aufs Totum, wie das Wort sagt, totalitär und nicht einlösbar, nicht denkbar ist.

Welcher Logik gehorcht demnach der denkende und handelnde Mensch, der sich ja nach der Sokratischen Definition vom Tier dadurch unterscheidet, daß er auf sich selbst Bezug nehmen kann, also der Selbstreflexion als einer Form der Selbstbezüglichkeit fähig ist?

Vergegenwärtigen wir uns nochmal die im Management herrschende Trivialmaschinen-Logik der Anordnung, der Erzeugung von Ordnung durch Befehl und Gehorsam. Demgemäß ist es nicht verwunderlich, wenn beispielsweise ein *Hoechst*-Manager in einem Interview stolz kundgibt: „In meinem Bereich arbeiten 7000 Leute, davon hören 6999 auf ein einziges Kommando." (Gerken 1992: 478). Auf wen „hört" der verbleibende Eine, und wie versteht sich dieser, als triviale Maschine oder als deren Gegenteil? Wie störanfällig diese Logik ist, konnte man im vergangenen Jahr in Frankfurt häufig sehen. Es müßte ein wunderbares Gefühl sein, wenn so viele Trivialmaschinen zugleich gehorchten. Kommando und Trivialmaschine gehören also zusammen wie Schlüssel und Schloß. Am reinsten, quasi orthodox, hat sich diese Logik in Organisationen wie dem Militär gehalten, dort scheint die Welt noch in Ordnung.

Es ist von daher kein Wunder, daß in Zeiten der Unsicherheit, der Unordnung der Welt, der Märkte im Management wieder stärker auf die Rhetorik des Militärs zurückgegriffen wird und mit jenen Metaphern und Symbolen Wirklichkeiten erschaffen werden, die stabiler und geordneter scheinen. Aber stimmt denn diese Trivialisierung, diese Rechnung wirklich?

Was passiert, wenn in einem trivial verstandenen System den Befehlen des Befehlsgebers nicht „gehorcht" wird, wenn der Autonomie des Befehlsgebers mit Befehlsverweigerung begegnet wird? Das wäre die Einführung von Kontingenz in die Maschine, das wäre die Negation von Notwendigkeit, ein Zeichen von Leben, von Autonomie. Es ist von daher die logische Konsequenz, daß im Kriegsfalle ein solches Anzeichen von Leben mit der Negation, dem Tode bestraft werden muß. Getreu nach dem Motto: Was nicht sein darf, das nicht kann, denn die Logik, die dann „Moral" genannt wird, muß stimmen.

Nun kann sich das handelnde Subjekt nicht selbst als Trivialmaschine verstehen, denn es schreibt sich eine Autonomie zu, die es der Trivialmaschine gerade abspricht. Der Befehlsgeber handelt also als die Negation einer Trivialmaschine. Heinz von Foerster hat diese „Maschinen" – es geht bei diesem Maschinenbegriff nur um ein Organisationsprinzip – entsprechend auch Nicht-Trivialmaschinen genannt.

Bild einer Nicht-Trivialmaschine

Der zentrale Unterschied zur Trivialmaschine ist nun, daß Nicht-Trivialmaschinen selbstbezügliche, das heißt, hinsichtlich ihrer Zustandsveränderungen durch die zirkuläre Selbstorganisation bestimmte Maschinen sind, sie wirken also auf sich selbst zurück. Es läßt sich mathematisch zeigen – ich will hier darauf verzichten –, daß eine Trivialmaschine schon mit wenigen Möglichkeiten der internen Zustandsveränderung (Z) eine unendliche Menge von Möglichkeiten des Outputs hat. Das heißt, wenn wir als Input *x* eingeben und als Output *y* erhalten, so gilt dies nur für den Zeitpunkt t_1. Zum Zeitpunkt t_2 befindet sich das System in einem anderen Zustand, nämlich Z_2, so daß wir nicht mehr davon ausgehen können, daß das System auf die Eingabe von *x* wieder mit der Ausgabe von *y* reagiert. Solche Maschinen sind wahrhaft autonom, (*autos*, d.i. selbst, *nomos*, das Gesetz), sie agieren und reagieren nur nach den eigenen Gesetzen.

Nicht-Triviale Maschinen – darunter fallen lebende Systeme wie Menschen – sind also historische Maschinen, sie haben eine Geschichte und sind deshalb vergangenheitsabhängig. Ihr Nachteil ist zugleich auch ihr Vorzug: Sie sind *nicht berechenbar*. Solche Maschinen können launenhaft und unzuverlässig sein, aber sie haben den großen Vorteil, daß sie auch spontan und kreativ sein können, sie bringen Neues, Unerwartetes hervor und sind lernfähig.[9]

Was passiert, wenn die hierarchische Beziehung, in der die Autonomie des einen mit der Heteronomie des anderen beantwortet wird, durch eine nicht-hierarchische ersetzt wird, in der sich zwei autonome Wesen begegnen? Hier verwandelt sich die Hierarchie in Heterarchie (*heteros*, griech.: der andere und *archein*, griech.: herrschen, steuern), die Bestimmung des einen durch einen anderen in eine wechselseitige Beeinflussung. Ich habe diese Beziehung verschiedentlich an Eschers Bild „Zeichnende Hände" verdeutlicht. Der Kern dessen, worauf es mir ankommt, läßt sich in folgendem Bild darstellen.

Heterarchie als wechselseitige Steuerung

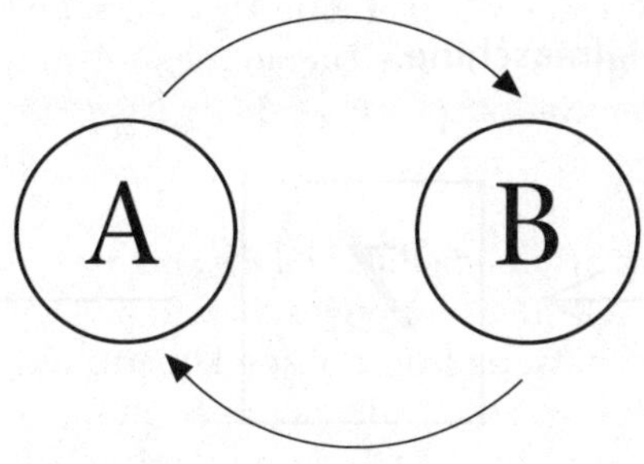

Wir haben hier eine Antinomie vor uns, die *produktiv* ist, denn es entsteht etwas Neues, ein dritter Bereich, der der Kommunikation und Interaktion. Das Tun des einen wird zum Tun des anderen, der Herr wird zum Knecht und umgekehrt – wie Hegel das einmal so schön formulierte. Damit aber ist die Logik der Trivialmaschine, der Selbstbezüglichkeit fremd ist, destruiert, das heißt, sie ist als *Logik der Beziehung* ungeeignet. Betrachten wir nun Hierarchie in Organisationen als Form der Beziehungsdefinition, so ist sie der Versuch, die menschlichen Beziehungen – die ja per se „im Fluß" sind – zu erstarren, zu verhärten, um Wandel auszuschließen und eine stabile Ordnung zu erzeugen und zu erhalten. Es läßt sich nach meiner Erfahrung mit Managementstrukturen die Formel aufstellen:

> Je mehr Hierarchie, desto mehr Kontrolle, je mehr Kontrolle, um so härter die Strukturen, je härter diese Strukturen, um so unflexibler das System.

Es gibt ein schönes Beispiel, das verdeutlicht, was passieren kann, wenn ein Managementsystem von Hierarchie auf Heterarchie umschalten muß. Heinz von Foerster (1993: 243) erzählt die Geschichte um die Seeschlacht im Zweiten Weltkrieg bei den Midway-Inseln, bei der die japanische Flotte die amerikanische zu vernichten drohte. Bereits in den ersten Minuten des Geschehens wurde das amerikanische Flaggschiff, auf dem die Admiralität saß, versenkt. Die Flotte mußte von Hierarchie auf Heterarchie, auf Selbstorganisation umschalten. So kam es, daß jeder Kapitän eines Einzelschiffes, ganz gleich ob groß oder klein, prinzipiell die Chance hatte, das Kommando über die gesamte Flotte zu übernehmen. Die Autorität des jeweiligen Kapitäns, die richtige Entscheidung zu treffen, erwuchs dabei aus dem Informationsstand, den er mit seinem Schiff aufgrund seiner Position im Schlachtgeschehen hatte. Bekanntlich ging die Schlacht zugunsten der Amerikaner aus.

Auch hier wird deutlich, daß in einem heterarchisch organisierten System jeder Manager auch gemanagt wird. Es geht dabei *nicht* um die Abschaffung jeglicher Hierarchie, sondern nur um die Abschaffung einer statischen und zeitlosen Hierarchie, die einen Wandel, eine Anpassung an gegebene Systemumwelten verhindert. Je flacher eine Hierarchie, um so mehr werden Autonomie und Selbstorganisationsprozesse, d.i. *wechselseitige* Steuerung und Kontrolle, zugelassen.

Heterarchie ist insofern als *funktionale und temporäre Hierarchie* begreifbar, deren Autorität nicht selbstlegitimierend ist wie bei der Hierarchie, sondern sich aufgrund von besserer Information konstituiert. Die funktionale Differenzierung sozialer Systeme, die zur Entstehung von Subsystemen führt, ist daher bereits ein Abrücken vom hierarchischen zum heterarchischen Organisationsprinzip, ein Umschalten von Organisation auf Selbstorganisation.

Damit können wir die oben beschriebene Leitidee des modernen Managements (Mythos 2) als gescheitert festhalten: Starre Hierarchie vernichtet Information, verhindert Kommunikation (vgl. Fischer 1992) und Selbststeuerung des Systems.

Vom Guten des Schlechten – zur Verteidigung der Manager

„Der Allerschlechteste sogar/Fürs Allgemeinwohl tätig war."
Mandeville, Bienenfabel
„Ein Teil von jener Kraft, die stets das Böse will und stets das Gute schafft."
Goethe, Faust

Ich habe oben versucht, die Managementlogik auf den Punkt zu bringen. Die Kritik, die allenthalben an unseren Managern geübt wird, steht ganz innerhalb dieser Denkfigur. Will man diese Logik moralisch formulieren, dann besagt sie: Schlechtes ist Resultat von schlechten Inputs (Handlungen), Gutes ist Resultat von guten Inputs (Handlungen): Der Erfolg heiligt die Mittel. Damit werden im nachhinein aus schlechten Wirkungen schlechte Ursachen. Ursachen werden ad personam zugeschrieben, und damit haben wir die Verantwortlichen (Schuldigen) für das Gute oder Schlechte gefunden. In dieser Logik scheint sich Rationalität pur zu zeigen. Wir erkennen diese Logik auch in der Argumentation unseres Lotterie spielenden Managers: Der Lottogewinn, das gewünschte, richtige Resultat macht die Rechnung zur richtigen.

Der 1670 geborene Bernard Mandeville, Philosoph und Arzt, macht auf eine grundlegende Paradoxie in sozialen Systemen aufmerksam. Mandeville berichtet uns vom „Guten des Schlechten" in sozialen Systemen und wird dadurch zu einem Vordenker der modernen Kybernetik. Die Paradoxie, die er in seiner Bienenfabel markiert, besteht darin, daß schlechte Taten gute Wirkungen haben können, ebenso wie umgekehrt. Mandeville formuliert provokativ: Gerade die Laster der Menschen seien es, die zum Wohl der Allgemeinheit führten. In diesem erhellenden Paradox werden die Motive *individuellen* Handelns von den *sozialen* bzw. kollektiven Wirkungen getrennt.

Der systemische Gedanke in Mandevilles Paradox liegt darin, daß der Bereich individuell absichtlichen Handelns (Intentionaliät) von einem Bereich getrennt wird, in dem die kollektiven Auswirkungen individuellen Handelns zu einem Ziel (Zweck) führen. Das ist in nuce die Idee der Rückkopplung in sozialen Systemen (Kybernetik), der Steuerung durch negatives Feedback. Es kommt eine Ordnung zustande, die niemand beabsichtigt hat, also Zielgerichtetheit *ohne* Zielintendiertheit. Der Nationalökonom und Philosoph Adam Smith hat diesen Gedanken später aufgegriffen und in seiner Idee der Ordnungsstiftung der „unsichtbaren Hand" am Markt reformuliert. Jeder handelt am Markt nach egoistischen Motiven (Simon 1992), und es ergibt sich, sozusagen unbeabsichtigt, die „Wohlfahrt" aller. Karl Marx war von dieser Idee begeistert: „Der Verbrecher produziert nicht nur Verbrechen, sondern auch das Kriminalrecht und damit auch den Professor, der Vorlesungen über das Kriminalrecht hält, und zudem das unvermeidliche Kompendium, worin dieser selbe Professor seine Vorträge als ‚Ware' auf den allgemeinen Markt wirft. Damit tritt Vermehrung des Nationalreichtums ein" ... Der Verbrecher produziert ferner die ganze Polizei und Kriminaljustiz, Schergen, Richter ... und all diese verschiedenen Gewerbszweige."[10]

Nun erscheint die Kritik an unseren Managern in anderem Licht. Unabhängig davon, ob die Kritik eines Günter Ogger gerechtfertigt ist oder nicht, er kann gerade wegen dieser Manager einen Bestseller schreiben und dadurch zum „Gemeinwohl" beitragen, eben dank der „schlechten" Manager. Die allzu billige Kritik Oggers und anderer an Managern sitzt jener Logik auf, der die Manager selbst unterliegen und die für soziale, lebende Systeme unangemessen ist.

Ich möchte das Prinzip dieser Logik wiederholen: Hinter jeder Ordnung steht einer, der diese Ordnung geschaffen hat, kurz: hinter jeder Tat steht ein dafür verantwortlicher Täter. Gerät das Unternehmen in Turbulenzen, dann ist der Kapitän des Schiffes dafür verantwortlich. Nun kommen aber in einem solchen System Ordnungen bzw. Unordnungen zustande – wie ich noch genauer zeigen werde –, für die keine Einzelperson verantwortlich zu machen ist, weil sie das kollektive Resultat des Zusammenwirkens vieler individueller Absichten ist. Die Kritik am Management, die ja immer auf „negativ" eingestuften Resultaten („rote Zahlen", verminderte Umsätze etc.) für das Unternehmen ruht, trifft insofern nicht die „Schuldigen", sprich die Ursachen.

Selbstverständlich irren sich Manager, das zeigt, daß sie Menschen und keine Trivialmaschinen sind, selbstverständlich machen sie Fehler, selbstverständlich wirtschaften sie auch in die eigenen Taschen, aber das ist sowohl Grundlage unseres Systems als auch Teil der Anthropologie. In jedem Manager – wie könnte es anders sein – steckt auch ein Mensch. Und *Mensch* leitet sich etymologisch auch von *manas* ab, was soviel bedeutet wie „Werte messen", werten, messen. Der Mensch ist ein „abschätzendes Thier" (Nietzsche), das nach egozentrischen Motiven seinen Wert, seinen Nutzen „abschätzt", und wenn man sich fragt, mit welchem Maßstab gemessen wird, so ist natürlich klar, daß das kein objektiver sein kann, sondern nur ein subjektiver und damit ein „irrationaler".

Das führt natürlich zu Ausschlußmechanismen gegenüber dem Irrationalen, dem Emotionalen, das als nichttriviales Element von Personen und sozialen Systemen höchst gefährlich für deren Berechenbarkeit ist. Hier stehen wir alle aber noch in der logosgeprägten abendländischen Tradition, und die drängt uns in eine Richtung, in die, die Sigmund Freud „Rationalisierung" genannt hat. Gemäß dem überlieferten Glauben an den Menschen als Homo sapiens scheint uns die Vernunft Einsicht in das Wesen des Guten und

Gerechten zu garantieren. Insofern wurde in der abendländischen Geistesgeschichte versucht, die Vernunft als Zuchtmeisterin der Leidenschaften, der Affekte, des Irrationalen schlechthin zu kultivieren, um dem Guten zum Durchbruch zu verhelfen. Dennoch hat sich immer wieder das Gegenteil, die Vernunft als „Sklavin der Leidenschaften", herausgestellt. Daß unsere wahren Motive immer von Eigeninteressen geprägt sind und die Vernunft die Aufgabe übernimmt, die egoistischen Grundlagen unseres Handelns zu verschleiern, moralisch zu erhöhen, zu „rationalisieren", ist ein Phänomen, das im 19./20. Jahrhundert insbesondere durch Nietzsche und Freud hervorgehoben wurde und das bereits Mandeville erkannt hatte.

Damit sind wir bei einem anderen großen Mythos des Managements angekommen, den ich hier eigentlich gar nicht ausführlich behandeln will: nämlich daß Entscheidungen rational begründet werden müßten und könnten. Die größte Irrationalität des Managements liegt im Glauben daran, das Irrationale ausschließen zu können, unumschränkter Herr im eigenen Haus sein zu können. Es ist demgegenüber höchst rational, mit dem Irrationalen zu rechnen. Wenn dies für das eigene Selbst gilt, dann erst Recht in dem Bereich des sozialen, wo viele „Selbste" miteinander interagieren.

Der unmögliche Kuß oder Erkennen als Erzeugen

„Das Leben ist für uns das, was wir in ihm wahrnehmen. Für den Bauern, dessen eigenes Land sein ein und alles ist, ist dieses Land ein Imperium ... In Wahrheit besitzen wir nur unsere eigenen Wahrnehmungen; auf sie und nicht auf was sie sehen, müssen wir demnach die Wirklichkeit unseres Lebens gründen."
Fernando Pessoa, Das Buch der Unruhe

„Wie Schiffer sind wir, die ihr Schiff auf offener See umbauen müssen, ohne es jemals in einem Dock zerlegen und aus besten Bestandteilen neu errichten zu können."
Otto Neurath

Nun möchte ich zu einer anderen Leitidee aus der modernen Managementerzählung kommen, dem Mythos von den Fakten, dem „objektiven Wissen", auf dem die Berechnungen des Managements beruhen. Wie ist der Erkenntnis- bzw. Handlungsbereich des Managers beschaffen? Aus dem obigen ist klar geworden, daß der Bereich sozialer Systeme – und dies ist der, in dem ein Manager tätig ist – nicht als eine Trivialmaschine zu verstehen ist. Die Erkenntnislogik der Trivialmaschine schließt Selbstbezüglichkeit aus, das hatten wir gesehen. Sie fußt auf einer Subjekt-Objekt-Spaltung, die einen Objektbereich herstellt, der *nicht* auf das Subjekt *zurückwirkt*. Damit soll

Subjektivität (wobei wir wieder beim Irrationalen wären) ausgeschlossen und Objektivität garantiert werden. Der Manager verfügt über „objektive Daten", über ein Bild der Wirklichkeit des Unternehmens, und kann so die richtigen Kommandos geben. Der übliche Verweis auf das „Gegebene" in Wendungen wie „so sind die Zahlen", „die Tatsachen sprechen für sich", etc. suggeriert ein sicheres Fundament von Entscheidungen: objektives Wissen.

Seit alters her spielt dabei die Zahl als Ausdruck von Objektivität schlechthin (Fischer 1992) eine entscheidende Rolle. Es kommt deshalb nicht von ungefähr, wenn Zahlenmystik nirgendwo so verbreitet ist wie im Management, drücken Zahlen doch die Wahrheit schlechthin aus. All das sind Versuche, den Prozeß des Erkennens in einem Bild festzuhalten, das dann Wissen genannt wird und dazu dient, das erkannte Objekt zu begreifen, zu beherrschen. Kann der Manager sein System küssen? Kann er es zum Objekt seiner kognitiven Begierde machen? Auch hier müssen wir wieder eine die übliche Logik überschreitende Anwort geben: ja und nein. Betrachten wir dazu folgendes Bild:

You can never kiss a system?

Nun wird deutlich, daß der Manager sein „System" küssen, sprich erkennen kann, aber nicht dadurch, daß er einen Objektbereich erzeugt, von dem er ausgeschlossen ist, sondern nur dadurch, daß er Teil des anderen, des Systems wird und damit Teil des Ganzen. *Nur zwei können dieses Spiel spielen.* Das vermeintlich „Gegebene" kommt immer durch eine Aneignung, eine Interpretation zustande, die dem Objekt subjektive Kategorien überstülpt. So ist denn auch die Hauptthese des „radikalen Konstruktivismus"[11], einer

Theorie der Erkenntnis, die: Die Wirklichkeit ist konstruiert. Die Wirklichkeit ist demnach nicht etwas, was etwa durch unsere Sinne als den Toren zur Welt in unser Bewußtsein eindringt, nicht etwas Gegebenes, sondern etwas *Gemachtes* (Faktum kommt von *facere*, d.h. machen). Nun ist diese Theorie auf den ersten Blick völlig kontraintuitiv und konträr zum „gesunden Menschenverstand". Dennoch erscheint sie mir sehr hilfreich, den Bereich „harter Wirklichkeiten", in dem Management sich vermeintlich abspielt, in Beziehung zum handelnden Subjekt, zum Manager, zu setzen und die Subjektabhängigkeit aller Erkenntnis zu verdeutlichen. Denn gerade die Illusion, es gäbe subjektunabhängige Erkenntnis, wird im Management gepflegt. Wenn ich hier einmal die Bibel als Kommentar zur Erkenntnistheorie lese, dann läßt sich verdeutlichen, daß Erkennen nicht ein passives Aufnehmen von sinnlich Gegebenem bedeutet, sondern ein Erzeugen. In der Bibel (1. Mose 4.1) heißt es:

> „Und Adam erkannte sein Weib Eva, und sie ward schwanger und gebar den Kain ... „

Erkennen als Erzeugen

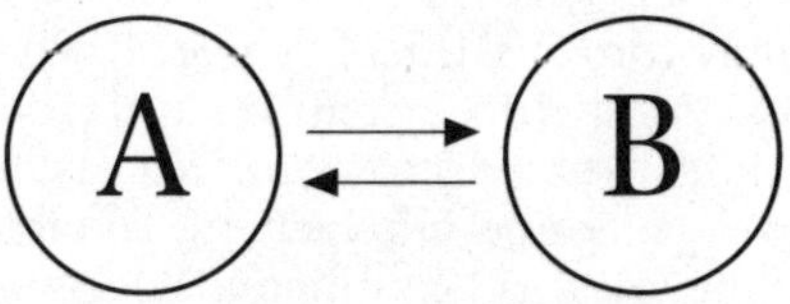

Was heißt das, wenn Luther (bzw. die Bibel) die sexuelle Begegnung von Mann und Frau als Erkenntnis- bzw. Zeugungsakt beschreibt: Adam erkannte Eva, und sie wurde schwanger? Wenn wir diese Begegnung auf das Subjekt-Objekt-Schema übertragen, dann ist klar, daß das Erkenntnissubjekt (Adam) das Objekt der Begierde, die Frau, nicht erkennt, wie sie an sich ist, sondern was sie für ihn ist. Anders formuliert: Erkennen wird hier beschrieben als Umsetzung einer Beziehung, als Interaktion eines Subjektes mit einem Objekt, dessen Resultat Erkenntnis genannt wird und etwas *Drittes* ist. Der Fokus liegt hierbei also auf der tätigen Beziehung zwischen Subjekt und Objekt, wobei das Objekt in seiner Komplementarität zum Subjekt, zum Mann erkannt wird[12] und gerade nicht in seinem An-sich-Sein.

Erzeugen von Wirklichkeit

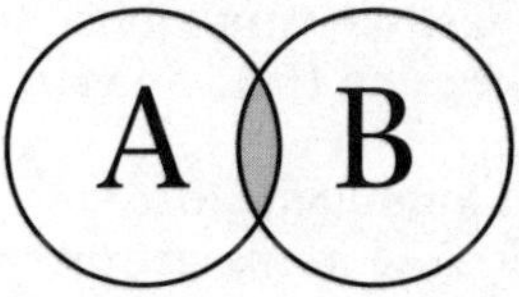

Kommunikation wird so zur Erzeugung eines Bereiches gemeinsamer Wirklichkeit. Sehen wir von den unreflektierten Implikationen hinsichtlich des Erkenntnissubjektes ab, können wir begreifen, daß Erkennen nicht Bemächtigung des schlechthin anderen sein kann, des An-sich, sondern *Poiesis, Zeugung eines Dritten*. Es ist dieses Dritte, das ich als den entscheidenden Handlungsbereich des Managers sehe, den der Kommunikation und Interaktion, der Ort, wo Verständigung zustande kommt. Es ist dies der Bereich einer kommunikativen Zwischenwelt, wo das Trivialmaschinenmodell scheitert, denn die Beteiligten sind kommunikativ, das heißt *kreisförmig* miteinander verbunden, damit wird das Tun des einen zum Tun des anderen, es gehört zusammen. Auch hier gilt: *Nur zwei können dieses Spiel spielen*. Oder: Das „Gesicht", das Verhalten etc., das B. von sich zeigt, ist davon abhängig, wie A. ihm begegnet und umgekehrt.[13] Auch hier scheitert also die einseitige Kontrollidee der Hierarchie.

Unsere Erkenntnisprozesse sind also getragen von selbstbezüglichen Schleifen. Wir neigen dazu, unsere Sicht der Wirklichkeit immer zu verifizieren, ohne zu erkennen, daß wir kein „objektives", „wahres" Wissen über diese Wirklichkeit haben können. Weil wir nicht sehen, daß wir das sehen, was wir glauben, halten wir unsere Wahrnehmung, unsere Erfahrung für das uns „Gegebene", im Sinne von uns Unabhängige. Doch tatsächlich ist jede Wahrnehmung bereits zugerichtet, bereits Interpretation, wie uns die Hirnforscher und Kognitionspsychologen sagen. Wir glauben meist nicht das, was wir sehen (bspw. die Sonne untergehen), sondern wir sehen unsere Glaubenssysteme in die Wirklichkeit hinein: Die Sonne steht still, und die Erde dreht sich, obwohl wir das gerade nicht wahrnehmen. Wir glauben also im Zweifelsfalle eher an unsere Ideen, an unsere Visionen. Wir passen nun nicht nur unser Denken der Wirklichkeit an, sondern auch umgekehrt, die Wirklichkeit paßt sich unserem Denken an, das heißt, wir schaffen die Wirklichkeit auch so, wie wir sie uns denken. Wir können also sagen, daß unsere Vorstellungen, unsere Ideen, unser Bild der Welt diese beeinflußt und diese beeinflußte Welt wieder auf unsere Wirklichkeitskonstruktionen zurückwirkt.

Dennoch brauchen wir aber die Idee der von uns unabhängigen Wirklichkeit, um handeln zu können, wir müssen deshalb so tun, als ob diese von uns unabhängig wäre. Wichtig ist, daß wir mit anderen *gemeinsame Wirklichkeiten* schaffen. Dies können wir nur auf der Grundlage gemeinsamen, auf Übereinstimmung, das heißt Konsens in grundlegenden Annahmen, beruhenden Denkens und Handelns. Gleiche Wirklichkeitskonstruktionen werden deshalb letztlich nur im gleichen Verhalten, im gemeinsamen Handeln sichtbar. Sind die Wirklichkeitskonstruktionen verschieden, so ist auch das daraus resultierende Denken und Handeln verschieden.

Wir können nun die oben formulierte Idee von der Möglichkeit objektiver, also subjektunabhängiger Erkenntnis getrost als Mythos beiseite legen.

Damit komme ich zum letzten Aspekt der Managementerzählung, der Idee, Ordnung sei entweder naturgegeben oder von Menschenhand gemacht, ein Drittes gebe es nicht. Vergegenwärtigen wir uns: Jede Tat hat einen Täter, jede zustandegekommene Ordnung ist Resultat zielgerichteten Handelns.

Ordnung ohne Manager: Das Wirken der unsichtbaren Hand

Es gibt eine uralte Differenzierung, die beim Erklären und Verstehen von Phänomenen maßgebend war, nämlich die von Natur und Kunst, *physis* und *poiesis*. Die Natur galt als das dem erkennenden Subjekt schlechthin gegenübergestellte Andere, das, was aus sich heraus entsteht, was von sich aus da ist (*natura*, d.h. „Ort der Geburt"). Diese Natur, das Gegebene, galt es zu erkennen, und das hieß, die augenscheinliche Ordnung der Natur aus ihren Ursachen heraus, also *kausal* zu erklären. Demgegenüber ließ sich das Gemachte, das Künstliche, das Gesetzte (*thesei*) nicht kausal, sondern nur intentional bzw. teleologisch erklären, das heißt durch menschliche *Ziel-* bzw. *Zwecksetzung*. Der zweite Bereich ist also jener, in dem Handlungen von Subjekten sinn- bzw. zweckhafte Ordnungen erzeugen (*poiesis*). Wie sehr diese Dichotomie sich in ein Gefängnis verwandelt hat, aus dem Mandeville, Adam Smith und andere einen Ausweg zeigten, verdeutlicht sehr klar der Nationalökonom Friedrich von Hayek, ein Neffe Ludwig Wittgensteins und Vetter Heinz von Foersters (Hayek 1969: 69).

Diese überlieferte Dichotomie teilt die Wirklichkeit in zwei disjunkte Phänomenbereiche mit jeweils unterschiedlichen Erklärungsmustern:

Traditionelles Erklärungsschema

Zwei dichotome Phänomenbereiche

physis (Natur)	poiesis (Kunst)
natürlich (physei)	konventionell (thesei, nomo)
Naturphänomen	Artefakt
dem Subjekt entgegengesetztes Andere	vom Subjekt geschaffen
kausale Erklärung vom Erkenntnissubjekt unabhängige Ursachen	intentionale, teleologische Erklärung vom Subjekt gesetzte Zwecke/Ursachen
vorgegebene Ordnung	vom Subjekt (Gott, Mensch) geschaffene Ordnung
objektiv	subjektiv

Nun hat man vor über zwei Jahrhunderten nach und nach erkannt, daß die Wirklichkeit sich nicht immer in dieses Prokrustesbett der beiden Bereiche zwängen läßt. Man wurde auf Phänomene aufmerksam, die durch *keine* dieser beiden Erklärungen sinnvoll erfaßt werden können. Es sind dies Selbstorganisationsphänomene, Phänomene einer dritten Art, die zwar Ergebnis intentionalen, also auf Zwecke gerichteten Handelns sind, deren tatsächlich realisierter Zweck aber nicht beabsichtigt, nicht bezweckt wurde. Vergegenwärtigen wir uns nochmals, daß die im Management herrschende Logik der Trivialmaschine eine Logik der Anordnung ist. Ordnung wird über die *Anordnung* vom Manager erzeugt. So wäre es denkbar, daß ein Küchenchef seinen Mitarbeitern den Befehl erteilt, sie sollten in Kreisformation antreten. Die so zustandekommende Ordnung wäre die Realisation eines vom Küchenchef vorgegebenen Zweckes, das Handeln des Personals wäre zielgerichtet *und* zielintendiert. Das heißt, daß das angestrebte Ziel auch beabsichtigt wäre. Wobei das Personal durch eine Art „management by objectiv" der Intention, der Zielvorgabe ihres Chefs zu folgen hätten. Betrachten wir nun vor diesem Hintergrund folgende Bilder:

Entstehung von Ordnung ohne Ordner

Diese Bilder („Zehn Minuten vor dem Centre Pompidou")[14] zeigen die Entstehung einer spontanen Ordnung, wie sie für Selbstorganisationsprozesse charakteristisch ist. Innerhalb von wenigen Minuten bilden sich um Straßenkünstler zwei Kreisformationen, eine geometrische Ordnung, wie sie durch Anordnung hätte entstehen können. Es handelt sich um eine soziale Ordnung, die keines der beteiligten Individuen beabsichtigt und die dennoch zustandekommt. Es geht dabei nicht um die Verwirklichung von Zielen (wie bei intentionalen Handlungen) einzelner, um planvolles Handeln, sondern um das unbeabsichtigte soziale oder kollektive Produkt des Handelns vieler. Insofern ist ein solches Phänomen zwar das Ergebnis menschlicher Handlung, aber nicht die Ausführung eines menschlichen Plans (Ferguson 1767).

Solche Phänomene scheinen durch und durch zweckhaft organisiert zu sein, ohne daß es ein Subjekt, einen Organisator gibt, dem man diese zweckhafte Organisation zuschreiben könnte. Wir erkennen bei solchen Phänomenen eine Zweck- oder Zielgerichtetheit, hinter der eben keine Absicht, keine Intention, nicht einmal eine „unsichtbare Hand" steht. Hier haben wir jene angesprochene Zielgerichtetheit *ohne* Zielintendiertheit. Wir haben hier eine Tat ohne Täter, eine Schöpfung ohne Schöpfer vor uns. Im Bereich des Sozialen, der sozialen Systeme – wie wir heute sagen –, hat Adam Smith solche Phänomene der Selbstorganisation beschrieben und eine Erklärung durch die Idee der „unsichtbaren Hand" angeboten.[15] Dabei haben wir eine Vielzahl individueller Handlungen, die alle ähnlichen Zielen dienen, aber gerade *nicht* den Zweck beabsichtigen, der als Output, als Ergebnis der kollektiven Handlungen, als Phänomen der dritten Art tatsächlich entsteht. Wir haben hier Kausalität im einzelnen – jede einzelne Handlungen wirkt sich auf das Ganze aus – und eine Zweckhaftigkeit im Ganzen, die so überhaupt nicht bezweckt, also angestrebt wurde. Das Gesamtergebnis, das zu erklärende Phänomen (der Kreis, die Wohlfahrt aller etc.), ist sozusagen *unbeabsichtigtes,* kausales Nebenprodukt vieler Einzelhandlungen, die auf andere Ziele ausgehen. Wir haben hier also eine Zweckrationalität, ohne dafür ein zwecksetzendes (*telos*) Subjekt am Werke zu sehen. Solche Prozesse werden traditionell als Selbstorganisation bezeichnet. Wenn Management die Erzeugung von Ordnung ist, dann haben wir hier ein Beispiel für zielführendes Management ohne Manager vor uns.

Selbstorganisation im sozialen System

Zweckhaftigkeit ohne zwecksetzendes Subjekt

↓

Mikrobereich: intentionale Handlungen einzelner
(Handeln nach egoistischen Motiven),
Makrobereich, kausales Resultat: Zweckhaftigkeit im Ganzen
(B. Mandeville, A. Smith)

↓

Ergebnis menschlichen Handelns, aber nicht Ausführung
menschlicher Zielsetzung (Ferguson 1767)

↓

Entstehung von Ordnung ohne Ordner
Erklärung durch die „Unsichtbare Hand" (A. Smith)

↓

Phänomene der dritten Art

Hier entstehen also die Wege beim Gehen. Eine solche Ordnung kommt zustande, weil sich die Beteiligten an individuelle Regeln halten, also jeder einen Platz wählt, bei dem er gut sieht, sich nicht exponiert und anderen

Menschen ermöglicht, ebenfalls gut zu sehen (Keller 1990). Keiner der Beteiligten hat die Absicht, einen Kreis zu bilden. Hier haben wir ein Beispiel für Übersummativität. Das Handeln nach individuellen Regeln erzeugt intentional eine Ordnung im kleinen und kausal eine Ordnung im großen. Der Bereich sozialer Systeme ist nach meiner Meinung genau ein Phänomenbereich, in dem Selbstorganisationsprozesse dominieren, in dem höchst zweckvolle Ordnung aus sich heraus entstehen kann, ohne daß dies per Anordnung erreicht werden könnte.

Lassen Sie mich noch ein weiteres interessantes Beispiel für ein solches Phänomen erörtern. Es geht darum, wie wir verstehen können, daß sich eine Ordnung in Form eines sozial geschichteten Ghettos bildet.[16]

Nehmen wir ein soziales System, eine Gesellschaft an, das zwei Arten von Individuen kennt (Schwarze/Weiße, Arme/Reiche etc.), hier sind sie durch 0 und 1 gekennzeichnet. Die unzufriedenen Individuen sind ***fett*** gedruckt. Jedes Individuum ist zufrieden, wenn es in seiner unmittelbaren Nachbarschaft (definiert als die jeweils 4 Individuen rechts und links jedes Individuums) nicht in der Minderheit ist (also wenn von den 8 Nachbarn *mindestens* 4 gleich sind).

Wir gehen zunächst von einer reinen Zufallsverteilung aus:

Ausgangsstellung:

0100011010011001110110110011001100110101001110110000011100010011010110

Nun gibt es in diesem sozialen System unzufriedene Individuen, die ihre nicht befriedigende Situation durch Handeln verändern möchten. Gehen wir nun davon aus, daß sich die Individuen dieses sozialen Systems an folgende Regeln halten bzw. ihr Verhalten aus diesen Regeln verständlich wird.

REGEL 1: Jedes Individuum ist zufrieden, wenn es in seiner Nachbarschaft *nicht* in der Minderheit ist.

REGEL 2: Ziehe um, wenn Du in Deiner Nachbarschaft zur Minderheit gehörst.

REGEL 3: Jedes *unzufriedene* Individuum bewegt sich zum nächsten Ort, an dem Regel 1 erfüllt ist, wo es also in unmittelbare Nachbarschaft kommt, in der es nicht mehr in der Minderheit ist.

Wendet jeder Beteiligte diese Handlungsregeln individuell an, dann haben wir nach der ersten Spielrunde folgendes Resultat:

1. Durchlauf, Start von links nach rechts:

000000001110111111111000011000101011101111111110000000000000000111111

Als Resultat zeigt sich, daß die unzufriedenen Individuen weniger geworden sind, sie haben also ihre individuellen Ziele erreicht. Sichtbar wird bereits nach der ersten Anwendung der Regel das Fortschreiten der sozialen Schichtung, der Ghettobildung als einer Form von Ordnung. Beim zweiten Durchlauf setzt sich diese Tendenz fort:

2. Durchlauf:

0000000001111111111111100000000000111111111111110000000000000000111111

Jetzt haben wir als Resultat dieser Anwendung individueller Operationsregeln bereits nach dem zweiten Durchlauf eine Ordnung (Negentropie), eine Struktur, die klare Unterscheidungen aufweist. Die unzufriedenen Individuen (oben fett gedruckt) sind verschwunden. Wir haben hier ein Phänomen vor uns, bei dem Ordnung aus dem Chaos entsteht, ein Selbstorganisationsprozeß im Bereich des Sozialen. In einem rekursiven Prozeß handeln die beteiligten Subjekte intentional, kollektiv verfolgen sie einen subjektiv-individuellen Zweck, nämlich die Beseitigung von Unzufriedenheit. Als unbeabsichtigtes Nebenprodukt ist dieser Prozeß im ganzen betrachtet zielgerichtet, ohne daß ein Subjekt das Ziel (die Intention) Ghettobildung hat.

Wenn wir den Prozeß differenzieren, ergibt sich, daß Intentionalität und Kausalität verschränkt sind:

1. Wir haben Personen, die in einem Mikrobereich subjektiv motiviert handeln (Intentionalität, Zielintendiertheit im kleinen).
2. Dadurch, daß alle oder viele Personen nach denselben Regeln handeln, entsteht als kollektives Produkt kausal ein Zweck, eine Ordnung, die keines der beteiligten Individuen beabsichtig hat.

Wenn wir also Ordnungsprozesse in sozialen Systemen verstehen wollen, dann haben wir eine wichtige Differenzierung vorzunehmen:

Die Frage, welche individuellen, subjektiven Ziele (Motive, *causa finalis*) unser Handeln leiten, muß davon getrennt werden, welche Auswirkungen (*causa efficiens*) sie haben.

So wird es verständlich, daß die Motive von Handlungen für die kausale Wirkung im und auf das ganze soziale System irrelevant sind: Gutes (Zweckhaftes) kann aus Schlechtem und Schlechtes aus Gutem entstehen.

Solche höchst zweckvollen Ordnungen lassen sich daher nicht planmäßig, also im Sinne eines rationalen Entwurfes, von einer ordnenden Hand, einem Manager installieren.

Smiths Metapher von der „unsichtbaren Hand" bleibt zwar in der traditionellen Vorstellung der Zweckrationalität, nach der eine Ordnung von einem intentionalen Subjekt, das heißt von einem zielgerichteten Handeln, erzeugt wird, gefangen. Dennoch macht sie uns verständlich, wie in einem Bildungsprozeß sozialer Evolution intentionales Handeln über kausal wirksame Rückkoppelungsprozesse auf das Ganze (den Markt, das System, die Gesellschaft) wirken und so ohne vorgegebenen Plan Ziele bzw. Zwecke, wie durch eine „unsichtbare Hand" gesteuert, erreicht werden. Hier bedarf es gerade keines Ordnungsfaktors, keines manipulativen (*manus* = Hand!) Subjektes, das diese Hand führt, die Ordnung erzeugt sich selbst.

Nun läßt sich schon eher verstehen, was Selbstorganisation bedeutet, nämlich daß ein System seine Struktur von selbst, spontan und autonom schafft, ohne daß diese Struktur ihm von außen her, etwa durch spezielle („zielbezogene") Einflußnahmen, aufgeprägt wird, aufgeprägt werden kann.

Läßt sich Selbstorganisation organisieren bzw. planen? Ja und nein! Es lassen sich die *Rahmenbedingungen* schaffen, in denen es zu solchen Prozessen kommen kann. Die Geldpolitik der Deutschen Bundesbank läßt sich beispielsweise so verstehen. Werden die Zinsen gesenkt, so ist es für Bauherren interessant, Häuser zu bauen. Die Konsequenz ist eventuell – wenn viele Individuen danach handeln – eine Belebung der Bauwirtschaft und damit eine der Konjunktur. Der individuelle Bauherr baut nicht sein Haus, um die Wirtschaft zu beleben (Keller 1990: 124). Die Belebung der Wirtschaft ist insofern aus der Perspektive des Individuums *kein* intentionales Phänomen, sondern ein Phänomen der dritten Art, ein sich selbst organisierender Prozeß.

Eines wird nun deutlich: Wenn Management mit Organisation zu tun hat, das heißt mit dem Entwurf und der Verwirklichung von Zweck-Mittel-Relationen, dann erhebt sich die Frage, in welchen Bereichen eines sozialen Systems es nichts zu „managen" gibt, weil diese sich selbst managen. Dieser Bereich ist in sozialen Systemen sicher relativ umfassend, und es käme für das Management darauf an herauszufinden, wo sich Systeme selbst steuern können und wo es vergebene Liebesmühe ist, Einfluß nehmen zu wollen über zielführende Verfahren.

Der Manager der Zukunft oder vom Hahnenschrei systemischer Vernunft

„Sei plural wie das Universum! "
Fernando Pessoa

„Die Menschen vergehen darum,
weil sie nicht die Kraft haben,
den Anfang an das Ende anzuknüpfen."
Alkmaion

„Scharf und milde, grob und fein,vertraut
und seltsam, schmutzig und rein
der Narren und Weisen Stelldichein:
dies Alles bin ich, will ich sein,
Taube zugleich, Schlange und Schwein."
Friedrich Nietzsche

Ich habe versucht unter Verwendung systemischer Maximen (Schau auf das Ganze! Blicke weiter um Dich!) Licht auf die Entwicklung von Ordnungen in Organisationen zu werfen. Dabei machte die systemische Blickerweiterung vom Mikro- zum Makrobereich sozialen Handelns, die Betrachtung des Individuums in seiner Beziehung zu anderen, zum Gesamtsystem, einen höchst wirksamen Zusammenhang deutlich: Individuell motiviertes Handeln (Regulation im Mikrobereich) erzeugt im Makrobereich gesellschaftlichen, kollektiven Handelns eine *kausale* Konsequenz, die niemand beabsichtigt hat. So können – nicht müssen! – Ordnungen bzw. Zwecke realisiert werden, für die es kein ordnungsstiftendes Subjekt, keinen Manager gibt, Ordnungen also, die sich selbst erzeugen. Die zustandekommende Verschränkung von Mikro- und Makroebene führt zu jenen Phänomenen der dritten Art, die sowohl Züge eines Artefakts als auch eines Naturphänomens haben, aber dennoch weder als das eine noch als das andere zu begreifen sind. Diese Selbstorganisationsphänomene im Bereich des Sozialen verstoßen, wie ich versuchte zu zeigen, fundamental gegen die traditionelle Logik des Managements.

Weil viele in Unternehmen zustandekommenden Ordnungen zwar Resultat menschlichen Handelns sind, *nicht* aber Ergebnis zielgerichteter Planung, erhebt sich nun die Frage, welche Konsequenzen sich daraus für Organisationsstrukturen von Unternehmen ergeben, für die herkömmlichen Führungs- und Kontrollprinzipien, für die traditionellen Managementstrategien überhaupt, für die Kommunikationsprozesse in Unternehmen etc.? Aus diesen Überlegungen erwächst ebenfalls ein verändertes Anforderungsprofil für die Subjekte, die in so verstandenen sozialen Systemen „managen".

Welche Korrekturen haben wir am traditionellen Bild des Managers vorzunehmen, wie ist sein Rollenrepertoire umzuschreiben, welche Retuschen sind am Anforderungsprofil anzubringen? Das sind Fragen, auf die systemisches Reflektieren in der Zukunft Antworten geben müßte. In Europa befinden wir uns erst in der Dämmerung des systemischen Morgens, wo der Hahn die Manager aus ihrem dogmatischen Schlummer gerade erst erweckt. Ich habe dazu keine fertigen Antworten, deshalb möchte ich den Leser abschließend mit einigen unfertigen Gedanken zur weiteren Reflexion einladen.

Erlauben Sie mir vorab aus aktuellem Anlaß einen kleinen Exkurs. In der gegenwärtigen Debatte macht in Europa ein Zauberwort aus Japan die Runde: „lean management". Während die Europäer noch versuchen, diese Zauberformel zu lernen, ist man im Land der aufgehenden Sonne bereits dabei, sich von „leanen" Strukturen zu befreien. Die Eule der Minerva erhebt sich wieder einmal erst bei der Dämmerung zum Flug. Gleichsam in einer ursprünglichen Verspätung entdecken wir das Eigene im Fremden. Viele der schlüssigen, auf die europäische Kultur und Gesellschaft übertragbaren „Leankonzepte" sind ganz und gar systemisch, sind also auch in unserer abendländischen Kultur gewachsen. Die Europäer werden nie die besseren Japaner, auch nicht, wenn sie schlank bis zur Magersucht werden. Es ist von daher gesehen nur eine Frage der Zeit, bis „lean" als eines der vielen Plastikwörter im Dualen System entsorgt und auf einem Wortmüllberg in Asien landen wird.

Lassen Sie mich aber zurückkommen zu meinem Thema. Als ich vor nunmehr 25 Jahren meine Ausbildung in einem Industriebetrieb machte, war die Standardfrage eines Managers: „Wie führe ich das Unternehmen?" Einige Jahre später – die Zeit des Wir-Gefühls – veränderte sich die Frage in: „Wie führen wir unser Unternehmen?" Die Frage der Zukunft wird heißen: „Wie führt sich unser Unternehmen selbst?" Damit wird sich auch die Rolle der Manager als „Führer" verändern.

Der Führer eines Unternehmens muß sich von der Idee verabschieden, er hätte alle Informationen in der Hand (Mythos des Gegebenen) oder könnte diese prinzipiell in der Hand haben, um das Unternehmen unter zweckrationalen Gesichtspunkten von oben nach unten zu organisieren. Er kann kein objektives Wissen über die Wirklichkeit des Unternehmens haben, er ist zurückgekoppelt an die Wirklichkeitskonstruktionen bzw. die Sichtweisen der Mitarbeiter. Was mir in vielen Jahren Beratertätigkeit aufgefallen ist – und das bestätigt die Theorie –, ist, daß die Wirklichkeit eines Unternehmens in viele große und kleine Wirklichkeiten zerfällt, daß die Wirklichkeit, in der der Vertriebsleiter agiert, teilweise völlig anders ist, als die des Produktionsleiters. Diese unterschiedliche Konstruktion der Wirklichkeit läßt sich sogar auf der Ebene des subjektiven Zeiterlebens nachweisen. Ein Marketing-

Mensch erlebt die Zeit völlig anders als ein Mensch aus der Entwicklungsabteilung. Die nach unserem traditionellen Verständnis einzige und einheitliche Wirklichkeit zerfällt also in viele, so daß gemeinsame Wirklichkeiten immer wieder hergestellt werden müssen, und dies geschieht über Kommunikation.

Auf der Ebene der Rationalität ist ein analoges Phänomen zu sehen. Auch hier müssen wir Abschied von der Vorstellung einer einheitlichen Rationalität, einer eindeutigen und für alle gleichen Vernunft. Jeder, der mit Organisationen zu tun hat, wird die Erfahrung machen, daß Personen verschiedener Bereiche unterschiedliche kognitive Muster, unterschiedliche Denkformen praktizieren, die sich lokal – also im jeweiligen Bereich – bewähren. Der Techniker denkt anders als der Kaufmann. In welchen sozialen Systemen führt dieses Phänomen nicht zu bestimmten Störungen?

Der systemische Manager der Zukunft muß sich daher als kommunikativer Grenzgänger und Brückenbauer betätigen, der die unterschiedlichen Rationalitätstypen und Sinnsysteme der Unternehmensbereiche in Beziehung bringt. Das setzt ein hohes Maß an Anpassungsfähigkeit voraus, an Fähigkeit, neue Wege zu gehen, sich in neuen Wirklichkeiten zurechtzufinden, also die Fähigkeit zu *transkontextueller Flexibilität*, die Fähigkeit, sich selbst zu verändern, andere Kognitions- und Kommunikationsmuster zu realisieren.

Der Manager der Zukunft hat also die Zeit wiederzuentdecken – was heute richtig ist, kann morgen falsch sein. Das heißt, es muß ihm bewußt werden, daß er viel eher Prozesse (Werden) zu managen hat, die einer nichttrivialen Prozeßlogik folgen, als Zustände (Sein), die der trivialen Logik folgen. Es geht also um Kommunikation statt um Kontrolle.

Selbstorganisation findet in verschiedenen Formen in allen größeren Unternehmen statt, meist mit Duldung der Führung. Selbstorganisationsprozesse sollten bewußt ermöglicht und kultiviert werden. Der Manager hat sich vom Experten des „Muß" zu einem *Experten des „Laß"* zu entwickeln, es geht also nicht um das Aufzwingen von Ordnungen, sondern um das Zulassen von sich selbst erzeugenden Ordnungen. Sie entlasten die Führung von der Verantwortung für Prozesse, die nicht gesteuert werden können, und überlassen den Mitarbeitern die Möglichkeit *und* die Verantwortung, Probleme über Selbstorganisationsprozesse zu lösen. Je flacher eine Hierarchie, um so mehr werden Autonomie und Selbstorganisationsprozesse notwendig. Wo Autonomie von Subsystemen zugelassen wird, kontrollieren und steuern sich soziale Systeme in der Regel selbst, und es kann zur Verwirklichung heterarchischer Steuerungsprinzipien auf der Grundlage von Autorität kommen, die auf Kompetenz beruht und nicht auf „geheiligter Herrschaft". Der vielgerühmte „Produktivfaktor Mensch" läßt sich zum vollen Einsatz seiner Ressourcen, zur Übernahme von Verantwortung für das Ganze nur bringen, wenn er als autonomes Subjekt ernstgenommen und sich als beeinflussender Teil des Ganzen sieht bzw. gesehen wird.

Ich denke, daß selbstorganisierende Prozesse in der Evolution ein höchst erfolgreiches und intelligentes Organisationsprinzip darstellen. Warum sollten wir nicht von der Natur lernen? Auch der Baum der Erkenntnis ist ein sich selbst organisierender Organismus.

Anmerkungen

1 Lyotard beschreibt diese Geschichten so: „Zunächst erzählen diese populären Geschichten selbst, was man positive oder negative Bildungen nennen könnte, das heißt die Erfolge oder Mißerfolge, die die Wagnisse der Helden krönen, und diese Erfolge oder Mißerfolge geben entweder gesellschaftlichen Institutionen ihre Legitimität (Funktion von Mythen) oder repräsentieren positive oder negative Integrationsmodelle (glückliche oder unglückliche Helden) in etablierten Institutionen (Legenden, Märchen). Diese Erzählungen erlauben also einerseits, die Kriterien der Kompetenz der Gesellschaft, in der sie erzählt werden, zu definieren, sowie andererseits, mit diesen die Leistungen zu bewerten, die in ihr vollbracht werden oder werden können." (Lyotard 1986: 68). Des weiteren bestimmen solche Erzählungen, *wie* man gesehen hat, sie illustrieren die Kriterien der Kompetenz und deren Anwendung. Sie konkretisieren, was in der Kultur das Recht hat, gesagt und gemacht zu werden, und als Teil dieser Kultur werden sie durch diese selbst legimiert. Diese implizite Selbstlegitimation einer Erzählung trägt den Keim eines *circulus vitiosus* in sich: „Was ich sage, ist wahr, weil ich es beweise; aber was beweist, daß mein Beweis wahr ist." (vgl. a.a.O., S. 75 ff).

2 Es handelt sich um einen Klienten meines Kollegen Peter-W. Gester. Die systemischen Berater machen größere Pausen zwischen ihren Sitzungen! Wer mehr von den Zauberformeln systemischer Coachs wissen möchte, halte sich an Peter-W. Gester (1992): Warum der Rattenfänger von Hameln kein Systemiker war. In: Ch. Schmitz et al. 1992.

3 Das ist der Ansatzpunkt Horkheimers bei seiner Kritik der „instrumentellen Vernunft", die die vorgegebenen Ziele nicht mehr kritisch hinterfragt, sondern nur die Mittel reflektiert, die für die Zielerreichung zur Verfügung stehen.

4 Die vorgefundene Ordnung entpuppt sich demnach als *gemachte*.

5 Notwendigkeit im Sinne einer Nicht-Kontingenz gibt es nur in der Logik, Notwendigkeit ist also eine logische Fiktion, die ausschließt, daß etwas anders ein kann, als in der Schlußfolgerung gefolgert wird. Nehmen wir einen klassischen Syllogismus, dann wird die Notwendigkeit der Logik deutlich. Zunächst haben wir zwei Prämissen (Obersätze): (a) Alle Menschen

sind sterblich, (b) Sokrates ist ein Mensch, Conclusio: (c) Sokrates ist sterblich. Alles andere halten wir für undenkbar, das heißt, es wird *logisch* ausgeschlossen, daß ein Mensch existiert, der unsterblich ist. Mit Erfahrung hat das alles nichts zu tun, denn gäbe es einen Menschen, der unsterblich ist (bspw. Jesus), dann würden wir natürlich an der Logik festhalten und sagen, daß dies kein Mensch ist, sondern ein Gott usw. Heinz von Foerster spottete einmal über diese Logik: Man gibt oben einen lebenden Sokrates rein, und unten kommt eine Leiche heraus. Ich möchte es anders formulieren: Wendet man diese Maschinenlogik auf lebende Systeme an, dann kommt zwangsläufig ein „totes System" heraus. Diese Logik ist eine zeitlose Seinslogik, man hat die Zeit aus ihr herausgetrieben. Werden lebende Systeme mit einer solchen Ontologik begriffen, wird ihre Prozeßhaftigkeit, ihr „Fließen", sozusagen versteinert, dingfest gemacht, heraus kommt eine beherrschtes, kontrolliertes Sein.

6 Die Philosophen nennen das Apriorität. Als Apriori-Wissen gilt ein notwendiges Wissen, das vor der Erfahrung Gültigkeit beansprucht.

7 Nebenbei: Das hier angesprochene Problem wäre auch nicht beseitigt, wenn der Manager wirklich richtig gerechnet hätte und auf die erfolgreiche Zahl gesetzt hätte.

8 Um den Kollegen der medizinischen Fakultät Gerechtigkeit widerfahren zu lassen, möchte ich nur betonen, daß sie im allgemeinen anerkennen, daß sie manchmal auch nicht heilen können. Sie sind deshalb in der Regel bereit, auch die Negation dieser Wahrheit zu postulieren: Wer nicht heilt, hat auch Recht.

9 Wer sich für die mathematischen Grundlagen dieses Modells interessiert, der vergleiche H. v. Förster (1985).

10 Zitiert nach Walter Euchner (1968): Versuch über Mandevilles Bienenfabel. In: B. Mandeville (Hrsg.): Die Bienenfabel. Frankfurt (Suhrkamp).

11 Das Bild vom „unmöglichen Kuß" ist Emrich (1990) entnommen. Als wichtigste Vertreter konstruktivistischen Ideen seien hier nur einige genannt: Ernst von Glasersfeld, Heinz von Foerster, Humberto Maturana, Gerhard Roth.

12 Vgl. die Interpretation von H. u. G. Böhme (1985: 278). Die Autoren legen das Schwergewicht ihrer Interpretation auf die Komplementarität, ich möchte hier eher den Zeugungscharakter der Erkenntnis betonen.

13 Das Kreisdiagramm verdeutlicht noch ein Weiteres: Es bleibt immer ein Rest, etwas, was nicht kommuniziert werden kann. Verschiebt man beide Kreis aufeinander und simuliert völliges Verstehen, eine einzige gemeinsame Wirklichkeit, wird deutlich, daß dies eine Form symbiotischer Verschmel-

zung wäre, die die Identität der Beteiligten auflösen würde, denn diese kommt nur über einen Rest „Unverstandenes", einen Unterschied zustande.

14 Den Hinweis auf dieses Bild (Nickel 1980) entnahm ich dem Buch von Keller (1990).

15 Die Entwicklung der Sprache läßt sich ebenfalls als Phänomen der dritten Art beschreiben. Vgl. dazu Rudi Keller (1990).

16 Das Beispiel stammt von Schelling (1969).

Literaturverzeichnis

Böhme, H. u. G. (1985): Das Andere der Vernunft. Frankfurt (Suhrkamp).

Emrich, H.M. (1992): Konstruktivismus: Imagination, Traum und Emotionen. In: S.J. Schmidt (Hrsg.): Kognition und Gesellschaft. Der Diskurs des Radikalen Konstruktivismus 2. Frankfurt (Suhrkamp).

Euchner, W. (1968): Versuch über Mandevilles Bienenfabel. In: B. Mandeville: Bienenfabel. Frankfurt (Suhrkamp), 7-55.

Ferguson, A. (1767): An Essay on the History of Civil Society. Edinburgh. (Dt.: Abhandlung über die Geschichte der bürgerlichen Gesellschaft. Sammlung sozialwissenschaftlicher Meister. 2. Bändchen, Jena 1904.)

Fischer, H.R. (1992): Management by bye. Philosophische Nachschläge zum Abschied vom Prinzipiellen. In: Ch. Schmitz, P.W. Gester und B. Heitger (Hrsg.): Managerie. 1. Jahrbuch für systemisches Denken und Handeln im Management. Heidelberg (Carl-Auer-Systeme).

Fischer, H.R. (1992): Das Ende der großen Entwürfe. In: H.R. Fischer u. a. (Hrsg): Das Ende der großen Entwürfe. Frankfurt/Main (Suhrkamp). 2. Aufl., 1993.

Fischer, H.R. (im Druck) (Hrsg.): Die Wirklichkeit des Konstruktivismus. Zur Auseinandersetzung um ein neues Paradigma. Heidelberg (Carl-Auer-Systeme).

Foerster, H. von (1985a): Sicht und Einsicht. Versuch einer operativen Erkenntnistheorie. Braunschweig (Vieweg).

Foerster, H. von (1985): Entdecken oder Erfinden. In: H. Gumin u. A. Mohler (Hrsg.): Einführung in den Konstruktivismus. München. 27-68.

Foerster, H. von (1993): Wissen und Gewissen. Frankfurt (Suhrkamp).

Gerken G. (1992): Manager ... Die Helden des Chaos: Wenn alle Strategien versagen. Düsseldorf/Wien/New York/Moskau (Econ).

von Hayek, F.A. (1969): Freiburger Studien. Gesammelte Aufsätze. Tübingen (J.C.B. Mohr/Paul Siebeck).
Keller, R. (1990): Sprachwandel. Tübingen (Francke).

von Hayek, F.A. (1979): Die drei Quellen der menschlichen Werte. Tübingen (J.C.B. Mohr/Paul Siebeck).

von Hayek, F.A. (1980): Recht, Gesetzgebung und Freiheit. 3 Bände. Band 1: Regeln und Ordnung: E neueste Darstellung der liberalen Prinzipien der Gerechtigkeit und der politischen Ökonomie. München (Verlag Moderne Industrie).

Lyotard, J.-F. (1986): Das postmoderne Wissen. Wien (Edition Passagen).

Mandeville, B. (1968): Die Bienenfabel. Frankfurt (Suhrkamp).

Nickel, Hans (1980): Zehn Minuten vor dem Centre Pompidou. In: Bauwelt, Heft 40/41.

Nietzsche, F. (1988): Kritische Studienausgabe in 15 Bänden. Bd. 3: Die fröhliche Wissenschaft. München/Berlin/New/York (Deutscher Taschenbuchverlag/de Gruyter).

Pessoa, F. (1987): Das Buch der Unruhe. Frankfurt (Fischer).

Schelling, T.C. (1969): Models of Segregations. *American Economic Review 59*: 488-493.

Simon, F.B. u. C/O/N/E/C/T/A (1992): Radikale Marktwirtschaft: Verhalten als Ware oder Wer handelt, der handelt. Heidelberg (Carl-Auer-Systeme).

Smith, A. (1776): Inquiry into the Nature and Causes of the Wealth of Nations. London.

Ullmann-Margalit, E. (1978): Invisible-Hand Explanations. *Synthese 39:* 263-291.

SYSTEMLOGIK UND KONTEXTUELLE EINBINDUNG DER ÖKONOMIE IN HOCHDIFFERENZIERTEN GESELLSCHAFTEN

1. Was ist das Problem?

Der gegenwärtige atemberaubende und in seiner Dynamik auch weitgehend besinnungslose Siegeszug der kapitalistischen Wirtschaftslogik in der ehemals zweiten Welt läßt in Vergessenheit geraten, daß die Logik dieser Wirtschaftsform die entwickeltsten Länder der ersten Welt in ein fundamentales Dilemma geführt hat: Auf der einen Seite brachte die Abspaltung der ökonomischen Logik von religiösen, moralischen, familialen und insbesondere von politischen Rücksichtnahmen nicht nur eine überwältigende Produktions- und Produktivitätssteigerung mit erheblichen Verbesserungen der Lebensqualität für Millionen von Menschen (für Europa dazu Flora u.a. 1977; für die BRD Alber 1989; für die USA Wilensky 1975), sondern sie brachte auch die Befreiung religiöser, moralischer, familialer, politischer, erzieherischer, wissenschaftlicher etc. Handlungszusammenhänge von der deformierenden Berücksichtigung des ökonomischen Status der jeweiligen Operationen mit sich. Im Prinzip jedenfalls – und die Dichte des Prinzips sollte man nicht unterschätzen: Es ist getragen von Grundrechten und anderen Verfassungsnormen über eine Fülle gesetzlicher Regelungen bis hin zu einer ausgebauten Verwaltungs- und Verfassungsgerichtsbarkeit –, im Prinzip ist die Definition von wissenschaftlicher Wahrheit nun unabhängig vom eingesetzten Geld, ist der Schulbesuch abhängig von der Begabung des Schülers und nicht vom Reichtum der Eltern, ist das Seelenheil nicht käuflich, ist politische Macht determiniert durch freie und gleiche Wahlen und nicht durch die ökonomische Potenz der politischen Akteure. Im Prinzip jedenfalls werden die anderen Funktionssysteme einer differenzierten Gesellschaft blind gegenüber der Spezifik ökonomischer Operationen und interessieren sich nur noch für die externalisierbare Leistung, nicht mehr aber für die interne Logik der Ökonomie.

Auf der anderen Seite kumulieren die Kosten der Rücksichtslosigkeit in einer für den Prozeß der funktionalen Differenzierung komplexer Sozialsysteme charakteristischen Weise: Alles, was sich der binären Schematik von monetär definierten Kosten und Nutzen entzieht, also etwa „Güter", für die keine Preise definiert sind, läßt sich innerhalb der Operationslogik der Ökonomie nicht beobachten; es erscheint deshalb nicht auf den Bildschirmen des Systems und geht nicht in seine Kalküle ein. Damit wird die Operationsweise der Ökonomie in einer präzisen und notwendigen Weise blind gegenüber den in anderen gesellschaftlichen Funktionssystemen geltenden Leitdifferenzen. Sie interessiert sich nur noch für die in Preiskalkülen erfaßbaren externalisierten Leistungen der anderen Funktionssysteme, etwa die Qualifikationen der Schulabgänger, die Heilungsquote des Gesundheitssytems oder die Regulierungsdichte politischer Entscheidungen, nicht mehr aber für die internen Logiken der anderen Funktionssysteme.

Die gesellschaftliche Funktionenteilung geht weit über die von den Klassikern (Smith, Durkheim, Simmel) beschriebene Arbeitsteilung hinaus, indem sie Heterogenität, Inkompatibilität, Exklusivität und Eigenlogik der Funktionssysteme zu Strukturprinzipien einer Gesellschaft macht, die seitdem auf der Suche nach ihrer Einheit ist. In den folgenden Überlegungen werde ich die Idee entwickeln, daß die Suche nach dieser Einheit auf der Ebene von Gesellschaft vergeblich bleiben muß, weil im Zuge der Durchsetzung funktionaler Differenzierung „die Gesellschaft" zu einer imaginären Realität geworden ist, als Kontext der füreinander *nicht* erreichbaren funktionsspezifischen Kommunikationen. Da die Einheit der Gesellschaft dennoch unabdingbar bleibt im Sinne der Notwendigkeit eines domestizierten und domestizierenden Kontextes der entfesselten Funktionslogiken der Teilsysteme, bleiben nur die Teilsysteme selbst, die Aufgabe zu übernehmen, im Interesse der Erzeugung dieses Kontextes in ihre Operationslogiken diejenigen Momente einzubauen, welche gegenüber der zentrifugalen Dynamik exklusiver Spezialisierungen die komplementäre Re-Integration und Re-Fokussierung leisten könnten, die den Funktionssystemen als sozietaler „Arbeitsgemeinschaft von Exzentrikern" (Rorty 1989: 108) die bestandskritische Imagination gesellschaftlicher Einheit ermöglicht.

Meine These ist, daß es diese bislang übersehene *interne Gegenbewegung* zur funktionalen Differenzierung ist, welche die spezifische Problematik der Operationslogik komplexer differenzierter Funktionssysteme moderner Gesellschaften formt. Während der Diskurs über „postmoderne Gesellschaften" einäugig und linear die Dynamik funktionaler Differenzierung weiterdenkt in Richtung auf eine Auflösung wirksamer gesellschaftlicher Identitätsbilder und dabei als letzter Bastion der Einheit von Kommunikation auf das sich selbst fremde und zersplitterte Individuum stößt, geht es hier um die Idee einer *reflexiven Modernität* (Beck 1991: 40 ff.) moderner Gesellschaften: Seit den siebziger Jahren reagieren moderne Gesellschaften massiv auf den Identitätsverlust, den sie als Preis für die kaum gehemmte Entwicklungsdynamik und die forcierte Autonomie ihrer Teilsysteme hinnehmen mußten und der schließlich auch nicht mehr durch Planung und Reform einzuholen war. Sie reagieren konsequenterweise nicht, indem sie nach dem „Sinn" von Gesellschaft fragen, sondern nach dem „Sinn" von Wissenschaft, Erziehung, Gesundheit, Religion, Politik et cetera oder eben nach dem Sinn von Ökonomie, also nach der Angemessenheit der Operationslogiken ihrer Teilsyteme angesichts der bei aller Rationalisierung und Effizienzsteigerung steigenden Folgeprobleme.

Von einer *internen* Gegenbewegung zur funktionalen Differenzierung spreche ich, weil die Lösung des Problems funktionaler Differenzierung gerade nicht in Prozessen der Entdifferenzierung liegt (so aber Buß 1983, der explizit Entspezialisierung und Autonomieverlust als Momente der Entdifferenzierung nennt; und noch Berger 1991, wenngleich letzterer nicht undifferenziert), denn diese führte zwingend zur Beeinträchtigung der emanzipatorischen und zivilsatorischen Errungenschaften, welche erreicht worden sind durch die Trennung sozietaler Funktionen und die Institutionalisierung von Indifferenz als Tiefenstruktur von Freiheit (Scholz 1982: 228 ff.). Vielmehr setzt eine zivilisationsadäquate Lösung des Problems funktionaler Differenzierung voraus, daß eine dem jeweiligen Stand der Differenzierung komplementäre und gegengewichtige Form der Organisation der systemischen (hier: sozietalen) Interdependenzen realisiert wird. Entdifferenzierung zerstört Varietät und Spezialisierung, Indifferenz und Freiheitsgrade, insgesamt also Komplexität; sie ist insofern eine „simple", „unidimensionale" (im Sinne von Driver/Streufert 1969; Streufert 1990: 200 f.) oder „trivialisierende" (im Sinne von v. Foerster 1984: 6 ff.) Strategie der Reduktion von Komplexität. Sieht man den Kern von Evolution aber nicht in Mechanismen der Komplexitätsreduktion, sondern in elaborierteren Formen der Komplexitäts*verarbeitung*, dann kommt in den Blick, daß die Antinomien funktionaler Differenzierung nicht durch Entdifferenzierung zu lösen sind, sondern durch elaborierte Formen der Kompatibilisierung von Heterogenität abgearbeitet und „aufgehoben" werden müssen, wenn man Wert darauf legt, daß die Rationalitätsgewinne moderner, das heißt funktional differenzierter Gesellschaften, erhalten bleiben.

Sicherlich ist diese Wertentscheidung nicht zwingend. Beurteilt man die Konsequenzen und Kosten des gesellschaftlichen Strukturprinzips der funktionalen Differenzierung als aussichtslos destruktiv für die Gesellschaft insgesamt (so anflugsweise Beck 1988: 96 ff.), dann ist es konsequent, das Prinzip funktionaler Differenzierung selbst zur Disposition zu stellen. Die bisherigen Erfahrungen mit Versuchen dieser Art sind allerdings ernüchternd: Der Großversuch sozialistischer Entdifferenzierung und Zentralisierung ist mit unvorstellbaren Kosten gescheitert; aber auch sehr viel bescheidenere Alternativen einer „voluntary simplicity", einer alternativen Ökonomie, einer Entdifferenzierung von Haushalt und Betrieb, von Lebensführung und Parteiarbeit sind allesamt wenig überzeugend geblieben. Entscheidend scheint es deshalb zu sein, die Simplizität der Alternative Differenzierung vs. Entdifferenzierung zu überwinden und auf der Seite funktionaler Differenzierung nach Möglichkeiten zu suchen, wie die fatale Strategie einer ungehemmten Steigerung der Eigendynamnik der Funktionssysteme durch *interne Gegenbewegungen* korrigiert werden kann.

Meine argumentationsleitende Vermutung ist, daß solche Gegenbewegungen besonders klar an Veränderungen der *Operationslogik* eines Funktionssystems abgelesen werden können. Im Folgenden werde ich deshalb historische und konzeptuelle Entwicklungen der Logik der Wirtschaft auf der Ebene des Funktionssystems insgesamt, auf der Ebene des Unternehmens und schließlich auf der Ebene des Marktes beschreiben. Es wird sich zeigen, daß innerhalb des Kontextes funktionaler Differenzierung eine erhebliche Variabilität der Operationslogiken des Wirtschaftens zu beobachten ist. Dies bietet die Grundlage für die Erwartung, daß auch innerhalb des Kontextes funktionaler Differenzierung weitere Veränderungen dieser Operationslogik wahrscheinlich und möglich sind und es nun darauf ankommt, eine wirtschaftliche Logik zu imaginieren, die angesichts der aufgelaufenen Probleme der Gesellschaft mit ihrer Wirtschaft der Operationslogik dieses Funktionssystems – und sicherlich gilt Analoges für andere Funktionssyteme wie insbesondere die Wissenschaft, die Politik oder das Gesundheitssystem – nicht ein Katastrophenszenario entgegenstellt, sondern die Zumutung reflektierter Korrektur und rationaler Selbststeuerung.

2. Logik der Produktionsfaktoren

Die allmähliche Entfaltung einer eigenständigen Logik der Ökonomie, einer wirtschaftsintern geregelten Eigengesetzlichkeit der Operationsweise, vollzog sich in Nordwesteuropa auf dem Hintergrund zweier komplementärer Bewegungen: zum einen das Verblassen der traditionellen Moral des Hauses (*oikos*) und seiner Logik der Komplementarität und Reziprozität, in welcher „wirtschaftliches" Handeln in das übergreifende Netz religiös und traditional verankerter verwandtschaftlicher Beziehungen und familialer sowie feudaler Rangunterschiede eingebettet war. Dem entsprach zum anderen ein Erstarken national definierter Gesellschaften gegenüber den traditionalen Gemeinschaften des Mittelalters. Dies macht begreiflich, warum die ersten Ausprägungen einer eigengesetzlichen Logik der Wirtschaft massive Beimischungen nationaler und gesellschaftsbezogener Komponenten enthielten. Die *Produktionsfaktoren*, welche zuerst ins Blickfeld „moderner" ökonomischer Denker gerieten, waren noch eng an traditionale Wertigkeiten der wirtschaftlichen Aspekte des Lebens angelehnt: Land und Leute.

In der ökonomischen Theorie der Physiokraten wurde *das Land* zum erstrangigen Produktionsfaktor, weil es logisch genug schien, daß eine Steigerung der Nahrungsmittelproduktion Grundlage jeder Steigerung ökonomischer Aktivitäten sein mußte (Fox-Genovese 1976). Neu daran war allerdings nicht die Entdeckung des Produktionsfaktors Land, sondern die Entdeckung der Idee der Steigerung. Damit ist ein Element der Logik der Ökonomie bezeichnet, welches sich als Entfesselung des ökonomischen Handelns von traditionalen Bindungen durchziehen wird bis zur Gegenwart in unterschiedlichen Formen einer Wachstumsideologie, die präzise der Logik funktionaler Differenzierung entspricht, indem die Einbindung aller Aspekte des Handelns in einen übergreifenden religiös-moralischen, familialen oder feudalen Zusammenhang ersetzt wird durch die Freisetzung der Eigendynamik je spezialisierter Aspekte sozialen Handelns. Für die Physiokraten bestand die Logik der Ökonomie damit in der Mehrung nutzbaren Landes, und die praktische Folge waren Anstrengungen zur Landgewinnung, sei es intern in gezielten Landentwicklungen, sei es extern in gezielten Kolonialisierungen.

Ökonomisch „moderner", wenngleich historisch ein Jahrhundert früher, war in der Theorie des Merkantilismus *die Arbeit* und mithin die Förderung der industriellen Produktion gegenüber der Landwirtschaft zum wichtigsten Produktionsfaktor erklärt worden. Bereits hier war die Idee der Steigerung zentral, und konsequenterweise waren Maßnahmen zum Bevölkerungswachstum und zur Förderung der Einwanderung von qualifizierten Arbeitern Merkmale des Merkantilismus. Moderner war der Merkantilismus in seiner ökonomischen Logik, weil er sich nicht, wie die Physiokraten, mit einer „natürlichen Ordnung" der Produktionsfaktoren und der Produkte begnügte, sondern gerade den gezielten Eingriff in die natürliche Form der Dinge, die Erzeugung von Mehrwert durch Verarbeitungsdifferenzen, zum Prinzip erhob. Dem entsprachen als praktische, wirtschaftspolitische Folge Anstrengungen zur Arbeitsgewinnung, das heißt Maßnahmen der Arbeitsteilung und der Qualifikation der Arbeitnehmer.

Erst Adam Smith, dessen Blick auf die Nationalökonomie weniger der Nation – daher seine scharfe Kritik am Merkantilismus – und mehr der Ökonomie selbst galt, stellt als dritten Produktionsfaktor eine genuin ökonomische Größe in den Mittelpunkt: *das Kapital*. Für ihn setzt sich der Preis eines Gutes aus drei Bestandteilen zusammen: dem Lohn für die Arbeit, der Rente für den Boden und dem Gewinn für das eingesetzte Kapital (Smith 1990, [1789]: 235). Aus dieser Sichtweise folgt, neben vielem anderem, die Notwendigkeit und die grundlegende Funktion einer Kapital- und Geldtheorie für ein adäquates Verständnis der modernen Ökonomie. Mit leichter Ironie könnte man sagen, daß der einzige Ökonom, der diese Zentralität ernstgenommen hat, derjenige war, der die Ökonomie als autonomes Funktionssystem der Gesellschaft abschaffen wollte, nämlich Karl Marx. Die klassische, die neoklassiche und die liberale Wirtschaftstheorie haben Schwierigkeiten mit der Geldtheorie, weil sie Preise an Bedürfnissen festmachen und nicht an der für ein gesellschaftliches Funktionssystem grundlegenden Kategorie der Kommunikation.[1]

Die Frage nach der Logik der Wirtschaft schien einfach zu sein, solange man die Produktionsfaktoren Land und Arbeit im Auge hatte. Unter der leitenden Prämisse von Wachstum und Steigerung galt es, das Land durch Landgewinnung und Nutzungsintensivierung zu mehren beziehungsweise die Arbeit durch Arbeitsteilung und Arbeitsqualifikation zu mehren. Wie aber steigert man Geld? Wie macht man aus Geld mehr Geld? Die Denkmöglichkeit einer reinen Selbstreferentialität des Geldes scheint gesellschaftsstrukturell so brisant gewesen zu sein, daß es über lange Zeit und in den verschiedensten Kulturen in Form von Wucherverboten etc. tabuisiert, jedenfalls in den Bereich des Anormalen gedrängt worden ist. Noch heute hängt den Banken als Disponenten der Selbstreferentialität des Geldes der Ruch des Amoralischen an, während sie selbst nicht beim Ruch stehengeblieben sind, sondern längst die volle Realisierung einer entmoralisierten Operationsweise des Geldes verkörpern.

Die Frage nach dem gesellschaftlichen Risiko einer Selbstreferentialität des Geldes verweist auf das Risiko jeder (selbstreferentiellen) Symbolisierung: Sie läßt sich steigern und überziehen, ohne daß die Widerständigkeit der Sachen der Dynamik einer inzestuösen Selbstverstärkung Einhalt bieten könnte. So war es bei der Amor dei, so ist es bei der Liebe der Liebe, der Macht der Macht, der Kommunikation über Kommunikation, dem Lehren des Lehrens, der Kunst für Künstler etc., und so ist es beim Kauf und Verkauf von Geld. Empirische Belege für dieses Risiko sind nicht nur der berühmte „Schwarze Freitag" des 25. 10. 1929 und der „Schwarze Montag" des 19. 10. 1987, sondern auch die inzwischen ins Unermeßliche gesteigerten täglichen Transaktionen von Buchgeldern, denen keine realen Warenströme mehr entsprechen. Ein gutes Beispiel für sukzessive Stufen der Abstraktion ist die Entwicklung des Geldes als symbolischem Medium ökonomisch spezialisierter Kommunikation: Hat es zunächst noch Gebrauchswert (Goldmünzen), dann nur noch Tauschwert (Papierscheine), so wird es heute auf Aktienmärkten, Börsen, Finanzmärkten, Zukunftsmärkten in schier beliebigen Stufen der Abstraktion gehandelt. Zu welcher Erweiterung (und Riskiertheit!) dies führt, kann ein Vergleich zwischen Bargeldumlauf und Kreditvolumen anschaulich machen:

Jahr	*1984*	*1985*	*1986*
Umlauf	109.592	114.719	123.733
Kreditvolumen	3.087.499	3.283.828	3.551.121

(Jeweils in Millionen DM. Quelle: Stat. Jahrbuch 1987: 318 ff.; die Zahlen beziehen sich auf die BRD.)

Noch um Größenordnungen höhere Volumina werden durch Devisenspekulationen und Interventionen der Notenbanken erreicht, welche nach Schätzungen mehrere hundert Milliarden Dollar *täglich* erreichen sollen. So beziffern Abo/Levinson für 1986 den Betrag des täglichen Devisenhandels auf 330 Milliarden Dollar im Vergleich zu einem Warenhandel von 5,8 Milliarden Dollar täglich. Allerdings ist die ökonomische Bedeutung des Devisenhandels reduziert, weil das meiste – nämlich über 85 Prozent – ohne große weitere Effekte zwischen Banken und Finanzorganisationen abläuft (Abo/Levinson 1988: 18).

Entscheidend ist, daß mit der Entfaltung der Ausdifferenzierung und Selbstreferentialität der Ökonomie die Logik preisorientierter Zahlungen sich durchsetzt und die Produktionsfaktoren Land und Arbeit an den Rand, das heißt in die Umwelt des Funktionssystems Ökonomie, abdrängt. Das hat neben vielem anderen die strenge Folge, daß Landnutzung und Arbeitskraft in dem Maße überflüssig und überschüssig werden können, wie die Restitution und Kontinuierung von Zahlungsfähigkeit auch unabhängig von Landnutzung und (menschlicher) Arbeit gelingt. Ökonomische „Pseudo-Aktivitäten" wie Übernahmen, Fusionen, buy-outs etc. sind ebenso Indizien dieser Entwicklung wie die graduelle Ersetzung algorithmisierbarer menschlicher Arbeitsverrichtungen durch Maschinen. Anders formuliert: Die Logik preisorientierter Zahlungen nimmt keine Rücksicht darauf – und sie *kann* es auch gar nicht –, daß Menschen arbeiten „wollen" oder Arbeit brauchen oder daß Regionen mangels produktiver Nutzung veröden. Eine selbstreferentiell gebaute Ökonomie „sieht" hierin nur Umweltirritationen. Und es müssen sehr voraussetzungsvolle Bedingungen gegeben sein, damit diese Umweltirritationen sich in den Beobachtungskriterien und Aufmerksamkeitsmustern der Ökonomie (wieder) bemerkbar machen können.

Zumindest in einer Hinsicht allerdings ist die „splendid isolation" der Ökonomie inzwischen durch eine neue, prinzipielle Abhängigkeit durchbrochen: Neben das Kapital als Produktionsfaktor drängt sich zunehmend ein Produktionsfaktor in den Vordergrund, welcher aus einer anderen Welt kommt und sich der umstandslosen Vereinnahmung durch preisorientierte Operationen widersetzt: der Produktionsfaktor Wissen. Alle technologieintensive Produktion und vor allem „High-Tech"-Produktion sowie alle wissensintensive Dienstleistungen können ihre prinzipielle Abhängigkeit von einem Wissen nicht abstreifen, welches nach anderen Kriterien und nach einer anderen Logik als der ökonomischen erzeugt wird. Zwar kann diese Produktion von Wissen (aufschlußreich für den Fall eines chemischen Labors dazu Knorr-Cetina 1984) zum Beispiel als anwendungsorientierte Forschung in Unternehmen organisiert werden; zwar stellen sich auch die Leistungen der Labors und Forschungsabteilungen der preisorientierten Konkurrenz; dennoch bleibt, daß die zunehmende Wissensabhängigkeit der ökonomischen Produktion eine Metamorphose der ökonomischen Logik erzwingt, die Robert Reich (1991: 171 ff.) in der Figur des „neuen" Unternehmers als „symbolic broker" und des (qualifizierten) „neuen" Arbeitnehmers als „symbolic analyst" treffend charakterisiert hat. Rationalität und Risiko einer Symbolisierung des Geldes als spezialisiertes Medium ökonomischer Kommunikation werden eingeholt von der Rationalität und dem Risiko einer Symbolisierung ökonomisch relevanter Produkte: Informationprozessierung, Problemerkennung, Bedürfniserfindung, Problembehandlungsstrategien, Beratung, Stylingskonzeptionen, Werbestrategien, Vermarktungsideen, Identitätsmanagement, Coaching, Lifestyleplanung, Systemtherapie, Innovationsanpassungsschulung, Interface-Modellierung ...

Bemerkenswert ist, daß die erhebliche Relevanz des neuen Produktionsfaktors „Wissen" in einer bestimmten Weise auf die klassischen Faktoren Boden und, vor allem, Arbeit ausstrahlt: Land wird unwichtiger als räumlicher Platz, bekommt aber eine gesteigerte Bedeutung als regionaler Kontext des Produzierens und Verteilens, insbesondere in der Qualität seiner Infrastruktur und der Verdichtung von qualifizierten Dienstleistungen; bezüglich Arbeit wird noch massiver als bislang der Unterschied zwischen einfacher und qualifizierter beziehungsweise hochqualifizierter Tätigkeit zentral. In einer detallierten Untersuchung dieser Frage kommt Robert Reich (1991: 25 ff. u. 81 ff.) zu dem Schluß, daß der Übergang von der „High-volume"- zur „High-value"-Produktion neue Ansprüche an die Schulung und das Fertigkeitsniveau der Arbeitnehmer stellt und deshalb die Qualität von Erziehung, Schulung, Ausbildung, Bildung, Forschung und Wissenschaft noch stärker als bislang das Niveau kollektiver Versorung und Prosperität bestimmen werden.

Gegenwärtig scheint mir offen zu sein, ob es der Logik des Kapitals gelingt, die häretische Logik der Wissensbasierung der Produktion einzubauen und zu assimilieren – so wie es etwa die katholische Kirche im Bereich ihrer Häresien meisterhaft vorexerziert hat – oder ob wir den Beginn einer bleibenden Transformation oder gar ein Schisma der ökonomischen Logik beobachten. Wir werden sehen.

Zusammengefaßt ergibt sich (für die Ebene der Gesellschaft) folgendes Tableau der wesentlichen Momente einer Logik der Produktionsfaktoren:

Ebene der Gesellschaft

Faktor	*Theorie*	*Logik*	*Folge*
Land	Physiokraten	Landmehrung	Landgewinnung; z. B.: Kolonialisierung
Arbeit	Merkantilisten	Mehrwert durch Verarbeitungsdifferenzen	Arbeitsgewinnung durch Arbeitsteilung und Qualifikation der Arbeit
Kapital	Kapital- und Geldtheorie	Mehrwert durch Zeitdifferenzen und Risikodifferenzen	Geldgewinnung durch Selbstreferenz des Geldes; Ablösung von externen Referenzen
Wissen	Infrastrukturtheorie der Wissensproduktion	Mehrwert durch Wissensbasierung und Wissensdifferenzen	Wissengewinnung durch Forschungsabhängigkeit der Produkte und der Produktion

3. Kontextuelle Einbindung der Ökonomie

Im Prinzip, hatte ich eingangs gesagt, werden die anderen Funktionssysteme einer differenzierten Gesellschaft blind gegenüber der Spezifik ökonomischer Operationen und interessieren sich nur noch für die externalisierbare Leistung, nicht mehr aber für die interne Logik der Ökonomie. Umgekehrt, so haben wir nun gesehen, gehorcht die Ökonomie mit den Entwicklungsschüben der Neuzeit und der damit einhergehenden Modernisierung der demokratischen, industrialisierten Länder zunehmend ihrer eigenen Logik – einer Logik, die durch den Primat des Mediums *Geld* eine Logik der Kontinuierung und Steigerung der Möglichkeiten von *Zahlungen* ist (ausführlich dazu Luhmann 1988: bes. 43 ff.; Baecker 1988: bes. 96 ff.). Erst in der Gegenwart wird diese Logik zwar keineswegs außer Kraft gesetzt, aber doch überlagert von der systemfremden Logik einer Wissensbasierung aller wesentlichen Wertschöpfungsstufen der Produktion und darüber hinaus auch noch der Funktionsweise von Finanzierungsinstrumenten und -strategien. Angesichts dieser Steigerung wechselseitiger *Indifferenzen* zwischen Ökonomie einerseits und anderen gesellschaftlichen Teilsystemen – etwa Politik, Erziehung, Gesundheit oder Kunst – andererseits ist die Frage unausweichlich, wie die für die Koordination des Ganzen von Gesellschaft minimal notwendige Einbindung der Ökonomie gelingen kann. Daß sie bislang nicht hinreichend gelingt, zeigt auf der einen Seite die aus der Operationsweise der Ökonomie folgende dramatische Zerstörung jener Komponenten der natürlichen Umwelt, welche (noch) nicht in adäquaten Preiskategorien begriffen und behandelt werden; und zeigt auf der anderen Seite etwa die mangelnde Sensibilität politischer Interventionen in die Ökonomie oder die mangelnde Responsivität des Erziehungs- und Ausbildungssystems auf schnell sich wandelnde Anforderungen der dezentral und teamförmig organisierten modernen Produktionsformen (Peters 1989: 195 ff.; Reich 1991).

Unsere vorausgegangene Analyse der historisch unterschiedlichen Leitfaktoren der Operationslogik der Ökonomie kann uns nun helfen, die unterschiedlichen Möglichkeiten der kontextuellen Einbindung der Ökonomie auf ihre je unterschiedliche Operationslogik zu beziehen. Solange die Expansion und (regionale, sektorale oder nationale) Wettbewerbsfähigkeit der Ökonomie vornehmlich von den Faktoren Land oder Arbeit abhing, war eine politische Steuerung der Ökonomie über Landgewinnung oder über Programme der Arbeitsqualifizierung, Schulung und Ausbildung möglich. Dagegen entzog sich die Ökonomie einer solchen direkten Beeinflussung mit der zunehmenden Bedeutung von Geld und Zahlungsoperationen als *internen Referenzparametern* des ökonomischen Handelns. Jegliche externe Intervention wurde als Störung und Verzerrung der autonomen Funktionsweise der Ökonomie gewertet, soweit sie nicht, wie etwa Kartellregeln, gerade der Ermöglichung des Wettbewerbs selbst diente. Im Ordo-Liberalismus und im Ökonomiemodell der „Chicago boys" galt nur das als ökonomisch valide, was sich auf dem Markt durchsetzte, und galt das „Entdeckungsverfahren Markt" (F. v. Hayek) bereits als ausreichendes Modell der Selbststeuerung der Ökonomie.

Allerdings gibt es keinen Grund, die Leistung dieser auf Selbstreferenz und Selbstorganisation beruhenden Operationsweise der Ökonomie gering zu schätzen. Sie ermöglichte eine Eigendynamik, Innovativität und Produktivität moderner „westlicher" Ökonomien, die wohl erst heute aus dem Vergleich mit dem leidvollen Konkurs des Modells einer politisch abhängigen, sozialistischen Ökonomie adäquat eingeschätzt werden kann. Meine Vermutung ist dennoch, daß Idee und Realität einer autonomen, operativ geschlossenen und selbstreferentiell sich steuernden Ökonomie ihren Zenith überschritten haben. Kernpunkt der gegenwärtigen Veränderungen ist, wie oben ausgeführt, die Wissensabhängigkeit eines nicht mehr vernachlässigbaren Anteils der neuen Produkte, Produktionsverfahren, Dienstleistungen und Finanzierungsinstrumente. Sicherlich war auch bislang wirtschaftliches Produzieren nicht ohne Wissen möglich. Aber es war ein Wissen, das in Schule und Berufsausbildung langfristig erworben wurde und langfristig angewendet werden konnte. Heute diffundiert die Wissensabhängigkeit in alle Phasen des Produktionszyklus, von der Idee eines neuen Produktes bis zum Recycling der Restbestandteile. Zugleich ändert sich das Tempo der Veränderung der Wissensbasis so, daß eine kontinuierliche Revision der Wissenskomponeten der Produktion unumgänglich ist. Damit aber werden Erzeugung, Anwendung und Revision von Wissenskomponenten zum integralen Bestandteil des unternehmerisch-ökonomischen Handelns.

In *sachlicher* Hinsicht findet dies seinen Ausdruck etwa in der Definition von „High-Tech"-Produkten. Sie sind dadurch charakterisiert, daß ein verhältnismäßig hoher Teil (20 bis 25%) der Produktkosten durch die notwendigen Forschungs- und Entwicklungskosten verursacht sind. Wichtiger sind aber inzwischen die enormen Forschungs- und Entwicklungskosten bestimmter Kerntechnologien (wie etwa neue Speicherchips, neue integrierte Schaltungen und ähnliches), welche nur unter ganz besonderen Bedingungen überhaupt über das Produkt selbst amortisiert werden können. Die zentrale Frage ist hier, wer in welchen Hinsichten und in welcher Form für diese Forschungs- und Entwicklungskosten aufkommen kann und soll.

In *sozialer* Hinsicht verändern sich die Kontextbedingungen des unternehmerischen Handelns durch den massiven und kontinuierlichen Bedarf an „Personalentwicklung" als Ausdruck der laufenden Veränderung der personalen Wissensbasis der organisierten Arbeit sowie an „Organisationsentwicklung" (dazu informativ Wimmer 1992) als Ausdruck der tiefgreifenden Veränderungen der Organisationsformen, in denen heute eine hochspezialisierte und hochkomplexe Arbeitsteilung konkurrenzfähig geordnet werden muß. In einer etwas dramatischen Formulierung sagt der *IBM*-

Personalentwickler Jürgen Fuchs: „Heute aber, in der sich entwickelnden Dienstleistungs-, Kommunikations- und Informationsgesellschaft, wird das Know-how zum entscheidenden knappen Gut: der Mensch mit seiner fachlichen und persönlichen Kompetenz. Die Macht des Kapitals wird abgelöst durch die Macht des Know-how. Und die neuen Machthaber sind die Know-how-Träger." (Fuchs 1992: 21).

Vielleicht am nachhaltigsten allerdings verändert sich unternehmerisches Handeln aufgrund der Wissensabhängigkeit der Produktion in der *zeitlichen Dimension.* Wissensintensive Produktion braucht mehr Entwicklungszeit und längere Zeitperspektiven für unternehmerische Strategien: Nachdem *Sony* die (amerikanische) Firma *Materials Research* gekauft hatte, fühlte sich deren amerikanischer Präsident endlich frei, langfristige Forschung zu betreiben: „ ,I'm no longer concerned with quarterly profits', he said, with great relief. ,I can think of projects that take two years. It's a wonderful way to live.'" (zit. in Reich 1991: 151). Oder: Der Präsident von *Genentech*, immerhin die größte amerikanische Biotechnologiefirma, sagte, nachdem die Firma von *Roche Holdings* (Schweiz) gekauft worden war: „We have so much we want to do. The quarterly pressures of the stock market, though real and understandable, inevitably inhibit the brain trust here on this 30 acres." (*Wall Street Journal* 5. Feb. 1990: A 3). Da aber gleichzeitig im internationalen Konkurrenzkampf der Zeitdruck steigt, kommt es zu ganz neuen Formen des „Parallelprozessierens" von Forschung, Design und Entwicklung, Erprobung und Produktionsvorbereitung, welche gegenwärtig etwa in der Autoindustrie dazu führen, daß im Vergleich zu Europa ein neues Modell in Japan in der Hälfte der Zeit entwickelt und auch in der Hälfte der Arbeitsstunden produziert wird (Daten hierzu bei Linden 1991: 134 ff.).

Aus all dem möchte ich den etwas paradoxen Schluß ziehen, daß die kontextuelle Einbindung der Ökonomie in ihrer post-fordistischen, posttayloristischen und posthierarchischen Entwicklungsstufe über den Hebel der Wissensabhängigkeit der Produktion zwar bessere Ansatzpunkte hat als bei einer Ökonomie, deren Operationslogik ausschließlich vom selbstreferentiellen Verweisungszusammenhang preisorientierter Geldzahlungen geprägt ist; zugleich aber ist diese kontextuelle Einbindung außerordentlich schwierig und prekär, weil sie nicht in gewohnter staatlicher Interventionsmanier über autoritative Weisungen, Gesetze, Richtlinien et cetera gelingen kann, sondern nur über aufwendige diskursive Abstimmungsprozesse zwischen Politik, Wissenschaft und Ökonomie, in denen keines der gesellschaftlichen Funktionssysteme eine Vorrangstellung beanspruchen kann (ausführlich dazu Willke 1992, Kap. 3 und 4). Ob die gesellschaftlichen und korporativen Akteure in den beteiligten Funktionssystemen moderner Gesellschaften die Einsicht und Weitsicht für die Etablierung der für diesen Diskurs notwendigen Verhandlungssysteme aufbringen werden, hängt weniger vom guten Willen ab, als vom Problemdruck, den eine auf die schiefe Bahn geratene Ökonomie in ihrer Gesellschaft erzeugt.

Anmerkungen:

1 Prägnant dazu Baecker (1988: 97): „Das Geld bereitet der ökonomischen Theorie Schwierigkeiten ... Es fällt der ökonomischen Theorie schwer, aus dieser Grunderkenntnis (hier: der zirkulären Charakteristik der Geltung des Geldes) von Carl Menger bis Robert E. Lucas eine Geldtheorie zu gewinnen, weil sie theoretisch nur formulieren kann, was sich auf das Axiom individueller Bedürfnisbefriedigung zurückführen läßt. Sie versperrt sich mit diesem Axiom den analytischen Zugang zur Systemebene der Wirtschaft und kann daher Fragen wie jene nach dem Zusammenhang von Finanztheorie, Geldtheorie und Makrotheorie nicht beantworten."

Literatur:

Aho, M. u. M. Levinson (1988): The Economy after Reagan. *Foreign Affairs* 67 (2): 10-25.

Alber, J. (1989): Der Sozialstaat in der Bundesrepublik 1950-1983. Frankfurt/ New York (Campus).

Baecker, D. (1988): Information und Risiko in der Marktwirtschaft. Frankfurt (Suhrkamp).

Beck, U. (1988): Gegengifte. Die organisierte Unverantwortlichkeit. Frankfurt (Suhrkamp).

Beck, U. (1991): Der Konflikt der zwei Modernen. In: W. Zapf (Hrsg.): Die Modernisierung moderner Gesellschaften. Verhandlungen des 25. Deutschen Soziologentags in Frankfurt am Main, 1990. Frankfurt/New York (Campus). 40-53.

Berger, J. (1991): Entdifferenzierung als Perspektive für Marktwirtschaften? In: W. Zapf (Hrsg.): Die Modernisierung moderner Gesellschaften. Verhandlungen des 25. Deutschen Soziologentags in Frankfurt am Main 1990. Frankfurt/New York (Campus). 233-247.

Buß, E. (1983): Markt und Gesellschaft. Berlin (Duncker & Humblot).

Driver, S. u. S. Streufert (1969): Integrative Complexity: An Approach to Individuals and Groups as Information-processing Systems. *Administrative Science Quarterly* 14: 272-285.

Flora, P. u. a. (1977): Zur Entwicklung der westeuropäischen Wohlfahrtsstaaten. *Politische Vierteljahresschrift* 18: 707-772.

Foerster v., H. (1984): Principles of Self-Organization – In a Socio-Managerial Context. In: H. Ulrich a. G. Probst (eds.): Self-Organization and Management of Social Systems. Berlin et al. (Springer). 2-24.

Fox-Genovese, E. (1976): The Origins of Physiocracy. Ithaka, NY.

Fuchs, J. (1992): Vom Taylorismus zum Organismus – Wie Unternehmen leben lernen. *IBM Nachrichten* 42, H. 308: 14-23.

Linden, F. (1991): Der Durchbruch. *manager magazin* 10/1991: 132-141.

Luhmann, N. (1988): Die Wirtschaft der Gesellschaft. Frankfurt (Suhrkamp).

Peters, T. (1989) (1987): Thriving on Chaos. Handbook for a Management Revolution. London (Pan Books).

Reich, R. (1991): The Work of Nations. Preparing ourselves for the 21st Century Capitalism. New York (Knopf).

Rorty, R. (1989): Kontingenz, Ironie und Solidarität. Frankfurt (Suhrkamp).

Scholz, F. (1982): Freiheit als Indifferenz. Alteuropäische Probleme mit der Systemtheorie Niklas Luhmanns. Frankfurt (Suhrkamp).

Smith, A. (1990), (1789): Der Wohlstand der Nationen. Übertr. und hrg. v. Horst Recktenwald. 5. Auflg. München (dtv).

Streufert, S. (1990): Zur Simulation komplexer Entscheidungen. In: R. Fisch u. M. Boos (Hrsg): Vom Umgang mit Komplexität in Organisationen. Konzepte – Fallbeispiele – Strategien. Konstanz (Universitätsverlag Konstanz).

Wilensky, H. (1975): The Welfare State and Equality. Berkeley (UC Press).

Willke, H. (1992): Ironie des Staates. Grundlinien einer Theorie des Staates polyzentrischer Gesellschaft. Frankfurt (Suhrkamp).

Wimmer, R. (1992): Der systemische Ansatz – mehr als eine Modeerscheinung? In: Managerie. 1. Jahrbuch. Systemisches Denken und Handeln im Management. Heidelberg (Auer). S. 70-104.

Lernende Organisation . . .

UNTERNEHMENSENTWICKLUNG ALS LERNPROZEẞ: ROBUSTE SCHRITTE ZUR LERNENDEN ORGANISATION WAGEN

„... Learning has become the key developable and tradable commodity of an organization."
IBM-Executive

Die traurige Bilanz klassischer Lernprozesse in Organisationen: Dominant, aber tot

Konzepte wie auch Realisierungsformen einer lernenden Organisation stekken in den Kinderschuhen. Klassische Beratungsgesellschaften beziehungsweise die wissenschaftliche Welt und hier insbesondere die Lehrstühle der Betriebswirtschaft schenken den rationalen und strukturierten Formen des Lernens und Entwickelns von Organisationen und Individuen weit mehr Aufmerksamkeit als den schwer faßbaren, vordergründig ungeordneten und natürlichen Entwicklungsprozessen. Die Welt der Pädagogen, Strategen, Personalentwickler, Trainer und Planer in Unternehmen und Institutionen, die qua Profession und Funktion mit Prozessen dieser Art zu tun haben, sie alle wissen häufig um die Unstimmigkeit zwischen Theorie und Praxis bzw. zwischen Intellekt und Realität, doch scheinen sie sich damit zu einem guten Teil und in unterschiedlichster Form arrangiert zu haben. Die einen beschränken sich auf Personen- oder Persönlichkeitsentwicklung, die anderen verstehen sich als reine Unternehmensentwickler. Oder externe Berater prägen die Strategie- und Strukturentwicklung, während die internen den Vollzug beziehungsweise die kulturellen Aufräumungsarbeiten gestalten. Oder die Internen fristen ein geduldetes Dasein als Stabsbereiche am Rand der Unternehmensentwicklung.

Führungskräfte in Organisationen – häufig unbeleckt bzw. nicht (mehr) beeinflußt von Theoriekonzepten – operieren im guten Sinne eher naiv im Gang der Dinge beziehungsweise schwimmen im Fluß der Ereignisse.

Provokativ formuliert lassen sich folgende zehn Passivposten einer Bilanz klassischer Lern- und Entwicklungsprozesse formulieren:

- Sie werden häufig von Linienmanagern ironisch belächelt („Mauerblümchen-Dasein" bzw. „Ferienverschickung");
- Lernen ist losgelöst von wirklichen „Entscheidungsarenen";
- Personalentwicklung hinkt oft einen Schritt hinter echtem Wandel

hinterher; zeitkritische Handlungsfelder werden verschlafen (z. B. Pre- und Post-Akquisitions- und Mergerprozesse, Lean-Management);
- Permanenz und Intensität der Informationsexplosion haben traditionelle Lernformen (fünftägige Führungsseminare zum „richtigen Führen") obsolet werden lassen;
- Praxisferne der Lerninhalte und mangelnde Übertragbarkeit des Gelernten (Simulation vs. Realität);
- nach wie vor Geheimdiplomatie, Kronprinzentum bzw. Bereichsegoismus bei Beförderungen oder/und Rotationen („homosoziale Reproduktion" als Blockade gegen Wandel);
- Omnipotenzphantasien und -systeme der Personaler beziehungsweise Kastration des Linienmanagements durch die Systeme;
- Innovation und *Management of Change* als Thema weniger „Eggheads" bzw. der Stäbe und der externen Berater;
- Personalentwicklung ist eher Sozialisations- bzw. Verformungsinstanz für Personal als Entwicklungsbeitrag für selbstbewußte Persönlichkeiten in Organisationen;
- Immunsystem („Kultur") Organisation verhindert Änderungsprozesse („Individualisierungsirrtum", Kommunikationspathologien, strukturelle Blockaden für Veränderung).

Die lernende Organisation sucht diese unterschiedlichen Welten der Strategie-, Struktur- und Kulturentwicklung – Intuition und Ratio, Chaos und Ordnung, Geist und Handlung, Macht und Sinngebung, Arbeit und Lernen, Entwicklung und Stabilität, Personal und Persönlichkeit, Individuum und Organisation, Vision und Realität – zu überbrücken und zu verknüpfen. Fortschrittliche Personalentwicklung könnte dazu fruchtbare Beiträge stiften. Dies soll in sechs Thesen skizziert werden.

These 1: Die lernende Organisation ist sehr viel mehr und etwas anderes als nur Personalentwicklung: Das Lernen in und von Organisationen aus den Fesseln befreien.

Wie stellen Organisationen sicher, daß sie nicht nur als umweltoffene Systeme in einer turbulenten, oft feindlichen Umwelt überleben, sondern über die Überlebensfähigkeit hinaus Fortschrittsfähigkeit unter Beweis stellen und die Fähigkeit zur Selbsttransformation aufbringen? Die Antwortfähigkeit auf sich wandelnde Interessen und Bedürfnisse der „stakeholders", die Handlungsfähigkeit zur Bedürfnisbefriedigung sowie die permanente Lernfähigkeit, und zwar nicht einzelner, sondern der gesamten Organisation, sind drei Schlüsselfähigkeiten dafür (vgl. Pautzke 1989: 179). Diese „Metaqualifikationen" erfordern und sind *eo ipso* eine andere Qualität von

Lernen der Organisation beziehungsweise in der Organisation. Wichtige Merkmale sind im folgenden kurz skizziert.

Unternehmens- und Personalentwicklung sind zwei Seiten einer Medaille: Unternehmensentwicklung ist Lernprozeß

Personalentwicklung kann heute nicht mehr losgelöst gesehen werden von strategiegeleiteter Unternehmensentwicklung. Personalentwicklung und Personalstrategien folgen den Unternehmensstrategien und umgekehrt mit dem Ziel integrierter Personal- und Unternehmensentwicklung (Abb. 1 in Anlehnung an Hilb 1991: 75).

Unternehmensentwicklung als Lernprozeß basiert auf drei essentiell wichtigen Faktoren: Kommunikation, Kohäsion und Flexibilität (Kerr/Jackofsky 1989: 159 f., Sattelberger 1991: 17 f.), zu denen eine fortschrittliche Personalentwicklung Beiträge liefert.

Kommunikation stellt sicher, daß alle Managementebenen und insbesondere das Topmanagement die „schwachen Signale" zu Chancen und Risiken der Unternehmensentwicklung frühzeitig wahrnehmen, daß die Vision „top-down", Vorschläge und neue Informationen, „bottom-up" und strategische Interpretationen und Aktionsideen quer durch die Organisation kommuniziert werden. Klassische Personalentwicklung erschließt dabei noch in zu geringem Maße die erforderlichen Kommunikationskanäle und informellen Organisationsstrukturen und fördert nur unzureichend interne Partnerschaften als Netzwerke der Problemlösung und der Kommunikation. Vor allem aber ist die strategieentwickelnde und -umsetzende Kommunikation, die zu Integration bei der Strategieformulierung sowie zu Verständnis, rascher Akzeptanz und commitment für Strategie führt, zu fördern.

Flexibilität ist wichtig, um im Kontext einer „emergent strategy" (Mintzberg 1987: 68 f.) rasch eine hohe Bandbreite möglicher Antworten auf Diskontinuitäten zu entwickeln und zu realisieren. Die Schaffung eines Pools beziehungsweise Überhangs an flexibel einsetzbaren Managementressourcen zur Erhöhung des eigenen Dispositionsspielraumes bleibt allerdings aufgrund der überwiegend korrektiven und somit gegenwartsbezogenen Ausrichtung klassischer Personalentwicklung häufig fraglich, was durch eine derzeit noch überbetonte Aufgaben- und Spezialistenorientierung bei Förderung und Entwicklung noch verstärkt wird. Hier steuert eine Personalentwicklung, die sich mit der Unternehmensentwicklung verzahnt, gegen.

Kohäsion als dritter Faktor ist der „emotionale Klebstoff" im Managementteam, der dazu beiträgt, daß sich aus den chaotisch evolutionären, fragmentierten und größtenteils intuitiven Versuchs-Irrtums-Phasen der Unternehmensentwicklung heraus, quasi in Form einer Koalition, gemeinsames Verständnis und Konsens entwickelt.

Entwicklungsstufen der Personalentwicklung

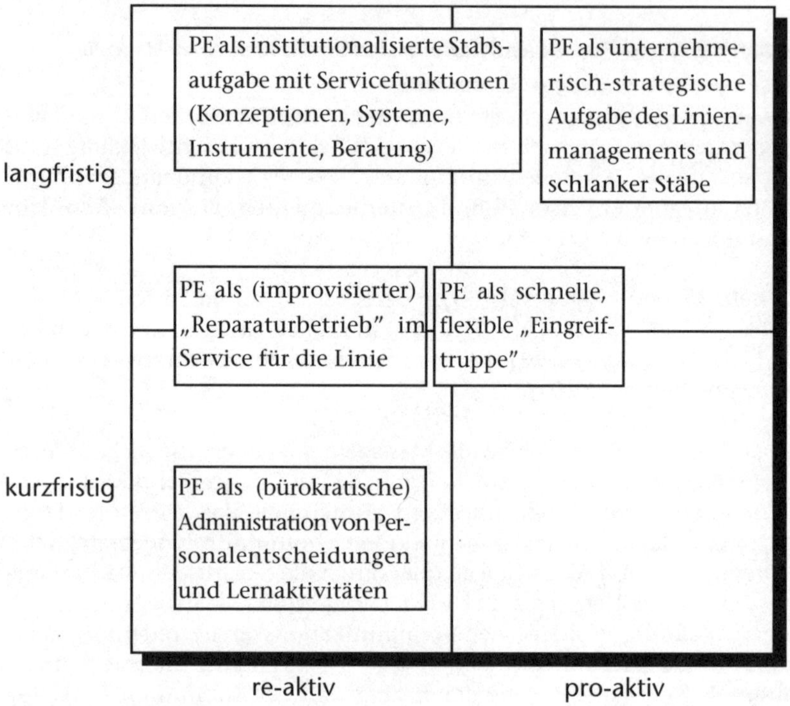

Abb. 1

In einem mehr klassisch-methodischen Sinne verstehe ich den Beitrag der Personalentwicklung zur Unternehmensentwicklung als Gestaltung und Implementierung einer integrierten Auswahl- und Fördersystematik mit spezifischen Teilfunktionen (in Anlehnung an Kerr/Jackofsky 1989: 161ff.), wie sie in Abbildung 2 wiedergegeben und später teilweise in den dargestellten Praxisbeispielen aufgegriffen werden.

- Die *Entwicklungsplanung* als das systematische Management von Mustern der Mobilität und Rotation in einem Unternehmen trägt dazu bei, Bewußtsein über funktionale und divisionale Zusammenhänge sowie über die Konsequenzen eigener strategischer Entscheidungen auf andere Organisationseinheiten zu schaffen – also General-Management-Kompetenz.
- *Helfende Beziehungen* und insbesondere das Mentorentum (unter Mentorentum wird die persönliche Förderung und Unterstützung

junger Potentialträger durch hochrangige und erfahrene Führungskräfte verstanden) als langfristige, strategische Entwicklungsbeziehung erleichtern einerseits das Verständnis für Mikropolitik, Sozialisationsprozesse und Funktionsweisen des Unternehmens, andererseits erhält der geförderte Potentialträger die nötige Machtbasis und Glaubwürdigkeit, um Hilfe und Ressourcen der Organisation für sich und die Erreichung wichtiger Ziele zu gewinnen.

- Unternehmensspezifische und -übergreifende *Management-Development- und Trainingsprogramme* tragen dazu bei, daß strategische und andere Managementqualifikationen beziehungsweise -kompetenzen entwickelt und vertieft werden und Nachwuchs auf unterschiedlichste Positionen und Funktionen in der richtigen Qualität herangebildet wird.

- Das Vorhandensein von *Anforderungsprofilen* beziehungsweise Eignungskriterien stellt ein Korrektiv gegenüber der produktiven Subjektivität, aber auch der dysfunktionalen Einseitigkeit mikropolitisch begründeter Auswahlentscheidungen im Rahmen von Seilschaften, politischen Allianzen und kollegialen Netzwerken dar.

- Prozesse der *Potentialschätzung und Auswahl* mittels solcher Anforderungsprofile fördern nicht nur den „fit" zwischen den Talenten von Managern und den strategischen Bedarfen eines Unternehmens, sondern auch die organisatorische Flexibilität durch die Erschließung von und den Zugang zu einem viel größeren Pool an Managementtalenten und damit auch die schnellere Realisierung neuer Strategien und Geschäfte.

Ein solches mehr oder – hoffentlich – weniger formalisiertes System der Personalentwicklung (wie es auch der *Daimler-Benz*-Konzern mit jährlichem Führungsgespräch, Potentialeinschätzung im Zweijahresturnus anhand definierter Anforderungsmerkmale, einem System der Nachfolge- beziehungsweise Entwicklungsplanung sowie einer relativ umfassenden Systematik an Förderprogrammen unter Einbindung von Führungskräften als Coaches besitzt) ist heute Standard in Spitzenunternehmen. Es garantiert Mitgliedschaft („membership"), aber noch lange nicht Führerschaft („leadership") im Club exzellenter Unternehmen. Denn entscheidend dafür, daß Personalentwicklung ein schwer kopierbarer strategischer Erfolgsfaktor ist, sind nicht nur die richtigen Träger („Wer") und die „State-of-the-art"-Systeme („Wie") der Personalentwicklung, sondern eben die Ausrichtung an den inhaltlichen Herausforderungen der strategischen, strukturellen und kulturellen Entwicklungsprozesse („Wohin") des Unternehmens als den drei Grundpfeilern der Unternehmensentwicklung. Hinter diesen Aussagen steht aber auch eine

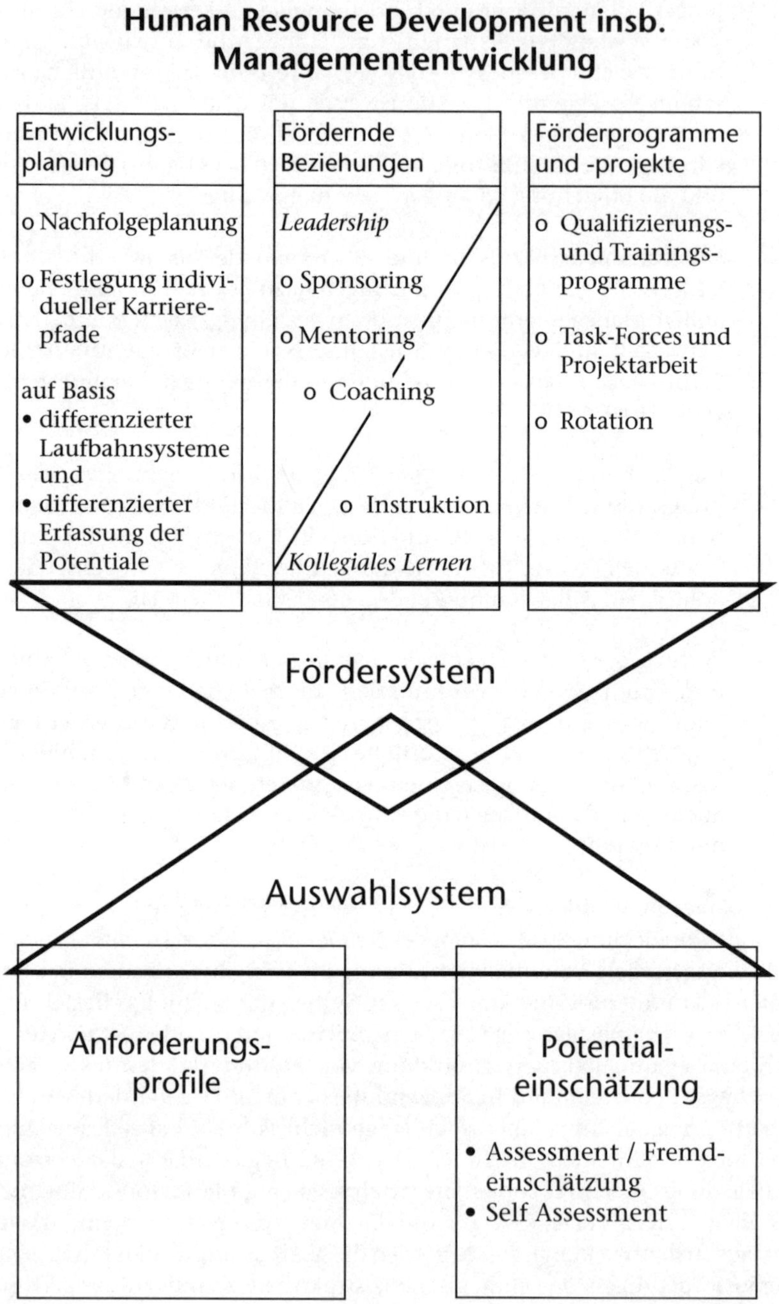
Human Resource Development insb.
Managemententwicklung
Entwicklungs-planung
o Nachfolgeplanung
o Festlegung individueller Karrierepfade
auf Basis
• differenzierter Laufbahnsysteme und
• differenzierter Erfassung der Potentiale
Fördernde Beziehungen
Leadership
o Sponsoring
o Mentoring
o Coaching
o Instruktion
Kollegiales Lernen
Förderprogramme und -projekte
o Qualifizierungs- und Trainingsprogramme
o Task-Forces und Projektarbeit
o Rotation
Fördersystem
Auswahlsystem
Anforderungs-profile
Potential-einschätzung
• Assessment / Fremdeinschätzung
• Self Assessment

Abb. 2

veränderte Sicht auf Wertschöpfung und Kernfähigkeiten der Funktion Personalentwicklung (vgl. Abb. 3).

Planung als institutionalisierter Lernprozeß versus Plänemachen

Die strategische Planungsphilosophie des früheren Planungsdirektors von *Shell*, de Geus (1988), verfolgt ähnliche Denkansätze. Er definiert Planung als einen in die Unternehmensentwicklung inkorporierten, institutionellen Lernprozeß (siehe auch These 4). Seine Kernthesen sind folgende:

- Das Lernniveau von Managementteams liegt normalerweise beträchtlich unter dem des individuellen Managers, und die Reaktionszeit eines Unternehmens ist vergleichbar der eines Ozeanriesen. Beispielsweise existierten 1983 ein Drittel der *Fortune-500*-Unternehmen des Jahres1970 nicht mehr, und auf jeden erfolgreichen „Turn-around" kamen zwei Unternehmen, die sich nicht erholten. Andere Untersuchungen zeigen, daß 143 (ca. 29 %) der *Fortune-500*-Unternehmen des Jahres 1983 heute nicht mehr existieren (*Blick durch die Wirtschaft*, 13. März 1992: 1) beziehungsweise daß von den 500 Unternehmensgründungen der USA in den „heißen" Jahren 1961/62 nach 20 Jahren

  - 12 Prozent verschwunden,
  - 41 Prozent bankrott,
  - 25 Prozent in den roten Zahlen,
  - 20 Prozent noch im Geschäft,
  - 2 Prozent ein voller Erfolg

  waren (B. J. Quinn: Amos Tuck School of Business, Dartmouth College). Und von den 43 exzellenten Unternehmen des Managementbestsellers „In Search of Excellence" (Peters/Watermann 1981) verdienten 1986 nur noch 14 Unternehmen dieses Prädikat, 8 waren in Schwierigkeiten.
- Gesundes Überleben bedeutet das Erkennen von und das Reagieren auf Umweltveränderungen vor dem „Schmerz der Krise".
- Die Frage ist also nicht, ob ein Unternehmen lernt, sondern ob es frühzeitiger, schneller und besser als die Wettbewerber lernt.
- Dies erfordert ein institutionalisiertes Organisationslernen als Prozeß, in dem Managementteams ihre kollektiven mentalen Modelle über Unternehmen, Märkte und Wettbewerber verändern.
- Dies impliziert ein verändertes Verständnis von Planung. Der wirkliche Zweck effektiver Planung ist nicht das Machen von Plänen, sondern das schnelle Ändern mentaler Modelle in den Köpfen der Entscheidungsteams (Planung als Lernprozeß).

Kernfähigkeiten der Personalentwicklung

... klassische

- Talente entdecken bzw. die „richtigen Leute" finden (bester Kenner der Mitarbeiter)
- Fähigkeiten diagnostizieren und entwickeln
- Entwicklungsprozesse von Individuen, Teams und Organisationseinheiten beobachten, reflektieren und begleiten
- informelle menschliche Netzwerke ermöglichen („kurze Drähte")

... neu dazukommende

- horizontale, diagonale und vertikale Kommunikationsnetzwerke zwischen Menschen, Funktionen, Bereichen, Konzerneinheiten sowie zu anderen Organisationen bzw. zur Umwelt schaffen
- Nutzung von Verbundvorteilen durch Makeln von Menschen und Informationen (zu Technologie, Markt, Produkt, Umwelt etc.)
- Braintrust und Frühwarnsystem zu Sozial-, Kultur- und Umweltfragen
- Kultur formen und Sinn stiften

Abb. 3

Lernen mit Tiefenniveau im magischen Dreieck vonStrategie, Struktur und Kultur versus Oberflächenveredelung

Prozesse der Selbsttransformation und die Entwicklung derartiger Schlüsselfähigkeiten sind mehr als nur „kosmetische Veredelungs- bzw. Justierungsprozesse“ an der Oberfläche der Organisation. Es geht eine Ebene tiefer um Prozesse der Strategieentwicklung, der Strukturgestaltung, der (Weiter-) Entwicklung von Markt-, Kunden und Umweltbeziehungen sowie der Gestaltung von Anreizsystemen, und noch grundsätzlicher um die generellen Regelsysteme der Organisation bei Problemlösung und Entscheidung, um die „Weltbilder“ bzw. „organizational maps“, also um Unternehmenskultur, die implizit und meist unsichtbar Lernen und Handeln prägt, fördert beziehungsweise blockiert: und dies unter dem Aspekt der Beeinflussung und Nutzung für Lernprozesse.

Im Kontext der Trilogie von Strategie, Struktur und Kultur scheint es zunehmend müßig zu debattieren, ob die Glaubensregel „structure follows strategy“ gilt, ob andererseits nicht Struktur die Strategie oft und faktisch bestimmt beziehungsweise inwiefern nicht Unternehmenskultur als „community of assumptions“ prägend auf die beiden anderen Größen einwirkt oder ob Strukturen nicht doch gewissermaßen zeitunabhängige Gefäßsysteme und Monumente („Kathedralen“) bezogen auf den Lebenszyklus einer Organisation sind, die über die Zeit hinweg mit unterschiedlichen Inhalten gefüllt werden. Innerhalb dieses magischen Dreiecks beeinflußt ein Element jeweils auch die beiden anderen. Und Lern- und Veränderungsprozesse an einem Punkt greifen auf das Gesamtsystem (Abb. 4) über.

Lernen und Arbeiten als natürliche Einheit versus tayloristische Trennung

Ausgehend von einem Drei-Phasen-Modell (Pionier-, Differenzierungs- und Integrationsphase) trennt Personalentwicklung in der Differenzierungsphase einer Organisation Lernen und Arbeiten bzw. Lern- und Arbeitsorganisation. Integrative Personalentwicklung sucht nach Formen der Verzahnung von Lernen und Arbeiten zum Beispiel durch Task-forces oder Projekte. Eine konsequente Fortführung dieser Verzahnung führt

- zu strategischen, strukturellen oder kulturellen Korridorthemen, die inhaltliches Fundament beispielsweise des Projektlernens sind;
- zur Auswahl, Qualifizierung und Förderung von Führungskräften aus der Linie, die diese Projektarbeit begleiten;
- zu neuer Rollendefinition des Managers als Coach der Mitarbeiter und der Nachwuchskräfte sowie des Personalentwicklers als Consultant des Managers.

Lernen in der Triade von Strategie, Struktur und Kultur als den drei Pfeilern der Unternehmensentwicklung

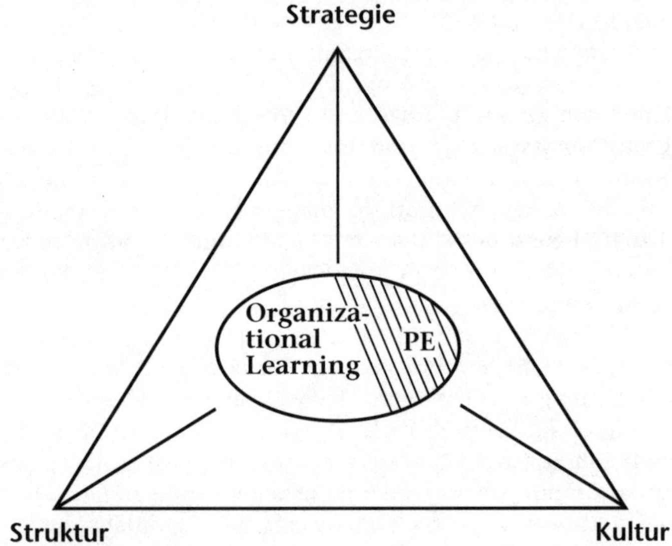

Abb. 4

Coaching durch die Linie positioniert sich dabei als wichtiges Element fortschrittlicher Konzepte der Personalentwicklung, deren Fundament nicht Klassenzimmerlernen, sondern unternehmerisches Projektlernen für Spitzennachwuchs ist, das durch Sponsoren und Coaches unterstützt wird. Hier findet eine erste Verzahnung von Lern- und Arbeitsorganisation statt, verbunden mit einer Reintegration von Lernen, Fördern und Entwickeln in das Linienmanagement und das Tagesgeschäft (vgl. dazu Sattelberger 1989 b: 15 ff.). Diese Betrachtung gilt natürlich auch für die fachliche Qualifizierung, in deren Rahmen zunehmend die Tendenz zu betrachten ist, daß Spezialisten durch Multiplikatorenkonzepte zu Instruktoren von Kollegen und Mitarbeitern ausgebildet werden, zum Teil unterstützt durch standardisierte Informations- und Wissensprogramme. Gerade die rasante Verkürzung der Halbwertzeit des Fachwissens erfordert praxis- und projekterfahrene Lehrer für das Lernen „im Feld", schnelle, flexible und pragmatische Betreuung „vor Ort", Instruktoren mit „globalem" Denken und lokaler Handlungsorientierung. Nur durch eine Verbreiterung der Basis an dezentralen Wissensvermittlern wird es gelingen, große Mengen neuen Wissens bei knappen Ressourcen und in kurzer Zeit in der Organisation umzuwälzen.

These 2: Innovative, lernende Organisationen brauchen unternehmerische Persönlichkeiten, kein sozialisiertes Personal

Eingebettet in und verzahnt mit dem organisatorischen Transformationsprozeß ist der individuelle Lern- und Entwicklungsprozeß der Organisationsmitglieder, wobei der Begriff „Personalentwicklung" dafür zu kurz greift. Dieser Begriff erfaßt den Entwicklungsprozeß ausschließlich als fremdbestimmt und charakterisiert die von dem Entwicklungsprozeß Betroffenen nur in ihrer Funktion als Rollenträger („Personal"). Gemeint ist aber ein wechselseitiger Interaktionsprozeß, der sowohl eher fremdgesteuerte Sozialisationsaspekte wie auch selbstgesteuerte Individuationsaspekte umfaßt (vgl. Sattelberger 1980: 38 ff. sowie Scharmann 1974: 7) und als Prozeß der Persönlichkeitsentwicklung in einer Organisation beschrieben werden kann.

Lernen hat seinen Fokus in der Regel entweder an der Aufgabe oder aber an der Persönlichkeit des Lernenden und vollzieht sich in Zeithorizonten unterschiedlicher Fristigkeit (vgl. Hall 1986: 235 ff.).

- Aufgabenbezogenes Lernen unter kurzfristigen Zeitspannen hat meistens die Verbesserung arbeits- und leistungsbezogener Kenntnisse, Fähigkeiten und Fertigkeiten zum Ziel („performance").
- Aufgabenbezogenes Lernen unter einem langfristigen Zeithorizont zielt auf die Verbesserung der Anpassungs- und Veränderungsfähigkeit des Individiums ab („adaptability").
- Persönlichkeitslernen unter Kurzfristaspekten sucht die Lösung von „Issues" der Einstellung zu beruflicher Karriere und Privatleben („attitudes").
- Langfristig angelegtes Persönlichkeitslernen trägt zur Entwicklung (Vertiefung und Erweiterung) der Selbstidentität bei („identity").

Wie schon ausgeführt, fokussiert traditionelle Bildungsarbeit im Kern nur auf „performance" und weitergefaßte klassische Personalentwicklung auf „adaptability". Abbildung 5 verknüpft diese Lernfelder mit den Lernfeldern „attitudes" und „identity" sowie mit den dazugehörigen Lernwegen und den entsprechenden Formen helfender Beziehung (in Anlehnung an Hall 1986: 235 ff.). Erst ein ganzheitliches, alle vier Felder umfassendes Aktivitätspostfoliv sichert ganzheitliche Personal- und Persönlichkeitsentwicklung.

These 3: Den Sprung in die Integrationsphase von Organisationen schaffen: Das PE-Thema der 90er Jahre

In den letzten Jahrzehnten hat sich die Landschaft des Lernens in Organisationen gravierend verändert. Unter der Perspektive der Verankerung von Lernprozessen in und mit der Organisation läßt sich die Entwicklung beginnend mit der Nachkriegszeit folgendermaßen darstellen (Abb. 6 in Anlehnung an Pedler/Boydell/Burgoyne 1989: 9).

Lernfelder für Führungskräfte

Zielhorizont	Aufgaben-Lernen	Persönlichkeits-Lernen
Kurzfristig	**Performance** Erwerb von Karriere-Routine (Reduzierung von Überraschungen)	**Attitudes** Exploration und Reflexion der Lebens- und Berufseinstellung
Langfristig	**Adaptability** Zerstörung alter Routinen durch Diversifizierung der Karriereaktivitäten (Erschließung fremder, neuartiger Erfahrungsfelder)	**Identity** Entwicklung vom „organization man zum selbstgesteuerten und -bewußten „organization leader" (Kongruenz der Selbstwahrnehmung seiner Selbst über die Zeit hinweg)

Lernwege

o Training „on the job" o reaktive Anpassungsqualifizierung - Fachwissen - Anwendungsmethodik o General-Management-Programme	o Self-Assessment-Center o Karriereberatungs- bzw. Life-Styling-Workshops o individuelles carreer counseling o persönliche Entwicklungsprojekte (developmental experiences)
o Job-Rotation o Sonderaufgaben o Task-force-Aufträge o Job-Redesign o Outplacement	o Selbstbeobachtung/Reflektion o „natürliche" Therapie (in kritischen Phasen der Organisationsentwicklung) o neutrale und unternehmensexterne Netzwerke o Therapie

Form der helfenden Beziehung

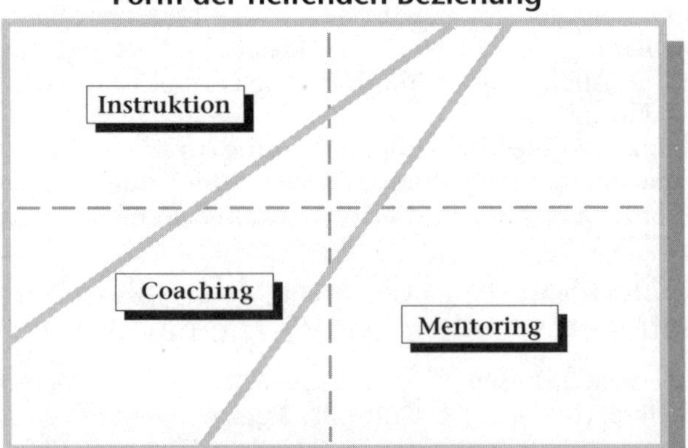

Abb. 5

Solche Entwicklungen können auch als Ausdruck organisationsimmanenter Gesetzmäßigkeit bzw. Logik interpretiert werden, die nicht nur auf die betriebliche Spezialfunktion der Personalentwicklung bzw. Bildung, sondern auch auf die Entwicklung des Personalwesens bzw. auf die Entwicklung von Organisationen insgesamt zutrifft. Das fast schon als klassisch zu bezeichnende Modell des NPI unterscheidet drei Phasen der Entwicklung von Organisationen bzw. Organisationseinheiten: die Pionierphase, die Differenzierungsphase und die Integrationsphase mit jeweils unterschiedlicher Ausprägung von Lernprozessen und Personalentwicklung (vgl. Abb. 7). Ausgehend davon stehen wir heute in der Blüte der Differenzierungsphase beziehungsweise im Übergang zur Integrationsphase.

Hinter der Vision einer ganzheitlich lernenden Organisation in der Integrationsphase steht der Anspruch,

- nicht nur die tayloristische Arbeitsteilung innerhalb der Lernorganisation, sondern auch ihre organisatorische Separierung von der Arbeitsorganisation aufzuheben;
- Lehren und Lernen in das Alltagsgeschäft zu reintegrieren (Lernen als Teil des Arbeitsprozesses, Lehren als Teil des Führens), also der Anspruch einer Entspezialisierung des Lehrens und einer Vernatürlichung des Lernens;
- der Erosion klassischer Führungsrollen bedingt durch Arbeitsteilung und Spezialisierung Einhalt zu bieten durch eine Renaissance klassischer Personalentwicklungsaufgaben wie Coaching, Mentoring und Instruktion in der Linie sowie durch eine Renaissance von Personalentwicklung in Seilschaften und „networks";
- die künstliche Trennung von Prozessen der Selbstentwicklung und Prozessen der Unternehmensentwicklung zu überwinden und beides integrativ zu vernetzen.

Anachronistisch werden dadurch nicht nur die Zeiten der Konzentration auf von der Unternehmensentwicklung losgelöste „Nice-to-have"- beziehungsweise „Reparaturprogramme" (vgl. Sattelberger 1989 b: 25) oder des „entertainment without development" (Greiner 1987). Vorbei sind auch – wie schon kurz skizziert – die Zeiten, in denen Menschen nur als betriebliche Rollenträger und Funktionsinhaber betrachtet werden und ausschließlich zur Optimierung der Wahrnehmung dieser Rolle bzw. Funktion lernen – also Aufgaben- bzw. Personalqualifizierung ohne Persönlichkeitsentwicklung.

Wie sich formelle Lern- und Entwicklungsprogramme in der lernenden Organisation positionieren, zeigt Abbildung 8. Feld I ist quasi individuelle Selbstentwicklung, unabhängig vom organisatorischen Kontext, Feld II ist das schon erwähnte individuelle „entertainment without development",

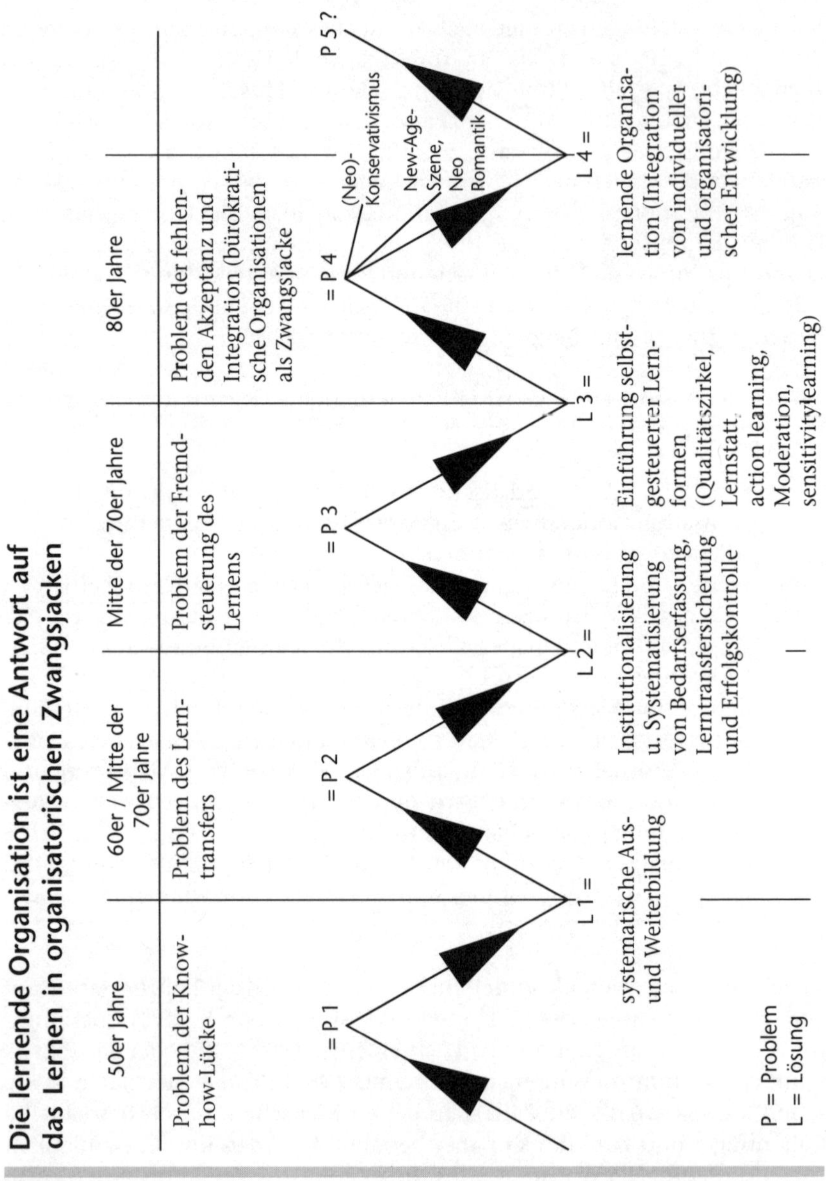

Abb. 6

Feld III ist das, was fortschrittliche Organisationen heute oft (aber etwas verkürzt) strategische Personalentwicklung nennen, Feld IV ist die Zukunftsmusik der lernenden Organisation, die natürlich die anderen Felder nicht ignoriert, sondern mitnutzt.

Die lernende Organisation ist Antwort auf Entwicklungskrisen von Organisationen

Pionierphase	Improvisation der Lernens
	o opportunistisch, Incentive o subjektiv-informell o fragmentierte Training-„Chunks" o wissensorientiert o handverlesen/zufällig o zeitunbewußt o externes Know-how
Differenzierungs-phase	**Institutionalisierung des Lernens**
	o Anforderungs- bzw. Defizitorientierung o formalisierte Sachgebiete, Bedarfs-analyse, Entwicklungsplanung und Erfolgskontrolle o strukturierte Programm-„Chunks" o skill-orientiert o fremdbestimmt/objektiviert o zeitraubend, langsam, geplant o zentrale interne Stäbe
Integrations-phase	**Fokussierung und Entreglementierung des Lernens**
	o vernetzte Potentialentfaltung und Unter-nehmensentwicklung o Integration von natürlichem und systematischem Lernen o Renaissance helfender Beziehungen o Wertorientierung o selbstgesteuert o schnell/just in time o Dezentralisierung

Abb. 7

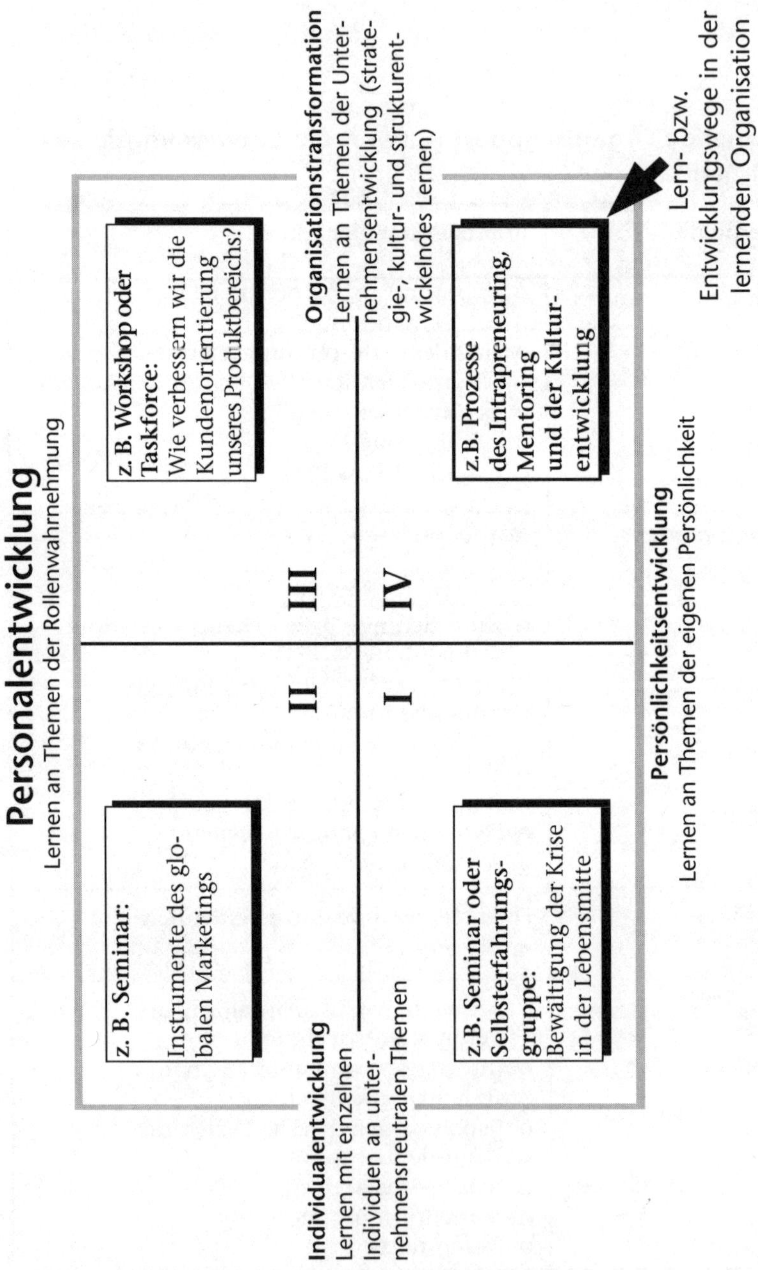
Personalentwicklung
Lernen an Themen der Rollenwahrnehmung
z. B. Seminar:
Instrumente des globalen Marketings
z. B. Workshop oder Taskforce:
Wie verbessern wir die Kundenorientierung unseres Produktbereichs?
II
III
I
IV
Individualentwicklung
Lernen mit einzelnen Individuen an unternehmensneutralen Themen
Organisationstransformation
Lernen an Themen der Unternehmensentwicklung (strategie-, kultur- und strukturentwickelndes Lernen)
z.B. Seminar oder Selbsterfahrungsgruppe:
Bewältigung der Krise in der Lebensmitte
z.B. Prozesse des Intrapreneuring, Mentoring und der Kulturentwicklung
Persönlichkeitsentwicklung
Lernen an Themen der eigenen Persönlichkeit
Lern- bzw. Entwicklungswege in der lernenden Organisation

Abb. 8

These 4: Weg von Strategieentwicklung als „rituellem Regentanz" hin zum „strategic learning"

Die letzten Jahre haben die mäßige Relevanz von Konzepten strategischer Planung für die Gestaltung unternehmerischer Wirklichkeit dokumentiert. Für diesen Zustand gibt es verschiedene, zum Teil miteinander verwobene Begründungszusammenhänge, und zwar

Trennung von Strategieformulierung und -implementierung anstelle ganzheitlichem Lernprozeß

An der McGill University untersucht Mintzberg seit fast zwei Jahrzehnten „patterns of strategy formation". Seine Forschungsergebnisse belegen, daß die Auffassung von Strategieentwicklung als einem bewußt initiierten geistigen Zukunftskonstrukt, das anschließend in die Tat umgesetzt wird, in der Praxis vielfach nicht haltbar beziehungsweise zu einseitig ist. „My point is simple, deceptively simple: strategies can form as well as be formulated. A realized strategy can emerge in response to an evolving situation, or it can be brought about deliberately, through a process of formulation followed by implementation ..." (Mintzberg 1987: 68 f.). Dies mag zwar im Kontrast zum einseitigen Glauben an die Machbarkeit und Kontrollierbarkeit strategischer Prozesse stehen, eröffnet jedoch im Hinblick auf die lernende Organisation neue und weitgefächerte Lernpotentiale. Denn die Beschränkung von Strategieentwicklung auf „beabsichtigte Strategie" schließt strategische Lernprozesse im Anschluß an die Strategieformulierung aus, während die Erweiterung um die Dimension „sich entfaltender" Strategie interaktive Lernprozesse durch Zyklen von Aktion – Feedback – Reflexion – neue Aktion, die sich zu einem strategischen Muster zusammenfügen, ermöglichen.

Fokussierung auf den Inhalt, nicht auf den Prozeß

Strategische Methodik beziehungsweise strategisches Management beschäftigt sich normalerweise mit ergebnisorientierten Fragen bzw. Aufgaben wie zum Beispiel der Formulierung von Zielen, der Identifizierung von Stärken und Schwächen bzw. Chancen und Risiken, der Entscheidung für eine Strategie, der Festlegung und Allokation von Ressourcen. Strategisches Lernen in der lernenden Organisation führt zu eher prozeßorientierten Fragestellungen wie zum Beispiel

- das Schaffen von Veränderungsenergie,
- das Beschleunigen oder Verlangsamen von Veränderungsgeschwindigkeit,
- das Gestalten von Netzwerken des Wandels,
- das Einbeziehen von Meinungsmultiplikatoren,
- das Gewinnen von Zustimmung durch das mittlere Management,
- die emotionale Verinnerlichung von Neuorientierung,
- die Belohnung strategieorientierten Verhaltens.

Insgesamt gesehen sind strategische Lernprozesse dadurch charakterisiert, daß

- ein beträchtliches Maß an Strategieverantwortung „bottom-up“ wahrgenommen beziehungsweise „top-down“ an die nachgelagerten Managementebenen delegiert wird (als Thema der Linie und nicht der Stäbe),
- Phasen der geplanten Strategieüberprüfung bzw. des Controlling sich mit Phasen sich entwickelnder strategischer Lernprozesse abwechseln,
- Fragen und Herausforderungen des Prozesses („change management”) an Bedeutung gewinnen,
- neben den strukturellen und kulturellen Kontexten, die eine solche Vorgehensweise zulassen bzw. fördern, auch neue Managementqualifikationen gefordert sind.

Praktische Proben strategischen Lernens

Strategisches Lernen in der lernenden Organisation ist also nicht ein sich immer wiederholender, „langweiliger und ritueller Regentanz“ (Eden/Huxham 1988: 890), der durch seine mechanischen Wiederholungen die Organisation für wirklichen Wandel desensibilisiert und nur kleinere Anpassungen fördert (vgl. Mintzberg 1987: 73), sondern kann durch sehr lebendige Lernformen initiiert und gefördert werden. Strategieworkshops, Zukunftssuchkonferenzen, Benchmarking-Aktivitäten oder sogenannte Lern-Strat-Workshops sind praktische Proben strategischen Lernens.

Eden und Huxham (1988: 889 ff.) beschreiben einen von ihnen angewandten kreativen Prozeß des „action-oriented strategic management“, der aus einer Serie von Workshops besteht, in der Manager unterschiedlichster Hierarchieebenen funktionsübergreifend sich sowohl mit dem Gesamtkontext der Organisation als auch mit dem Kreieren und Evaluieren eigener strategischer Optionen und der von Wettbewerbern beschäftigen. Unter Anwendung der Methode des „cognitive mapping“ wird eine Landkarte mit Beschreibungen von Vergangenheit, Gegenwart und Zukunft der Organisation erstellt. Diese Landkarte ist quasi die zusammengefaßte Welt der Annahmen und Grundüberzeugungen mit strategischer Wirkung, die Manager konstruieren und innerhalb derer sie tagtäglich operieren. Solche Landkarten können sich sowohl auf den Gesamtkontext der Organisation beziehen als auch auf Teilbereiche wie den Umgang mit dem Hauptwettbewerber oder die Beschäftigung mit einer Geschäftseinheit.

Durch solche Workshops wird eine Wissensbasis zum Unternehmenskonzept aufgebaut, die sich aus dem Zusammenfügen der sich oft widersprechenden Sichtweisen der einzelnen Teilnehmer ergibt und die als Feedback in die kommenden Workshops und für die Unternehmensleitung einfließt. In diesen Feedback-Sessions werden beispielsweise neue strategische Handlungsfelder definiert oder Wettbewerbsstrategien spielerisch entwickelt. Durch diesen Ideen- und Erfahrungsfluß, der vertikal, horizontal und diagonal durch die Organisation läuft, werden sowohl Verständnis und Identifikation geschaffen als auch kreative neue Wege gefunden, die nicht durch Organisationskonformismus, selektive Wahrnehmung und Tunnelvision geprägt sind. Gleichzeitig ermöglicht diese Vorgehensweise eine Klärung beziehungsweise ein experimentelles Re-Design eigener und fremder Rollen in neuem Licht.

Weisbord (1987) beschreibt eine andere Vorgehensweise, die sogenannte „Zukunft-Suchkonferenz", die aus den Ansätzen von Emmery/Trist in England und Ronald Lippitt, dem Gründer der National Training Laboratories (NTL), entstand. Beide versuchten in den 40er und 50er Jahren, gruppendynamisches Lernen in kleinen Gruppen auf große Organisationen, Institutionen und Gemeinden auszuweiten und zukunftsorientierte Konferenzen für riesige Netzwerke zu gestalten. Beim „futuring", wie es Lippitt nannte, lernen Menschen, „sich die Zukunft als einen Zustand vorzustellen, der bewußt aus den Werten, Visionen und dem, was technisch und sozial machbar ist, heraus zu schaffen ist. Eine solch zweckgerichtete Aktion erhöhte die Wahrscheinlichkeit wesentlich, daß die erwünschte Zukunft tatsächlich eintrat. Diesen Prozeß immer wieder mit relevanten anderen wiederholen – was Ackoff (1974) „interaktive Planung" nennt – kann das Lebenselexier für Unternehmensplaner sein, wenn sie das ganze System in den Raum bringen können." (Weisbord 1987: 4).

Eine dritte Möglichkeit – Benchmarking – sei ebenfalls kurz beschrieben (vgl. Pryor 1989: 28 f.). Hier messen Unternehmen sich und ihre strategischen Muster mit denen der „klassenbesten" Unternehmen (strategisches Benchmarking). Beim mehr operativen Benchmarking liegt der Fokus auf ausgewählten Unternehmensfunktionen bzw. -systemen, zum Beispiel Einkauf bzw. Forschung und Entwicklung, unter den Gesichtspunkten Geschwindigkeit, Kosten, Preis bzw. Produktdifferenzierung. In einem dritten Ansatz – dem „business management benchmarking" – untersuchen interne Dienstleistungsfunktionen im Dialog mit internen Kunden ihre Wertschöpfung, ihre Kosten und alternative Formen der Nutzenstiftung. Benchmarking muß nicht im Vergleich mit direkten Marktkonkurrenten stattfinden. Unternehmen aus anderen Marktsegmenten beziehungsweise sogar branchenfremde Unternehmen können herangezogen werden, was den Prozeß der Datengewinnung (zum Beispiel durch Betriebsbesichtigungen, Interviews etc.) erheblich erleichtert.

Simon und Tacke (1991: 153 ff.) beschreiben ähnliche Formen des Lernens wie die hier geschilderten, die sogenannten Lern-strat-Workshops (vgl. Abb. 9).

Beispiel: Verbesserung und Schärfung der Konkurrenzorientierung

Die Gruppe nahm hier die Position von verschiedenen Hauptwettbewerbern ein – wir bezeichnen sie hier als Unternehmen A, B und C – und sollte eine Angriffsstrategie gegen das eigene Unternehmen (Unternehmen X) entwickeln. Nach einem einführenden Vortrag waren folgende Aufgaben zu bearbeiten:

- Wo sehen Sie als Unternehmen A, B und C Ihre Stärken und Schwächen, Ihre strategischen Wettbewerbsvorteile (Ist-Analyse)?

- Entwickeln Sie eine 5-Jahres-Strategie für Ihr Unternehmen (A,B, C)
  - Zielsegmente
  - Wettbewerbsstrategie
  - Positionierung

- Was wollen Sie (A, B, C) insbesondere gegen das Unternehmen X tun? Wie kann man dieses Unternehmen am besten angreifen?

- Welche konkreten Maßnahmen wollen Sie (A, B, C) zur Umsetzung Ihrer Strategie ergreifen?

Das mentale Sich-Hineinversetzen in die Schuhe des Gegners ist der Entwicklung eines pro-aktiven statt re-aktiven Verhaltensmusters außerordentlich förderlich. Es deckt mögliche Schwächen und Gefahrenpotentiale des eigenen Unternehmens sehr klar auf. Außerdem werden in dem Konkurrenz-Workshop die gesamten Informationen über die Konkurrenten sehr effizient integriert und verarbeitet.

Abb. 9

„Strategic Learning" an zwei Beispielen der Deutschen Aerospace

Die *Deutsche Aerospace* hat seit ihrer Gründung 1989 durch die Etablierung eines breitgefächerten Konzeptes strategischer Kommunikation (Abb. 10) erste Erfahrungen bei der Beantwortung folgender Frage gesammelt:
Wie kann es gelingen,

- in kurzer Zeit
- mit hoher Geschwindigkeit
- eine große Zahl von Menschen („kritische Masse")
- in interaktiver Form
- im diagonalen Kommunikationsprinzip (d. h. über Hierarchie-, Funktions- und Bereichsgrenzen hinweg)

in Kommunikationsprozesse zur strategischen Meinungsbildung und zur Implementierungsbeschleunigung von Strategie einzubinden? Insbesondere die „Strategischen Dialoge" sind hierbei von großer Bedeutung. Seit März 1991 finden diese strategischen Kommunikationsveranstaltungen – Führungskräfte im konstruktiv-kritischen Dialog mit den Vorständen und dem Vorstandsvorsitzenden – statt. Bis Ende 1993 werden insgesamt circa 15 strategische Dialoge mit jeweils 30 bis 50 teilnehmenden oberen Führungskräften stattgefunden haben.

Grob umrissen prägen folgende Ziele diese Dialogveranstaltungen:

- Beitrag zur strategischen Kommunikation und Meinungsbildung zwischen Führungskräften untereinander sowie zwischen Führungskräften und dem Vorstand der *Deutschen Aerospace AG;*
- Meinungsbildung zu ausgewählten Schlüsselproblemen der Unternehmensentwicklung; Schwerpunktthemen waren bisher beispielsweise:
  - Führungskräfteentwicklung in schwierigen Zeiten
  - Potentiale und Grenzen der Systemführerschaft in unseren Geschäften
  - Chancen und Risiken strategischer Allianzen
  - Verstärkung der Markt- und Kundenorientierung im Unternehmen
  - Finanzierungsstrategien im Konzern
  - Möglichkeiten und Grenzen unternehmerischer Anreizsysteme
  - Raumfahrtstrategie GUS/Japan;
- Erarbeitung weiterführender Handlungsimpulse bzw. Fragestellungen zu diesen Problemen und Vertiefung der Themen mit den jeweiligen „Themenpaten" aus dem Vorstand;
- Dialog mit dem Vorstandsvorsitzenden zu Kernfragen der Unternehmensentwicklung;
- Feedback in das Vorstandsgremium zu den „hot issues" des Dialoges.

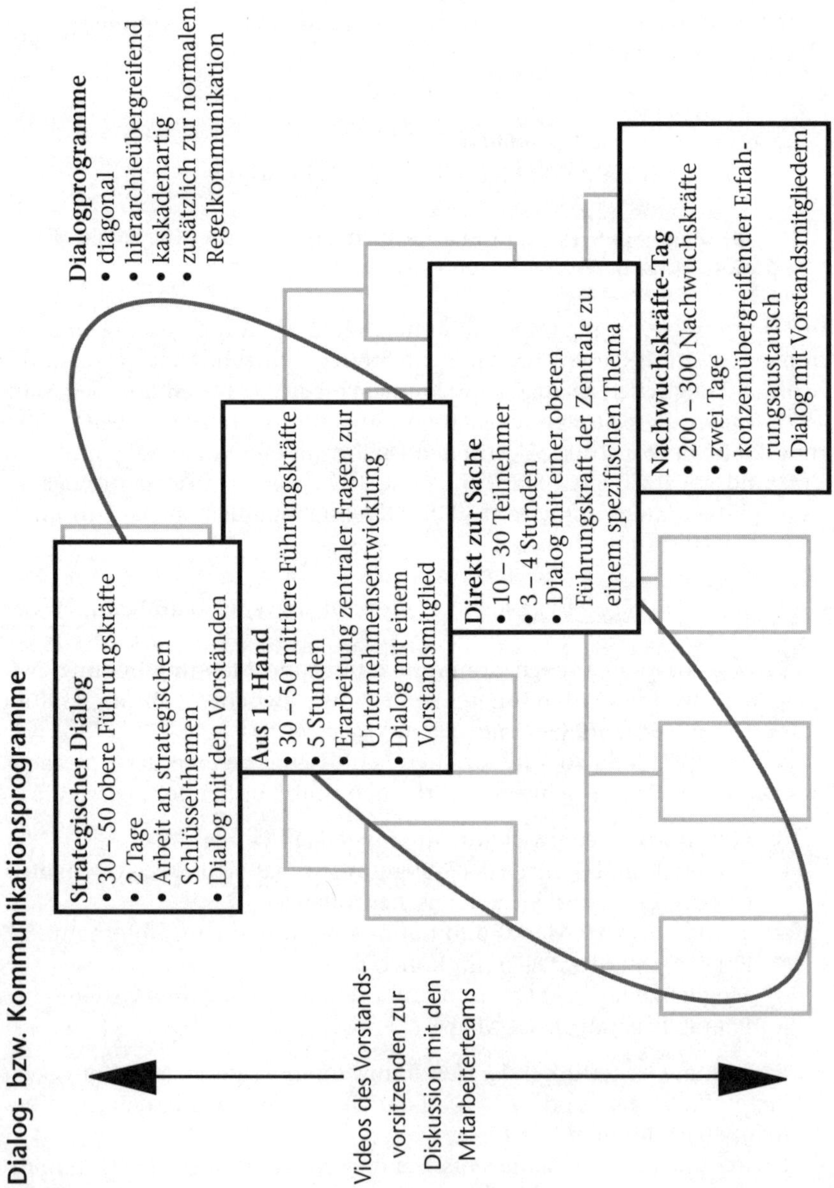
Dialog- bzw. Kommunikationsprogramme
Dialogprogramme
• diagonal
• hierarchieübergreifend
• kaskadenartig
• zusätzlich zur normalen Regelkommunikation
Strategischer Dialog
• 30 – 50 obere Führungskräfte
• 2 Tage
• Arbeit an strategischen Schlüsselthemen
• Dialog mit den Vorständen
Aus 1. Hand
• 30 – 50 mittlere Führungskräfte
• 5 Stunden
• Erarbeitung zentraler Fragen zur Unternehmensentwicklung
• Dialog mit einem Vorstandsmitglied
Direkt zur Sache
• 10 – 30 Teilnehmer
• 3 – 4 Stunden
• Dialog mit einer oberen Führungskraft der Zentrale zu einem spezifischen Thema
Nachwuchskräfte-Tag
• 200 – 300 Nachwuchskräfte
• zwei Tage
• konzernübergreifender Erfahrungsaustausch
• Dialog mit Vorstandsmitgliedern
Videos des Vorstandsvorsitzenden zur Diskussion mit den Mitarbeiterteams

Abb. 10

Manchmal bleiben diese Dialoge „folgenlos", dienen nur dem wechselseitigen strategischen Verstehen. Nicht selten jedoch haben sie zu gravierenden Kurskorrekturen beziehungsweise Neuausrichtungen zum Beispiel auf dem Gebiet der Unternehmensstruktur, der Technologiebetrachtung oder der Einschätzung strategischer Kooperationen geführt. Durch die Strategischen Dialoge wird aber auch gefördert, was allemal längst im Werden und Wachsen ist: kurze „Drähte" quer durch das Unternehmen, bereichsübergreifender Erfahrungsaustausch über meist informelle Netzwerke, schneller und unbürokratischer Transfer von Know-how und Wissen über die Grenzen der Produktbereiche hinaus.

Ein ganz anderes Beispiel für „strategic learning" ist das Executive-Development-Programm der *DASA*, das als Förderprogramm für Führungskräfte vor ihrem Wechsel in eine unternehmerische, obere Führungsaufgabe nicht nur einen Beitrag zur individuellen Entwicklung von „Unternehmern im Unternehmen" leisten soll, sondern auch zur strategischen Unternehmensentwicklung.

Das Programm selbst besteht aus fünf Komponenten (s. auch Abb. 11):

1. Innerhalb von sieben Unternehmerworkshops wird nicht nur individuelles Know-how für General-Management-Aufgaben aufgebaut, sondern es werden Geschäftsprobleme und Strategiekonzepte kritisch analysiert und einer neuen Lösung beziehungsweise der Umsetzung näher geführt.
2. Durch die Arbeit an unternehmenskulturell und strategisch wichtigen Projekten im Auftrag des Vorstandes wird die konzernübergreifende unternehmerische Handlungskompetenz vertieft, das General-Management-Know-how wird angewandt, und unternehmerische Problemlösungen werden in kleinen Teams erarbeitet.
3. Durch das Projekt „Dicht am Geschäft" werden die Teilnehmer gefordert, in der Geschäftsführung ihres Produktbereiches unternehmerische Vorschläge zur Geschäftsentwicklung einzubringen und zu vertreten.
4. Durch die Task-force „Schwache Signale – starke Strategie?" werden die im Laufe des Programms erfahrenen und wahrgenommenen Frühwarnsignale in einen Dialogprozeß mit dem Bereich der strategischen Planung in der *DASA* eingebracht.
5. Durch die Auseinandersetzung mit und durch die Weiterentwicklung der eigenen Persönlichkeit, wird in zwei Laufbahnworkshops die individuelle Persönlichkeitskompetenz erweitert und gefördert. Coaching-Gutscheine zur persönlichen Beratung auf freiwilliger Basis flankieren dieses Persönlichkeitslernen.

Das Programm dauert berufsbegleitend zehn Monate. Innerhalb dieses Zeitraums nehmen General-Management-Qualifizierung explizit insgesamt

Lernfelder im „Executive Development Program"

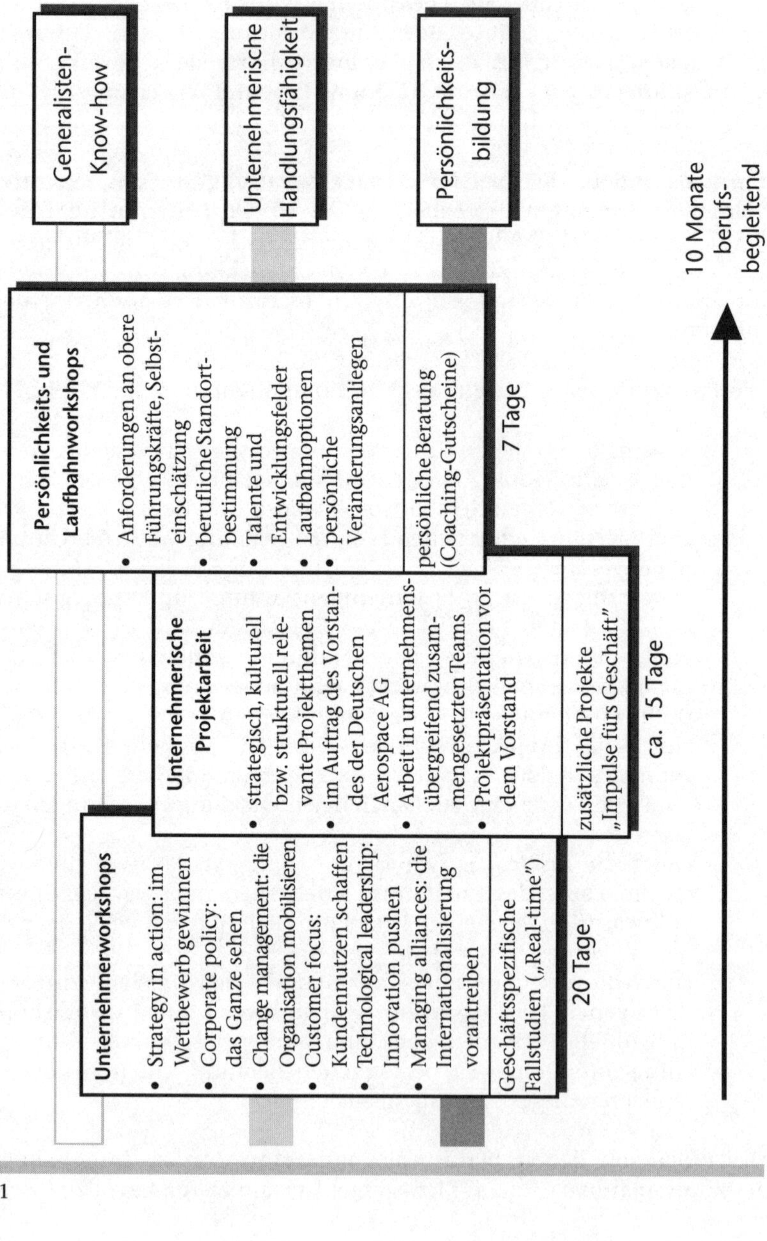

Abb. 11

zwanzig Tage und die Workshops zur Persönlichkeitsentwicklung sieben Tage in Anspruch. Die explizit geschäftsbezogenen Aktivitäten finden über die gesamte Dauer des Förderprogrammes statt.

Die strategische und unternehmerische Praxisorientierung („learning business by doing business") wird durch eine maßgeschneiderte *DASA*-Didaktik (vgl. Abb. 12) gewährleistet, wie sie auch in den anderen Programmen und Projekten unserer *DASA*-Business School (= Schule des Geschäfts) zum Tragen kommt.

- unternehmerische Projekte von hohem strategischen Wert und keine Überfliegerprojekte;
- Assignments, die zur strategischen Reflexion und Gestaltung des eigenen Arbeitsfeldes anregen;
- maßgeschneiderte Fallstudien, die tatsächliche strategische Entscheidungssituationen der *DASA* beinhalten („real cases" anstelle von Harvard-Fallstudien) sowie „time-based cases", die sich im Augenblick ihrer Bearbeitung gleichzeitig im realen Entscheidungsprozeß befinden;
- Einbindung der Linie, wodurch ein Lernen der Entscheidungsträger („Entscheidungsarenen") forciert wird;
- keine Querschnittsmaßnahme (Bildung als Reihenschluckimpfung für viele), sondern Lernen einer Elite.

These 5: Kultur- und Strukturentwicklung bedeutet gelebte Transformationshaltung und Management of Change anstelle der Diskussion um Hochglanzbroschüren und Organigramme

Die Bedingungen, unter denen heute nicht nur, aber insbesondere die Zukunft *der* Unternehmen, gesichert werden muß, die im Kern auf Technologie aufgebaut sind, erfordern eine andere Unternehmenskultur. Nicht die Fortsetzung des Gewohnten, sondern mindestens gleichwertig der Aufbau des Neuen entscheidet über den Erfolg. Die miteinander vernetzten Haltungen, Wertorientierungen bzw. Charakteristika dieses kulturellen Wandels sind (vgl. Schneevoigt 1990: 648) das Gestalten und Leben einer

– innovations- beziehungsweise informationsorientierten Organisationskultur, insbesondere in den „scientific businesses", die durch Wertschätzung ihrer „knowledge worker", durch Sicherung der Know-how-Schätze und durch bewußte Gestaltung der Informationsströme sowohl Technologie-Push als auch Innovationsstrom zu optimieren suchen. Denn diese Unternehmen können es sich einfach nicht erlauben, die Meisterschaft bzw. Technologieführerschaft sowohl auf den Wissensgebieten, die existentiell für ihr Geschäft sind, wie auch in den Anwendungstechnologien an ihre Wettbewerber abzutreten beziehungsweise ins zweite Glied zurückzufallen (vgl. Jones 1990: 1).

Didaktische Positionierung der *DASA* Business School

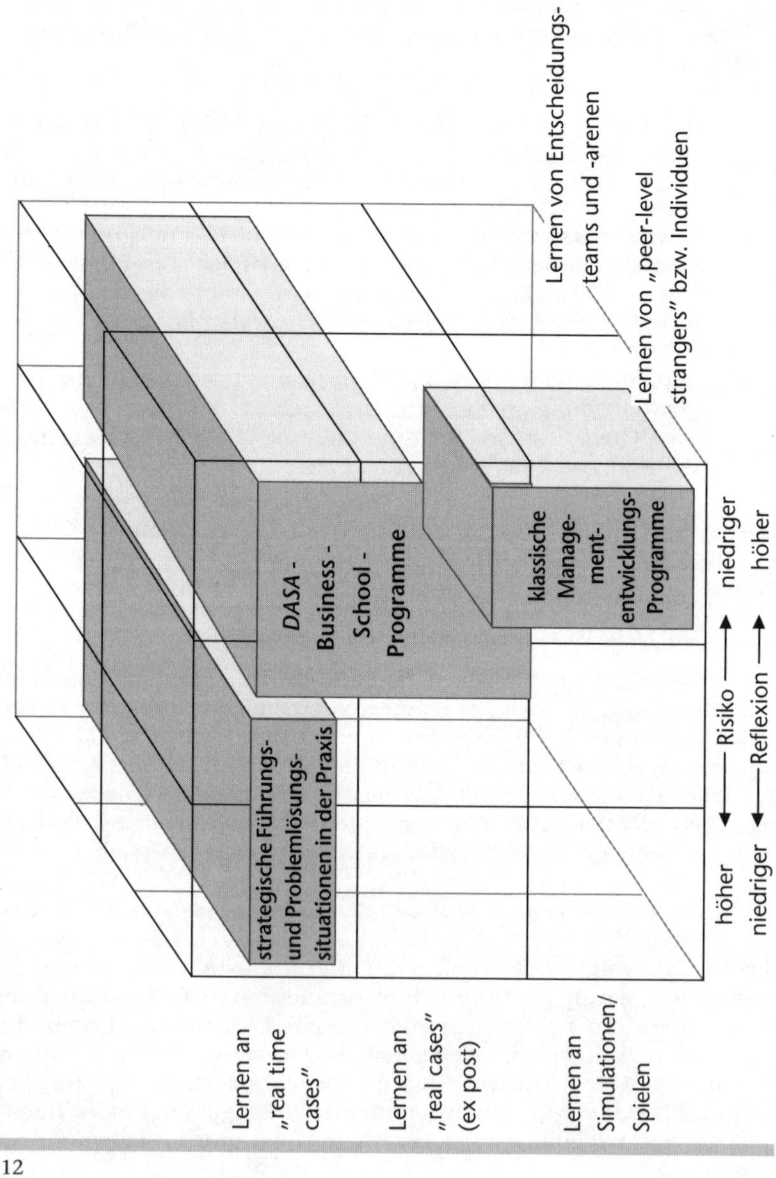

Abb. 12

„Das Unterscheidungsmerkmal der erfolgreichsten wissenschaftlichen Unternehmen von den weniger erfolgreichen ist nicht ihre Fähigkeit, eine bestechende neue Idee zu produzieren. Es ist ihre Fähigkeit, ein System zu managen, das die Chancen maximiert, einen Innovationsstrom zu produzieren. Dem verführerischen Charme der Breakthrough-Innovationen muß widerstanden werden, außer sie sind Teil von ausbalancierten Programmen innovatorischer Aktivität." (Jones 1990: 4)

Die inkrementalen Verbesserungsprozesse scheinen zwar, jeder für sich betrachtet, nur mäßige und enge Wellen zu schlagen. Offensichtlich weil keine fundamentalen Änderungen der Spielregeln nötig sind und die organisatorische Mikrohierarchie ohne Mühe über die Implementierung verfügen kann. Aber gerade dieser miniaturhafte Prozeß, der bottom-up fließt und fast unbemerkt beziehungsweise schleichend viele involviert, ist einer der strategischen Erfolgsfaktoren japanischer Unternehmen und bedarf im Gegensatz zum regelsprengenden Quantensprung, der häufig top-down implementiert wird, höchster Aufmerksamkeit im laufenden Prozeß (vgl. Grossi 1990: 43).

– kunden- und marktorientierten Organisationskultur,
die durch „Kundenbesessenheit" (Peters/Waterman) in der Mentalität und durch dezentral-kundennahe, reaktionsfähige Struktur „added value" für den Kunden schafft und zum Existenzgrund von Wirtschaftsorganisationen zurückführt. Der enge interne Schulterschluß von Entwicklung, Fertigung, Vertrieb und Marketing wird gefüttert durch das Wissen über den Kunden und seine Bedarfe beziehungsweise Wünsche. Untersuchungen belegen, daß 60 bis 80 Prozent aller erfolgreichen technischen Innovationen ihren Ursprung außerhalb der Organisation haben, also Antworten auf wahrgenommenen „market pull" sind, und daß der Technologie-Push eher eine zweitrangige Rolle spielt (vgl. Utterbeck 1974 und Fernelius/Waldo 1980). Eine Studie des Instituts der Deutschen Wirtschaft aus den Jahren 1985/1986 nennt – differenziert nach Produkt- und Prozeßinnovation – externe Gesprächskreise, Kunden, Lieferanten und Universitäten als die Hauptquelle für Produktinnovation und Lieferanten – mit weitem Abstand gefolgt von Kunden und Konkurrenten – als Hauptquelle für Prozeßinnovation. „Mitarbeiter mit Außenkontakten liefern nicht nur Waren und Dienstleistungen, sondern fungieren auch als ‚Umweltspäher' (environmental scanners) für die Organisation, die Informationen an andere Mitglieder der Organisation weitergeben ... Mitglieder der Organisation transferieren ihr Know-how und lernen gemeinsam mit ‚signifikanten anderen' außerhalb der Organisation, wie Schlüsselkunden und -lieferanten." (Pedler et al. 1991: 52). Dies kann bis zu der bei *Digital Equipment* praktizierten Praxis gehen, daß Schlüssellieferanten eigene Entwicklungsingenieure, Fertigungsspezialisten und Einkäufer in Produktentwicklungsteams von *Digital* integrieren können und *Digital* gleichzeitig die Kompetenz seines Personalbereichs zur Verfügung

stellt, um Training und Mitarbeiterbeurteilung für seine Lieferanten, wie wenn sie Teil von *Digital* wären, realisiert (vgl. Kanter 1989: 86).

Der zweite Aspekt kunden- und marktorientierter Unternehmenskultur, die Forderung nach frühestmöglicher Interaktion zwischen Forschungslabors und Entwicklungsabteilungen einerseits und vertriebs- und kundenorientierten Funktionen andererseits, ist eigentlich Allgemeinplatz. Die Wirklichkeit aber scheint gerade für vordergründig marktorientierte Organisationen anders auszusehen. Vertriebs- oder Verkaufsorientierung sind nicht identisch mit Marktorientierung als einem Denken und Handeln, das die gesamte Organisation durchdringt. Sogenannte marktorientierte Organisationen realisieren in der Regel ein Vier-Phasen-Muster der Produktentwicklung, fast spiegelbildlich, wie es rein technologie- beziehungsweise produktorientierte Organisationen in technischer Hinsicht betreiben. Sie sammeln Marktinformationen, entwickeln daraus neue Produkt- beziehungsweise Prozeßideen, bewerten diese anhand der Geschäftskriterien und lassen anschließend diese Ideen unter Technologieaspekten beurteilen. Wissend um die Einseitigkeit dieses Procedere, haben diese Unternehmen häufig ein Parallelprocedere für die Technologie entwickelt.

Interessanterweise findet jedoch die erste „public interaction“ zwischen beiden Seiten häufig erst zu einem so späten Zeitpunkt statt, daß beide Seiten sich geistig schon voll auf Produktspezifikationen festgelegt haben, in der Linearität ihres Denkens für neue Informationen durch die andere Seite verschlossen sind und keine echte Kooperation mehr suchen, sondern in Verteidigungshaltung für das eigene Konzept verharren (vgl. Paap 1986: 3).

Es ist eine zentrale Aufgabe, zu einem frühen Zeipunkt cross-funktionale Interaktionsprozesse zu installieren bzw. zu institutionalisieren, und zwar sowohl zwischen Forschung/Entwicklung und Vertrieb als auch zwischen Forschung/Entwicklung und Produktion als einem häufig übersehenen internen Kunden, der ja auch über den Kauf oder Nichtkauf intern entwikkelter neuer Werkstofftechnologien, Werkzeuge beziehungsweise Prozeßtechnologien zu entscheiden hat.

– Unternehmerkultur,
die durch „Ermächtigung“ („empowerment“) der Mitarbeiter, durch ganzheitliche Arbeitsprozesse und Freiraum für unternehmerisches Risiko die Bedingungen für das Beschreiten von unternehmerischem Neuland schafft. Dies heißt auch und gerade in dem Konzern, aus dem der Verfasser stammt, den Übergang zu einem Unternehmen der vielen Unternehmer im Unternehmen zu managen.

In der Unternehmerentwicklung führen verschiedene Wege nach Rom.
Der **erste**, klassische **Weg** des „Ins-kalte-Wasser-Werfens“ besitzt durchaus einiges an Attraktiviät. In der Bewährung im Busineß trennen sich Spreu und

Weizen am deutlichsten und sichtbarsten. Andererseits ist das ein für das Unternehmen recht risikobehafteter und für Menschen häufig ebenso sozialdarwinistischer Ansatz. Wir stehen aber auch vor der „Make-or-buy"-Entscheidung. Betreiben wir interne Personalentwicklung, oder ziehen wir den Fremdbezug der Eigenfertigung vor? Auch wenn sich dieser **zweite Weg** – Blutauffrischung durch den Einkauf unternehmerischer Talente vom Arbeitsmarkt – im Einzelfall bewährt, so sind doch Quereinsteiger häufig Fremdimplantate, die mit hoher Abstoßungsgefahr rechnen müssen. Ein **dritter Weg** ist die klassische Ausbildung an Business Schools durch ein- bis zweijährige MBA-Studien oder durch mehrwöchige Executive Programs. Doch die Entsendung von Managern zu noch so exquisiten und elaborierten Programmen garantiert keine Hochleistungsorganisation. Die Ankoppelung und Verankerung mit den Veränderungsprozessen in der Organisation sowie der Focus auf das Lernen nicht nur von Einzelpersonen, sondern von Managementteams und Arbeitsgruppen sind kritische Erfolgsvariablen. Hier erleben wir zunehmend, daß die Klassenzimmerrealität nicht mit unserer unternehmerischen Wirklichkeit übereinstimmt. Ein **vierter Weg** sind Intrapreneurship-Initiativen. In der *Deutschen Aerospace* haben einige unserer Produktbereiche solche Initiativen gestartet, bei denen sie Unternehmertalenten Geld, Zeit und andere Ressourcen zur Verfügung stellen, um aus Geschäftsideen marktfähige, an Kundenbedürfnissen ausgerichtete Produkte zu schaffen. Wir wissen sehr wohl, daß sieben von zehn Ideen nicht erfolgreich sein werden. Aber wir halten diese Form des „risikoärmeren Probehandelns" für ein durchaus interessantes Experiment. Ein **fünfter Weg** ist die Förderung von New-venture-Initiativen beziehungsweise organisatorischen Ausgründungen, wie beispielsweise bei der Firma *Bodan Software GmbH*, wo eine frühere Hauptabteilung der Firma *Dornier* in eine selbstständige Firma zur Entwicklung und Vermarktung wissensbasierter Systeme ausgegründet wurde. Ein **sechster Weg** ist die Kooperation beziehungsweise das Joint-venture zwischen Business Schools und Unternehmen.

Als *Deutsche Aerospace* haben wir in den letzten Jahren massive Anstrengungen unternommen hin zu unserem Ziel einer *DASA*-Business-School im engen Schulterschluß mit wissenschaftlichen Institutionen. Jüngste Beispiele sind: unser berufsbegleitendes MBA-Pilotprojekt zusammen mit Henley the Management College und der Universität der Bundeswehr, die postgraduate Systemintegrationsausbildung im Rahmen des *European Consortium of Advanced Training in Aeronautics*, einem Zusammenschluß von sechs führenden europäischen Hochschulen und zehn Luft- und Raumfahrtunternehmen, unsere internationalen Managemententwicklungsprogramme mit europäischen und transatlantischen Partnern, unsere Gründungsmitgliedschaft in der European School for Aeronautical Sales und vor allem unsere *DASA*-spezifischen Managemententwicklungsprogramme – wie das Executive Development Program – in denen High-Potentials und Entscheidungsteams in „Real-time"-Geschäftsfällen und -projekten lernen und Probleme lösen.

Unternehmerentwicklung erfordert die Abkehr von einer rein technologie- oder produktorientierten Kultur. Nötig ist eine umfassende unternehmerische innovations- und lernorientierte Kultur. Eine solche Kultur ist nicht nur mit Appellen und anschließenden Unternehmerinitiativen zu erreichen. Neben der Schaffung struktureller Voraussetzungen gehört genauso dazu, die Bewertung von Führungskräften danach auszurichten, ob sie unternehmerisch agieren. Es geht darum, Anreiz- und Entgeltsysteme zu schaffen, die innovative Vorhaben und Risikofreude wirksam unterstützen. Fast noch wichtiger ist es, die Personalentwicklungsbemühungen der Linienmanager zu belohnen. Denn in einer Unternehmerkultur geht der Vorgesetzte das Risiko ein, im Nachwuchs einen Konkurrenten zu schaffen beziehungsweise exzellente Mitarbeiter zu verlieren. Das Heranbilden von möglichen Nachfolgern und das Produzieren von Spin-offs – nämlich gut entwickelten Abgängern – muß sich positiv auf die eigene Karriere auswirken (vgl. Biehal 1989). Es muß mit allem Nachdruck ein Klima erzeugt werden, in dem die Bereitschaft zu verantwortlichem unternehmerischem Risikoverhalten gefördert und der so Handelnde großzügig belohnt beziehungsweise gefördert wird. Dies beinhaltet einerseits die Auseinandersetzung mit qualitativ neuen Laufbahnsystemen und Karrieremodellen, andererseits aber auch das Experimentieren mit unkonventionellen Formen der Unternehmerförderung.

„Das ‚Normalarbeitsverhältnis' weicht in Randbereichen einer Vielfalt neuer oder bisher unüblicher Formen der Zusammenarbeit: freie Mitarbeit, Spin-offs, Management-Buy-Outs, Subunternehmer, Berater, Kooperationsverhältnisse. Auf lange Sicht werden die Unternehmen immer stärker zu flexiblen ‚offenen Systemen' mit einem festen organisatorischen Kern – an Stelle von Burgen, die sich gegenüber der Umwelt abschließen." (Schneevoigt 1990: 648).

Unternehmerentwicklung in Großunternehmen ist ein schwieriges Unterfangen. Organisatorische Zellteilung und Dezentralisierung vor dem Hintergrund der Profitcenter-Orientierung sind strukturell unterstützende Bedingungen, die jedoch nicht selten das synergetische Management der „core competencies" konterkarieren. Neben den bürokratischen Strukturen, die es zu beseitigen gilt, sind es vor allem bürokratisches Verhalten, eingeschränktes Innovationsverständnis bzw. Risikoaversion („Don't-rock-the-boat"-Mentalität) sowie das Festhalten an traditionellen Management- bzw. Steuerungsformen, die die Umsetzung vorhandener kreativer Ideen behindern (vgl. Häfelfinger 1990: 31 ff.).

Noch gravierender wirken sich diese Faktoren auf den Faktor Zeit aus. „Kürzer werdende Innovationszyklen erfordern rapide schrumpfende Entwicklungs-, Vermarktungs- und Lieferzeiten in der Automobil-, der Pharma-, der Chemie- und der Elektronikbranche im weitesten Sinne. Der Imitationsschutz auf errungene Wettbewerbsvorteile verkürzt sich. Diejenigen Unternehmen werden sich in Zukunft an die Spitze des Wettbewerbs setzen, die durch flexible Strukturen und einen neu entfachten ‚Unternehmergeist' Vorteile im ‚management of speed' erlangen." (Müller-Stewens/Bretz 1991: 549).

Die in dieser These beschriebenen drei unternehmenskulturellen Trends führen zu Herausforderungen an das Management der Human-Ressourcen, wie sie in der Übersicht (Abb.13) dargestellt sind.

Strukturentwicklung in der lernenden Organisation ist ein „Möglichmachen" und kein „Einpassen"

Strukturentwicklung ist mehr als Organisation, mehr als „Kästchen malen", mehr als strukturelle Anpassung. Strukturentwicklung ist das strukturelle Möglichmachen von Veränderung und Wandel, und zwar nicht nur unter betriebswirtschaftlichen Gesichtspunkten, sondern auch unter dem Aspekt humaner und invididueller Arbeitsgestaltung und der strukturellen Ermöglichung von Lernprozessen des Individuums und der Unternehmung (Organisation *ad personam* vs. Organisation *ad rem*). Das Ausbalancieren von Kontrolle und Freiheit beziehungsweise von Ordnung und Chaos sowie das Bewältigen des Spagats zwischen Organisation als Kathedrale und Organisation als Zelt sind Kennzeichen dieses Strukturverständnisses.

Der Beitrag des Human Resource Development auf dem Gebiet der Struktur sei hier nur kurz skizziert. Strategische Kooperationen, Joint- bzw. Newventures und Fusionen, die Bildung marktorientierter Profitcenter und divisionaler, strategischer Geschäftseinheiten, dezentrale Diversifikationsaktivitäten, die Zunahme horizontal netzwerkartiger Projektorganisation bzw. Matrixstrukturen und die Bildung experimenteller Einheiten *einerseits*, die Tendenz zur Zelt- anstelle der Palastorganisation, zu flachen Pyramiden (delayering), die Slimming- beziehungsweise Abspeckkuren von Unternehmen, das Ausdünnen von Ebenen, Gemeinkostenanalysen zur Beschneidung der Strukturorganisation *andererseits* fordern die Personalentwicklung nicht nur in der personenorientierten Hilfe zur Bewältigung von Veränderungen, sondern ebenso in der Hilfe für Organisationseinheiten bei der Definition und dem Management von Schnittstellen, bei dem Schaffen innovations-, synergie- und kooperationsfreundlicher Strukturen mit oft cross-kulturellem Charakter, bei der Definition von Spielregeln des Zusammenwirkens und der Konfliktlösung, bei dem Aufschließen und Aufbrechen von Strukturen, bei der Entwicklung eines Verständnisses von Reorganisation und organisatorischer Erneuerung als Daueraufgabe und nicht als einmaligem Akt und bei interkultureller Verständigung, aber auch bei Leitbildentwicklung in neuen Strukturen.

Hier scheint sich eine Renaissance des Konzeptes der Organisationentwicklung anzubahnen, innerhalb derer die klassische Stärke von OE – nämlich die Verknüpfung von Struktur, Abläufen und menschlicher Interaktion – neu und wieder gefragt ist.

Abb. 13

Kulturentwicklung als Beitrag zur lernenden Organisation

Innovations- und informations-orientierte Unternehmenskultur	• Sicherung und Diffusion der Know-how-Schätze • Management horizontaler und diagonaler Kommunikations- und Informationsströme • Gestalten von kommunikativen Gefäßsystemen und Netzwerken • Optimierung von Innovationsstrom und Technologie-Push • Wertschätzung der „knowledge worker"	• interne Technologiekolloquien und -messen • Erfindermessen, Talent- und Innovationsbörsen • interne Problemlösungstreffen (von Produktidee über Forschung und Entwicklung, Produktion bis hin zum Vertrieb) • Know-how-Transfer-Treffen
Markt- und kunden-orientierte Unternehmenskultur	• „Kundenbesessenheit" der Organisation • Schulterschluß von Entwicklung, Fertigung, Vertrieb und Marketing (market pull und technology push) • Installierung von kommunikativen Frühwarnsystemen und Transmissionsriemen vom Markt in die Organisation hinein	• Lernen von und mit Kunden und Lieferanten durch gemeinsame Lernforen • „round tables", z. B. mit Verkäufern, Öffentlichkeitsarbeitern als „market gatekeepers" • „round tables" bzw. Diskurse mit der kritischen Öffentlichkeit • „environmental scanning/monitoring" durch Nachwuchstalente
Unternehmerkultur	• „Empowerment" der Mitarbeiter • ganzheitliche Arbeitsprozesse • Freiraum für unternehmerisches Risiko • fehlertolerante Kultur • Belohnung der Champions • Pflege der Rollenvielfalt und -flexibilität • flache, unternehmerfreundliche Strukturen	• strategische Dialogforen (diagonal) • Unternehmerentwicklungsinitiativen (z. B. Intrapreneurship-Programme, New-ventures) • unternehmerische Anreizsysteme, Laufbahnstrukturen, Karrierepfade • TQM-Programme • unkonventionelle Beschäftigungsformen (z. B. Subunternehmer, Management-Buyouts, Berater)

These 6: Robuste Schritte anstelle des „Reden über ..."

Es bedarf herausfordernder und innovativer Denk- und Handlungsansätze, die in der Organisation und Führungskultur eines Unternehmens verankert werden müssen, damit die Organisation und die darin tätigen Individuen antwort- und fortschrittsfähig mit internem und externem Wandel umgehen. In diesem Kontext ist das Lernen von und in Organisationen eine der wesentlichen strategischen Erfolgspositionen für Unternehmen, aber auch für das Individuum.

Neben den in These 2 skizzierten identitäts- und persönlichkeitsorientierten und den in These 4 beschriebenen strategieorientierten Aktivitäten, Programmen und Projekten des Human Resource Development lassen sich insbesondere vier praktische Methoden, die im Trend der lernenden Organisation und insbesondere des „executive learning" liegen, identifizieren (vgl. Bolt 1990; de Geus 1990; Sattelberger 1990 b):

- Erfahrungslernen durch Outdoor-Programme
- Unternehmensspiele bzw. -simulationen
- Feedbackprozesse
- Lernen von und mit Kunden.

Outdoor-Programme

haben es geschafft, ihre aus den 70er Jahren stammende fragwürdige Reputation als eher verantwortungslose Dschungel-, Abenteuer- und Bergsteigerprogramme (Show anstelle von Inhalt) abzuschütteln. Sie ermöglichen heute die Auseinandersetzung mit neuen, ungewohnten oder unbekannten Verhaltens- und Problemlösungsmustern des einzelnen und des Teams. Vor dem Hintergrund, daß man bei Veränderungsprozessen häufig durch eine turbulente, ungewisse Zone des Nicht-mehr und Noch-nicht hindurch muß, bevor wirkliche Veränderung realisiert wird, werden diese „Real-life"-Aktivitäten zur antizipatorischen und häufig auch sehr zeitökonomisch kondensierten Lernform für Transformationsprozesse (vgl. dazu Galagan 1987: 40 ff. sowie entsprechende Aktivitäten der *Draeger Werke AG* in Lübeck bzw. der *Deutschen Aerospace AG*: beides Unternehmen, bei denen Outdoor-Erfahrungen bewußter Bestandteil umfassenderer Personalentwicklungskonzepte sind).

Unternehmensspiele

erleben ähnlich wie die Outdoor-Aktivitäten eine Renaissance nach einer eher mißglückten Planspieleuphorie der 70er Jahre – allerdings in neuer Qualität. Auch sie funktionieren nach dem Prinzip „learning by doing", doch während in den 70er Jahren verfremdete Simulationen das Feld beherrschten, wird heute an „real cases" gelernt. De Geus (1990: 7 ff.) bemerkt in diesem Zusammenhang, daß Organisationen im Gegensatz zu Individuen mit gesundem Gehirn häufig nur eine Option oder eine sehr limitierte Auswahl von Optionen für ihre Zukunft ausarbeiten – *den* operativen Plan, *die* Strategie – und dies zudem unter einem äußerst kurzfristigen Zeithorizont. Er nennt dies „the corporate one track mind". Und während keine Fluggesellschaft ihren Piloten das Fliegen einer 747 erlaube, wenn diese nicht eine beträchtliche Zeit an einem Flugsimulator verbracht hätten, ließen Unternehmen „manager fly our companies by trial and error". Zusätzlich zur begrenzten Zahl an Optionen und dem hohen Risiko des natürlichen Versuch-Irrtum-Lernens konstatiert er, daß natürliche Lernprozesse

- langsam sind,
- imaginative oder abenteuerliche Optionen häufig nicht zum Zug kommen lassen,
- eher zur Repetition früherer Erfolgsrezepte führen und
- eher eine Präferenz zur Bequemlichkeit als zu realem Wandel zeitigen.

Unternehmensspiele mit „transitional objects" – vergleichbar den Sandkastenspielen der Generalstäbe oder dem Spiel mit einer Puppe, das einem Kind den risikoarmen Übergang von einer Lebensphase in die nächste ermöglicht – sind heute möglich geworden durch die Verfügbarkeit von Hard- und Software zur Kreation von sogenannten „Microworlds" als realistischen Repräsentionen eines Unternehmens, seines Marktes, seiner Wettbewerber et cetera. Um organisatorisches Lernen im unternehmensspezifischen Umfeld zu ermöglichen, wurden an der Sloan School of Management des Massachusetts Institute of Technology (MIT) Simulationswerkzeuge auf Basis des methodischen Ansatzes der „system dynamics" entwikkelt. Dieses unter dem Begriff „MicroWorlds" weltweit bekannt gewordene Softwaretool unterstützt die Simulation von Netzwerken funktionaler Beziehungen zwischen allen wichtigen, den Geschäftserfolg bestimmenden Faktoren. Dabei legt eine einfach zu bedienende graphische Benutzeroberfläche den Einsatz des Tools insbesondere für Trainingszwecke nahe. Noch bedeutsamer ist die unternehmensspezifisch angepaßte Microworld für das Managementtraining als Analogie zum Flugsimulator für die Pilotenausbildung. „Like the pilot in the flight simulator they can take the company through extreme situations to find out in the process the existence of options which they would normally have avoided in the classical boardroom-situation." (De Geus 1990: 13).

Management-„Flugsimulatoren" konfrontieren Manager mit sich ändernden Kundenbedürfnissen, wechselnden Wettbewerbern, steigendem Kostendruck etc. und fordern Entscheidungen und Strategien zur zielgerichteten Lösung der Probleme ihres Unternehmens. Führt eine eingeschlagene Strategie oder eine getroffene Entscheidung nicht zum Erfolg, können die Auswirkungen alternativer Maßnahmen simuliert und in ihrer Wirksamkeit miteinander verglichen werden. *Bodan Software GmbH*, der Spin-off der

Deutschen Aerospace AG, plant, in exklusiver Kooperation mit dem Massachusetts Institute of Technology Microworlds auch für den deutschen Raum verfügbar zu machen. Die *Deutsche Aerospace AG* führt dazu im Herbst 1993 ein Pilotprojekt durch.

Unternehmensspiele eignen sich auch, um antizipativ geplante Strukturänderungen bzw. Reorganisationen und ihre Auswirkungen zu simulieren. Die *Allianz-Versicherungs AG* beispielsweise nutzte diese Form der spielerischen Auseinandersetzung mit neuer, anderer Wirklichkeit, um ein Jahr vor Inkrafttreten einer neuen Struktur Hunderte von Führungskräften durch eine Struktursimulation im Rahmen einer zweitägigen Führungskräftekonferenz mit dieser neuen Struktur vertraut zu machen und Feedback im Umgang damit zu erhalten (vgl. Leiter 1990).

Feedbackprozesse,
aber nicht im Sinne eines „hot chairs", wie er als quälende Äquatorialtaufe in gruppendynamischen Sitzungen der 60er Jahre üblich war, sind ein dritter festzustellender Trend. Verknüpft mit konkreten Zielen, zum Beispiel der Verbesserung der Kundenzufriedenheit, des internen Benchmarkings einer Organisationseinheit oder des individuellen career-counselings, sind Feedbackprozesse mit unterschiedlichen Feedbackgebern bzw. -empfängern ein nützliches Instrument zur Erweiterung und Vertiefung des Spektrums an Sichtweisen in Entwicklungsprozessen. Abbildung 14 zeigt eine Auswahl möglicher Feedbackpfade.

Lernen durch Integration echter Kunden
aus Fleisch und Blut in Management-Development-Programme ist eine der spannendsten Weiterentwicklungen des Lernens in Organisationen. Bei *Xerox* diskutieren obere Führungskräfte aus Kundenorganisationen die von ihnen wahrgenommenen Stärken und Schwächen von *Xerox* mit dessen oberen Führungskräften im Rahmen des einwöchigen Senior-Management-Programms. *Weyerhaeuser* lädt Kunden regelmäßig zu viertägigen Seminaren ein, um gemeinsam die Marktorientierung des eigenen Unternehmens zu untersuchen und um gemeinsame Chancen zu identifizieren. Bei *United Technologies* ist ein mehrtägiger Workshop mit Kunden in einen längerfristigen Prozeß des „creating customer focus" eingebunden.

Während die Programme und Aktivitäten einer formellen Personalentwicklungsfunktion qualitativ enger an die Unternehmens- und Persönlichkeitsentwicklung angebunden werden, werden sie auch quantitativ schmäler: einerseits durch das Abwerfen von „Nice-to-have"-Ballast, andererseits durch Reintegration von Personalentwicklungsaufgaben in die Linie und durch Neudefinition der Rolle des Linienmanagers als Entwickler seines Bereiches und seiner Mannschaft (vgl. Sattelberger 1990).

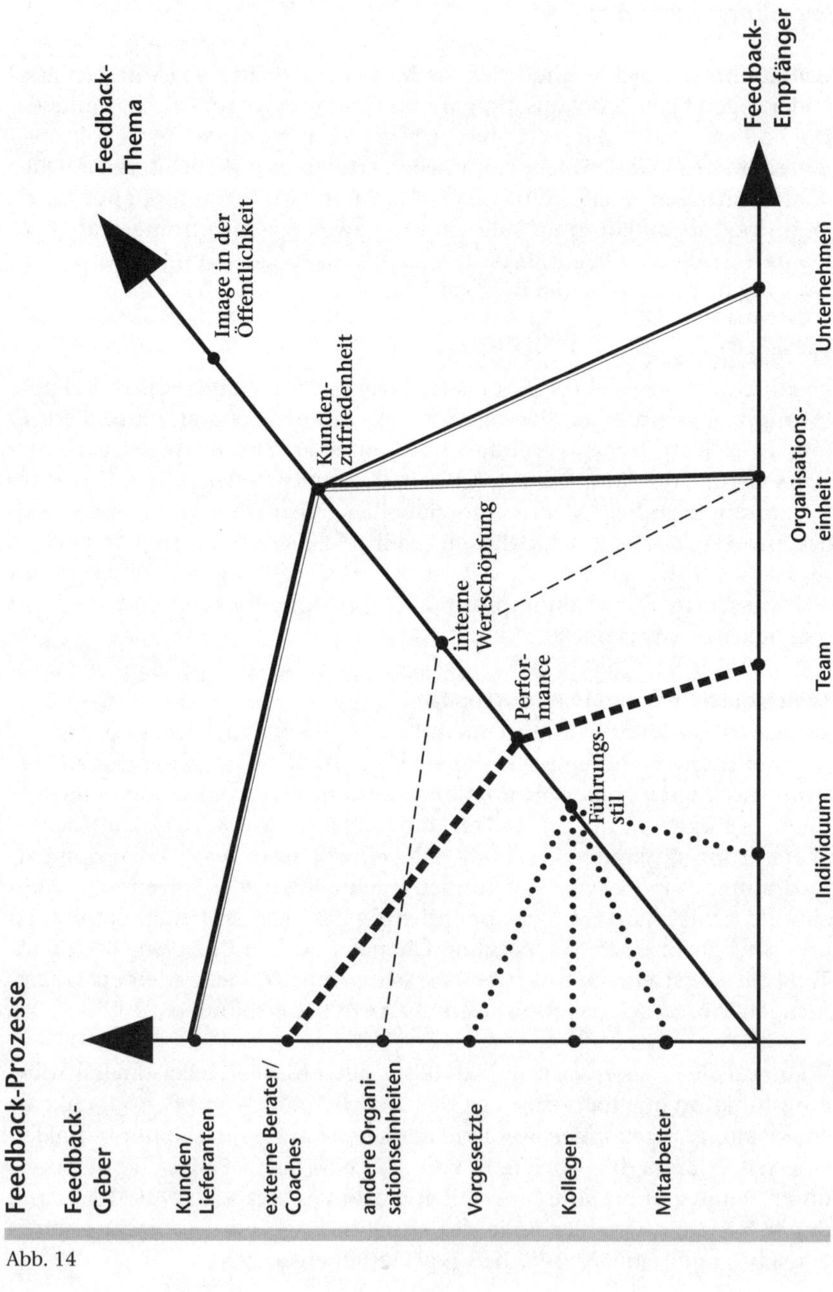
Feedback-Prozesse
Feedback-Geber
Kunden/Lieferanten
externe Berater/Coaches
andere Organisationseinheiten
Vorgesetzte
Kollegen
Mitarbeiter
Feedback-Thema
Image in der Öffentlichkeit
Kunden-zufriedenheit
interne Wertschöpfung
Perfor-mance
Führungs-stil
Feedback-Empfänger
Individuum
Team
Organisations-einheit
Unternehmen

Abb. 14

Strategische Orientierungen der Personalentwicklung

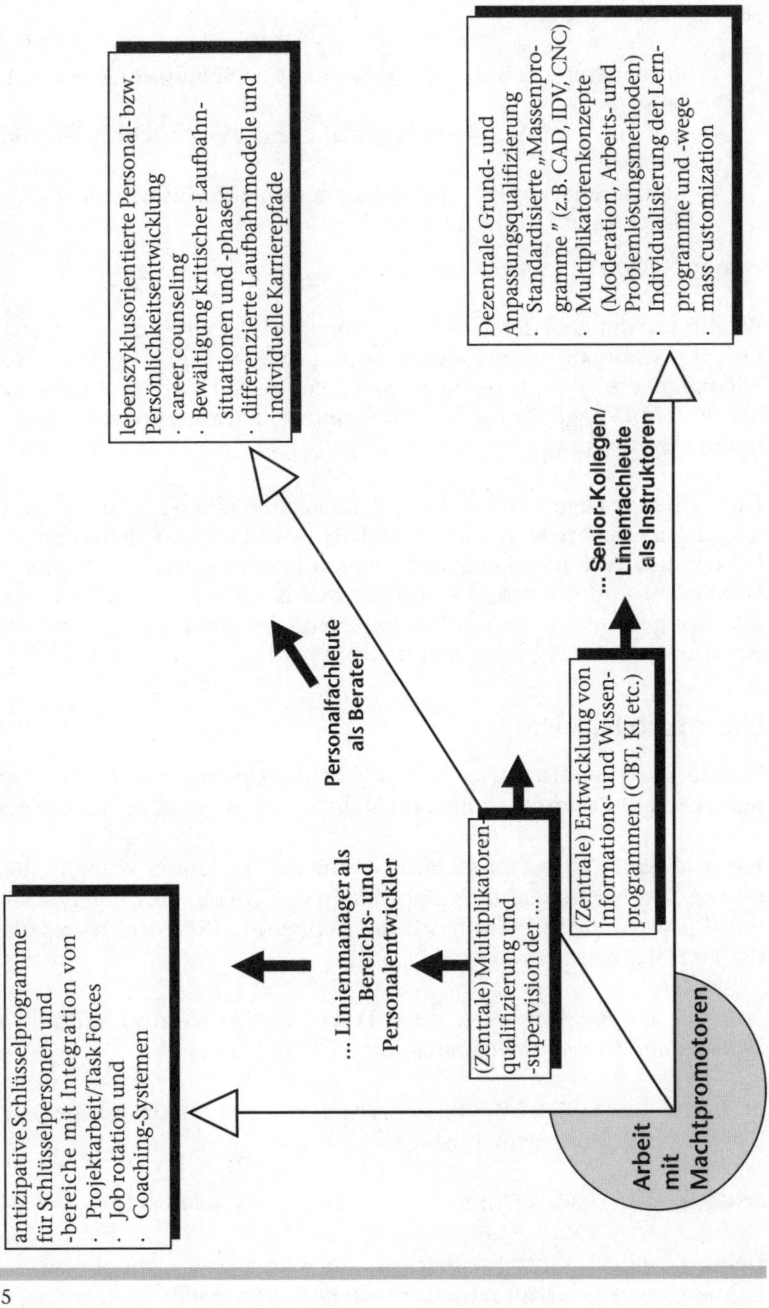

Abb. 15

Der Beitrag formeller Personalentwicklung auf dem Weg zur lernenden Organisation kann dabei durch die drei miteinander verknüpften strategischen Orientierungen

- antizipative Schlüsselprogramme für Schlüsselpersonen bzw. -bereiche,
- lebenszyklusorientierte Personal- und Persönlichkeitsentwicklung sowie
- permanente Grund- und Anpassungsqualifizierung „im Feld" mittels dezentraler Multiplikatoren

zusammengefaßt werden (Abb. 15).

Begriff und Konzept der lernenden Organisation läuft aber auch Gefahr, zur Etikettenschau und zum Modebegriff der 90er Jahre im Jahrmarkt der Tagungen und Kongresse zu werden, auf denen sich zumindest interne Stabsmitarbeiter häufig mehr Meriten und Bekanntheit erwerben können als in der Organisation.

Die „lernende Organisation" bedarf einer ersten und seriösen Erklärung und Klärung. Sie bedarf des Interesses und der Neugierde von Menschen, die dem Lernen und der Entwicklung mit dem Kopf und noch mehr mit dem Herzen verbunden sind. Sie bedarf – und das ist das wichtigste – der gesammelten Erfahrungen aus konkretem Tun und Handeln, damit aus konkreter Utopie ein Stück robuster Wirklichkeit sichtbar wird.

Literaturhinweise:

Barham, K., J. Fraser a. L. Heath (1988): Management for the Future. Ashridge Management Research Group and Foundation for Management Education.

Biehal, F. (1989): Herausforderung an die Personalentwicklung in den 90er Jahren. Eine Nachlese zum Symposium in vier Thesen. In: PE-Verwicklungen und Entwicklungen. Veröffentl. des Lehrstuhls für Wirtschaftspädagogik (Prof. Dr. Laske). Universität Innsbruck.

Bolt, J.F. (1990): How Executives Learn: The Move from Glitz to Gritz. *Training and Development Journal,* May 1990.

de Geus, A.P. (1990): Stockton Lecture an der London Business School. Unveröffentl. Vortragsmanuskript.

de Geus, A.P. (1988): Planning as Learning. *Harvard Business Review,* Vol. 66.

Delin, G. (1981): Intrapreneurship: An Opportunity for Business Development in Large Corporations. The Fore Sight Group.

Eden, C. a. C. Huxham (1988): Action-oriented Strategic Management. *Journal of the Operational Research Society*. Vol. 39: 10.

Evans, P. (1990): International Management Development and the Balance between Generalism and Professionalism. *Personnel Management*, December 1990.

Fernelius, W.C. a. W.H. Waldo (1980): Role of Basic Research in Industrial Innovation. *Research Management*, July 1980.

Galagan, P. (1987): Between Two Trapezes. *Training and Development Journal*, March 1987.

Godet, M. (1987): Scenarios and Strategic Management. London.

Greiner, L. (1972): Evolution and Revolution as Organizations Grow. *Harvard Business Review*. (Abb. nach Greiner, *Harvard Manager III*/1982: 11), Juli-August 1972.

Greiner, L. (1987): Artikel veröffentlicht in: *New Management*, Winter 1987. Zit. in: J. F. Bolt (1990): 83.

Grossi, G. (1990): Promoting Innovation in a Big Business. In: *Long Range Planning* 23 (1).

Hall, D.T. (1986): Dilemmas in Linking Succession Planning to Individual Executive Learning. *Human Resource Management* 25 (2).

Häfelfinger, K. (1990): Intrapreneurship: Innovationskraft steigern. *Io Management Zeitschrift* 59 (12).

Hilb, M. (1991): Konzept eines strategischen und integrierten Personalmanagements. *Neue Zürcher Zeitung* 275, 26 November.

Jones, G. (1990): The „Scientific" Enterprise. In: Agenda. Management Perspectives from London Business School. Sommer 1990 (Übersetzung durch den Verfasser.)

Kanter, R.M. (1989): The New Managerial Work. *Harvard Business Review*, Novemer/December 1989.

Kerr, J.L. a. E.F. Jackofsky (1989): Aligning Managers with Strategies: Management Development versus Selection. *Strategic Management Journal* 10.

Leiter, R. (1990): Vortrag gehalten im Rahmen der Tagung „Systemische Personal- und Organisationsentwicklung" des Hernstein International Management Institutes, Schloß Hernstein.

Lundberg, C.C. (1989): On Organizational Learning: Implications and Opportunities for Expanding Organizational Development. In: Research in Organizational Change and Development 3.

Mintzberg, H. (1987): Crafting Strategy. *Harvard Business Review*, July/August 1987.

Müller-Stewens, G. u. H. Bretz (1991): Stimulierung unternehmerischer Tugenden durch New Venture Management. In: G. Schanz (Hrsg.): Stuttgart (Handbuch Anreizsysteme).

Paap, J.E. (1986): zit. in: Managing Innovation. In: Inside R & D: 11.

Pautzke, G. (1989): Die Evolution der organisatorischen Wissensbasis. München.

Pedler, M., T. Boydell a. J. Burgoyne (1989): Towards the Learning Company. *Management Education and Development* 20 (1).

Pedler, M., T. Boydell u. J. Burgoyne (1991): Auf dem Weg zum lernenden Unternehmen. In: Th. Sattelberger (Hrsg.): Die lernende Organisation. Wiesbaden.

Pinchot, C. (1985): Intrapreneuring. New York.

Pryor, L.S. (1989): Benchmarking: A Self-Improvement Strategy. *The Journal of Business Strategy*, November/December 1989.

Rühli, E. (1990): Zeitgemäße Konzernführung und -gestaltung. Anforderungen aus der Trilogie Strategie-Struktur-Kultur. *Zeitschrift für Organisation* 5.

Sattelberger, Th. (1980): Sozialisation, Ausbildung und Organisationsentwicklung In: H.J. Kurtz u. Th. Sattelberger (Hrsg.): Organisationsentwicklung in der betrieblichen Ausbildung. München.

Sattelberger, Th. (1989a): Kulturarbeit und Personalentwicklung. Versuch einer integrativen Verknüpfung. In: Th. Sattelberger (Hrsg.): Innovative Personalentwicklung. Grundlagen, Konzepte, Erfahrungen. Wiesbaden.

Sattelberger, Th. (1989b): Personalentwicklung als strategischer Erfolgsfaktor. In: Th. Sattelberger (Hrsg.): Innovative Personalentwicklung. Grundlagen, Konzepte, Erfahrungen. Wiesbaden.

Sattelberger, Th. (1990): Coaching: Alter Wein in neuen Schläuchen. Oder: Renaissance helfender Beziehungen in einer lernenden Organisation. *Personalführung* 6.

Sattelberger, Th. (1991): Die Lernende Organisation. Wiesbaden.

Scharmann, Th. (1974): Beiträge zur Theorie und Empirie der sozial-individuellen Integration. Versuch einer ersten Zusammenfassung. In: Th. Scharmann (Hrsg.): Schule und Beruf als Sozialisationsfaktoren. Stuttgart.

Schneevoigt, I. (1990): Zukünftige Schwerpunkte der Personalarbeit. *Personalführung* 10.

Simon, H. u. G. Tacke (1991): Lernen von Kunden und Konkurrenz. In: Th. Sattelberger (Hrsg.): Die lernende Organisation. Wiesbaden.

Utterback, J.M. (1974): Innovation and the Diffusion of Technology. *Science* 183 (4125).

Weisbord, M.R. (1987): Die Zukunft erfinden. Suchstrategien für die Verbesserung ganzer Systeme (Kap. 14). In: Produktive Arbeitsplätze. Übersetztes und unveröffentl. Arbeitspapier des Hernstein International Management Institutes (Übersetzung Othmar Sutrich).

... ÜBER DEN STAB BRECHEN ?
Die Zukunft interner Dienstleister

Was so manche Experten in Stabsfunktion ihrer Unternehmensleitung vorausgesagt haben, ist eingetroffen. Die Zeit der grossen Umbrüche ist da. Manche sprechen bereits von der zweiten industriellen Revolution. Thema ist nicht nur eine mehr oder weniger starke Anpassung an veränderte Umweltbedingungen, sondern ein paradigmatischer Wandel, der Unternehmen (und ihren Mitarbeitern) massive Anstrengungen abverlangt. Schlank, schnell, flexibel, kundenbezogen, projekt- und prozeßorientiert, dezentral und so weiter lauten die neuen Eigenschaften, die neuartige strategische, strukturelle, kulturelle und personelle Anforderungen hervorbringen.

Dies- und jenseits der Modebegriffe wie „lean production", Total Quality Management, Speed-Management oder ähnlichen zeigen internationale Studien einige Prinzipien der Veränderungsrichtung, die in ihrer allgemeinen Gültigkeit die Signifikanz des Wandels unterstreichen (vgl. Abb.1). Dieser Wandel, gerade in seinen Dimensionen der Ablaufoptimierung und der Zurücknahme einer zu strikten Arbeitsteilung, betrifft natürlich auch die Stäbe und jene Bereiche im Unternehmen, die indirekte Leistungen zur Wertschöpfung erbringen. Sie stehen vor der Frage, welche Rollen, Aufgaben und Funktionen ihnen in den neuen Unternehmenswelten zukommen werden. Für einen Teil von ihnen stellt sich noch schärfer die Frage, ob es sie morgen überhaupt noch geben wird. Hier sind keineswegs marginale Bereiche der Unternehmen angesprochen. Man spricht davon, daß etwa der Anteil der adminstrativ und indirekt Beschäftigten im verarbeitenden Gewerbe Deutschlands zwischen 30 und 50 Prozent liegt!

- *Umfassende Optimierung der Produktionsabläufe*
- *Integration von Forschung, Entwicklung und Produktionsorganisation*
- *engere Beziehungen zwischen Herstellern und Verbrauchern*
- *hohe Qualität zu vernünftigen Kosten*
- *Einbeziehung der Marktnachfrage in den Produktionsprozeß*
- *größere Dezentralisierung*
- *Vernetzung und Joint-ventures*
- *langfristige und kooperative Zulieferverträge*
- *weniger Arbeitsteilung innerhalb der Firma*
- *betriebliche Ausbildung*

Abb. 1 Prinzipien des neuen Managements (R. Boyer 1992)

Zwei Beispiele sollen verdeutlichen, wovon die Rede ist:

– In den Produktionswerken von *IBM Deutschland* sind massive Umstrukturierungen im Gange. Die herkömmliche, stark arbeitsteilige Struktur der Fertigung wird aufgebrochen und durch integrierte, produktivere Konzepte – sogenannte Produktionseinheiten – ersetzt. Gleichzeitig mit der Produktivitätserhöhung wird die Produktpalette reduziert und über verschiedene Maßnahmen wie Frühpensionierung und ähnliches werden Arbeitsplätze abgebaut. Diese Entwicklung betrifft natürlich in hohem Maße die Personal- und Bildungsbereiche der Werke, die ihrerseits Strategien für die neuen Situationen entwickeln müssen. Das führt zum Beispiel dazu, daß Bildungsbereiche neben der Neukonzipierung ihres innerbetrieblichen Angebotes – wie weit unterstützt unser Angebot die Veränderungen im Werk? – auch dazu übergehen, am externen Markt aktiv zu werden, sich außerhalb des Werkes neue, gewinnbringende Betätigungsfelder zu suchen.

– *Motorola* überarbeitete die Arbeitsweise seiner Konzernrevision. Benötigte früher die Erstellung eines Revisionsberichtes für eine der 150 Produktionsstätten sieben Wochen und lief über mehrere Stellen zur Abstimmung, so wird heute ein Bericht binnen fünf Tagen (!) erstellt. Gleichzeitig konnte die Qualität der Ergebnisse sowohl für die Revisionsstelle als auch für die geprüften Werke und die Produktivität der Revisoren erheblich verbessert werden.

Um wen geht es?

In unseren Vorarbeiten für dieses Thema stellte sich bald die Frage, was ein guter, gemeinsamer Begriff für jene Unternehmensbereiche ist, die interne, indirekte und unterstützende (Dienst-)Leistungen erbringen. Nimmt man Michael Porters Konzept der Wertschöpfungskette, dann sind es wesentlich jene Unternehmensprozesse, die Mitarbeiterpotential und Infrastruktur entwickeln, bereit- und sicherstellen. Und hier reicht der Bogen von EDV über Logistik, Instandhaltung, Controlling, Organisation, Recht bis zu Marketing. Porter spricht von den „supporting functions". Es sind also jene Bereiche gemeint, die zur „sekundären Wertschöpfung" beitragen (vgl. Abb. 2).

In Porters Konzept bewegt man sich im Rahmen von Funktionen und Beiträgen. Diese Unterscheidungen entsprechen aber nur bedingt dem Selbstverständnis der jeweiligen Akteure in den Unternehmen, das natürlich durch die jeweilige organisatorische Gestalt und Situation mitdefiniert wird. Marketing wird beispielsweise einmal als eigener Servicebereich verstanden, aber auch als allgemeine, übergreifende Unternehmensleistung, die von allen Funktionen mit wahrgenommen wird. Welche Unternehmenseinheiten verstehen sich heute als Stabsstellen? Fühlen sich Controller angesprochen, wenn die Rede von internen Dienstleistern ist? (– Was sie unserer

Meinung nach sollten.) Und was ist mit Forschung und Entwicklung oder Engineering? (– Die wir nicht meinen.)

Abb. 2: Wertschöpfungskette nach M. Porter

Wir haben uns zu folgender Sprachregelung entschlossen. Unternehmenseinheiten, die im Sinne der sekundären Wertschöpfungsprozesse aktiv sind und die zur Aufrechterhaltung und Entwicklung der Unternehmensinfrastruktur in administrativer, technischer wie sozialer Hinsicht (inkl. Personal) beitragen – also Supportfunktion für die primäre Wertschöpfung erbringen –, bezeichnen wir als interne Dienstleister (interne DL).

Organisation und Aufgabe

Organisatorisch gesehen drückt sich die Unterscheidung von direkten und indirekten Leistungen im Konzept der Stab-Linienorganisation aus. Dieses Konzept resultierte aus der Evolution der massenproduzierenden „industriellen Bürokratien". Das Unternehmen „war" Produktion, alles drehte sich um den „technischen Kern", der von den Störungen und Unregelmäßigkeiten der Umwelt abzuschirmen war. Frei von zuviel Schwankungen durch individuelle Präferenzen – H. Ford: „Sie können das Auto in jeder Farbe haben, sofern sie schwarz ist" – konnte die Effizienz der Produktion drastisch gesteigert werden. Die Bewältigung höherer Komplexität in der Nachfrage, ihrerseits ein Resultat der Massenproduktion, erfordert allerdings mehr Wissen, mehr Planung und mehr Kontrolle. Die Experten traten auf den Plan. Es entwickelten sich differenzierte Funktionsbereiche, in denen die Experten die Produktionslinien anleiteten und auch vor den Störungen der Umwelt schützten. Technische und administrative Spezialfunktionen sorgten für den Support, die Absicherung und die Kontrolle der Unternehmensprozesse. Die „Stäbler" fungierten als Wissensträger des Unternehmens, wurden aber zugleich auch als „Polizisten" der Hierarchie erlebt (vgl. Abb. 3).

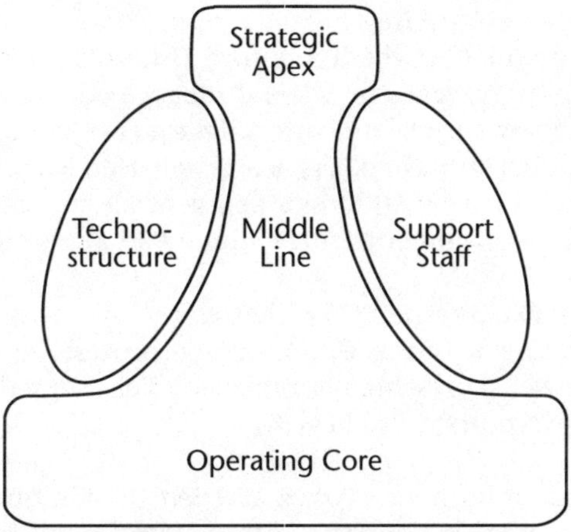

Abb. 3: Klassische Organisationsform nach H. Mintzberg

Interne DL sind für die Bearbeitung von Spezialfragen zuständig (EDV, Personal, Rechnungswesen, Planung, ...) Sie beraten zu diesen Fragen, informieren, geben fachliche Unterstützung, haben aber normalerweise keine Entscheidungs- und Anordnungskompetenz. Darüber hinaus können sie erfahrungsgemäß weitere Funktionen übernehmen:

- Koordination und Prozeßgestaltung von bestimmten Aktivitäten
- Mitwirkung in Planungsprozessen
- Durchführung zentraler Dienstleistungen (z. B. Rechengszentrum)
- Fachtechnische Leitung und Controlling in einem Fachgebiet
- Kompetenzen für besondere Aufgaben (z. B. Projektverantwortung)
- Entscheidungskompetenz in Fachfragen (Personal, Technologie, ...)
- Kontrolle

Die Beziehungen zwischen interne DL und Linie sind also vielfältig. Die Basis ist meist der *Expertenstatus*. Stäbe oder zentrale Funktionseinheiten sind für fachlich abgegrenzte Aufgaben zuständig, entwickeln und sichern das Know-how des Unternehmens und transferieren es in die Unternehmensleistung. Und sollte da nicht vor dem Hintergrund des ständig an Bedeutung gewinnenden *Produktionsfaktors Wissen* die Bedeutung der internen DL eigentlich steigen?

Das scheint nur bedingt der Fall. Die Kritik an den „Stäblern", an ihrer Ineffizienz, Ignoranz, Praxisferne oder was auch immer wird eher lauter als leiser. Zu oft wurde wohl die Erfahrung gemacht, daß die Kumulierung von Wissen auch als Macht eingesetzt wird, daß die Entscheidungs- und Entwicklungsprozesse der Stäbe zu lange dauern und daß sich die Aufteilung zwischen internen Dienstleistern und Linie in Wissende und scheinbar Unwissende beziehungsweise Theoretiker und Praktiker, die „Nur-ich-bin-der-Experte"-Struktur überlebt hat. Einige Unternehmen sind denn auch schon tatkräftig daran gegangen, Stäbe abzubauen oder sie ganz aufzuheben. Die „Abmagerungen", die die *ABB* ihren diversen Zentralen angedeihen ließ, kann als eines der bekanntesten Beispiele gelten. Herr Barnevik führt vor, daß sich die durchschnittliche Unternehmenszentrale mit zehn Prozent ihrer bisherigen Mitarbeiterzahl effizienter führen läßt als vorher.

Soviel ist gewiss: Die internen Dienstleister der Zukunft werden in anderer Weise ihre Leistungen in die Unternehmensprozesse einbringen, als das bislang der Fall war. Der Schlüssel zur neuen Leistungserbringung scheint uns in zwei Schwerpunkten zu liegen:

1. in der Redefinition ihrer Arbeit als Dienstleister. Interne DL bewegen sich in komplexen Kooperationsbeziehungen im Unternehmen, darum wird dem *Relations-Management* eine Schlüsselbedeutung zukommen. Über ihre Zukunft wird aber nicht nur ein gutes Dienstleistungskonzept und -marketing entscheiden, sondern auch
2. die Frage, welche Wege ein Unternehmen hinsichtlich seiner *Know-how-Produktion und -Transfers*, also seines Wissensmanagements definieren wird.

Dienstleistungen

Es ist keineswegs selbstverständlich, daß sich die Organisationseinheiten der sekundären Prozesse als Dienstleister verstehen; auch wenn der Begriff der Kunden-Lieferanten-Beziehung in die Gestaltung der internen Relationen seinen Einzug gehalten hat. Ein ausgeprägtes Dienstleistungsverständnis kann einen Unterschied in der Qualität und der Art der Dienstleistung machen. Warum? Ein einfaches Beispiel verdeutlicht das: Versteht sich eine Personalabteilung als Verwalter personalwirtschaftlicher Aufgaben, ist das etwas anderes, als wenn sie sich als Anbieter spezifischer Leistungen für bestimmte Zielgruppen versteht. Ein solches Verständnis impliziert eine andere Beziehung zu den Kunden und Abnehmern. Die Beschäftigung mit den Bedürfnissen und Problemen der Nachfrager wird kundengerechter sein als im Verwaltungskonzept. Die Überlegung, was sinnvoll, effizient und so weiter ist, steht eher im Mittelpunkt als das Einhalten vorgegebener Richtlinien, die lediglich exekutiert werden.

Dienstleistungen unterscheiden sich von der Produktion von Sachgütern oder Waren durch ihre immaterielle Natur. Läßt man die üblichen internen

DL Revue passieren, ist rasch einsichtig, daß sie vornehmlich mit der Produktion von Immateriellen beschäftigt sind. Auch wenn es immer Abstufungen in der Bandbreite von materiell bis immateriell gibt (s. Abb. 4).

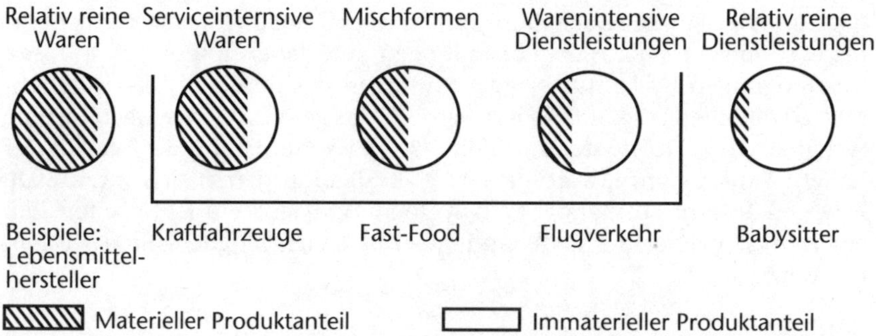

Abb. 4: Das Spektrum von Waren zu Dienstleistungen (Berry/Parasuraman 1992: 22)

Neben den allgemeinen Charakteristika von Dienstleistungen, wie der zumeist gegebenen *Gleichzeitigkeit von Produktion und Konsum* und der meist *direkten Beteiligung des Kunden an der Produktion* wollen wir folgende *Besonderheiten interner Dienstleister* hervorheben:

- Anbieter und Nachfrager gehören dem gleichen Unternehmen an;
- es finden im Regelfall bislang keine direkten finanziellen Transaktionen zwischen Anbieter und Nachfrager statt;
- zumeist gibt es keinen direkten Wettbewerb der Anbieter, der Nachfrager ist in seiner Wahlmöglichkeit stark eingeschränkt;
- aber auch der Anbieter sieht sich zumeist eingeengt; sein Markt ist beschränkt;
- die Dienstleistung wird in der Regel stark von den vorgesetzten Stellen, den Unternehmensrichtlinien oder ähnlichem beeinflußt;
- Die Kundenbeziehung ist oft von weiteren Beziehungsstrukturen überlagert („dramatische Dreiecke“, politische Prozesse des Unternehmens u.ä.).

Aus diesen knappen Ausführungen wird ersichtlich, daß sich interne Dienstleister in mehrdeutigen Situationen bewegen. Diese Mehrdeutigkeit ließ und läßt ihnen verschiedene Rollen und Erwartungen zukommen, die für ihre Einschätzung, Wertschätzung und Position wichtig sind. Welche Bilder zum Beispiel über Stäbe kennen Sie? Hören Sie auch von Geheimnisträgern, Hofnarren, Wasserträgern, Professoren im Elfenbeinturm, Wunschmaschinen und ähnlichem?

Ein Exkurs: Vielfalt und Mehrdeutigkeit interner DL

Im folgenden beschreiben wir einige Funktionen, Vorstellungen und Bilder, auf die wir in der Beschäftigung mit internen DL immer wieder gestoßen sind und die aller Voraussicht nach interne DL auf ihrem Weg in die Zukunft begleiten werden. Die Darstellung ist keine Beschreibung objektiver Verhältnisse, sondern thematisiert Vorstellungen, mit denen interne DL in ihren Anstrengungen, ihr Leistungsangebot und ihre Positionierung im Unternehmen zu überdenken, konfrontiert werden. Uns geht es hier weniger um eine systematische Theorie denn um eine selektive Auflistung der Vielfalt der Rollen, Funktionen, Erwartungen und Bezüge, in denen sich interne DL bewegen. Interne DL manövrieren in einem Feld der Mehrdeutigkeiten, daß einerseits schwierig sein, andererseits aber auch viele Möglichkeiten beinhalten kann.

a) Die Risikoträger:

Wie erwähnt spielte in der Entwicklung der internen DL eine industrielle Rationalisierungsstrategie eine wichtige Rolle, die als Verlagerung von Unsicherheit aus dem produktiven Bereich in den Bereich der internen Dienstleistungen bezeichnet wird. *Unsicherheiten* des Marktes, der Umwelt werden durch den Aufbau von Stäben absorbiert (Risikodelegation), der „technische Kern“ wird geschützt, die direkte Produktionsarbeit entlastet. Widersprüche zum Beispiel zwischen Marketing und Fertigung, aber auch das Balancieren unterschiedlicher Nachfragetendenzen werden an die Peripherie des Unternehmens abgedrängt.

Diese Rationalisierungsstrategie erfährt im Rahmen der lean production eine völlige Kehrtwendung. Schlanke Verhältnisse setzen auf die Flexibilisierung der Produktionslinie selbst. Hier werden keine langwierigen, aber Schutz gewährenden Vorbereitungs- und Planungsstäbe mehr benötigt. Planungsaufgaben ebenso wie Instandhaltung und Qualitätssicherung werden zu einem guten Teil in der Linie selbst geleistet. Das wirft sofort die Frage auf, was der Preis dieser Reintegration (Komplexitätssteigerung) ist.

b) Unsichtbare Leistungen:

Die Verlagerung der Abstimmungsprobleme in die Stäbe führte zu den bekannten „Wasserköpfen“ in den Zentralen. Diese überdimensionierten, administrativen Apparate produzieren erhebliche Kosten, die sich gleichzeitig auf die Leistungen bezogen schlecht berechnen lassen. Was ist zum Beispiel die *Wertschöpfung* des Personalbereichs? Woran kann sie gemessen werden? Und damit ist der Beitrag zur Wertschöpfung des Unternehmens immer ein fraglicher.

Die Leistung eines internen DL bleibt in ihrer oftmaligen Unbeziffertheit und Indirektheit gewissermaßen unsichtbar. Zudem ist der Erfolg oft erst längerfristig erkennbar. Wann weiß man, daß die Unternehmensplanung wirklich sinnvolle Arbeit geleistet hat? Wenn alles so eintritt wie gedacht? So einfach läuft die Rechnung sicher nicht, jedenfalls aber scheinen die Kosten immer zu hoch zu sein. In einer internationalen Untersuchung von 1988 meinten etwa 45 Prozent der Linienmanager, daß die Personalfunktion ihrer Unternehmen zu teuer sei. Heute mag sich da schon einiges getan haben. Vielfach wurde den „Wasserköpfen" der Kampf angesagt, und die vehemente Diskussion um die „schlanken Unternehmen" zeigt, daß es nun wirklich ernst ist. Die bisherigen Betreiber der Rationalisierung, die Stäbe, werden nun selbst zu den Betroffenen der Rationalisierung (Brünneke et. al. 1992: 6 f.).

c) Die Berufenen:
Der Fokus der Optimierung richtet sich heute auf die übergreifenden Geschäftsprozesse (die Kette der wertschöpfenden bei weitestgehender Eliminierung nichtwertschöpferischer Tätigkeiten). Dieser Fokus relativiert die Ausrichtung auf das bisherige *Professionalitätsverständnis* in den Stäben. Es bezieht sich im Zweifelsfall stärker auf die Berufsidentität und die professionellen Standards als auf die betrieblichen Prozesse und deren Standards. Beispielhaft kann man Techniker erwähnen, deren Präferenz höchster technologischer Standard ungeachtet der bereits tiefer liegenden Qualitätsanforderungen der Kunden bleibt (ein Ingenieur ist eine Ingenieur ist ein Ingenieur ...). In diesem Sinne kann man von internen DL als den „Berufenen" sprechen, die ihr Auserwähltsein ihrem professionellen Vermögen und dessen „Wahrheit" verdanken. Sie sind die Experten, die anderen sind die Laien. Solche Identität tendiert zur „reinen Lehre" mit der entsprechenden Ideologieanfälligkeit, dem entsprechenden „Besserwissertum" – und Beliebtheitsgrad.

Erst letztes Jahr erschien eine Untersuchung über schweizerische Maschinenbauunternehmen – die schweizer Ingenieure stehen den deutschen um nichts nach –, die aufzeigte, wie beträchtlich die Kluft zwischen der Qualitätseinschätzung der Kunden und der Techniker sein kann und wie sehr man in den Unternehmen dennoch überzeugt war, die Kundenerwartungen richtig einzuschätzen. Das wäre alles kein Problem, wenn die hohen Standards nicht auch ihren Preis hätten (Shegezzi 1992). Zweifellos sind hier wichtige Unterschiede zwischen den verschiedenen Stäben zu notieren: technische Stäbler sehen sich zum Beispiel mit anderen professionellen Möglichkeiten als „Personaler" ausgestattet.

Auch der Wechsel in den Vorstandsetagen der Luftlinien kann unter diesem Gesichtspunkt beobachtet werden. Waren es früher oft die Piloten, die die Chefsessel einnahmen, sind es im Zuge der Markt- statt Technikorientierung Vertreter anderer Disziplinen geworden, die die Leitungsfunktionen einnahmen. R. Pascale beschreibt in einem ähnlichen Zusammenhang eindrücklich die Entwicklung von *GM* vom „Größten zum größten Krisenfall". Er schildert, wie die Finanzabteilung in der Zentrale von *GM* die Oberhand über die

Geschicke des Konzerns gewann und in ihrer Distanz zum eigentlichen Geschäft einen Kurs steuerte, der zu den bekannten schwierigen Ergebnissen führte. Die Herrschaft der Finanzer führte zu einer Blockierung der Lernfähigkeit des Konzerns. Und Lernen, das ist der Punkt, um den es heute geht. Der Expertenstatus ist nicht immer hilfreich für Lernen. Das zeigt, die Anmerkung sei gestattet, nicht zuletzt ein Blick hinter die Kulissen der Universitäten. Der „homo academicus" ist sich immer wieder mal selber genug. Wie aber kann man die Produktion und Integration des *Spezialwissens* „lernfreundlicher" und partnerschaftlicher organisieren?

An die Stelle der „reinen" Professionalität wird heute vielfach die Kategorie „unternehmerisch" gesetzt. Ein anschauliches Beispiel bietet die Rückverlagerung von Personalführungsaufgaben aus den Personalbereichen in die Linie. Wie wollte man auch eine unternehmerische Führungskraft haben, wenn ihr bei jeder zweiten Frage die Personalabteilung „reinquatscht". Natürlich erlöschen nach einer solchen Reintegration mangels Möglichkeiten manch „gute Absichten" von Personalmanagern, zum Beispiel die, Personalpolitik und -führung kontrollieren zu können. Aber wem hat diese Kontrolle bislang gedient? Und wer hat daraus Gewinn bezogen?

Die Konzentration der Stabsarbeit auf *einen* speziellen Aufgabenbereich führt „logischerweise" zu einer eindimensionalen Ausrichtung. Die Widersprüche, die der Leistungserstellung selbst innewohnen (Qualität, Kosten, Zeit, ...) und die die Mehrdimensionalität unternehmerischer und betrieblicher Prozesse charakterisieren, werden in verschiedene Funktionsbereiche delegiert und damit aufgespalten und segmentiert. Dieser „Sicherheitsgewinn" der Produktionslinie wird mit „einäugigen" Stäben bezahlt, die dann selbstredend ihr Recht auf die richtige Sichtweise/Perspektive beanspruchen. Nun ist nichts gegen ein Balancieren von Widersprüchen einzuwenden, ganz im Gegenteil: Erst die Befragung unterschiedlicher Sichtweisen wird valide Information einbringen. Sind die Perspektiven aber organisatorisch gut abgesichert, beginnen sich die fachlichen Fragen mit denen organisatorischer und mikropolitischer Prozesse zu vermischen. Dann geht es eher darum, wer recht hat und wessen Einfluß sich durchsetzt, als um die Qualität des Ergebnisses. Sicherlich keine gute Voraussetzung für Effizienz und schnelles Lernen.

Die eindimensionale Ausrichtung, die „Berufung" führt zur Suche nach der „einen, richtigen Wahrheit", – eine einfache Schlußfolgerung. Ein Lob dem Stab – ein Lob der Linearität? Wenn Stäbe „die eine Wahrheit" vertreten, würde auch passen, daß Stäbe, wenn sie verändern, dies tendentiell missionierend tun („Wir wissen, wie es geht! Uns ist die Wahrheit!") – und damit im Grunde nichts verändern ...? Nach dem Motto: Niemand stabilisiert besser als der, der alles verändern möchte. Um die Bewahrung kümmern sich dann die anderen ...

d) Wissende Unwissende:

Die organisatorische Differenzierung der internen DL führt zur beabsichtigten Distanz zum Alltagsgeschäft. Diese Distanz ermöglicht – das war die Ursprungsrationalität – die Entwicklung eines fundierten und spezialisierten Wissens, wie es im Trubel des Liniengeschehens als nicht möglich angesehen wurde. Zum Problem gerät dann allerdings die Übersetzung dieses Wissens in das Unternehmen. Sofort stellen sich hier wesentliche Fragen: Wie und in welcher Form kommen Experte und Linie zusammen? Wie weit ist dieses Expertenwissen relevant für die Verbesserung des Geschäftsprozesses? Wer definiert diese Relevanz? Wer hat die Macht dazu? Und allgemeiner: Zu welchem Nutzen akkumulieren die Stäbe Wissen? Welche Kombinationen von Aufgaben und Wissen sind relevant? Die Streitereien zwischen Stab und Linie um die Bedeutung irgendeiner fachlichen Frage sind berühmt-berüchtigt: „Was die Herrn Professoren da wieder daherbringen ..."

e) Schön-Wetter-Piloten:

Interne DL werden auch, wie beschrieben, zur Risikodelegation gebraucht. Zur Erfüllung dieser Aufgabe benötigen sie jedoch Zeit – das Erarbeiten neuer Optionen dauert und ebenso ihre Transmission in die Linie. Im Falle „schlechten Wetters", wenn also rasches und neues Handeln angesagt wäre und Zeit wirklich Geld ist, bringt einen die Distanz zum Alltagsgeschäft aus der Sicht der Linie zwangsläufig ins Schleudern. Alleine daß die Krise ausgebrochen ist, macht schon einen Vertrauensverlust für manche internen DL (z. B. Unternehmensplanung) wahrscheinlich; denn wären die nicht für die Abwendung im vorhinein verantwortlich gewesen?

Ein Aspekt: Manche internen DL müssen gemäß ihrer Aufgabe dazu tendieren, Planbarkeit anzunehmen (das Gegenteil zu Planbarkeit wäre hier: Mitschwingen mit den Störungen der Umwelt). Das heißt, sie tragen wesentlich zur Aufrechterhaltung *planwirtschaftlicher* Bestrebungen und der Aufrechterhaltung der „Illusion der Machbarkeit" in den Unternehmen bei. Entsprechend betroffen reagieren sie, wenn stärker marktwirtschaftliche Prinzipien in das Unternehmen eingeführt werden, wie das etwa bei *ABB* der Fall ist. Zerlegt man ein Unternehmen in kleine, marktorientierte Einheiten, dann werden die sich selbst um ihre Abstimmung mit dem Markt kümmern. Für zentrale Planungsabteilungen wird das zum „Horror". Denn die Vielfalt, die sich mit dezentralen Einheiten auftut, ist tendentiell „unordentlich" und chaotisch. Stehen wir hier vor dem Ende der Planung?

„Die Abschaffung der Planungsabteilung könnte das Beste sein, das ein Unternehmen für seine Aktionäre tun kann", heißt es in einem Bericht der Unternehmensberatung Deloite Haskins and Sells ... Sie untersuchte die Gesamtrendite, die 75 britische Unternehmen in den letzten drei Jahren für ihre Aktionäre erwirtschaftet hatten, und stellte fest, daß Firmen ohne zentrale Planungsabteilung tendentiell höhere Renditen erwirtschafteten

(...). Firmen, die der Überzeugung waren, daß sie ihren Planern einen großen Teil des Erfolges verdankten, waren in der Gruppe der gut verdienenden Unternehmen wenig vertreten." (*The Economist*, 18.02.1989; zit. n: T. Peters 1992: 623).

Ein alternatives Beispiel liefert die vielbeschriebene Veränderung der *Shell*-Unternehmensplanung durch *DeGeus*. Unzufrieden mit den üblichen Planungsritualen führte der damalige Planungschef neue Arbeitsformen ein und definierte die Planungsarbeit als Arbeit an den mentalen Modellen des Managements. Durch Szenariotechniken brachte er das Management dazu, sich mit Alternativen und Konsequenzen unterschiedlicher Marktbedingungen zu beschäftigen, und erweiterte auf diese Weise die Vorstellungswelten und Handlungsmöglichkeiten der Manager. *Shell* hatte daraufhin in der Ölkrise die besseren Karten.

Das *Shell*-Beispiel zeigt auch eine Redefinition der Beziehung zwischen Unternehmensplanung und Management. Die entscheidenden Fragen für *DeGeus* waren: Was ist unsere Aufgabe als Planer? Und: Woran werden wir die erfolgreiche Aufgabenbewältigung erkennen? Die Rede ist also vom Verständnis eines internen DL hinsichtlich seines Auftrages, seiner Kundenbeziehungen und den Möglichkeiten, in diesen Beziehungen wirksam zu sein.

Konsequenzen einer Dienstleistungsorientierung – einige Trends

Dienstleistungsorientierung macht einen Unterschied. Welche Konsequenzen ergeben sich daraus für interne DL? Wir sehen folgende Trends:

a) Gerufen statt berufen

Interne DL-Arbeit wird kundenorientierter. Die Beziehungen zwischen internen DL und Kunden werden überdacht und zum Beispiel auf der Basis eines Vertragsmodells neu ausgehandelt. Das bedeutet, daß sich interne DL intensiver um die Bedürfnisse und Probleme ihrer Kunden bemühen werden, aber wahrscheinlich auch selektiver in ihrem Angebot werden.

Die Kundenbeziehungen gestalten sich partnerschaftlicher und sind von einer höheren Transparenz hinsichtlich Leistungen und Aufwand getragen. Das geschieht auch vor dem Hintergrund, daß immer mehr Markt im Unternehmen Einzug hält und die internen Kunden zusehends Wahlmöglichkeiten hinsichtlich des Dienstleisters erhalten. Ein Beispiel wäre Bildungsarbeit, die im Unternehmen angeboten wird, aber auch von außerhalb zugekauft werden kann. Welchen Wettbewerbsvorteil kann die interne Abteilung gegenüber ihren externen Konkurrenten geltend machen? Die Kunden werden zudem kritischer und genauer in ihren Nachfragen. Nun sind andere Diskussionen mit Kunden möglich. Neue Leistungen werden gemeinsam mit dem Kunden entwickelt. Die Kunden sind nicht mehr nur Konsumenten, sondern werden Mitproduzenten der Leistungen - *Pro*duzent + Kon*sument* = *Prosument.*

b) Prozeß- und Ergebnisorientierung statt Spezialisten-Autismus.
Interne DL werden ihre Beitragsmöglichkeiten zu den Geschäftsprozessen (Leistungsprozessen) kritisch hinterfragen beziehungsweise „hinterfragt bekommen". Wo sehen sie Verbesserungsmöglichkeiten? Wie können sie wichtige Prozesse unterstützen? Aber sie werden auch die eigenen Leistungsprozesse wiederholt auf ihre Sinnhaftigkeit und ihre Effizienz hin prüfen. Wie ist es um den Kundennutzen bestellt? Welche Verträge können sie mit ihren Kunden eingehen? Wo bestehen Grenzen? Wie ist es um ihr Marketing bestellt? Wer sind die Schlüsselpersonen, die eine gute Meinung von ihrer Leistung haben sollen, um als Multiplikatoren im Unternehmen wirksam zu sein (Relationship-Marketing)?

c) Agil statt stab-il.
Funktionseinheiten werden sich tendentiell auflösen, und interne DL werden stärker in *internen Projekten* arbeiten. Es wird nicht mehr die eindeutige „Heimat" für bestimmte Funktionsträger geben, sondern sie erbringen ihre Leistungen in den Projekten gemeinsam mit den anderen Bereichen. Reste der ursprünglichen Stäbe finden sich in „project offices", die sich um einige übergeordnete Themen bemühen und Aktivitäten zur fachlichen Weiterbildung beziehungsweise zum Lernen der projektbezogen arbeitenden Experten unterstützen.

d) Markt- statt Planwirtschaft.
Unternehmen reduzieren ihren, den Organisationsformen innewohnenden planwirtschaftlichen Charakter. Die Einführung der Marktwirtschaft ermöglicht den potentiellen Kunden, interne Dienstleistungen sorgsam zu *wählen*. Interne DL sehen sich darum völlig neuen Verhältnissen gegenüber. Nicht nur können ihre bisherigen Pflichtkunden sagen: „Nein, danke", sondern auch sie können eventuell selbst am freien Markt akquirieren.

Nochmals eine andere Alternative ist diejenige des *outsourcing*. Interne DL werden selbständig und sehen sich nunmehr als externer Anbieter dem alten Unternehmen, vielen neuen Mitbewerbern und neuen Kunden gegenüber. Das Unternehmen wiederum hat keine großen Zentralen oder Unterstützungsapparate, sondern arbeitet mit einer Fülle von *Subkontraktoren*, die spezialisierte Leistungen erbringen. Wie es Quinn et. al. (1990) formulieren: Es geht darum, das „ausgehöhlte Unternehmen" lieben zu lernen.

Insbesondere die beiden letzteren Trends zeigen eine Zukunft, in der interne DL in zu heute sehr unterschiedlicher Form arbeiten werden, beispielsweise nur mehr in Projekten oder nur mehr als externer Anbieter et cetera. Solche Entwicklungen bringen natürlich eine Menge von Folgewirkungen im Netzwerk des Unternehmens hervor. Zum Beispiel stellen sich folgende Fragen: Was geschieht mit dem in den Stäben gesammelten Know-how und Erfahrungen? Wo sammelt sich im Unternehmen Wissen, wenn es nur mehr Projekte gibt? Wer sorgt sich um die Wissensentwicklung? Aber auch: Wo bleiben überschüssige Ressourcen, um über das Unternehmen/die Produkte/die Prozesse der Zukunft reflektieren zu können? Wer kümmert sich darum? Wie wird Reflexionspotential organisiert und genützt? Man könnte die Frage auch so stellen: Bei aller Schlankheit – wo möchte man sich überschüssige Ressourcen leisten, die für unterschiedliche Zukünfte vielfältige Gestaltungsoptionen bereithalten?

Wissensmanagement – interne Dienstleistung der Zukunft

Interne DL können aus ihrer Perspektive viel dazu tun, ihr Leistungsangebot den neuen Verhältnisse entsprechend anzupassen, es zu überprüfen, abzuspecken, auch externe Märkte suchen und so weiter. Sie werden aber aufs engste von einer Frage betroffen, die sich aus der Unternehmensperspektive stellt: Wie wollen wir Know-how erzeugen und transferieren? Welche Formen sind jenseits der Expertenzirkel denkbar? Wie können wir das lernende Unternehmen organisieren? Und: Wie weit werden Funktionsbereiche dabei noch nötig oder auch erwünscht sein?

Die Eliminierung der Fachbereiche gehört mit zu den am schwersten vorstellbaren Momenten der neuen Unternehmenswelten. Auf wen soll man sich noch verlassen, wenn es keine eindeutige „Ich-bin-der-Experte"-Struktur mehr gibt? Tom Peters spricht in seinem neuen Buch von einer „neuen Logik des Fachwissens" (S. 592 ff.). Er geht davon aus, daß die zentralen Funktionseinheiten nur mehr bedingt in die turbulenten, von Moden getragenen Verhältnisse der heutigen Wettbewerbssituationen passen. Seiner Meinung nach zeigt sich auch, daß die vielgepriesenen Experten in den Stäben gar „nicht so fähig waren", wie man dachte, aber auch, daß „die Fachgebiete oft nicht so geheimnisvoll oder komplex sind, wie die Experten uns gerne glauben machen möchten".

Auch der Altmeister des Lernens im Unternehmen, Chris Argyris, spricht von den Schwierigkeiten, die Experten mit Lernen haben. Sicherlich mutet das zunächst paradox an – sind Experten nicht mit der ständigen Weiterentwicklung ihres Wissens beschäftigt? Diese Annahme mag ihre Richtigkeit haben oder auch nicht, sie kann nur fallbezogen geprüft werden. Von allgemeinerer Bedeutung ist jedoch, daß Organisationen wichtige Problemlösekapazitäten an Experten, also in die Professionen – „Dem Ingeniör ist nichts zu schwör" – delegiert haben. Eben dieses Modell – dem Nichtwissen durch Delegation an „Professionelle" zu entkommen (was die Frage dann auf die Ebene des Fachwissens und des Einsatzes und der Motivationen dieser Personen überwälzt (Luhmann 1992: 204)) – steht am Rande seiner Möglichkeiten. Heute ist nicht nur besseres Fachwissen, sondern auch *organisatorische Innovation* gefragt. Wie kann ein Unternehmen sich um ein Problem so organisieren, daß eine effektive Lösung gut und gewinnbringend möglich wird. Und wie kann sie das Wissen um diese Organisierungsleistungen sukzessive für sich nutzbar machen?

Die Voten gegen die bisherige Expertenkultur richten sich keineswegs gegen die unabdingbare Notwendigkeit des Wissens. Im Gegenteil, immer mehr davon und der immer schnellere Erwerb werden zu einem, wenn nicht *dem* entscheidenden Wettbewerbsvorteil (vgl. Willke in diesem Band). Wissen ist *der* Produktionsfaktor der Zukunft. Aber was wird alles als Wissen definiert? Wie kann es organisiert werden, wenn die bislang üblichen Formen der Auslagerung von Wissensträgern in eigens geschaffene organisatorische Einheiten nicht mehr zureichend ist; nicht mehr zureichend, weil zu langsam, zu weit von den Entscheidungs- und Produktionsprozessen entfernt, zu wenig anwendungsbezogen – und damit, und das ist eine deutliche Kehrtwendung gegen die klassische, wissenschaftsorientierte Expertenkultur, auch zuwenig innovativ! (Die Nobelpreisträger des *IBM*-Labors in Zürich haben ihr Rastermikroskop sozusagen unter der Hand, geschützt vor dem Wissen der Entscheider, entwickelt.)

Die klassische Expertenkultur ist auf die Aufrechterhaltung der großen Unternehmensblöcke angewiesen. In einer Struktur, die das Unternehmen in viele kleine, marktgerechte Einheiten zerlegt, bleibt sie nicht unberührt. Selbst Forschungseinrichtungen werden mittlerweile als eigenständige Einheiten ausgelagert, die sich über die Vernetzung mit den anderen Gesellschaften ihre Forschungsprojekte finanzieren müssen (Beispiel *ABB*).

Die Definition von Forschungseinrichtungen und -labors ist aber nur ein Teil der Wissensproduktion. Ein großer Teil des Wissens entsteht ja *in der unmittelbaren Arbeit* für die Kunden *in den Projekten und der permanenten Verbesserung* der Leistungsprozesse. Wie kann dieses Erfahrungswissen genutzt werden? Was kann getan werden, daß diese wichtigen Erfahrungen nicht nur in den Köpfen der direkt Beteiligten verbleiben, sondern für viele andere im Unternehmen dienlich werden.

Zum einen zeigt sich eine ermutigende Tendenz, das Expertenwissen in die Produktionseinheiten, Teams und Projektgruppen zu verlagern. Diese Gruppen können sich um ihr eigenes Know-how sorgen, und mit der Eingliederung von Stäblern in die Linieneinheiten wird hier ein wichtiger Schritt an Kompetenzzuwachs getan. Sicherlich ist aber auch eine darüber hinausgehende, integrierende oder vernetzende Struktur notwendig, um den Transfer und die allgemeine Wissenskumulierung zu begünstigen. Wie Peters bemerkt, darf die Psychodynamik, die zum Funktionieren einer solchen Struktur notwendig ist, nicht unterschätzt werden. Das Einspeisen des eigenen Wissens in ein allgemeines Netzwerk (zum Beispiel informationstechnologischer Natur) bedarf ja einer Anstrengung, die Kapazität von der Erfüllung anderer anstehender Aufgaben abzieht. Was also kann so eine Wissensstruktur attraktiv gestalten? Die Antwort auf diese Frage wird sicherlich jedes Unternehmen für sich treffen müssen, ist sie doch in hohem Maße von den spezifischen Aufgaben, von damit verbundenen Interessen, von Struktur und Kultur des Unternehmens abhängig. Füllt sich so ein Netzwerk mit Leben, ist man der Rede von der „lernenden Organisation" wieder ein gutes Stück nähergekommen.

Anmerkung

* Dieser Artikel entstand in Vorbereitung der Tagung „Agil statt stabil – zur Zukunft interner Dienstleister", die am 29. und 30.11.1993 am Gottlieb Duttweiler Institut (GDI) für wirtschaftliche und soziale Studien in Rüschlikon bei Zürich stattfinden wird.

Literatur:

Argyris, Ch. (1991): Wenn Experten wieder lernen müssen. *HARVARD-manager* 4: 95-107.

Berry, L. u. A. Parasuraman (1992): Service-Marketing. Frankfurt/New York.

Boyer, R. (1992): Neue Richtungen von Managementpraktiken und Arbeitsorganisation. Allgemeine Prinzipien und nationale Entwicklungspfade. In: A. Demirovic, H.-P. Krebs u. Th. Sablowski (Hrsg.): Hegemonie und Staat. Kapitalistische Regulation als Projekt und Prozeß. Münster.

Brünneke, K., Ch. Deutschmann u. M. Faust (1992): Betriebspolitische Aspekte des Bürokratieabbaus in Industrieunternehmen. In: W. von Staehle u. P. Conrad (Hrsg.): Managementforschung 2. Berlin/New York, 1-38.

Luhmann, N. (1992): Ökologie des Nicht-Wissens. In: drs.: Beobachtungen der Moderne. Opladen.

Pascale, R. (1990): Managen auf Messers Schneide.

Peters, T. (1992): Jenseits der Hierarchien. Liberation Management. Düsseldorf.

Porter, M. (1985): Wettbewerbsvorteile. Frankfurt.

Quinn, J.B., T.L. Doorley u. P.C. Paquette (1990): Technology in services: Rethinking strategic fokus. *Sloan Management Review*: 79-87.

Seghezzi, H.P., St. Fries u. Th. Reiner (1992): Der weite Weg zum Qualitätsmanagement. *io management. 61* (5): 52-56.

PROZESSE UND FÄHIGKEITEN IM UNTERNEHMEN

Sicherlich kennen Sie Sätze wie diese: „Das Unternehmen X ist wirklich dynamisch; da ist vielleicht was los ..." oder aber: „Y ist ein bürokratisches Unternehmen, nichts rührt sich dort ..." Begriffe, die Dynamik und Bewegung ausdrücken, sind beliebt zur schnellen Beschreibung und Charakterisierung von Unternehmen. Das eine gilt als schnell, „ist unterwegs", „zieht davon", „sucht nach neuen Märkten", „geht zu seinen Kunden" und „überschreitet Grenzen". Das andere Unternehmen ist „langsam", „unbeweglich", „starr", „rigide", „verkrustet" oder schlicht „stehengeblieben" und so weiter.

Diese Metaphern mögen nicht sonderlich überraschen, wenn man bedenkt, daß Wirtschaft wesentlich aus Aktivität besteht: Tauschen, Herstellen, Schaffen, Verdienen, Dienen und so weiter. Auch der klassische Unternehmer Schumpeterscher Prägung zeichnet sich mehr durch Tun denn durch Unterlassen aus. Der moderne Idealtypus schildert den Manager keineswegs als ruhigsitzendes Phlegma, sondern als dynamischen, agilen Beweger: unterwegs, mobil, informierend, kommunizierend, anregend, entscheidend, ruhelos, unerschöpflich ... Nicht umsonst trug Hermes, der Gott der Kaufleute, der überdies für Diebe, Wege und Verkehr zuständig war, Flügelschuhe.

Wenn man unterwegs ist, tut es gut zu wissen, in welche Richtung die Reise geht. Quo vadis? Lediglich „der Wilde auf seiner Maschin'" in einem alten Lied von Helmut Qualtinger sieht das anders: Er weiß zwar nicht, wohin er fährt, dafür ist er schneller dort! Nun, nicht einmal die avanciertesten Speed-Managementprogramme würden derartige Botschaften vertreten wollen.

Im folgenden möchte ich einige der Leitideen zusammenfassen, die heute aus systemischer Sicht wichtige Orientierungen für Unternehmen auf der Suche nach Wettbewerbsfähigkeit darstellen, und skizzieren, welche Rollen dem Management und internen Veränderungsspezialisten dabei zukommen können.

Unternehmen und Unterstellung

Unternehmen werden in systemischer Sicht als soziale Systeme betrachtet. Soziale Systeme bestehen aus *Kommunikation,* und Kommunikation wiederum bedeutet , wie D. Baecker formuliert hat, vornehmlich *Unterstellung*. Das ist nicht im hierarchischen Sinne gemeint. In der Kommunikation vollzieht sich Unterstellung auch ohne Absicht. Denn Unterstellung heißt lediglich: Indem man kommuniziert, *wird Bestimmtes eingeschlossen und anderes aus-*

geschlossen. „Es geht um dieses und nicht um jenes!“ – Das wird mit jedem Sprechen mitgesagt.

In dieser Hinsicht unterscheiden sich Unternehmen noch nicht von anderen sozialen Systemen wie Familien oder Kleingruppen. Sie unterscheiden sich allerdings in der Bestimmtheit ihrer Unterstellungsbewegungen, in ihrer Prägnanz und Penetranz.

Man denke beispielhaft
- an eine x-beliebige Vorstandsklausur: Was wird gesagt und was nicht – ohne daß es gesagt werden muß?
- an den Aufwand von Markteinführungskampagnen,
- an die Penetranz von Waschmittelwerbung,
- an die Energie, die aufgewandt wird, um die Hintergründe für die Äußerungen des Abteilungsleiters XY in der Projektgruppe Z zu interpretieren.

Die Beispiele sind Legion.

Was meinen Sie, zum Beispiel, ist die Unterstellung von *„schlankem“ Management*? Welche Unterstellung liegt vor, wenn westliche Manager lean production mit Begeisterung aufnehmen und im selben Atemzug Mitarbeiterabbau verkünden? Könnte sie lauten: „Auch bei uns ist der Mensch Mittelpunkt – und zwar der Kosten!“? Man erinnere: Lean production nahm seinen Ausgang, nachdem Toyota seinen Mitarbeitern eine Beschäftigungsgarantie zusichern mußte.

Denken Sie an ein Unternehmen Ihrer Wahl und fragen Sie sich: Welche Unterstellungen sind für dieses Unternehmen charakteristisch?

Indem Organisationen *aus Kommunikation bestehen*, verfügen sie über schwerwiegende Probleme. Das erste Problem liegt darin, daß Kommunikation *nicht kontrollierbar* ist. Sie ist nicht kontrollierbar, weil ein Sender nicht für den Empfänger entscheiden kann, welche Information identifiziert werden wird. Information, das ist der Unterschied, den der Empfänger macht. Auch wenn der Sender hilfreich sein kein – Informationsvermittlung ist nicht eindeutig determinierbar. Man denke nur daran, wie kreativ Anweisungen mißverstanden werden können („... und ich dachte, Sie haben gesagt ...“), man denke an die Schwierigkeiten, sich in Verhandlungen verständlich machen zu können, oder auch an die Unsicherheit des Erfolges von Werbung oder PR-Aktionen.

Das zweite Problem liegt darin, daß Kommunikation tendentiell *grenzenlos*, man könnte auch sagen: *„parasitär“* ist. Kommunikation entsteht aus Wechselseitigkeit. Denken Sie nur an ihre Überlegungen vor einer wichtigen Verhandlung: „Was glaube ich, erwartet mein Gegenüber, daß ich anbieten werde? Wenn er das erwartet, was erwarte ich dann, daß er gegebenfalls tut, wenn ich ...?" Mit dieser Wechselseitigkeit kommen weitere *Unschärfen* ins Spiel. Hierarchischen und formalistischen Unterstellungsversuchen zum Trotz (sogenannten *Trivialisierungs*versuchen) erzeugt Kommunikation ständig neuen Unterstellungsbedarf. Die vielfachen Störungen, Unschärfen und Grenzüberschreitungen erzeugen in ihrem Zusammenspiel ein Ganzes, das vielleicht am besten mit dem Bild des *Tanzes* beschrieben werden kann: der Tanz der Bürokratie, der Tanz der Massenproduktion, aber auch: der Tanz von *Mercedes*, der Tanz der *Allianz*, der Tanz von *IBM* ...

Die Tanzmetapher beschreibt vielleicht treffend die Empfindung, die Manager in einigen Situationen haben, kann aber nicht den Anspruch haben, als gängiges Beschreibungsmodell für Unternehmen zu gelten. Welcher Manager sagt schon in der Früh: „Jetzt gehe ich wieder tanzen!" Statt als bewegtes Bild eines Tanzes stellt man sich Unternehmen eher als monolithischen Block vor, über dessen Leistungserstellung die Hierarchie wacht. (Das zugehörige Bewegungselement erscheint dann durch Sisyphos, der mühsam den Block vor sich herwälzt.) Es ist wesentlich ein Oben-unten-Modell, das auf horizontaler und vertikaler Arbeitsteilung, auf der Trennung von Denken und Tun beruht.

Die Zukunft – schließlich eine Kategorie von essentieller unternehmerischer Bedeutung – ist in einem solchen Konzept eine Frage der *Planung:* Analysieren, Prognostizieren, Budgetieren, Ausführen ... Die zunehmende Komplexität der Unternehmenswelten hat immer elaboriertere und differenziertere Planungsvorgänge hervorgebracht. Man denke nur an die Fülle von Theorien, Instrumenten und Vorgangsweisen, die zur strategischen Planung angeboten werden. Dennoch wurde in den letzten Jahren hier deutliche Kritik laut. Eine Kritik, die sich vor allem gegen die „mechanistische Machbarkeitsillusion", die den üblichen strategischen Ansätzen innewohnt, richtet. Die Forderung wurde erhoben, daß strategisches Denken „Neuland" zu betreten hätte und sich hin zu einer ganzheitlich-evolutionären Führung bewegen sollte (z. B. H. Wüthrich; G. Servatius).

Diese „kritischen Weiterführungen" von bewährten Managementkonzepten treffen sich mit der von Universitätsprofessoren, New-Age-Freunden, Beratern, aber auch von Managern gleichermaßen beschworenen Notwendigkeit eines *Paradigmenwechsel im Management*, also der Notwendigkeit einer qualitativ neuen Denkweise. Vertreter eines Paradigmenwechsels argumentieren damit, daß das herkömmliche Managementdenken den nunmehrigen komplexen, ja turbulenten Verhältnissen nicht mehr gerecht wird. Als Kernelement eines neuen Paradigmas wird regelmäßig ein *ganzheitliches, systemisches Denken* genannt. Und das Versprechen „ganzheitlicher Ansätze" ist zweifellos dasjenige höherer Wirksamkeit des Managements. Auf eine Kurzform gebracht: Ganzheitliches Managen verspricht erfolgreiches Verhalten unter turbulenten Verhältnissen. Ohne Zweifel kein geringer Anspruch.

Was ist mit turbulenten Verhältnissen gemeint? Die Schlüsseldimensionen unternehmerischer Turbulenz oder, moderner formuliert, des Chaos sind *Zeit* und *Vielfalt*. Die Zeiten sind schneller geworden, heißt es, und die schnellen, schlanken Unternehmen, vornehmlich japanische (?), führen die langsamen Unternehmen vor: doppelt so schnell, ein Drittel weniger Fehler, höhere Qualität, weniger Kosten, bessere Kundenzufriedenheit und so weiter (Exemplarisch: Der „Lexus" als schneller Dorn im stolzen Auge deutscher Automobilkunst.)

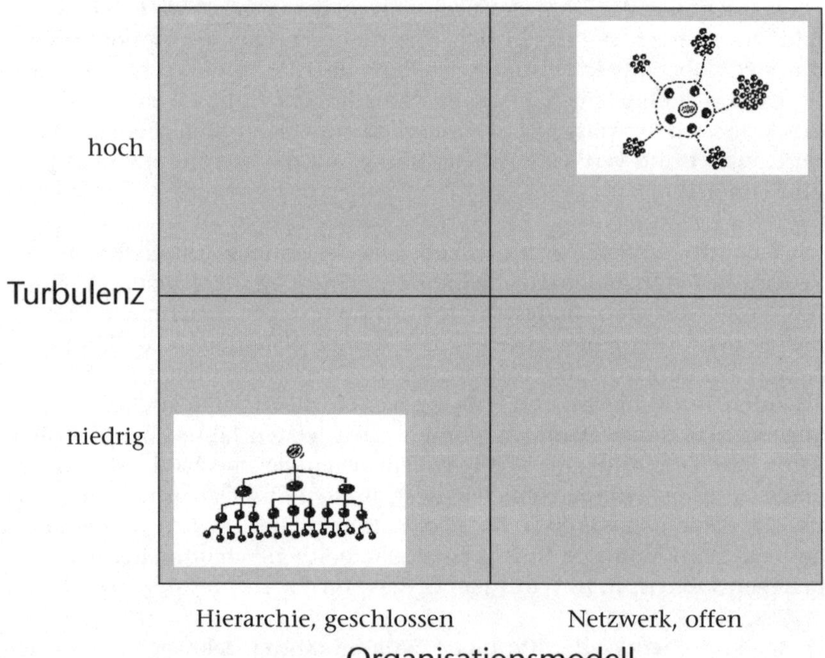

Abb.1 Turbulenz-Management-Matrix

Und die Zeiten sind vielfältiger geworden, heißt es: Der Kunde will nicht mehr nur irgendein Produkt, sondern ein bestimmtes, er will wählen, er will die und die individuelle Spezifikation – aber deswegen nicht mehr bezahlen –, er will Erlebnisse, und die will er jetzt und nicht später und so weiter. Nichts ist mehr wie früher.

Zeit und Vielfalt führen zu Komplexitätserhöhungen, auf die Unternehmen Antworten finden müssen. Zumeist wird diese Antwort in der Eröhung der internen Komplexität gesucht, die dann wiederum gefolgt wird von der Suche nach einfachen, „schlanken" Formen. So lauten zum Beispiel auch Titel und Thema eines neuen Buches von McKinsey & Company „Einfach überlegen". Die Suche nach Einfachheit erhöht allerdings selbst nochmals Komplexität: Es gibt keine einfachen Wege zur Einfachheit. Und langsam beginnen die Berichte über Schwierigkeiten und Hemmnisse bei der Einführung „schlanker Verhältnisse", die Spalten der Managementzeitschriften zu füllen.

Insgesamt aber hebt mit den Bemühungen zur Bewältigung turbulenter Verhältnisse eine Entwicklung an, die ich mit *„Enttrivialisierung der Unternehmen"* bezeichne (Abb.1). Diese Entwicklung möchte ich anhand einiger *Denkwerkzeuge*, die mir nützlich erscheinen, diskutieren, und zwar auf drei Kontextebenen:

1. Unternehmen
2. Management
3. interne VeränderungsspezialistInnen

1. Kontext: Unternehmen

Wie erwähnt betrachtet die Tradition ein Unternehmen tendentiell als monolithischen Block – bildhaft gesprochen: „Supertanker" –, der aus einer Aufbau- und Ablauforganisation besteht und durch einige Service- und Supportfunktionen am mehr oder weniger reibungslosen Laufen gehalten wird. Im Zentrum des Blocks liegt bei Produktionsunternehmen der „technische Kern", der durch Stäbe und interne Dienstleister vor den Störungen der Umwelt geschützt wird. Prinzipiell gilt: Sichert die Aufbauorganisation die generelle Funktionsfähigkeit des Unternehmens, sorgt die Einrichtung sinniger Abläufe für Effizienz.

Neuere Ansätze verfolgen eine Betrachtung, die sich an folgenden Dimensionen orientiert:

a) den ***Prozessen der Leistungserstellung*** – man könnte auch von einer Vorherrschaft der Abläufe vor den Strukturen sprechen – und
b) den ***Prozeßfähigkeiten***, die ein Unternehmen im Wettbewerb auszeichnen,
c) ***dezentralen Strukturen***, die Selbstorganisation und „Unternehmertum" fördern.

a) Leistungsprozesse:
In einer prozeßorientierten Sichtweise stellt sich das Unternehmen als ein Strom miteinander verketteter Tätigkeiten und Kommunikationen dar (Abb.

2). In diesem Strom interessieren zunächst weder funktionale Differenzierungen noch die Grenzen des Unternehmens zu seinen Umwelten, etwa zu Lieferanten und Kunden. Die Interpunktionen des Stromes können relativ willkürlich sein. Die Überlegungen, welche der zur Leistungserstellung nötigen Aktivitäten überhaupt sinnvoll innerhalb des Unternehmens erbracht und welche besser zugekauft werden, beschäftigen entsprechend viele Unternehmen.

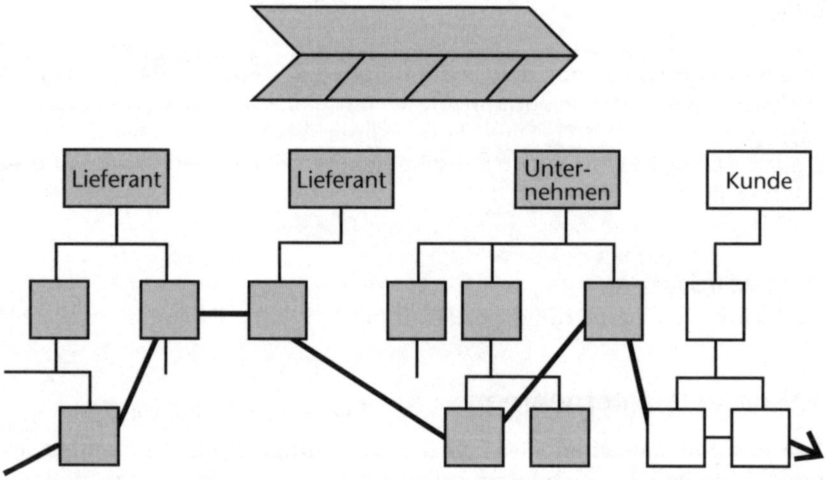

Abb.2 Unternehmensübergreifender Leistungsprozeß

Die Betrachtung von Leistungsprozessen löst das Unternehmen in Aktivitätsketten auf. Diese Ketten laufen zum Beispiel von der Auftragsannahme und -bearbeitung über die Leistungen des Lieferanten bis zum Beginn des Kundennutzens. Sie beziehen die direkte Leistungserstellung – primärer Prozeß – ebenso ein, wie unterstützende Leistungen, die erbracht werden. Eine prozeßorientierte Sichtweise, die sich weniger für Grenzen als für Verkopplungen interessiert, legt auch intensive Kooperationen mit Lieferanten und Kunden und anderen Bezugsgruppen nahe. Kooperationen, die dem „Blockmodell"-Denken und seiner Nullsummenspiel-Mentalität stark zuwiderlaufen. Die Diskussionen um das „schlanke" Unternehmen haben hier insbesondere hinsichtlich der Lieferantenbeziehungen exemplarisch die Unterschiede aufgezeigt (Beteiligung der Lieferanten an Entwicklung, Kostentransparenz, Lieferantennetzwerke ...). Aber auch den Kunden gegenüber werden neue Verkopplungswege gesucht, zum Beispiel im Aufbau von „Prosumer"-Beziehungen. Dabei kommen nicht zuletzt manche der etablierten Marketing- und Verkaufsfunktionen unter erheblichen Druck. Die Zukunft heißt heute: Relationsship-Marketing (R. McKenna, vgl. Beihang von Sutrich).

Zurück zu den Leistungsprozessen. Nimmt man sie in den Blick, liegt ihre Optimierung nahe. Und Analysen zu diesem Thema führen rasch zu zwei weiteren Themen: erstens zum Ziel des Prozesses und zweitens seinen Schnittstellen.

1. Was ist das Ziel des Prozesses?

Für jeden Leistungsprozeß stellt sich die Frage: Worauf soll dieser Prozeß fokussieren? Was ist das Ergebnis des Prozesses? Erst die Entscheidung über diesen Fokus – der am besten in Hinblick auf den Kundennutzen zu formulieren ist – gibt die Gelegenheit, „stromaufwärts" Optimierungen voranzutreiben oder, wie es M. Hammer formuliert, „Reengineering" zu betreiben. Die Festlegung von klaren, *meßbaren* Zielen (z. B. Durchlaufzeit, Liefertreue etc.) im Zusammenhang mit dem Prozeßergebnis liefert die unabdingbare Basis für Prozeßoptimierungen. Denn will man „schlank und schnell" sein, dann steuern Ziel und Ergebnis. Hier liegt einer der qualitativen Sprünge zum „schlanken" Unternehmen.

Beispielsweise hat *BENE*, ein österreichischer Büromöbelhersteller, seine Produktion in Hinblick auf Flexibilität, Montagefreundlichkeit und eine feststehende Lieferfrist organisiert. Die kundenbezogene Fertigung beginnt erst zehn Tage vor Lieferung, die solcherart organisiert ist, daß die erste Kiste im LKW auch die ersten zu montierenden Teile enthält und so weiter. Für *BENE* endet die Fertigung erst mit dem fertigmontierten Büro des Kunden. Solche Entscheidungen, die natürlich von strategischer Bedeutung sind, geben Orientierungspunkte für die weiteren Schritte vor. So ermöglichen die mit diesem System gemachten Montageerfahrungen die Übernahme weiterer Aufgaben für den Kunden und lassen neue Dienstleistungen ins Leistungsangebot aufnehmen.

2. Schnittstellen

Schnittstellen sind bekanntlich vielfach für Zeitverluste und Kostenentstehung verantwortlich. Hier lassen sich erhebliche Gewinne durch Neuorganisation erzielen. Voraussetzung ist wiederum die Fokussierung auf den durch die Schnittstellen zwischen verschiedenen beteiligten Bereichen und hierarchischen Ebenen unterteilten Prozeß. Die Frage, die sich stellt, lautet zumeist: Wieweit muß infolge eines „Reengineerings" (eine völlige Neudefinition eines Geschäftsprozesses zur optimalen Gestaltung) die horizontale und vertikale Arbeitsteilung in Frage gestellt werden? Und die Antwort auf diese Frage kann einige Radikalität sowohl in den erzielten Ergebnisse als auch in den betrieblichen Veränderungen in sich bergen. Dienstleistungsprozesse lassen sich dann rund um Personen organisieren, die Kunden

„ganzheitlich" betreuen, ohne daß mehrere Stellen im Unternehmen mitsamt allen mühsamen, zeitraubenden Abstimmungsprozessen beteiligt sein müssen. Produktionsstrukturen lassen sich reorganisieren, indem interne Dienstleistungen in die Linie (re)integriert werden (Fertigungsinseln, Produktionseinheiten). Hier kommt es zu einer Art Renaissance der (teil)autonomen Arbeitsgruppen, die schon in den siebziger Jahren einmal Konjunktur erlebten. Solche Arbeitsgruppen, die sich weitgehend selbst organisieren und steuern, verfügen über polyvalent einsetzbare Mitarbeiter, die neben den unmittelbaren Fertigungsaufgaben auch Arbeitsvorbereitungs-, Qualitätssicherungs- und Instandhaltungsaufgaben wahrnehmen. Sie übernehmen höhere Verantwortung und mehr Kompetenzen. Das berühmte Beispiel: Ein Fertigungsarbeiter kann das ganze Band stoppen, wenn er ein bedeutendes Problem sieht. Das Problem wird nicht einfach weitergereicht und mit einer weiteren Anhäufung von Folgefehlern umständlich am Ende des Prozesses nachgearbeitet.

Nochmals *BENE*: Das Unternehmen hat hier einen interessanten Ansatz gewählt: die *Nahtstellenorganisation.* Diese Organisation baut auf Vereinbarungen zwischen den organisatorischen Einheiten auf. Diesen Vereinbarungen, naturgemäß das Ergebnis von Verhandlungen, kommt die Autorität von Führung zu. Die jeweiligen Einheiten haben die Aufgabe, ihre Vereinbarungen zu erfüllen; wie sie sich dazu organisieren, bleibt ihnen weitgehend selbst überlassen. Eine organisatorische Einheit wird durch die Vereinbarungen mit ihren Kunden und Lieferanten definiert. Es sind die gemeinsamen Ziele mit den Vereinbarungspartnern, die Arbeit und Organisation ausrichten. Hier ist der systemtheoretische Satz: Die Relationen bestimmen die Elemente, praktikabel umgesetzt.

Woraus aber bestimmen sich Relationen? Relationen bestimmen sich daraus, was und wie sie handeln. Handeln – im ökonomischen Sinn – meint Tausch und Austausch. Der Gedanke des Austauschs hat in verschiedenen Ansätzen eine Rolle gespielt (Anreiz-Beitrags-Theorie, Equity-Faktor, neuerdings: radikale Marktwirtschaft). Und auch die Idee der Nahtstellenorganisation basiert gerade darauf, daß die Übereinkunft und das Einhalten von Vereinbarungen (= Verträge, die Austausch regeln) die zentralen Organisationsprinzipen darstellen. Das ist eine Organisationsbasis, die sich doch radikal von anderen Formen unterscheidet.

Betriebliche Leistung kommt üblicherweise durch die Beiträge mehrerer organisatorischer Einheiten zustande. Diese Einheiten streben im Normalfall nach ihrer jeweiligen Optimierung (und werden auch entsprechend beurteilt). Es ist nicht zuletzt unsere liberal-kapitalistische Anschauung, die uns davon ausgehen läßt, daß der Gewinn des einzelnen sich zum Gewinn für alle aufsummieren wird. Jetzt zeigt sich aber, daß das nicht unbedingt stimmen muß. (Hier liegt vielleicht auch die eigentliche japanische Beleidigung.) Die Optimierierung jedes einzelnen Bereichs für sich führt zur Suboptimierung. Wie ist das möglich?

Für eine optimale Prozeßgestaltung ist ein Verständnis der Wirkung des Gesamtsystems entscheidend. Entsprechend kommt der Frage nach der Ein- und Abgrenzung der jeweiligen Prozesse besondere Bedeutung zu. Ein anschauliches Beispiel liefert ein Stau auf der Autobahn. Ein Stau bringt in seiner Selbstorganisation ein System hervor, das im Auf- und Abschwellen der gefahrenen Geschwindigkeit nicht eine maximale Anzahl von Autos durchschleust, sondern ein recht suboptimales Ergebnis hervorbringt. (Aber auch das läßt sich nutzen. So preist zum Beispiel der Carl-Auer-Verlag seine „Autobahnuniversität“ mit dem Slogan an: „Jeder Stau bringt uns weiter.“) Die Suboptimierung ist im Auto erlebbar, wenn man im Stau stehend überraschend an Geschwindigkeit zulegen kann, um dann wieder vehement abbremsen zu müssen. Stausysteme laufen auf Eskalation (= Kollision) hinaus. Es sind selbstorganisierend-eskalierende Systeme. Wichtig für die Eskalationsdynamik ist die Optimierung jedes einzelnen Autofahrers: Ich fahre so schnell wie möglich – bis ich nicht mehr bremsen kann ...

In Produktionsprozessen finden sich ähnliche Dynamiken, denen man unter dem Titel „kontinuierlicher Materialfluß“ beizukommen versucht. Ein solcher Fluß, vergleichbar einem Tempolimit auf der staugefährdeten Autobahn, versucht über die Definition einer optimalen Weitergabemenge und -zeit zwischen den Prozeßschritten eine gesamthaft maximale Durchflußmenge zu erreichen, ohne größere Kollisionen zu erzeugen (= break downs, Reibereien zwischen Abteilungen usw.). Gleichzeitig werden durch die Gleichmäßigkeit des Flußes Probleme im Produktionsprozeß besser erkenntlich und damit schneller behebbar (bessere Feedbackmöglichkeiten).

Erfahrungsgemäß wird das Denken in gesamthaften Prozessen immer wieder durch die sogenannte „Haus- und Hofmentalität“ von Führungskräften konterkariert: „Ich muß mich um meinen Bereich kümmern. Daran werde ich gemessen.“ Hier sind neben einer Menge technischer und logistischer Probleme wichtige soziale und psychologische Fragen zu lösen. Die Verkopplung organisatorischer Einheiten und das Neuziehen von Grenzen angesichts neuer, unbekannter Aufgaben oder gar drohenden Arbeitsplatzverlustes gehören sicherlich zu den anspruchvollsten Aufgaben bei der Eroberung der neuen, „schlanken“ Welten.

b) Prozeßfähigkeiten:
Wir unterscheiden neben den Leistungsprozessen, die unmittelbar auf die Herstellung oder Lieferung eines Produktes/einer Dienstleistung bezogen sind, die *Prozeßfähigkeiten* eines Unternehmens. Das sind jene Fähigkeiten oder Potentiale, die der Ausrichtung, der Orientierung, der Organisierung und der Unterstützung der Leistungsprozesse dienen und die von strategi-

scher Bedeutung sind. Strategische Bedeutung ist dann gegeben, wenn durch eine Prozeßfähigkeit längerfristige Unterschiede gegenüber Konkurrenten und Vorteile für die Kunden entstehen.

Das Feld der Prozeßfähigkeiten kann breit variieren. Es kann sowohl die hohe Kompetenz, Innovationsprozesse zu managen, meinen, als auch die Fähigkeit, Produktentwicklung und Serienanlauf besonders zeitsparend zu verkoppeln, als auch die Marketingleistung, als auch eine spezielle Kombination von Technologien, das Informationsmanagement und so weiter.

Prozeßfähigkeiten bezeichnen *Wissenssysteme*. Sie beschreiben – ähnlich einer Formulierung des Kernkompetenz-Konzepts (Leonard-Barton) – ein Netzwerk an Know-how-Elementen, das

1. im Wissen und in den Fähigkeiten der Mitarbeiter,
2. in den technischen Prozessen und Systemen,
3. im Management,
4. in der Kultur des Unternehmens liegen kann.

Die Betonung des Wissenscharakters und die damit verbundene dynamische Komponente – Wissen ist nichts Statisches, sondern etwas, das in permanenter Entwicklung steht –, läßt mich von *Fähigkeiten* und nicht von Potentialen sprechen (s. Nutzenpotentiale bei Pümpin, Leistungspotentiale bei Stalk u.a.)

Leistungsprozesse sind auf die Optimierung der Gegenwart ausgerichtet. Unternehmen erbringen Leistung – jetzt; und das muß klappen. Prozeßfähigkeiten sind stark zukunftsorientiert, sie haben wesentlich die Aufgabe, Zukunft möglich zu machen, indem Daten und Informationen gesammelt, verarbeitet, aufbereitet, Ideen generiert, Visionen und Bilder gezeichnet werden und das System auf zukünftige Möglichkeiten hin entwickelt wird.

Ein Beispiel: *BENE* unterscheidet in seiner Produktion strikt zwischen Ist-System und Systementwicklung; ersteres ist für die optimale Erfüllung der gegenwärtigen Vereinbarungen zuständig, zweiteres macht sich Gedanken über zukünftige Möglichkeiten und Verbesserungen. Beide Systeme verkoppeln sich wiederum im Sinne der Nahtstellenorganisation über Vereinbarungen. Diese Differenzierung auf der zeitlichen Dimension ermöglicht den Aufbau der Prozeßfähigkeit *flexible und effiziente Fertigung bei montagegerechter Lieferung*. Also nicht nur einen zeitlich befristeten Vorteil, sondern den Aufbau eines Wissenssystems, das längerfristige Vorteile einbringt.

Prozeßfähigkeiten können sich sowohl direkt auf den Kunden beziehen – zum Beispiel als Serviceleistung – als auch im vorgelagerten Bereich wirksam sein. Für die Selbstbeobachtung des Unternehmens zur Identifizierung seiner Prozeßfähigkeiten ist die Befragung des Kundennutzens und der Vergleich der eigenen Leistungen mit denen der Konkurrenten von zentraler Bedeutung (Benchmarking). Die Selbstbeobachtung verläuft dabei auf zwei Schienen: erstens die Leistungsprozesse des Unternehmens und ihre strategischen Bedeutung, zweitens die den Leistungsprozessen vorgelagerten und beigeordneten Funktionen und Dienstleistungen.

Prozeßfähigkeiten fokussieren auf das Gesamtunternehmen und nicht nur auf einzelne Geschäftseinheiten. Hamel/Prahlad haben auf den Unterschied für die Unternehmensentwicklung hingewiesen, wenn man das Unternehmen auf Produkte beziehungsweise Produkt-Markt-Beziehungen mit der Umwelt hin optimiert und nicht auf Kompetenzen oder Fähigkeiten. Erstere, üblichere Sichtweise betrachtet das Unternehmen als Portfolio strategischer Geschäftseinheiten, die ja über Produkt-Markt-Beziehungen definiert werden. Alternative Sichtweisen sehen demgegenüber das Unternehmen als Portfolio von Kernkompetenzen, Leistungspotentialen oder Prozeßfähigkeiten. Die Optimierung richtet sich hier auf das den Unterschied zur Konkurrenz definierende Wissenssystem und erst in zweiter Linie auf die strategischen Geschäftseinheiten.

Der Vorteil dieser Konzepte liegt darin, daß die Entwicklungsbasis des Unternehmens als Produkte und Märkte übergreifend verstanden wird. Die Förderung der Prozeßfähigkeiten generiert Vorteile in der Anwendung dieses Wissens auf unterschiedliche Märkte. Exemplarisch wird hier *CANON* genannt, ein Unternehmen, das drei technologische Fähigkeiten – Feinoptik, Feinmechanik und Mikroelektronik – in hervorragender Weise miteinander verbindet und sozusagen erst in zweiter Linie gute Kopierer und Fotoapparate produziert. Die Förderung dieser technologieorientierten Kompetenz macht es *CANON* möglich, ungeheuer rasch in neue Produktbereiche vorzustoßen. Oder: Das Chemieunternehmen *Glaxo* ist bekannt geworden durch seine Fähigkeiten, Entwicklungs-, Zulassungs-, Marketing- und Vertriebsprozesse vorzüglich zu verkoppeln. *Forbo*, ein schweizerischer Hersteller von Bodenbelägen, gilt als Unternehmen, daß hohe akquisitorische Fähigkeiten aufweist und damit gute Wege der Verbesserung seiner Wettbewerbsfähigkeit finden konnte.

c) Dezentrale Strukturen

Die Themen der Leistungsprozesse und der Prozeßfähigkeiten betonen die Verknüpfung und die Gesamtheit des Unternehmens. Gleichzeitig sind sie aber in einer Abkehr vom eingangs geschilderten „Blockdenken" des Managements zu sehen. Wie paßt das zusammen? Nun, beide Themen sprechen nicht einer monolithischen Verfassung das Wort, sondern sie stellen radikal die Frage nach den Kriterien, an denen ein Unternehmen seine Leistungen und Fähigkeiten zugunsten einer langfristigen Wettbewerbsfähigkeit orientieren und organisieren kann. Diese Kriterien kombinieren *Einfachheit* (z. B. der Abläufe) und *Komplexität* (z. B. der strategischen Definition) und fokussieren nicht nur technisch und logistisch maximale Lösungen, sondern ebenso die sozialen und organisatorischen Möglichkeiten.

Beispielsweise wird lean production in hohem Maße von *Teamarbeit* begleitet. Dem Team als organisatorische Einheit kommt Schlüsselfunktion zu, sobald es um die Kombination funktionsübergreifender Tätigkeiten geht. Handelt es sich hier in der Produktion etwa um Instandhaltung und Qualitätssicherung, geht es in der Produktentwicklung um die Integration von Design, Konstruktion, Marketing und so weiter. Letzteres wird vornehmlich in *Projekten* organisiert sein. Ein weiterer Schlüsselfaktor der neuen Unternehmenswelten.

Neben der Bedeutung der effizienten und effektiven Verkopplung funktionsübergreifender Aufgaben tritt also noch ein weiterer Gesichtspunkt hinzu: Die Frage danach, welche organisatorischen Einheiten geeignet sind, maximale Flexibilität und Effizienz zu begünstigen. Soviel weiß man heute, daß die Dinosaurierverhältnisse von ehedem nicht geeignet sind, turbulente Märkte konkurrenzfähig zu bedienen. Die großen Blöcke benötigen stabile Umwelten (und Mitarbeiter?), um ihre ökonomischen Vorteile entfalten zu können. Diese Zeiten sind weitgehend vorbei. Die Aufsplitterung der Dinos hat begonnen, kaum ein Unternehmen kommt daran vorbei.

Auf turbulente Umwelten wird mit der Dezentralisierung der Unternehmen geantwortet. Die Zerschlagung in kleinere Einheiten („Bonsai"-Organisation) bringt eine Vergrößerung der Unternehmensoberfläche gegenüber der Umwelt, ermöglicht ein schnelleres Entscheiden, ein besseres „Hören auf die Stimme des Marktes" und entsprechend ein flexibleres Reagieren auf Marktchancen. Kleinere Einheiten definieren sich aus ihrer Nähe zum Markt und den Kunden. Wie sieht aber eine marktgerechte, flexible und effiziente Einheit aus? Darüber gibt es viele Diskussionen. *ABB* strukturiert sich beispielsweise in fünfzig Mann große Profit-Center, ausgehend von der Meinung, daß größere Einheiten bereits zu Ineffizienz führen. *ABB* hat auch eindrucksvoll vorgeführt, wie schnell, radikal und sinnvoll man Unternehmenszentralen abspecken kann.

Der Schaffung dezentraler Strukturen, also kleiner, selbstverantwortlicher Organisationseinheiten, zur strukturellen Absicherung und Ermöglichung marktgerechten Verhaltens kommt erhebliche Bedeutung zu. Solche Verhältnisse benötigen natürlich ganz andere personelle und kulturelle Voraussetzungen als die alten „Blöcke": hohe Qualifikation der Mitarbeiter, soziale Kompetenz, Vertrauens- und Leistungsprinzip, Prinzip der permanenten Verbesserung et cetera. Die Frage, wie man diesen Wandel managen kann, ist zur Zeit sicherlich eines der zentralen Themen in unseren Unternehmen. Mit der Verfügung der strukturellen Zerlegung des Unternehmens ist es noch nicht getan.

2. Management

Die Neugestaltung der Leistungsprozesse, die Identifikation und Förderung der Prozeßfähigkeiten, das Leben in dezentralen Strukturen erzeugen Unternehmenswelten, die an die Manager – soll man sagen: jene, die übrig bleiben? – erhebliche Anforderungen stellen. Darüber wird unter dem Titel „Paradigmenwechsel" seit einigen Jahren heftig diskutiert. Ein zentrales Argument bildet jeweils die Einsicht, daß eine „mechanistische" Sichtweise den Anforderungen komplexer, sozialer Systeme nicht angemessen ist. Gemeint ist damit die Vorstellung, daß ein Management sich als eine quasi-außenstehende, neutrale Instanz betrachtet, die erstens den Überblick hat und zweitens über die Möglichkeit verfügt, Veränderungen des Systems vorzunehmen (das Kapitän-Modell). Unternehmen sind aber keine Maschinen, sondern ziemlich eigen-sinnige Systeme, die einen erheblichen Anteil an Unberechenbarkeit produzieren.

Die Alternative zur Machbarkeit heißt *Lernen* durch die Erweiterung der Handlungsmöglichkeiten. Diese Erweiterung erfolgt durch die Veränderung der in einem Unternehmen verfügbaren Vorstellungen, Ideen, Bilder und Denkweisen, also durch eine Veränderung der kollektiv verfügbaren *mentalen Modelle*. Stimmt man dieser Ansicht zu, dann wäre die Aufgabe des Managements wesentlich die Förderung von Lernprozessen!

Nochmals: Eine systemische Sichtweise geht davon aus, daß *determinierende Einflußnahme auf komplexe Systeme nicht möglich* ist. Solche Systeme werden nicht von einer zentralen Willensinstanz gesteuert, die über die alleinigen Veränderungsmöglichkeiten verfügt, sondern sie *steuern sich selbst*. Das ist eine Einsicht, die gegenüber dem klassischen Bild des „guten Managers" eine deutliche Wendung erfordert. Denn Selbststeuerung vollzieht sich nicht in Form des klassischen Managementprozesses von Planung, Durchführung und Kontrolle, sondern in der Dynamik komplexer und rekursiver Netzwerke der Kommunikationen und Entscheidungen des Unternehmens; um das obige Bild nochmals aufzugreifen: in der Dynamik des Tanzes.

Statt direkter Steuerungsformen sind *indirekte* erforderlich und angebracht. Am geeignetsten erscheinen natürlich jene, die Entwicklungsmöglichkeiten begünstigen. Indirekte Steuerungsformen sind nicht oktroyierbar, sie weisen statt dessen, wenn sie entsprechend formuliert werden, einen Angebotscharakter auf. Wir sprechen darum auch von „angebotsorientierter" Führung. Es geht nicht zuletzt um „inneres Marketing".

Folgende Steuerungsformen sind insbesondere zu erwähnen (vgl. auch: W. Forster; R. Klimecki u.a.):

a) Die Schaffung von *Rahmenbedingungen*
Das bedeutet, daß strukturelle Möglichkeiten (s.o.: dezentrale Strukturen) geschaffen werden, die Selbstorganisation fördern und nicht von vornherein Ergebnis und/oder Ausgestaltung festschreiben, also fremdgesteuert verlaufen, sondern Offenheit für neue Impulse ermöglichen. Exemplarisch: autonome Teams, Projektmanagement, dezentrale Unternehmenseinheiten, Aufbau von Netzwerken ...

b) Die Erzeugung von *Attraktoren*
Attraktor, ein Begriff aus der Chaostheorie, bedeutet „Anregungsmoment". Etwas, das, ohne Determinationscharakter zu haben, anziehend wirkt. Exemplarisch können hier die Entwicklung und Förderung von Visionen und Kultur genannt werden, aber auch die „Denkwerkzeuge" sind zu nennen, also wichtige Themen, Begriffe, Ideensysteme, die vom Management eingebracht werden, um eine gemeinsame Unternehmenssprache hervorzubringen.

c) *Unterstützung* von Lernprozessen
Entwicklung ist systemisch gesehen immer Selbst-Entwicklung und kann nicht oktroyiert, wohl aber unterstützt werden. Als unterstützende Beziehungen kommen gegenüber Mitarbeitern und Managern Coaching und Mentoring, aber auch Beratung in Frage. Die Personalentwicklung wird sich wohl individualisieren, und Führungskräften kommt große Bedeutung in der individuellen Auswahl, Förderung und Pflege des Personals zu. Lernprozesse beziehen sich aber nicht nur auf individuelles oder Gruppenlernen, sondern auch auf das Lernen des Unternehmens, zum Beispiel hinsichtlich seiner Leistungsprozesse, seiner Innovationen und so weiter. Unterstützung von Lernprozessen wird künftig auch heißen: Welche Formen des Wissensmanagements können im Unternehmen generiert werden und wie können diese – notwendig prozeßhaften – Formen am Laufen gehalten werden?

d) *Entwicklungsorientierte Ausgestaltung* von Systemen und Prozeduren
Systeme und Instrumente sind entwicklungsorientiert auszugestalten. Welche Möglichkeiten der Laufbahngestaltung und der Selbstentwicklung von Nachwuchsführungskräften werden zum Beispiel offeriert, wie wird Mitarbeiterbeurteilung verstanden, wie wird Kompetenzentwicklung zum Beispiel über Projektlernen mit Organisationslernen verknüpft, wie werden Planungsprozesse gestaltet?

e) Erzeugung von *angemessenem Druck*
Der Offenheit und der Selbstorganisation der Lernprozesse muß Geschlossenheit der Zielrichtung und des Anforderungscharakters entgegengehalten werden. G. Höhler spricht von der „produktiven Unge-

duld". Die Erzeugung von Druck ist zu Offenheit ein widersprüchliches Element, und genau darin liegt seine Qualität und Notwendigkeit.

Die gelingende *Balancierung* von Offenheit, Unterstützung und Druck verlangt eine hohe Kompetenz im Umgang mit *Mehrdeutigkeiten und Widersprüchlichkeiten*. Daran erweist sich letztendlich die *gelingende Handhabung von Komplexität.*

3. Interne VeränderungsspezialistInnen

Unternehmensentwicklungen im Zusammenhang mit den drei besprochenen Themenkreisen bedeuten anspruchsvolle Veränderungsprozesse. Die neuen Ufer sind nicht einfach durch den Kraftakt eines einsamen Entscheiders zu erreichen, sondern bewegen eine Vielzahl miteinander vernetzter Elemente. Sich in dieser Komplexität zurechtzufinden, den roten Faden der Unternehmensentwicklung nicht aus den Augen zu verlieren und eine angemeßene Balance zwischen *bewahrenden*, stabilisierenden und *verändernden* Kräfte zu erreichen, ist mehr als eine „spannende Herausforderung". Die Diskussionen um „Kulturwandel", „Revitalisierung" und „schlankes Unternehmen" bewegen sich stark um die Schwierigkeiten und die Hemmnisse, die sich Veränderungen in den Weg stellen können (vgl. Brünnecke u.a.).

Der Wandel, der hier gemeint ist, stellt ja ein veränderungswilliges Management vor eine paradoxe Situation. Wie bringt man zum Beispiel seine Mitarbeiter dazu, ab morgen unternehmerisch zu handeln, wenn bis heute Kontrolle und Anweisung wichtig waren? Die konstruktive Wendung dieser Paradoxie läuft heute unter dem Titel „Management of Change". Auch wenn Manager mit Orientierung an den oben genannten indirekten Steuerungsformen sinnvolle Wege begehen können, bleiben viele weitere Unterstützungsformen bestehen. Diese Formen werden aber immer von der Erkenntnis getragen, daß Veränderung *nicht* an interne oder externe Veränderungsspezialisten *delegiert werden kann*. Das Management selbst muß für die Leitlinien der Veränderung (Wettbewerbsvision; Gestaltung der Rahmenbedingungen) einstehen. Das ist Management–, das ist Linienverantwortung. Niemand kann das abnehmen, kein Personalchef, kein interner Organisationsentwickler, kein externer Unternehmensberater.

Unter dieser Voraussetzung – Wahrnehmen der Verantwortung, Einstehen für Inhalt und Rahmen des Prozesses zur Verbesserung der Wettbewerbsfähigkeit – kann das Management in vielfältiger Weise von internen wie externen Veränderungsspezialisten *unterstützt* werden. Diese Spezialisten können dabei

a) als Know-how-Bringer für den Veränderungsprozeß und als Katalysatoren im Prozeß auftreten. Sie können Beratungsangebote unterbreiten, die sowohl die Gestaltung als auch die Durchführung einzelner Prozeßschritte betreffen;

b) sie können ihre Perspektive, ihre Erfahrung und ihre intime Kenntnis in und aus den verschiedenen Bereichen des Unternehmens als „Spiegler" des Unternehmensgeschehens für das Management nutzen und damit die Identifikation und Förderung der Prozeßfähigkeiten vorantreiben;

c) sie können sowohl als Unterstützer einzelner Führungskräfte und Mitarbeiter als auch von Unternehmenseinheiten (Bereichsentwicklung) arbeiten;

d) sie können Netzwerke aufbauen und Dialoge im Unternehmen fördern helfen und

e) sie werden sicherlich in ihrer bekannten Funktion als Kompetenzentwickler fungieren.

Jedenfalls aber sind sie auf die *Zusammenarbeit mit dem Management* angewiesen. Und sie müssen davor gefeit sein, ihre eigene Nützlichkeit durch die Übernahme der Veränderungsverantwortung beweisen zu wollen. Denn das wäre ein gutes Mittel, um wirksame Veränderung zu erschweren. Jeder guten Absicht zum Trotz.

Literatur:

Baecker, D.(1992): Die Suggestivität der Kommunikation. *gdi impuls* 2: 15-20.

Brünnecke, K., Ch. Deutschmann u. M. Faust (1992): Betriebspolitische Aspekte des Bürokratieabbaus in Industrieunternehmen. In: W. Staehle u. P. Conrad (Hrsg.): Managementforschung 2. Berlin/New York. 1-38.

Forster, W. (1992): Management by attraction. In: Ch. Schmitz, B. Heitger u. P. Gester (Hrsg.): Managerie. 1. Jahrbuch für systemisches Denken und Handeln im Management. Heidelberg (Carl-Auer-Systeme).

Hammer, M. (1990): Reengineering Work: Don't Automate, Obliterate. *Harvard Business Review*, July-August 104-112.

Höhler, G. (1991): Spielregeln für Sieger. Düsseldorf.

Leonard-Barton, D. (1992): Core Capabilities and Core Rigidities: A Paradox in Managing new Product Developement. *Strategic Management Journal* 13: 111-125.

Klimecki, R., G. Probst u. P. Eberl (1991): Systementwicklung als Managementproblem. In: W. Staehle u. J. Sydow (Hrsg.): Managementforschung 1. Berlin/New York.

Rommel U., F. Brück, R. Dicolaichs, R.-D. Keurpis u. V. Kluge (1993): Einfach überlegen. Stuttgart.

McKenna, R. (1992): Relationship Marketing. London.

Prahalad, C.K. u. G. Hamel (1991): Nur Kernkompetenzen sichern das Überleben. *HARVARDmanager* 2: 66-80.

Servatius, H.-G. (1992): Vom strategischen Management zur evolutionären Führung. Stuttgart.

Simon, F.B. u. C/O/N/E/C/T/A (1992): Radikale Marktwirtschaft. Heidelberg (Carl-Auer-Systeme).

Stalk, G., P. Evans u. L. Shulman (1993): Kundenbezogene Leistungspotentiale sichern den Vorsprung. *HARVARD BUSINESS manager* 1: 59-71.

Wüthrich, H. (1991): Neuland des strategischen Denkens. Wiesbaden.

LEAN-MANAGEMENT

Die praktische „Erfindung" des systemischen Managements vor seiner theoretischen Entdeckung

„Since, ultimately, the solution needs to be found by the readers in order for it to be meaningful, their astute insight and practice at the shop floor is ultimately what counts."
Kiyoshi Suzaki 1993

„Sage mir mal, was *Lean*-Management eigentlich ist, ganz kurz in ein, zwei Sätzen!" – Von meinen Schwierigkeiten, diesem berechtigten Wunsch zu entsprechen, handelt dieser Artikel. Dabei begründe ich in circa 550 Sätzen die Unmöglichkeit, *Lean*-Management im besonderen und hochkomplexe Systeme im allgemeinen durch ein, zwei Wesensmerkmale zu kennzeichnen. Gestatten Sie sich das Vergnügen, *Lean*-Management auf diese (unmögliche) Art näher kennenzulernen, auch wenn Sie das Wort schon (zu) häufig gehört haben.

Die Einleitung versucht eine erste Definition des japanischen Managementwunders – drei weitere definitorische Variationen folgen im Verlauf der Abhandlung. Teil 2 beschreibt die Schwierigkeiten der Modellierung von *Lean*-Management. Teil 3 begründet die These, bei *Lean*-Management handele es sich um systemische Managementpraxis. Dann folgt im Teil 4 eine für die Modellkomplexität viel zu kurze, aber zum vergnüglichen Lesen viel zu lange Beschreibung der Elemente *„leaner"* (Regelungs-) Führungsstruktur. Zum Ausgleich bietet Teil 5 eine kurze Abhandlung über die Möglichkeit und Schwierigkeit, *Lean*-Management dennoch als System zu denken und zu lernen. Schließlich endet dieser Artikel mit einer Geschichte für Segler als viertem und letztem (vergeblichen) Versuch einer Definition von *Lean*-Management.

1. Einleitung

„Über der Veränderung liegt stets ein Hauch von Unbegreiflichkeit."
Carl Friedrich von Weizsäcker

Gescheiter, als der erste Augenschein verrät

Der schwäbischen Entwicklungspsychologie gemäß wurde *Lean*-Management bereits 1990 „gscheid", weil 40 Jahre alt. Dabei reichen einige seiner

Elemente zurück in die vorindustrielle Handwerkszeit (siehe Abb. 1: Meilensteine der *Lean*-Management-Entwicklung), andere entstammen europäischen und nordamerikanischen Denklabors der dreißiger Jahre – die Just-in-time-Belieferung beispielsweise. *Lean*-Management ist also weder neu noch ausgesprochen japanisch, auf jeden Fall aber äußerst aufgeweckt und lernfähig: *Nebenbedeutung 1 von „gscheid"*.

Meilensteine der Lean-Management-Entwicklung

Vorgeschichte

Mittelalter	Eigenverantwortung für Qualität	Zünfte	Europa
1900er	Wissenschaftliche Arbeitsanalyse	Taylor	USA
1910er	Fließband	Ford	USA
1920er	Statistische Qualitätssicherung	Shewart	USA
1930er	Statistische Versuchsplanung	Fisher	Europa
	JIT (Just in Time)		USA/Japan
1940er	Gruppenarbeit	Mayo	USA
		Lewin	Europa

Start von Lean Production

1950er	Grundvertrag mit Gewerkschaft	Toyota	Japan
	Start des Toyota-Produktionssystems	Ohno	Japan
1960er	Statistische QS auf breiter Basis	Deming	Japan
	Total Quality Management	Juran	Japan
	Kanban (Just in Time)	Ohno	Japan
	Aggressive Selling	Kamiya	Japan
	Simultaneous Engineering	Toyota	Japan
	Systemlieferanten		Japan

Weiterentwicklung

1970er	Seven New Tools		Japan
1980er	Mechanische Fließfertigung	Evans	USA
	Geplante Kundenzufriedenheit		Japan
	Total Productive Maintenance		Japan
	Japanische Transplants mit LM		USA/Eu.
	Kooperationen		J/USA/Eu.
	Studie zu Lean Production	MIT	USA
1990er	Weiterentwicklung zum Managementsystem		USA/Eu./J

Abb. 1

Lean-Management scheint auch deshalb seit 1990 gscheid zu sein, weil seit diesem Datum die Weiterentwicklung des „Toyota-Sytems" mit Verve vom japanischen Forschungsinstitut für System Engineering der Waseda Universität betrieben wird (Kaneda 1993). Das „Einläuten der Post-*Lean*-Ära" und die Beschwörung des „Japan-Modells" als Auslaufmodell (Reiss 1993: 457) beruht auf zwei Fehlurteilen: Erstens baut das Post-Toyota-System notwendig auf allen Systemerrungenschaften der *Lean* Production auf; zweitens sind die in Deutschland unter „*Lean*-Management" skizzierten Modelle des Toyota-Produktionssystems bereits Projektionen in die künftige Richtung (Bösenberg/Metzen 1992; Pfeiffer/Weiss 1992; Warnecke/Hüser 1992).

Wie wurde *Lean*-Management gscheid, und was hindert uns nachzuziehen? Geboren aus der Not des Nachkriegsjapans schufen der junge Unternehmer Eiji Toyoda (tatsächlich mit „d"), sein genialer Produktionsleiter Taiichi Ohno sowie der kongeniale Marketingexperte Shotaro Kamiya aus der vorsintflutlichen Autoschmiede *Toyota* eine quasi postmoderne Unternehmensstruktur (Ohno 1993). Die Effizienz des „Toyota-Produktionssystems" erregte zwar die Gemüter bereits seit der ersten „Ölkrise", 1973. Heraus kamen aber jeweils nur punktuelle Bewegungen, die „Gruppenwelle", die „Kulturwelle", die „Qualitätswelle", die „Just-in-time-Welle", die „Kunden-Orientierungs-Welle", die „Roboterwelle" und zu guter Letzt die „CIM-Welle". Viele dieser isolierten Maßnahmen versandeten. Und so winken heute viele ab, wenn sie von *Lean*-Management hören: „Vor zehn Jahren haben wir die japanische Methode bereits ausprobiert – erfolglos!"

Die Einsicht folgt der Erschütterung und geht der Revolution voraus

Derweil folgten andere japanische Unternehmen in allen Branchen dem Toyota-Beispiel mit besten Resultaten. Japanische Transplants in den USA und Großbritannien arbeiteten ebenso effektiv wie ihre Mutterhäuser – und dies ohne „arbeitswütige" Japaner. Das alles geschah ohne systematische Darstellung und Modellierung, beruhte ausschließlich auf der Weitergabe von praktischen Erfahrungen und Prinzipien. Lediglich die konkreten Methoden der Qualitätssicherung wurden in Japan und den USA publiziert.

Erst die größte Industriestudie aller Zeiten, die von der westlichen Automobilindustrie an das Massachusetts Institute of Technology (MIT) vergebene Untersuchung der Produktionsmethoden in der ganzen Welt einschließlich Japan, räumte mit allen vereinzelnden Sichtweisen und Vorurteilen auf: „The Machine that changed the World" (Womack/Jones/Roos 1990 - dt. „Die zweite Revolution in der Autoindustrie, 1991). Amerikanisch salopp wurde das „Toyota-Produktionssystem" in „*Lean* Production" umgetauft.

„*Lean*" ist ein typisch amerikanisches Bild und kennzeichnet seit Jahrzehnten ein sportliches Ideal: athletisch, schlank und fit. In der Managementliteratur steht *lean* für das Gegenteil von bürokratisch, aufwendig, schwerfällig, unpersönlich (Kanter 1989). Die bekannte amerikanische Unternehmensberaterin Kanter kennzeichnet diesen Führungsstil mit „corpocrat". Sie warnt ausdrücklich vor der Verbindung von *lean* mit *mean*, was sie als „Cowboystil" charakterisiert (1989: 67 ff.).

Lean, mean oder dean – das ist hier die Frage

Neue Namen schaffen bekanntlich neue Verhältnisse, alte Namen zementieren alte Bilder. *„Lean“* ist gleichermaßen neu wie alt und sorgt dadurch für widersprüchliche Assoziationen, was eine offene Rezeption der hinter dem Begriff stehenden Realität erschwert.

Das System, das die Arbeits- und Wirtschaftswelt veränderte, *Lean*-Management, sehen wir außerhalb der alten, machtorientierten Antipoden „Cowboystil“ und „Korpokratenstil“. Sein hervorstechendstes Merkmal: Es ist klug, klarsichtig und vorausschauend, baut mehr auf Kooperation und Kompetenz als auf Direktion und Delegation: *Nebenbedeutung 2 von „gscheid“*.

Seit dem Erscheinen der MIT-Studie 1990 rauscht der Blätterwald: Schlanke Strukturen, *Lean* Production und kein Ende – viel alter Wein in neuen Schläuchen, manches Bedrohliche und wenig Grundsätzliches. Derweil eröffnet *Opel* in Eisenach ein durch und durch *leanes* Automobilwerk. *Volkswagen* nimmt die Produktion des *Ibiza* im durch und durch *leanen Seat*-Werk in der Nähe von Barcelona wenig später auf. Den eingeweihten Praktikern ist *Lean* Production klar. Den Wissenschaftlern, Sachverständigen und Beratern dient der neue Begriffsraum als Spielwiese.

Vielen Unternehmen erscheint die japanische Zauberformel als Rettungsweg aus der Klemme zwischen steigenden Kosten und wachsendem internationalen Marktdruck. Die Zahlen sprechen für sich: doppelte Produktivität, höhere Flexibilität und überlegene Produktqualität. Nur der Weg bleibt weiterhin im dunkel, weil wir die Struktur des *Lean*-Management mit traditionellen Denkmustern zu erfassen suchen.

Merkwürdigerweise begründen *Lean*-Management-Experten das Erfolgsgeheimnis des japanischen Produktivitätswunders mit seiner biokybernetischen Systemstruktur (Suzaki 1989: 226 ff.; Schneidewind 1991: 94 ff.; Bösenberg/Metzen 1992: 36 ff.; Kaneda 1993). Umgekehrt scheint sich die Systemtheorie und die St. Gallener Schule des systemischen Managements noch beim Aufgreifen des praktischen Exempels zurückzuhalten.

Die schlanke Denke: Erster Definitionsversuch von Lean-Management

Hier setzte unsere Analyse an (Bösenberg/Metzen 1992). Bevor wir uns aber eingehender mit dem System *Lean*-Management beschäftigen, ein kurzer Charakterisierungsversuch und eine Abkürzung: *„LM“* = *Lean*-Management.

LM ist die Zauberformel, mit der japanische Automobilfirmen es der großangelegten Studie des MIT zufolge geschafft haben, eine erhebliche Überlegenheit in Qualität, Produktivität, Flexibilität und Schnelligkeit gegenüber westlichen Produzenten zu erzielen. Diese Überlegenheit weisen auch alle anderen Branchen auf: Banken, Transportwesen, Handel, Metallurgie, Krankenhäuser, Schulen etc. (ebd. S. 15-27).

LM ist ein komplexes System und umfaßt das gesamte Unternehmen, die Marktpartner und die Kunden. Es stellt den Menschen und seine wertschöpferische Tätigkeit in den Mittelpunkt des unternehmerischen Geschehens und enthält fundierte geistige Leitlinien, die für alle Mitarbeiter gleichermaßen gelten, vom Vorstand bis zu den Werkerinnen und Werkern (siehe Abb. 2: Konsensuelle Führungsstruktur von *LM*).

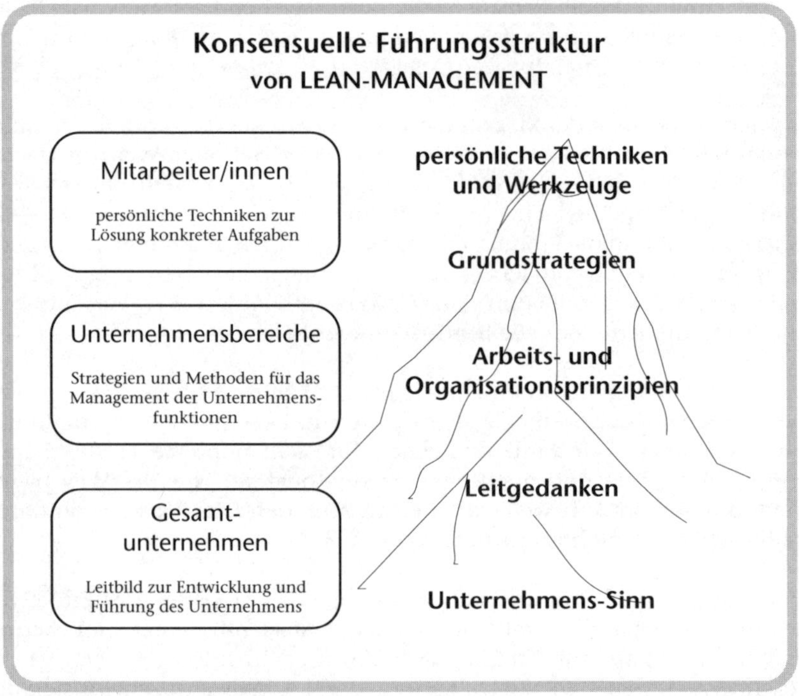

Abb. 2

Die Leitgedanken enthalten dabei für uns teilweise überraschende Bestimmungen. So wird beispielsweise die „Vermeidung von Verschwendung" mit einer konsequenten Verringerung nichtwertschöpfender Tätigkeiten gleichgesetzt. Das verändert insbesondere die Tätigkeit von Vorgesetzten, Stäben und Servicebereichen – daher auch die flachen Hierarchien. Management orientiert sich funktional, zeitlich und sogar räumlich stärker am unmittelbaren Arbeits- oder Produktionsprozeß als an Büroarbeit und VIP-Meetings.

Keine Management-by-Methode

LM organisiert dezentral mit ungewöhnlich gleichgerichteten Arbeits- und Organisationsprinzipien wie strikter Kunden- und Qualitätsorientierung, Gruppenarbeit und sorgfältiger Vorausplanung der Aktivitäten. Zur Umsetzung in die betriebliche Praxis werden Grundstrategien wie kontinuierlicher Materialfluß in Fertigung und Logistik (u.a. Just-in-time), Simultaneous Engineering (= die beschleunigte Entwicklung neuer Produkte und Produktionsverfahren) sowie strategischer Kapitaleinsatz (= Investition in langfristige Projekte, in Qualifikation und Struktur sowie Sparen für strategische Geschäftsaktionen) befolgt. Bei der täglichen Arbeit bedient man sich einer Reihe hochentwickelter Methoden des Industrial und Quality Engineering ebenso wie einfacher Problemlösungs- und Planungswerkzeuge. Diese Denkzeuge werden von jedem beherrscht und stellen so etwas wie eine dritte Sozialtechnik (neben Sprache und Rechnen) dar.

Der Begriff *Lean-Management* ist die logische Erweiterung des vom MIT kreierten Begriffs *Lean Production*, da sich die Elemente und die Struktur des *LM* weit über den eigentlichen Produktionsbereich hinaus auch auf die engere und weitere Umwelt *leaner* Unternehmen bezieht. *LM* ist ein umfassendes Konzept zur Führung von Unternehmen, sehr viel mehr als eine Produktionsweise oder gar eine Management-(by-)methode.

2. Wie ist die Führungsstruktur im Lean-Management vorstellbar?

„...we create the world that we perceive, not because there is no reality outside our heads, but because we select and edit the reality we see to coform to our beliefs about what sort of world we live in."
Mark Engel

Das Modell der Modelle: vier Anläufe

Wie gesagt, das „Toyota-Produktionssystem", das „Ohno-System" oder die „Japanische Wunderwaffe" wurde zwar seit den 70er Jahren immer wieder beschrieben, nie aber umfassend modelliert. Die es praktisch beherrschten, sahen nicht die Notwendigkeit. Die es verstehen wollten, erlagen erst einmal einer typischen Wahrnehmungstäuschung: Zuerst erkennt man das, was man bereits kennt.

„Aufgrund der beobachterbasierten Konstruktion des Gegenstandes ist die Referenz der Beobachtung der Beobachter, also Selbstreferenz" (Willke 1990: 105-118). So erkannten die Humanisten die Gruppenarbeit, die Marketingleute die Kundenorientierung, die Qualitätsprüfer das Total-Quality-Management, die Industrial Engineers die lagerlose Fertigung und der Marktgraf die „aufopferungswilligen" Arbeiterinnen und Arbeiter.

Auch der zweiten Art von Wahrnehmungstäuschung beim Beobachten komplexer Systeme erliegt beinahe jeder – erlagen auch wir: Die Perspektive bestimmt Ausschnitt und Beziehung der Elemente (wie das Titelbild von Hofstadter 1991: Gödel, Escher, Bach, ein Endlos Geflochtenes Band, veranschaulicht). Typisch für diese Sternenbildsichtweise ist das Erkennen mehrerer Elemente, die sich um einen zentralen Punkt gruppieren, zum Beispiel um „Kaizen", die ständige Verbesserung (Imai 1992). Imai ordnete insbesondere das Qualitätsmanagement, die soziale Unternehmensstruktur, die Beziehung zu den Kunden und die Arbeitsmethoden/Denkzeuge um sein kosmisches Zentrum Kaizen.

Der dritte Anlauf zur Modellierung von *Lean*-Management bestand in der Sammlung und dem Vergleich der verschiedenen „Sternenbilder". Hieraus ergab sich eine enzyklopädische Galerie *leaner* Elemente: Viel macht viel her. Für Beratungs- und Weiterbildungszwecke wurde diese Bildersammlung in thematische Räume gruppiert, zum Beispiel die zentralen Unternehmensaufgaben (Entwicklung, Produktion, Logistik, Vertrieb etc.). Wie sich aber bald herausstellte, eine unendlich verflochtene Aufgabe (sensu Hofstadter), denn merkwürdigerweise gehörten jeweils alle Elemente zu jedem Einzelthema. Blieb die Frage: Was dreht sich um was? Wer reitet *LM*?

Über den Willen der Völker zum Objekt der Begierde: die Modellgeburt

Die (Er-)Lösung brachte eine Denksportaufgabe im Sinne der Sensitivitätsanalyse von F. Vester (1991) mit der Frage: Was lenkt was? sowie die Modellskizze lebensfähiger Systeme durch S. Beer (1985) (siehe Abb. 3: Die fünf Leitgedanken im Modell lebensfähiger Systeme). Beer charakterisiert fünf Subsysteme, zwei „außenpolitische" und drei „innenpolitische". Wir identifizierten fünf Leitgedanken des *Lean*-Management als diesen Subsystemen entsprechend:

mehr nach außen wirkend:	1. Proaktivität
	2. Sensitivität
mehr nach innen wirkend:	3. Ganzheitlichkeit
	4. Potentialität
	5. Ökonomik

Ganz oben waren also die fünf Leitsterne des *leanen* Himmels, die fünf „Tugenden" des *Lean*-Management, ganz unten die Arbeitstechniken, darüber die sechs Managementstrategien für die zentralen Unternehmensaufgaben, und zwischen Himmel und Erde plazierten sich die Arbeits- und Organisationsprinzipien. Wir identifizierten zehn und tauften sie die „zehn Gebote". Der Rest war Aufräumen, Sortieren, Durchdenken und Umhängen.

So ergab sich im vierten Anlauf ein *mehrschichtiges Elementarmodell der Lean-Management-Führungsstruktur*. Dieses Regelungsmodell brachte zumindest

Die 5 Leitgedanken im Modell lebensfähiger Systeme
(nach Stafford Beer)

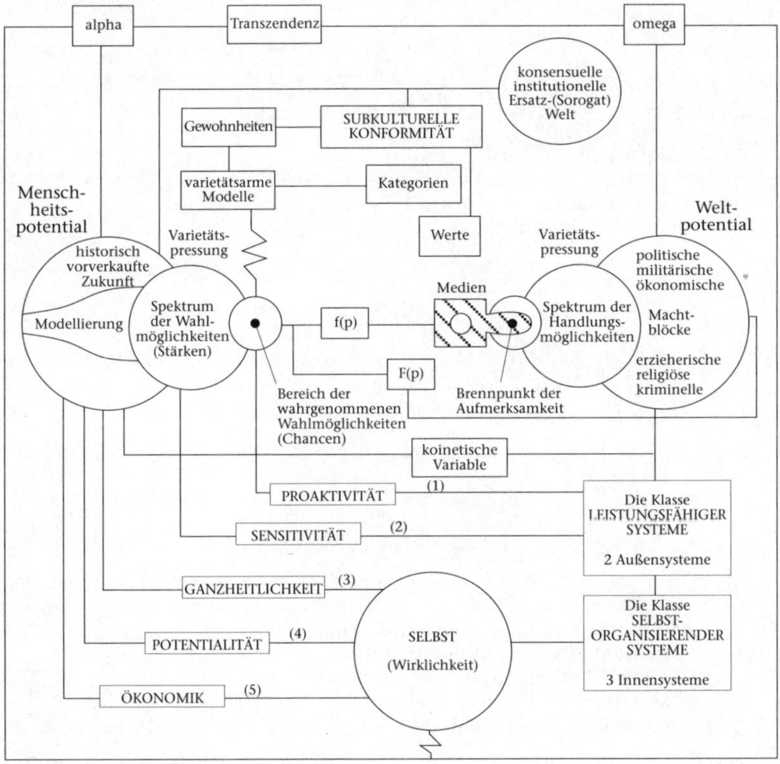

Abb. 3

einmal logische Ordnung in die vernetzte Fülle *leaner* Elemente und „Sternenbilder“ (siehe Abb. 2: Konsensuelle Führungsstruktur von *LM*). Die Nachteile dieses Modells: Systematikern suggeriert dieses Bild eine starre Struktur; Hierarchikern scheint das Bild die traditionelle Arbeitsteilung zwischen geistvoller Leitung (grch. „Praxis“) und geistarmer Ausführung (grch. „Poiesis“) zu bestätigen.

Dagegen hilft langfristig nur Weiterlesen und eine systemische Sicht des Unternehmens. Kurzfristig habe ich zur Umgehung der Hierarchiefalle die Lenkungspyramide umgedreht und als Basis den vermuteten Sinn *leanen* Unternehmens hinzugefügt: kooperativ den „gemeinsamen Kuchen“ vergrößern und zusammen mit Marktpartnern und Kunden ein Schutz- und Trutzbündnis bilden (Bösenberg/Metzen 1992: 27 ff.). Der Vorteil des Führungsmodells: *LM* läßt sich denken und als Modell verändern und damit an

Idealtypische Modelle der Unternehmensführung

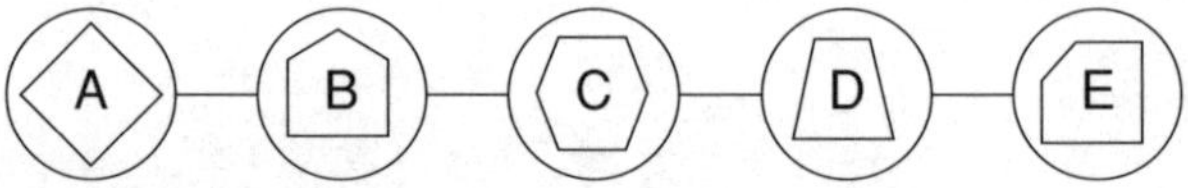

Dirigistisches Modell
Stille-Post-Problem (unzureichendes Feedback)
Inkompatibilität der Zielvorstellungen
Autonomie als Widerstand

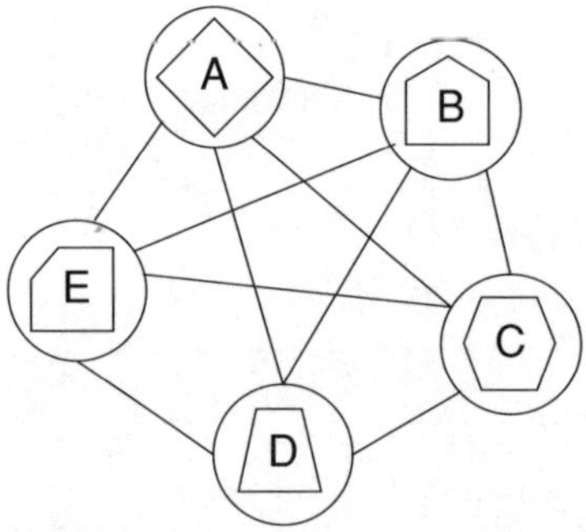

Kommunikatives Steuerungsmodell ohne gemeinsame Leitvorstellungen
Stille-Post-Problem gelöst durch Feedback
Inkompatibilität der Zielvorstellungen
Autonomie als Widerstand

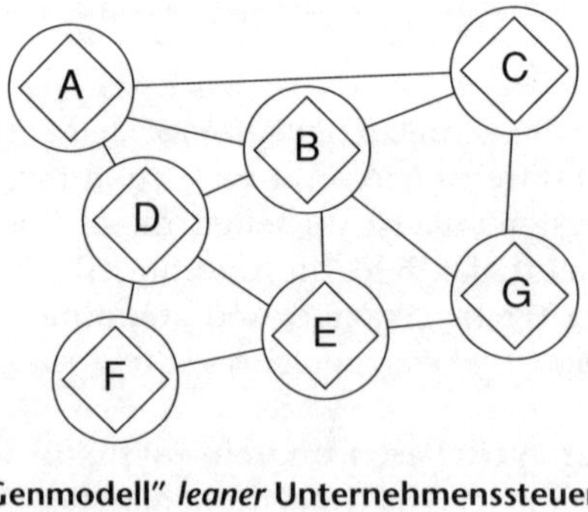

„Genmodell" *leaner* Unternehmenssteuerung
Kausalitätsnetzwerk mit Feedback
Kompatibilität der Zielvorstellungen
Autonomie wirkt synergetisch

Abb. 4

noch-nicht-*leane* Unternehmen adaptieren. Dadurch wird *LM* auch für künftige Weiterentwicklungen diskutierbar (sensu Willke 1990: 112 ff.) und verhandlungsfähig – das heißt vernunftbegabt: *Nebenbedeutung 3 von „gscheid"*.

3. Wie lernen Tausendfüßler laufen? Oder: Wie systemisch lenken *leane* Manager?

> ***„System, Sperrlehre, Lebensleermachung, Undichterei, Wortschwindelgerüst, Satzzauberbau. Jeder Staat, jede Kirche, jede Geheimgesellschaft, jede Spießbürgerschaft hat ihr System, ihren Wortklapperkasten, mit dem sie auf den Groschenfang geht. Die freie Menschheit wird ohne jedes System glücklich sein."***
> ***Ewald G. Seeliger (1922)***

Postmoderne Technologie: Humanware

Lean-Management sieht Unternehmen und ihr Umfeld im Sinne der systemisch evolutionären Managementtheorie (sensu Malik 1989: 65) und sah dies bereits, als diese Theorie noch in den Widersprüchen, Problemen und Fragestellungen der kybernetisch orientierten Betriebswirtschaft schlummerte. Unternehmen werden wie komplexe (Rekursivität), selbstorganisierende (Autonomie) und sich ständig weiterentwickelnde (Existenz- oder Lebensfähigkeit) Systeme „behandelt".

Natur und Ziel ihrer Evolution ist die Konzentration auf die Verbesserung der eigenen Komplexitätsbeherrschung, das heißt auf die Erhöhung der ganzheitlichen Problemlösungsfähigkeit bei gleichzeitiger Steigerung der Selbständigkeit aller betrieblichen Untereinheiten (Malik 1989: 58; Warnecke 1992: 83 ff.) – auch im Sinne einer stärkeren Abgrenzung zur bzw. größeren Unabhängigkeit von den wachsenden Anforderungen der internen und externen Umwelt.

Auch die Natur scheint ihre Regelungsstrukturen nach diesem fraktalen Muster zu stricken: „Untersuchungen Bielefelder Neurobiologen zeigten, daß jedes Bein (stabförmiger Insekten) zunächst individuell geregelt wird, entsprechend dem Gelände. Eine zentrale Kontrolle gibt es nicht, statt dessen einen Abgleich mit den Nachbarn auf der gleichen Körperseite und dem Bein gegenüber. Diese Regelung ist in vergleichsweise einfachen Nervenzellverbänden ‚implementiert', ihr künstliches Äquivalent sind neuronale Netze" (Linsmeier 1993).

Zur besseren, weil systemischeren Lenkbarkeit gesellt sich beim *LM* ein höherer „Systemspielraum" (sensu Kaneda 1993). Dieser wird allerdings nicht wie bei der traditionellen Massenproduktion durch „Verschwendung", das heißt durch Bevorratung, Übersteuerung und personelle Überbesetzung (äußeres Wachstum) erkauft, sondern durch die allmähliche Erhöhung der Prozeßbeherrschung und der proaktiven Problemlösefähigkeit (Wachsen nach innen) erlernt. Nach Gernot Grabher (1993), erhöht diese systemische „Strukturredundanz" die Anpassungs- und Innovationsfähigkeit sozialer Systeme und garantiert sowohl Verläßlichkeit als auch Fehlerfreundlichkeit. *LM* stützt seine Strukturredundanz vor allem auf die Fähigkeit der Mitarbeiter/innen und Teams, verschiedene Funktionen zu übernehmen, auf die Vielzahl und Qualität der Beziehungen zwischen den Menschen und Abteilungen sowie auf das Vermögen, ständig neue Beziehungen einzugehen.

3.1 Traditionelle Managementvorstellungen müssen nicht über Bord geworfen werden – nur gründlich relativiert

„Diese Welt ist wesentlich das Resultat der Handlungen von Managern. Ist sie auch das Resultat ihrer Absichten?"
Fredmund Malik

Keine rote Karte für Kapital, Technologie und Marktmacht

Basis dieser fraktalen Problemlösefähigkeit ist die Intelligenz der Mitarbeiterinnen und Mitarbeiter, ihre soziale, technische und wirtschaftliche Kompetenz. Um aber keinem Systemschwindel (sensu Seeliger) aufzusitzen: *LM* darf nicht mit humanistischen Reformströmungen in Industrie und Wirtschaft, auch nicht mit „Volvoismus" verwechselt werden. Optimierungskriterium *leaner* Unternehmen bleibt die Existenzfähigkeit, das heißt ihre Ertragskraft, ihre Verteidigungsfähigkeit und der Erhalt ihres innovativen Überlebenspotentials im Markt (Warnecke 1992: 83).

Aus der Not des Nachkriegsjapans geboren, mußten Toyoda, Ohno, Kamiya und die anderen Mütter und Väter des „Ohno-Systems" mangels Korpulenz auf merkantilistische, kapitalistische und technizistische Bravourstücke verzichten. Dafür beanspruchten sie alles Know-how der damaligen Industriewelt und die Lernbereitschaft ihrer Belegschaft. Dadurch fiel ihnen die Lösung eines der Hauptprobleme der entwickelten Großindustrie in den Schoß: Die Komplexität der großen technischen Systeme wurde entsprechend dem Control-Modell von Malik (1989: 29 f.) ohne Komplexitätsunterdrückung beziehungsweise ohne zusätzliche („verschwenderische") Apparate leichter lenkbar:

$$\text{Systemlenkbarkeit} = \frac{\text{Reglerkomplexität}}{\text{Aktorkomplexität}}$$

Das Post-Toyota-System versucht dementsprechend der wachsenden Komplexit des Weltmarktes durch einen positiven Komplexitätssprung des Unternehmens zu begegnen. Demgegenüber scheinen – trotz der im einzelen äußerst fruchtbaren Anregungen – die zur Zeit grassierenden (Aktor-) Komplexitäts-Zerhacker (Harmon/Peterson 1990; McKinsey et al. 1993; Reiss/ Gassert/-Horvath 1993) die Schwierigkeiten der Reiter durch Festbinden des Pferdes bewältigen zu wollen.

Wer ordnet diesen Systemwirrwarr?

LM erhöht statt dessen die Reglerkomplexität durch Erhöhung ihrer Varietät, durch Ausweitung ihrer Möglichkeitsräume, durch Vervielfachung ihrer Möglichkeitsmenge. „Dabei ist die (*leane* - d.A.) Unternehmung als offenes System zu sehen, das zwar die Herauslösung und Bearbeitung eines Einzelproblems zuläßt, doch mit der gesamten Umwelt verbunden bleibt. Die allgemeine Vernetzung führt zu ungeheuer komplexen (fraktalen) Systemen, die unendlich viel komplizierter als die klassischen (euklidischen) Kuben und Kugeln sind." (Schneidewind 1991: 97).

Es kommt noch schlimmer: Fraktalität und Offenheit des *LM* werden noch ergänzt durch die Unterschiedlichkeit, mit der soziale, wirtschaftliche und technische Fragen behandelt werden. Auch wenn das Sozialsystem die Basis bildet, werden im *LM* die Eigengesetzlichkeiten (Eigensinnigkeiten) des Wirtschaftssystems und des Techniksystems gewahrt, ja sogar zugespitzt. Deshalb wurde *LM* längerfristig auch produktiver und effektiver. Dabei „parasitiert" das Sozialsystem auf der hohen individuellen Qualifikation, das Wirtschaftssystem auf der stark vernetzten Kooperation und der wirtschaftlichen Kompetenz der Mitarbeiter/innen, das Techniksystem auf der extremen Wirtschaftlichkeit und der technischen Fertigkeit der Mitarbeiter/ innen.

Wie kommt Ordnung in diesen Wirrwarr? „Ordnungen im Sinne des systemisch evolutionären Ansatzes entstehen ... dadurch, daß ihre Elemente (Individuen) allgemeine Regeln des Verhaltens faktisch befolgen, ohne daß vorausgesetzt werden muß, daß sie diese Regeln auch in dem Sinne kennen, daß sie sie nennen oder beschreiben können. Dadurch entstehen Regelmäßigkeiten, die – und das ist das Entscheidende – es ermöglichen, *sich zu orientieren*, stabile Erwartungen über das Verhalten anderer mit hoher Erfüllungswahrscheinlichkeit zu bilden, und aufgrund dessen sein eigenes Verhalten mit demjenigen einer unbestimmten, im Prinzip großen Zahl anderer koordinieren zu können." (Malik 1989: 41 – zum „Genmodell" *leaner* Unternehmenssteuerung siehe auch Abb. 4: Idealtypische Modelle der Unternehmensführung).

Deshalb lernen die Pferde reiten

Entsprechend der systemischen Netzwerk-Sicht auf das betriebliche Geschehen und auf die Marktdynamik versucht *Lean*-Management weniger die sozialen, wirtschaftlichen und technischen Prozesse zu lenken als die Lenkbarkeit dieser Prozesse zu erhöhen und dadurch die Sicherheit sowie Ausgeglichenheit des gemeinsamen Wirtschaftens zu steigern. Dies geschieht in erster Linie durch die in den Leitgedanken beschriebenen Orientierungen. (Siehe Abb. 5: Die 5 Leitgedanken – „Tugenden" – und ihr Gegenteil.)

Nach außen wird dies durch die gleichgewichtige Erhöhung der Gestaltungs- und der Wahrnehmungsfähigkeit erreicht (Erhöhung der Selektivität und Kontingenz) (sensu Willke 1991: 110), nach innen durch die Verbesserung der Koordination unter anderem auch durch Sinngebung (ebd. und S. 129 – siehe auch Abb. 2: Konsensuelle Führungsstruktur), durch allgemeinverbindliche Leitbilder, Strategien und Werkzeuge sowie durch die gleichzeitige Dynamisierung und „Verschlankung" der Leistungsprozesse.

LM baut dabei in erster Linie auf „Humanware", das heißt auf die natürlichen Strukturen sozialer Organismen. Individuelle Kompetenz geht vor Organisation, Organisation geht vor Ökonomie, Ökonomie vor Technologie. Wertschöpfung konzentriert sich auf die Bereitstellung der Dienstleistungen, die den Anforderungen der Kunden aktuell und langfristig gerecht werden (Imai 1992: 68). Die Kunden der Manager/innen sind in erster Linie deren Mitarbeiter/innen (Sulaki 1993).

Auch die Werkerinnen und Werker managen

Die Managementfunktionen Planung, Organisation und Kontrolle (sensu Steinmann/Schreyögg 1990: 7 ff.) dienen der Koordinierung, der Erhaltung und Verbesserung des Gesamtsystems, das heißt der Sicherung des Unternehmens nach innen und nach außen: der Sicherung der Zusammenarbeit aller Mitarbeiter aus allen Unternehmensbereichen, der Sicherung der Kooperation des Unternehmens mit den Marktpartnern und der Sicherung der Dienstleistungen für die Kunden.

Die Managementfunktionen werden von allen hierarchischen Ebenen mitgetragen, wenn auch mit unterschiedlichen Schwerpunkten. Hieraus resultiert ein dezentrales, quasi basisdemokratisches Steuerungsprinzip: Koordination durch direkten Kontakt, Arbeit in Gruppen und Netzwerken, flache Hierarchie, Delegation von Zuständigkeit und Verantwortung, Selbstkontrolle und Selbstorganisation sowie hohe soziale, konzeptionelle, methodische und technische Kompetenz aller Mitarbeiterinnen und Mitarbeiter (Steinmann/Schreyögg 1990: 19). Erfahrungssammlung, Informationsaustausch, Lernen, Wissensspeicherung werden so früh wie möglich auf alle zugänglichen Medien übertragen („Standardisierung" und „Visual Management" – Bösenberg/Metzen 1992: 103 ff. und 87 f.).

In gleicher Weise verteilen sich die Unternehmensaufgaben Koordinierung, Verbesserung (Innovation) und Erhaltung (Verbesserung und Erhaltung sensu Imai 1992: 26 ff.) auf alle Schultern im Unternehmen – ebenfalls mit jeweils unterschiedlichen Gewichten und Sachinhalten. Die Beteiligung aller an diesen unternehmerischen Aufgaben ergibt zusammen mit der Ausrichtung auf die Anforderungen der Kunden die Leistungssteigerung, Flexibilisierung und Verschlankung. Produkt- statt (vorrangige) Verfahrensorientierung sowie Prozeß- statt (reiner) Ergebnisorientierung führen zur Konzentration auf solche Tätigkeiten, Aufgaben und Arbeitsplätze, die für das reibungslose Erstellen des Endproduktes und die Sicherung seiner Qualität maßgeblich sind.

Unternehmenskultur des Primären: Zweiter Definitionsversuch von LM

Im Laufe der Zeit hat sich in *leanen* Unternehmen ein erstaunlich ausgeklügeltes System der Vermeidung unnötiger Aktivitäten, der vorbeugenden Fehlervermeidung, der unternehmensweiten Problemlösung sowie der ständigen Verbesserung aller Prozesse entwickelt. Deshalb stellt sich *LM* uns heute geradezu als eine Unternehmenskultur des Primären, Unmittelbaren, der kommunikativen Direktheit (sensu Steiner 1990) dar: Verbraucher und Hersteller sind beinahe unmittelbar verbunden, so wie früher Kunde und Handwerker. Diese Unmittelbarkeit gilt auch für die Beziehung der Manager zu den Mitarbeitern, der Stäbe zu den Bereichen sowie der Serviceabteilungen zur Produktion. Jeder ist für jeden Dienstleister und Kunde zugleich.

Der größte gegenwärtige Irrtum, der bezüglich *LM* grassiert, ist, daß es sich hierbei um eine Schlankheitskur handele, die den Verlust überflüssiger Organisationspfunde garantiere. Abgespeckt wird zwar die isolierte Macht weniger durch das koordinierte Machen vieler, aber eben nicht durch bloßen Verzicht, sondern durch dynamische Verzahnung. Die Rationalität des komplexen Ganzen wird erst durch die Institutionalisierung und Verknüpfung vieler Teilrationalitäten geschaffen (Willke 1991: 189 f.). Auf dem (unendlichen) Weg zur Verschlankung werden die „couch potatoes" nicht entlassen, sondern auf den Trimm-dich-Pfad der Wertschöpfung und Marktleistung geschickt – dies ist auch örtlich und zeitlich zu verstehen.

3.2 Die Rolle der Manager/innen: Dritter Definitionsversuch von *LM*

> ***„Das Regieren eines großen Landes ist wie das Braten eines kleinen Fisches."***
> ***Lao Tse, irgendwann zwischen 770 und 476 v.Chr.***

Sehr viel mehr mit sehr viel weniger

Lean-Management verschmelzt alle Funktionen von der Unternehmensleitung über die Werkerinnen und Werker bis zu den Zulieferern und Händlern zu einem integrierten Ganzen. Dies alles geschieht nicht nur ohne zusätzliche Koordinationsabteilungen, sondern mit sehr viel weniger Stäben und Leitungsgremien als in traditionellen Unternehmen.

Das Hauptaugenmerk des Managements ruht auf der Wertschöpfung durch die Mitarbeiter. *LM* erschließt dadurch das volle Leistungsvermögen der Mitarbeiterinnen und Mitarbeiter ebenso wie das der Anlagen und Verfahren. Die besten Leute erhalten die schwierigsten Aufgaben und betreuen die teuersten Maschinen. Erfahrung und Kompetenz der Mitarbeiter werden ebenso als Investition betrachtet wie technisches Gerät.

Alle sind so qualifiziert, daß sie die Aufgaben ihres Arbeitsbereichs im Sinne dieser Leitideen und mit Hilfe der anspruchsvollen und trotzdem praktikablen Arbeitsinstrumente nicht nur erfüllen, sondern darüber hinaus die ihnen anvertrauten Verfahren sogar verbessern können. Die betriebliche Organisation baut daher vor allem auf „Humanware", auf die Intelligenz, Erfahrung und Kooperation der Mitarbeiterinnen und Mitarbeiter. Die Umsetzung neuer Einsichten erfolgt auf breitester Basis und mit ausdauernder Konsequenz.

LM ist evolutionär: Im Mittelpunkt steht die Verbesserung der Beziehung zwischen Hersteller und Kunde. Hieraus folgt logisch der dauernde, beinah unmerkliche organisatorische Wandel des eigenen Unternehmens, die fortlaufende Anpassung an die wachsende Komplexität des Marktes, der internationalen Allianzen, der Volkswirtschaften und der Weltwirtschaft.

Im Mittelpunkt stehen die eigenen Stärken und Chancen

Den Ausgangspunkt der Kräfteentwicklung bilden die Anforderungen der Kunden. Die Unternehmen konzentrieren sich auf ihre Funktion als Dienstleister für den Markt. Dreh- und Angelpunkt bildet hierbei die Entwicklung der eigenen Stärken im Innern und der eigenen Chancen im Markt.

LM kann dementsprechend als die Kunst bezeichnet werden, den direkten Kontakt zwischen Wertschöpfung und Wertnutzung zu fördern und gleichzeitig das Engagement aller an diesem Austauschprozeß beteiligten Interessengruppen (Kunden, Mitarbeiter, Marktpartner, Kapitalgeber) zu beleben. Alte Handwerkstugenden und Führungsweisheiten erleben so eine Renaissance auf höherem Komplexitäts- und Kompetenzniveau.

Womit winkt *LM* den angesprochenen Interessengruppen? Für die Kunden werden qualitativ höherwertige Produkte gefertigt. Die Mitarbeiter erwartet eine anspruchsvollere Arbeit und eine gesicherte Entwicklung im Unternehmen. Den Marktpartnern werden zuverlässigere Beziehungen, ein intensiveres Engagement und reizvollere Formen der Arbeitsgestaltung geboten. Kapitalgeber und Eigner finden Unternehmen mit höherer Produktivität, Flexibilität und langfristiger Ausgeglichenheit.

Neues Anforderungsprofil für das Management: „Drei-Wege-Kat"

Für *leane* Führungskräfte winkt schließlich die anspruchsvolle Rolle eines sozialen, kommunikativen und organisatorischen Katalysators in diesem dynamischen Wirtschaftsgefüge. Diese attraktive Rolle hat natürlich ihren Preis. Er besteht im Verzicht auf traditionelle Illusionen hinsichtlich der Lenkung eines Wirtschaftsunternehmens – als da sind: Festgefügte Gliederungen und Zuständigkeiten erleichtern die Steuerung und erhöhen die Übersichtlichkeit; wirtschaftliche Prozesse sind linear optimierbar beziehungsweise alle Dinge im Prinzip machbar.

LM zielt demgegenüber auf ein höheres Sicherheitsniveau industriellen Wirtschaftens nach innen wie nach außen. Dadurch wachsen die Anforderungen an das Management speziell in qualitativer Hinsicht, und dies auf allen hierarchischen Ebenen, in sämtlichen betrieblichen Funktionsbereichen sowie bei jedem neuen Projekt.

4. (Tor-)tour de modèle: Lean-Management als mehrschichtiges Elementarmodell (statt Definitionsversuchen eine Modellbeschreibung)

„Many of the patterns of nature we can discover only after they have been constructed by our mind."
Friedrich von Hayek

Es lebe das poröse Denken: Nachsicht für Neugeborene!
Vor der Beschreibung der vier Ebenen des Regelungmodells von *LM*,

1. der fünf Leitgedanken („Tugenden"),
2. der zehn Arbeits- und Organisationsprinzipien („Gebote"),
3. der sechs Grundstrategien,
4. der tausend und eine persönlichen Instrumente und Werkzeuge,

fünf Vorbemerkungen. Zuerst die konstruktivistische Binsenweisheit: Die Landkarte ist nicht die Landschaft, unser Modell nicht *LM*. Dann die Begründung der definitorischen Ungenauigkeit unserer Begriffe: „Nicht die Exaktheit, sondern die Vagheit, nicht die Geschlossenheit, sondern die Porösität, nicht die Einheit, sondern die Pluralität von Begriffssystemen garantiert ihren Bezug zur Welt und damit ihr Überleben (Putman 1991) – außerdem sind unsere Begriffe nicht das Modell. Schließlich die Bitte um Nachsicht für Neugeborene: Unser Modell ist die erste umfassende Darstellung von *LM* – gut begründet, sorgfältig entwickelt und vielfältig überprüft zwar, aber dennoch der erste Versuch. Zu guter Letzt: Die folgenden Ausführungen sind eine knappe Wiedergabe des sehr viel ausführlicheren Buches, der ungekürzten Rohfassung, der weiterführenden Gedanken ...

4.1 Fünf Leitgedanken: Die Philosophie der schlanken Denke

„Der Weg ist das Ziel ..."
Lao Tse

Wie werden leane Unternehmen gelenkt?
Leane Unternehmen zeichnen sich durch extrem kleine Managementapparate, sehr flache Führungspyramiden und für unsere Standards winzige Stäbe aus. Trotzdem erscheinen die Aktivitäten der unterschiedlichen Unternehmensbereiche, der vielen Arbeitsgruppen und der einzelnen Mitarbeiter in einem höheren Maße „gleichgerichtet", harmonisiert und koordiniert. Und dies, obwohl jedem Mitarbeiter und jedem Bereich des Unternehmens wesentlich mehr Entscheidungsspielraum und Einzelverantwortung zugestanden werden.

Die Erklärung: Alle Beteiligten übernehmen ein Maximum an eigener Verantwortung für die Sicherheit und Zielstrebigkeit des Ganzen und orientieren sich dabei im Zweifelsfall an den allgemein verbindlichen Leitgedanken und Arbeitsprinzipien. Dieses Funktionsmuster zentraler Orientierungsgedanken ähnelt der Wirkung von Genen in jeder Zelle des Organismus. Sie garantieren gleichzeitig Parallelität und Spezifität der Organe im Körper beziehungsweise im Gesamtunternehmen (zum Vergleich der idealtypischen Modelle der Unternehmensführung siehe Abb. 4).

Fünf Grundeinstellungen des Homo faber leaniens, um beim schöpferischen Denken die Übersicht zu behalten
Denken steht zwischen Erkennen und Entscheiden, und seine Ausrichtung wird häufig aus diesen beiden Außenkriterien erschlossen. Die Frage, was *leane* Mitarbeiter und Manager erkennen und wofür sie sich jeweils entscheiden, eröffnet uns den Zugang zu den „schlanken Leitgedanken". Wie bereits oben erwähnt, lehnt sich die Definition der fünf *leanen* „Tugenden" an das Modell lebensfähiger Systeme von Stafford Beer (siehe Abb. 3). In Abbildung 5 sind die Leitgedanken kurz beschrieben und durch ihr jeweiliges Gegenteil charakterisiert.

Die fünf Leitgedanken sind nicht nur Richtschnur bei der kreativen Lösung für neuartige Problemstellungen, sondern regulieren ebenso die Ausgestaltung der Arbeits- und Organisationsprinzipien. Jedes Prinzip erfüllt die grundsätzliche Orientierung und sachliche Forderung aller Leitgedanken. Ähnliches gilt für die Grundstrategien zur Lösung der bereichsspezifischen Unternehmensaufgaben.

Die sechs Grundstrategien sind ihrerseits an den Grundsätzen der zehn „Gebote" ausgerichtet. Die persönlichen Techniken und Instrumente (Methoden) schließlich lösen die konkreten Einzelaufgaben im Sinne der jeweils geltenden Grundstrategie. So durchziehen die Leitgedanken die gesamten

	Die 5 Leitgedanken („Tugenden")		und ihr Gegenteil
ÖFFNEN NACH AUSSEN	**Proaktives Denken** Zupackende, positive, zukunfts- und gestaltungsoptimistische Grundhaltung	1	**Zynisches Denken** Reaktive, machtbetonte, skeptische und gestaltungspessimistische Grundhaltung
	Sensitives Denken Weltzugewandte, kritikfähige und lernbereite, sinnes- und gefühlsorientierte Grundhaltung	2	**Repressives Denken** Leben in Ersatzwelten, cliquenkonforme, unsensible, rationalistische und konfliktscheue Haltung
WACHSEN NACH INNEN	**Ganzheitliches Denken** Zielorientiertes Denken, bereichsübergreifende und systemoptimierende Gesamtsicht von Teil und Ganzem	3	**Partielles Denken** Aufgabenorientierte, instrumentelle, teiloptimierende und egozentrische Sicht der Dinge
	Potential-Denken Erschließung, Kultivierung und nachhaltige Nutzung aller für das Unternehmen zugänglichen Ressourcen	4	**Opportunitäts-Denken** Herauspicken günstiger Gelegenheiten mit der Tendenz zur Übernutzung gegebener Ressourcen
	Ökonomisches Denken Vermeidung aller Verschwendung und sorgfältige Prüfung des Verwendungsnutzens	5	**Dispositions-Denken** Konsumptives Kosten-/Nutzen-Denken und Tendenz zum Aufblähen der persönlich verfügbaren Mittel

Abb. 5

betrieblichen Strukturen ebenso wie die Beziehungen zu den Marktpartnern, Händlern, Lieferanten und Kunden (siehe Abb. 6: Beziehung zwischen den Ebenen der prinzipiellen Führungsstruktur).

Tugenden fürs Bankett und die Werkstatt

Proaktives Denken verpflichtet zum Gestaltungsoptimismus, zum Vertrauen in die Wirksamkeit des eigenen Tuns in der Zukunft. Sein Idol ist leider wenig spektakulär: Der bedächtige, zuversichtliche und fleißige Krisenvermeider hat zumindest im Westen erhebliche Mühe, allgemeine Anerkennung zu finden. Sein Gegenpart, der Krisenmanager, der in der Katastrophe über sich, seine Widersacher und die Verhältnisse hinauswächst, steht in der Publikumsgunst immer noch deutlich vorne. Proaktivität setzt dagegen auf die kontinuierliche Entwicklung der eigenen Stärken und Chancen und vertraut auf langfristige Kooperation. Der Schwerpunkt der Anstrengungen liegt auf der dauernden Verbesserung des Prozesses nicht auf dem kurzfristigen Erzielen von Erfolgen.

Sensitives Denken ist gekennzeichnet durch Offenheit, Kritikbereitschaft und Lernfähigkeit. Masaaki Imai attestiert dem westlichen Management neben

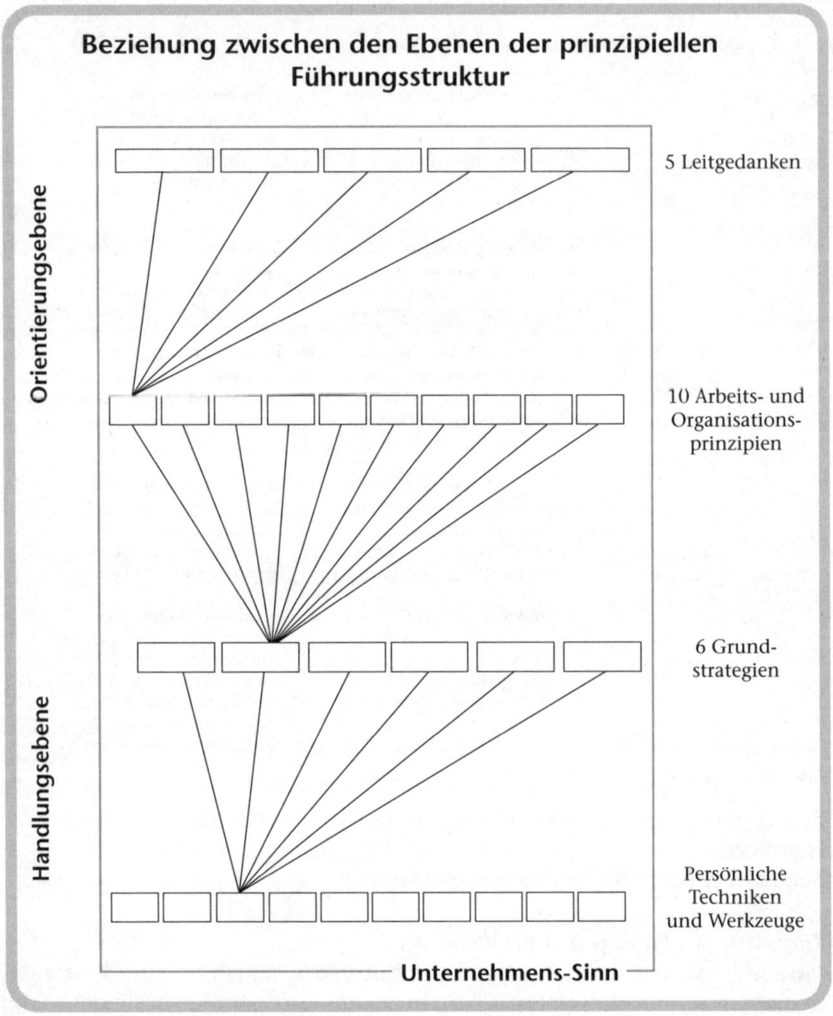

Abb. 6

der mangelnden Proaktivität noch eine zweite grundlegende Schwachstelle im Denken: Fehler, Probleme und kritische Fakten werden nicht als wertvoll gewürdigt. Dabei hat die weltzugewandte Sensibilität für Krisenerscheinungen durchaus auch Tradition in der abendländischen Kultur. So schreibt bereits Platon um die Mitte des 4. Jahrhunderts v. Chr. zum Thema Naturzerstörung im *„Kritias"*: „Einige von diesen Bergen bieten jetzt einzig den Bienen noch Nahrung ..." (Weeber 1990: 21). Das Gegenteil weltoffenen und irritationsbereiten Denkens ist durch eine unsensible Einstellung gegenüber realen Umfeldentwicklungen geprägt und wird gemäß dem bekannten

Gorbatschow-Zitat irgendwann einmal beim zwangsläufigen Zuspätkommen „vom Leben bestraft".

Proaktivität und Sensitivität wenden sich in erster Linie nach außen. Je autonomer und leistungsfähiger ein Unternehmen wird, umso wichtiger wird die handelnd und wahrnehmend lernende Beziehung zur Umwelt, um sich nicht selbst die Umfeldwurzeln zu kappen. Die drei folgenden Leitgedanken „ordnen" mehr den inneren Haushalt.

Haushalten hilft aushalten

Ganzheitliches Denken sichert die Integration der Teile in das Ganze, des einzelnen in das Team, der Teams in den Bereich, der Bereiche in den Betrieb, der Betriebe in das Unternehmen, der Unternehmen in den Markt. Ganzheitliches Denken sichert aber auch die Orientierung des Ganzen an den Besonderheiten der Teile. Wenn man Entrepreneuren nachsagt, sie wüßten, was sie wollen, dann weiß ein *leaner* Unternehmer noch ein wenig mehr: Die Lenkung, Gestaltung und Entwicklung eines Unternehmens ist ein komplexer, ganzheitlicher, umfeldbezogener Prozeß, an dessen Verlauf er zwar maßgeblich beteiligt ist, dessen Ergebnis er aber nicht alleine bestimmen kann. Synonyme ganzheitlichen Denkens sind *systemisches* und *vernetztes* Denken, auch wenn sich die so bezeichnenden Schulen dem Problem aus unterschiedlichen Startpositionen heraus nähern.

Potentialdenken sorgt für die Erschließung aller Ressourcen im und für das Unternehmen und konzentriert sich dabei auf die Hauptquelle unternehmerischen Gedeihens, die intelligente (Selbst-) Organisation der menschlichen Arbeit. Das „Gold in den Köpfen" wird in erster Linie durch die Aufhebung der Trennung von Denken und Ausführen, durch mehr Freiraum, mehr Qualifikation, mehr Mitgestaltung und mehr Mitwirkung erschlossen.

Potentialdenken sucht natürlich auch technologische und wirtschaftliche Zusatzpotentiale, und es denkt in strategischen Dimensionen, um auch übermorgen noch über ausreichende Ressourcen verfügen zu können. Die „Nachhaltigkeit" *leaner* Ressourcennutzung verhindert zudem deren langfristige Übernutzung – ein Prinzip, das das „Business Council for Sustainable Development" dem UNO-Umweltgipfel als Konzept für eine nach ökologischen Gesichtspunkten arbeitende Wirtschaft empfohlen hat (Schmidheiny 1992).

Kennzeichnend für *leane* Potentialität ist zudem ein „Sowohl-als-auch-Denken", das vermeintliche Gegensätze in das Wachstum eines „gemeinsamen Kuchens" einzubringen vermag. Diese Situation galt es bereits bei der Geburt von *Lean*-Management zu bewältigen. Die Gewerkschaften drohten mit Betriebsbesetzung, der quasi illiquide Altpräsident von *Toyota* drohte mit der Schließung des Betriebes. Toyodas Neffe und einige junge Ingenieure schlossen mit der Belegschaft eine Vereinbarung zum gemeinsamen Aufbau des Unternehmens. Das Ergebnis macht heute weltweit Schule.

Ökonomisches Denken, die Vermeidung von Überfluß entspricht der ältesten menschlichen Wirtschaftsweise, dem sparsamen und nützlichen Einteilen der Vorräte, dem „Haushalten". Verschwendung erhält im *LM* einen teilweise neuen Sinn: Verschwendung sind alle nicht wertschöpfenden Tätigkeiten. Lager und Puffer verschwinden weitestgehend. Qualität wird planmäßig erzeugt, so daß keine Nacharbeit und kein Ausschuß in Kauf genommen werden müssen. Überall wird verdeckten Aufwendungen nachgespürt – täglich, immer wieder aufs neue. Konflikte mit Mitarbeitern, Lieferanten, Kunden, Kapitalgebern und Allianzpartnern werden niemals eskaliert, sondern einer harmonischen Lösung zugeführt, um diese kostbaren Ressourcen nicht totzusparen.

Diese konsequente Einfachheit und Sparsamkeit findet ihre Grenzen auch bei anderen wichtigen Ressourcen: Gegenüber den Kunden wird nicht so offensichtlich gespart. An den Stellen mit der höchsten Wertschöpfung im Betrieb arbeiten die besten Leute. Mitarbeiter und Manager werden hervorragend qualifiziert. Strategische Entscheidungen werden „unendlich" lange abgewogen. Das Gesamtergebnis ist wichtiger als das Einzeloptimum und stellt alle Beteiligten langfristig zufrieden – auch die Kapitalgeber. Die so erzielte „Schlankheit" der Wertschöpfungskette setzt langfristig ausreichend Kapital frei für die Erschließung weiterführender strategischer Ressourcen.

Nur im Verbund werden die Leitgedanken zu Tugenden

Gerade am Beispiel der Vermeidung von Verschwendung wurden die Gefahren einer Verabsolutierung einzelner Leitgedanken deutlich. Übertriebene Sparsamkeit kann wichtige Ressourcen gefährden – ein typisches Dilemma kameralistisch wirtschaftender Organisationen (öffentliche Hand etc.). Zuviele Ressourcen führen leicht zu Verschwendung – ein typisches Problem „reicher" Großbetriebe („Banken mit XY-Werkstatt"). Diese Reihe ließe sich fortführen.

Im *LM* müssen alle fünf Leitgedanken immer zugleich berücksichtigt werden, sonst verliert das System seine dynamische Stabilität. Um die strategische und alltägliche Arbeit nicht mit dieser Megadenksportaufgabe zu überlasten, etablierten sich die folgenden zehn Arbeits- und Organisationsprinzipien sozusagen als Zwischendecke zwischen der Metaebene und dem shop floor (siehe Abb. 7: Die Leitgedanken „definieren" die Arbeits- und Organisationsprinzipien).

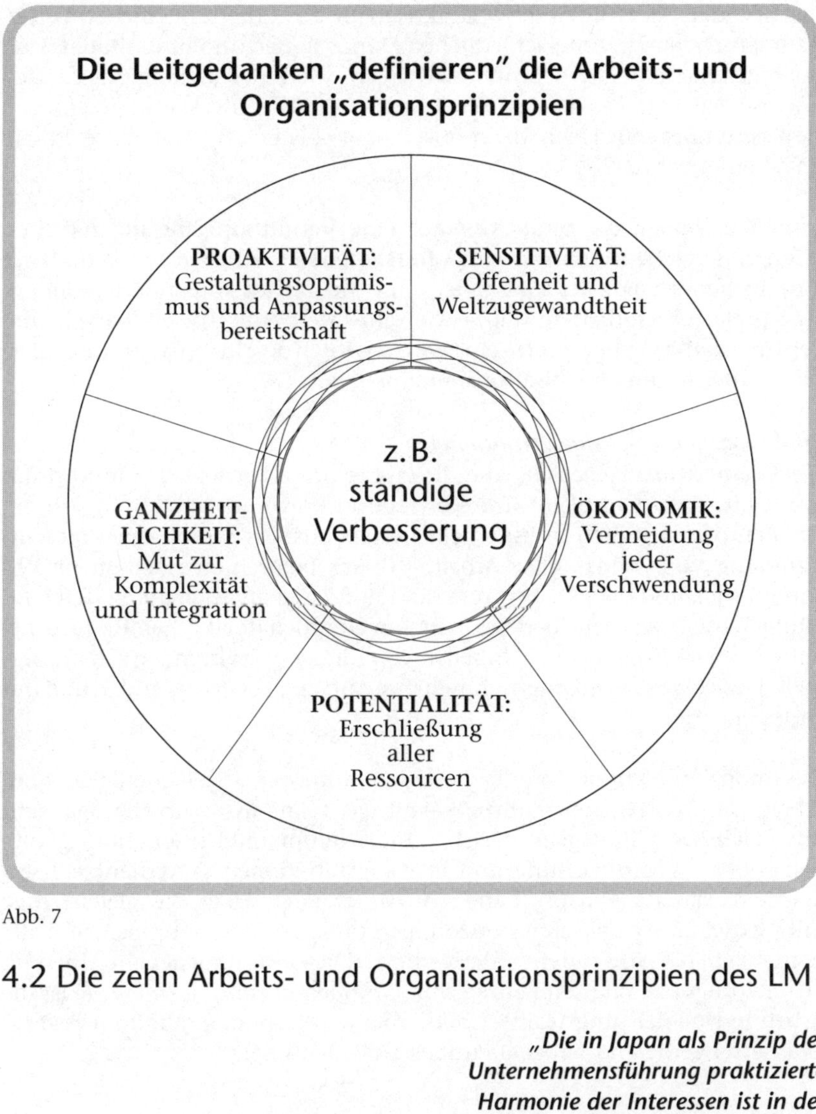

Abb. 7

4.2 Die zehn Arbeits- und Organisationsprinzipien des LM

„Die in Japan als Prinzip der Unternehmensführung praktizierte Harmonie der Interessen ist in der Bundesrepublik weder einführbar noch nachvollziehbar."
Battelle-Bericht „Innovationsprozesse und Innovationspolitik in Japan", 1983

Die Grundsätze gelten oben wie unten gleichermaßen

Die *leanen* Arbeits- und Organisationsprinzipien stellen eine Übersetzung der allgemeinen Leitgedanken in die „Sprache" der konkreten Arbeitsorganisation dar. Sie erfüllen diese Funktion auf den unterschiedlichen Unternehmensebenen in unterschiedlichen Dimensionen und Intensitäten. Und doch gelten sie oben wie unten. Sie sagen, wie Entscheidungen praktisch umzusetzen sind. Für die kritische Prüfung von Prozeßgestaltungen dienen sie als grundlegende Heuristiken – nach dem Muster: „Wie haben Sie Prinzip XYZ berücksichtigt?"

Insgesamt bilden die zehn „Gebote" eine Vermittlungsinstanz zwischen offenen Aufgabenstellungen und feststehenden Arbeitstechniken. Diese durchgehende Logik des *LM* ist aber keine theoretisch konstruierte, sondern eine praktisch erarbeitete und – wie seine weltweite Anwendbarkeit und Leistungsfähigkeit beweisen – eine wirtschaftlich bewährte (siehe Abb. 8: Die zehn Arbeits- und Organisationsprinzipien von *LM*).

Erfahrungsmuster – keine Verordnungen

Gruppenarbeit und Vernetzung sind zur Zauberformel betrieblicher Innovation avanciert. Trotzdem bleibt ihre Konzeption und Wirksamkeit umstritten. Die Befürworter sehen in ihnen ein therapeutisches Mittel gegen die Entfremdung von industrieller Arbeit. Kritiker befürchten noch mehr Leistungsdruck und die „Ausbeutung der Köpfe". Skeptiker mahnen den endgültigen Nachweis der Überlegenheit von Gruppenarbeit gegenüber arbeitsteiliger Fließfertigung an. Unbeirrt von dieser verwirrenden Meinungsvielfalt erledigen *leane* Unternehmen ihre Aufgaben überwiegend in und mit Gruppen.

Das impliziert nicht notwendig die Abschaffung der Einzel- oder Fließbandarbeit. Das *leane* Gruppenkonzept sieht das Team als naturwüchsiges und unverzichtbares Bindeglied zwischen Individuum und Unternehmen. Folglich werden Verantwortung und Planungsfunktionen an dasjenige Team delegiert, das die entsprechende Arbeit erledigt. Über die gleichzeitige Mitgliedschaft in mehreren horizontalen und vertikalen Gruppen sind alle betrieblichen Teams miteinander vernetzt. Die Bewertung des einzelnen im Team erfolgt nach dessen Beitrag zum Gruppenergebnis. Karriereziel ist die Arbeit in Hochleistungsteams. Chefs arbeiten zusammen mit ihren Teams - Chefsessel verlieren hierbei allerdings an Bedeutung.

Eigenverantwortung, Autonomie im *LM* bedeutet, daß die Verantwortung in die Hände derjenigen gehört, die die Aufgabe zu bewältigen haben. Aus Ausführenden werden so interne Lieferanten. Entscheidungen werden auf den betreffenden Arbeitsebenen getroffen. Vorgesetzte kontrollieren diesen Prozeß – mehr nicht. Eine solche Werkstruktur nach dem Bottom-up-Prinzip erfordert selbstverständlich die entsprechende Qualifizierung des Personals für diese erweiterte Aufgabenstellung. Hieraus folgt logisch die berühmt gewordene flache Hierarchie des *LM*. Diese wächst aber erst allmählich von

Die 10 Arbeits- und Organisationsprinzipien von Lean-Management

1. Gruppe, Team, Netzwerk
Die Aufgaben werden in der Gruppe oder im Team erledigt. Der Konsensgedanke ist bei der Lösung der Aufgabe dominant, interner Wettbewerb wird vermieden. Jeder ist Mitglied mehrerer horizontaler und vertikaler Gruppen (Netzwerk).

2. Eigenverantwortung, Autonomie
Jede Tätigkeit wird in Eigenverantwortung durchgeführt. Den Rahmen dazu bilden die Zielvereinbarungen, die Leitbilder sowie die Standards, die für jede Tätigkeit erstellt werden. Kann die geforderte Qualität nicht eingehalten werden, wird der Arbeitsfluß unterbrochen und Hilfe angefordert.

3. Feedback, Information
Alle Aktivitäten vom einzelnen bis zum kompletten Funktionsbereich werden von einem außergewöhnlich intensiven Feedback begleitet. Die Reaktion von Außenwelt, System oder Anlagen dient zur Steuerung des eigenen Handelns.
Informationsüberschuß sichert das gegenseitige Verständnis.

4. Kunden- und Marktorientierung
Alle Aktivitäten sind streng auf den Kunden orientiert. Die Wünsche des Kunden haben oberste Priorität und Autorität. Auch die Beziehung innerhalb der Wertschöpfungskette wird wie zwischen Kunden und Lieferanten gestaltet.

5. Wertschöpfung hat Priorität
Die wertschöpfenden Tätigkeiten haben oberste Priorität im Unternehmen. Das gilt für alle verfügbaren Ressourcen. Vorgesetzte und Experten arbeiten überwiegend am Ort der Wertschöpfung.

6. Standardisierung
Formalisierung und Standardisierung der Arbeitsweise durch schrifliche oder bildliche Darstellungen von Methoden oder Arbeitsvorschriften. Methoden mit z.T. mathematisch-wissenschaftlichem Fundament, das praxisbezogen zur Anwendung kommt. Industrieweite Anwendung der standardisierten Methoden zur schnellen und sicheren Kommunikation.

7. Ständige Verbesserung
Die ständige Verbesserung aller Leistungsprozesse bestimmt das tägliche Denken. Es gibt keine endgültigen Ziele, sondern nur Schritte in Richtung Optimierung und Innovation. Der Prozeß und nicht das Ergebnis hat Priorität.

8. Sofortige Fehlerabstellung an der Wurzel
Fehler werden als Chance zur Prozeßverbesserung genutzt. Jeder Fehler wird als unbeherrschte Störung des Prozesses angesehen, dem bis auf die eigentliche Ursache nachzugehen ist (z.B. fünfmal „Warum?" fragen). Dafür werden erhebliche Aufwendungen in Kauf genommen.

9. Vorausdenken, Vorausplanen
Bereits heute werden die Probleme von morgen gesucht. Nicht die erfolgreiche Reaktion auf Probleme, sondern die Vorausplanung zur Vermeidung künftiger Probleme gilt als besondere Leistung (Krisenvermeidung statt Krisenbewältigung).

10. Kleine, beherrschte Schritte
Die Entwicklung erfolgt in kleinen, beherrschten Schritten. Das Feedback auf jeden Schritt steuert den nächsten. Die Innovationsgeschwindigkeit wird durch die schnelle Folge der Schritte erhöht, nicht durch riskante Sprünge.

Abb. 8

unten nach oben und kann nicht per ordre von oben nach unten eingeführt werden.

Das *leane* Unternehmen sichert sich gegen Kontrollverluste durch die Verbindlichkeit der Leitgedanken und Arbeitsprinzipien. Die Offenheit der Gruppenarbeit sowie die Vernetzung der Teams erzeugen darüber hinaus einen hohen Informationsfluß in alle Richtungen. Schließlich werden Entscheidungen nach dem Konsensprinzip gefällt, damit nachher auch jeder bei der Umsetzung der gemeinsamen Beschlüsse seine volle Verantwortung übernehmen kann.

Feedback, Information und Visual Management bilden eine weitere Sicherung gegen Kontrollverlust. Umgekehrt bietet die permanente „Veröffentlichung" aller Daten, Fakten, Pläne, Probleme und Erfolge für die Mitarbeiter die Möglichkeit, selbst die betrieblichen Abläufe zu kontrollieren: Vertrauen ist gut, Kontrolle ist besser, Gegenkontrolle am besten. Wenn über neue Teamprojekte beraten wird, sind allen Mitgliedern alle laufenden Vorhaben visuell präsent – auch die der Vorgesetzten. Kontrolle bedeutet im *LM* auch Erfolgskontrolle und entsprechender „Beifall", in letzter Konsequenz sogar „Kundenbeifall".

LM belebt die Arbeit durch – auch sinnlich – anregende Rückmeldung. In den Büros und Werkstätten *leaner* Unternehmen finden sich Hunderte und mehr visueller Orientierungspläne, Werk- und Denkzeuge. Im Unterschied zum Formularunwesen erleichtern diese Pläne, Checklisten und Prüfformulare die praktische Arbeit. Sie dienen auch als Einarbeitungshilfen und zur Sicherung weniger routinierter Prozeduren. Und immer wieder erlauben sie die direkte Kontrolle der eigenen Arbeit.

Kunden- und Marktorientierung ist die Ausrichtung aller zentralen Unternehmensfunktionen, von der Beschaffung bis zum Vertrieb, auf die Bedürfnisse der Kunden und die Gegebenheiten des Marktes. Dieser Grundsatz ist so alt wie die über den eigenen Bedarf hinausgehende, arbeitsteilige Produktion. Es wird kolportiert, daß der unzufriedene Elektronikkunde die Löterin am Band direkt anrufen kann. So witzig dieses Bild anmutet, so wahr ist sein Kern. Die Beschwerde eines Kunden braucht im *LM* kein rotes Telefon, um in kürzester Frist zur Abstellung der entsprechenden Fehlerquelle am Band zu führen.

LM unterscheidet hierfür zwischen externen und internen Kunden. Als interne Kundin hat die Löterin daher das Recht und die Pflicht, fehlerhafte Vorprodukte zurückzugeben. Über ihrem Arbeitsplatz könnte ein Schild mit der Aufschrift hängen: „201 Tage ohne Reklamationen". Für die Richtigkeit zeichnen die nachfolgenden Arbeitsplätze verantwortlich. Jeder ist also Lieferant und Kunde zugleich. *LM* simuliert den „direkten Draht zur Löterin" durch dieses Prinzip der persönlichen Qualitätsverantwortung gegenüber dem jeweils nächsten Kunden.

Im Markt widerfährt den externen Kunden die gleiche Qualitätsverantwortung durch ihren jeweilig letzten Lieferanten. Wer das Produkt übergibt, sorgt auch im Reklamationsfalle für die umgehende Lösung des Kundenproblems. Und er gibt die Fehlermeldung ohne bürokratische Umwege direkt an den zuständigen Ansprechpartner im Betrieb weiter. Die Kunden sind auch das Alpha und Omega des gesamten Produktplanungs- und Produktentwicklungsprozesses. Teilweise werden sie sogar an diesen Prozessen unmittelbar beteiligt. Diese Offenheit macht zwar verwundbarer. Wer aber die interne Qualitätsverantwortung so groß schreibt, gewinnt dabei wesentlich mehr, als er preisgibt. Die weltweiten Markterfolge neuer Produkte aus *leanen* Unternehmen bestätigen dies.

Wertschöpfung hat Priorität und beginnt beim Kunden. Denn er honoriert die Wertsteigerung der Vorprodukte bis zum Endprodukt. Produktionsleute verlieben sich regelmäßig in dieses Arbeitsprinzip und tischen diese Zauberformel vorzugsweise ihren „Kontrahenten“ aus Vertrieb und Verwaltung auf. Dabei vergessen sie zweierlei: ihre Verschwendungen und den aus Kundensicht wertsteigernden Charakter der Bereitstellungs- und Vermarktungsdienste. Da die Kunden hohe Produktqualität belohnen, bedeutet Wertschöpfungspriorität nicht nur die Vermeidung nicht-wertschöpfender Vor- und Nacharbeiten, sondern gleichermaßen die Qualität und Produktivität der Wertschöpfung zu erhöhen.

Was als defekte Steckverbindung in der Produktion nur wenige Pfennige kostet, wächst sich mit zunehmender Nähe zum Kunden zum teuren Diagnose- und Nachbesserungsvorgang, wenn nicht zum sehr teuren Reklamationsfall aus. Deswegen gehören die besten Leute an die Stationen mit der höchsten Wertschöpfung. Im *LM* arbeitet dementsprechend der überwiegende Teil der Ingenieure an der Optimierung der Produktion und ist die Entwicklung neuer Produkte auch sehr viel näher an der Produktion angesiedelt als in traditionellen Betrieben – das hören die leitenden Produktionsleute natürlich nicht so gerne.

Die Betonung der Wertschöpfungsfunktion im *LM* führt erst einmal im Unternehmen zu einer internen marktwirtschaftlichen Ausrichtung aller Bereiche. Einbezogen werden dann in diese Kalküle auch die Lieferanten und Händler. So ergibt sich allmählich eine übergeordnete Systemqualität der gesamten Wertschöpfungs- und Marktleistungkette bis hin zum Kunden, die mehr ergibt als die isolierte Kostenoptimierung und Produktivitätssteigerung einzelner Beschaffungsquellen, Anlagen oder Absatzwege.

Standardisierung aller grundlegenden Arbeitsweisen in Form von Standardarbeitsblättern mutet auf den ersten Blick perfektionistisch, wenn nicht sogar formalistisch an. Welches Problem löst das Prinzip der Standardisierung? Die hohe Selbständigkeit der Basisteams und die ständige Verbesserung aller Aktivitäten bringen *LM* in eine Zwickmühle: Wie lassen sich kreative Vielfalt und koordinierter Arbeitsfluß miteinander verbinden? Einige Lösungen sind bereits bekannt: die „geistigen Gene" (fünf Leitgedanken), ein schnelles und dichtes Informationsnetz sowie das Konsensprinzip bei Entscheidungen. Die verbindliche Festschreibung der Basisroutinen bildet ein weiteres Instrument zur Minimierung des betrieblichen Koordinierungs- und Steuerungsaufwandes.

Was ist daran *lean*? Einmal entwickelt, können die Standards von allen verwandten Arbeitsstationen angewendet werden. Etwaige Verbesserungen erreichen so in Windeseile alle möglichen Nutzanwender. Die Einarbeitung neuer Mitarbeiterinnen und Mitarbeiter wird ebenfalls erleichtert. Der Clou kommt aber noch. Trotz *leaner* Marktstrategien können sich auch *leane* Unternehmen nicht vollständig gegen Nachfrageschwankungen schützen. Aber sie können sich durch extreme Flexibilisierung gegen die teuren Folgekosten immunisieren. Dazu gehört in erster Linie die sehr breite Qualifizierung der Mitarbeiter durch ständige Jobrotation und – jetzt kommts! – durch die schnelle und sichere Einarbeitung in wechselnde Aufgaben mit Hilfe der Arbeitsstandards.

Alle diese Arbeits-, Problemlösungs- und Planungsstandards gelten nur so lange, wie sie den gegebenen Aufgabenstellungen gerecht werden. Jeder kann sie variieren und verbessern, aber nicht ohne alle Beteiligten und Betroffenen vorher zu konsultieren und sich nachher einvernehmlich mit ihnen zu einigen. Alle beschließen gemeinsam die Veränderung des betreffenden Standards; dieser ist so lange „Gesetz", bis ein besserer ihn ablöst. In der integrierten Wertschöpfungskette gelten diese Standards natürlich für die Lieferanten und Partner.

Ständige Verbesserung – „Kaizen" – gilt seit Imais gleichnamigem Weltbestseller als die Seele des *leanen* Wirtschaftens. Unserer Meinung nach wedelt hier der Schwanz mit dem Hund. *Lean* ist das Gesamtsystem, der kontinuierliche, schrittweise Verbesserungsprozeß ein wichtiges Element (siehe oben unter „Sternenbilder"). Laut Womack et al. zählen *leane* Automobilwerke in Japan über 60 Verbesserungsvorschläge pro Mitarbeiter und Jahr gegenüber etwa einem halben in westlichen Werken. Diese millionenfachen Beiträge zur Optimierung der *leanen* Wertschöpfungskette überraschen, gelten *leane* Prozesse doch als weitgehend ausgereizt. Die Verbesserungen merzen auch weniger bestehende Mängel aus, als sie quasi vorauseilend künftigen Problemstellungen (Null-Fehler-Qualität, 100-Prozent-Ausfallsicherheit, weitere Flexibilisierung etc.) entgegengehen.

Der warme Quell an guten und nützlichen Ideen besitzt darüber hinaus einige zusätzliche Qualitäten. Er entspringt dem vertieften Verständnis der „Eingeweihten", also derjenigen, die den jeweiligen Arbeitsvorgang am besten kennen, und erlaubt somit das Ausschöpfen von Know-how-Reserven, die ansonsten dem Industrial Engineering zu einem guten Teil verborgen blieben. So bilden sie das stetig wachsende Fundament für künftige grundlegende Innovationen und qualifizieren die Mitarbeiter (en passant durch eigenaktives Lernen) für die künftigen Technologieneuerungen. Außerdem wirken die Verbesserungen zum Teil auch werterhaltend. Japanische Produktionsstätten sind im Durchschnitt älter als in Europa, trotzdem besser in Schuß.

Alle Mitarbeiter beteiligen sich an den Verbesserungen und ersetzen allmählich die überkommene, zentralisierte Innovations- und Rationalisierungsstrategie durch ein integriertes Evolutionsprinzip. Das Verhältnis von Ergebnis- zu Prozeßorientierung kehrt sich um: Die permanente Prozeßverbesserung rückt in den Vordergrund und zieht die langfristige Ergebnisverbesserung nach.

Die Vorteile der Verbesserungs- gegenüber der Innovationsstrategie liegen auf der Hand: Das Unternehmen entwickelt zuallererst die für seine innere und äußere Situation eigentümlichen Stärken und muß nicht fremden Leitbildern hinterherrennen. Die Autonomie des Systems wächst. Rationalisierungen finden permanent statt und folgen so dem natürlichen Strom der Interessen, Fähigkeiten und Bewegungen der Mitarbeiter. Alles erscheint merklich einfacher, schneller, billiger, besser und sicherer. Beruhigende Stetigkeit des Wandels ersetzt beunruhigende Umbrüche.

Sofortige Fehlerabstellung an der Wurzel geht der „Fehlerfreiheit“ voraus und folgt auf die Fehleraufdeckung: Deshalb ist *LM* erst einmal sehr an Fehlern interessiert, denn ihr zufälliges Auftreten eröffnet den Weg zur Funktionswahrheit und zur Prozeßbeherrschung. Wer vorbehaltlos Fehler erwartet, tut damit bereits den ersten Schritt zu ihrer vorbeugenden Vermeidung. Die Organisationsprinzipien des *LM* helfen dabei: Die Beratung in Gruppen, die Installation entwicklungsbegleitender Feedbacks, die Standardisierung des bereits Bewährten, das intensive Vorausdenken und Vorausplanen sowie das vorsichtige Vorantasten in kleinen, beherrschten Schritten (zu den beiden letzten Prinzipien siehe weiter unten) reduzieren Menge und Gewicht möglicher Fehler auf ein überwindbares Niveau.

Den *leanen* Fehlerdetektiven steht ein reiches Instrumentarium einfacher bis methodisch anspruchsvoller Analysemethoden zur Verfügung. Sie reichen von den „5 W“ (fünfmal „Warum?“ fragen – auf jeden Fall den Fehler so lange zurückverfolgen, bis die letzte Ursache gefunden ist) über die statistischen Versuchsplanung (Design of Experiments - DOE) nach Taguchi bis zur Quality Function Deployment (der systematischen Ableitung von Produkt- und Prozeßinnovationen aus Kundenwünschen).

Wettrennen um die Kundengunst sind spannend und anregend, andererseits nicht ganz billig. *LM* hat deshalb die Kundenzufriedenheit in die betriebliche Wertschöpfungskette integriert: Das Prinzip der Kundenorientierung kürzt den Weg zur Fehlerquelle ab, indem es bereits die nächste Arbeitsstation als anspruchsvollen (internen) Kunden etabliert. Das Prinzip der vorauseilenden Fehlersuche geht freilich noch einen Schritt weiter. Bereits bei der Planung neuer Produkte, neuer Werkzeuge und Anlagen spüren Experimente und Vorversuche vorauseilend mögliche Fehlerursachen auf. Damit wird Kundenzufriedenheit planbar.

Basis für alle produktionstechnischen Maßnahmen der Verschlankung und Leistungssteigerung bildet die Fehlerfreiheit der Vorprodukte und des Fertigungsvorganges. „Just-in-time" beruht auf der sicheren Annahme, daß das benötigte Teil genau zum richtigen Zeitpunkt in der erforderlichen Qualität (Fehlerfreiheit) am richtigen Ort zur Verfügung steht. Der Preis für die damit verbundenen Einsparungen ist die vollständige Beherrschung der Fertigung in allen Einzelheiten. Die Münze, mit der dieser Preis gezahlt wird, ist die sofortige und gründliche Fehlerabstellung. Die ganz großen Einheiten dieser Währung tragen die Zusatzaufschrift „vorauseilende Fehlersuche und -vermeidung".

Vorausdenken, Vorausplanen ist, wie alle *leanen* Arbeitsprinzipien, Angelegenheit aller und nicht nur Privileg der Leitenden. Natürlich gibt es auch hierbei eine hierarchische Arbeitsteilung: Alle sind an der Planung beteiligt, allerdings mit vertikalen (regelnd-versorgenden) und horizontalen (fachlich-sachlichen) Schwerpunkten. Für alle gilt nicht die erfolgreiche Reaktion, sondern die Vermeidung künftiger Probleme als Ideal.

Praktisches Wissen ist häufig gepaart mit sensorischen und emotionalen Elementen: Die „Nase", das „gute Gefühl" oder das „klare Bild vor Augen" sagen oft mehr als tausend Zahlen und Worte. Solche Empfindungen sind zwar unscharf („fuzzy"), dafür aber sehr schnell und treffsicher. Je weiter sich nun Entscheidungen von solchen „natürlichen" Erfahrungs- und Wissensspeichern entfernen, um so abstrakter und nichtssagender wird der informative Gehalt derartigen Kondenswissens. Entsprechend unsinnig fallen schließlich die hierauf fußenden, zentralistisch-einsamen Entscheidungen aus. Deshalb findet die Planung in *leanen* Unternehmen unter Beteiligung aller Bereiche statt.

Mängel oder Qualität – beides ist kein Zufall, sondern das Ergebnis vorausgegangener Planung. Das Prinzip des Vorausdenkens und Vorausplanens arbeitet sich wie ein Tiefenbohrer in zeitlich immer entferntere Problemgesteine vor. Wenn sich Fertigungsfehler in die Parts-per-million-Region begeben, dann müssen alle Eventualitäten für einen größeren Zeitraum vollständig bekannt sein, und zwar in allen ihren vielfältigen Verästelungen und Interdependenzen. *Leane* Vorausplanung ist dementsprechend der Fortgang der unendlichen Annäherung an die vollständige Prozeßbeherrschung. Diese Planung erfolgt zentral und dezentral, im großen wie im kleinsten Detail. *LM* entwickelt somit eine lebendige Vorausplanungskultur ohne Planungsbürokratie.

Kleine, beherrschte Schritte sichern das zügige Voranschreiten auf unsicherem Terrain. Dies gilt daher auch als goldene Bergsteigerregel. Im *LM* vollzieht sich die Bewegung des ganzen Unternehmens wie bei der Bergseilschaft aufgrund der dezentralen Veränderungen jedes einzelnen Gliedes. Im Berg wie im *leanen* Unternehmen fehlen die sonst üblichen „Polster" und Sicherheitsnetze. Fehltritte einzelner Mitglieder gefährden den schlanken Produktionsfluß ebenso wie das Fortkommen im Steilhang. In nicht*leanen* Unternehmen verringern aufwendige personelle, zeitliche und materielle Puffer dieses Verbundrisiko auf ein vertretbares Maß. *LM* erspart sich alle diese Sicherungsnetze und baut deren Funktion statt dessen in die Logik der Arbeit ein.

Die Taktik der kleinen, beherrschten Schritte wirkt hierbei als eine Minimax-Methode. Sie minimiert die Kosten der zusätzlichen Absicherung und die Gefahr des gemeinsamen „Absturzes". Gleichzeitigt maximiert sie die gemeinschaftlich erreichbare Geschwindigkeit der technischen, organisatorischen und personellen Entwicklungen im gesamten Unternehmen. Die Wirkung der Bergsteigerregel ist bis hinauf in die Produktphilosophie spürbar: Selbst technische Neuerungen bauen in der Regel auf bewährte technische Grundkonzepte. Vollkommene Neuentwicklung sind eher die Ausnahme.

Für die Marktaufbereitung gilt ähnliches. Sie knüpft an marktweit bewährte Qualitätskriterien, Preissegmente und Kommunikationsformen an. Diese erfahren graduell nur so weit eine Verbesserung, wie die künftigen Kunden benötigen, um ihre Bedürfnisse spürbar besser befriedigt zu sehen – nicht weniger, aber auch nicht mehr. Die Realisation der entsprechenden Anforderungen in der Produktentwicklung, der Produktionsvorbereitung, der Teilebeschaffung, der Kostengestaltung, der Qualitätskommunikation und schließlich des Verkaufs erfolgt nach dem bewährten Strickmuster der Aufteilung in kleine, beherrschbare Projekte und Einzelschritte.

Das von der Bionik gezeichnete Bild vom „Evolutionsfenster" unterstreicht die Gültigkeit der Kleinschrittigkeit für den Bereich der biologischen Evolution: Mutationssprünge führen nur dann zu evolutionären Fortschritten, wenn sie in einem eng begrenzten, vorausberechenbaren Schrittweitenband liegen. Das Ergebnis größerer Sprünge ist in der Natur nicht überlebensfähig. Zumindest in *leanen* Unternehmen fand dieses Naturgesetz inzwischen erfolgreich Anwendung.

4.3 Die sechs Grundstrategien *leaner* Unternehmen

„Wenn der Kampf als Vater aller Dinge gilt, dann ist ihre Mutter die Strategie. Denn sie sorgt für einen haushälterischen Umgang mit den Kräften, dafür, daß der Vater im Schlachtgetümmel nicht die Übersicht verliert und am Ende noch die Dinge selbst um des Sieges willen opfert."
d.A.

Praktische Lösungsmuster für grundlegende Probleme
Die sechs *leanen* Grundstrategien stellen Musterlösungen für die wichtigsten Aufgaben des Unternehmens dar: Produktion zu marktgerechten Kosten, in kundengerechter Qualität und für einen wettbewerbsgerechten Zeitraum, Einstellung auf den Markt und die Kunden, förderliche Kapitalverwendung und schließlich die fruchtbare Gestaltung der Beziehungen zu Mitarbeitern und Marktpartnern (siehe Abb. 9: Die sechs Grundstrategien des *LM*).

Die strategischen Antworten auf die oben aufgeführten sechs Grundaufgaben gelten für alle Unternehmensbereiche wie Produktion, Entwicklung, Beschaffung, Vertrieb, Personal, Finanzen etc. gleichermaßen. Im *LM* sind die sechs Grundstrategien den Bereichsstrategien übergeordnet.

Nur im Netzwerk lauffähig
Die funktionale Eigenständigkeit der traditionellen Fachbereiche tritt hinter den Auftrag der jeweiligen Grundstrategien zurück. Der Schwerpunkt der betrieblichen Führung wechselt vom Abteilungsmangement zum Prozeßmanagement. Hierdurch erledigen die Grundstrategien auch Querschnitts- und Koordinationsaufgaben zwischen den Funktionsbereichen, die bislang übergeordnete Stäbe und Verwaltungen wahrgenommen haben.

Der überwiegende Teil *leaner* Kontrollfunktionen ist in den Leistungsprozeß integriert. Wenn der Weg das Ziel ist, dann lassen sich Gehfehler durchs Stolpern erkennen. *Leane* Grundstrategien stellen also die Frage nach den grundlegenden Unternehmensproblemen täglich. Dadurch sind sie eher Entwicklungs- als Aktionsstrategien. Last but not least: Die sechs Grundstrategien des *LM* sind nur als Gesamtpaket wirksam und haben sich alle im Verbund entwickelt. Sie sind, wie die Teile eines Unternehmens, eng miteinander verflochten und wirken auf das Ganze nur als gemeinsames Strategiebündel.

Der Kern des Toyota-Produktionssystems
Kontinuierlicher Material- bzw. Fertigungsfluß benötigt keine Lager, da *LM* einerseits (quasi) nur auf Bestellung (Kanban- oder Hol-Prinzip) produziert,

Die 6 Grundstrategien des Lean-Management

Kontinuierlicher Materialfluß

Kunden-, wertschöpfungs- und ablauforientierte, schlanke Fertigung

Umfassendes Qualitätsmanagement

Unternehmensqualität in allen Bereichen durch ständige Verbesserung der Prozeßbeherrschung

Simultaneous Engineering

Schnelle, sichere Entwicklung und Einführung neuer Produkte

Proaktives Marketing

Kunden gewinnen und gemeinsam den Markt gestalten

Strategischer Kapitaleinsatz

Langfristige Wachstums- und Eroberungsfähigkeit mit Schwerpunkt Humankapital

Unternehmen als Familie

Menschen und Partner im Unternehmen sowie Unternehmen in Gesellschaft harmonisch einbinden

Die strategischen Antworten auf diese sechs Grundaufgaben gelten für alle Unternehmensbereiche wie Produktion, Entwicklung, Beschaffung, Vertrieb, Personal, Finanzen etc. gleichermaßen. Im Lean-Management sind die sechs Grundstrategien den Bereichsstrategien übergeordnet. Die funktionale Eigenständigkeit der traditionellen Fachbereiche tritt hinter den Auftrag der jeweiligen Grundstrategie zurück. Der Schwerpunkt der betrieblichen Führung wechselt vom Abteilungsmanagement zum Prozeßmanagement.

Abb. 9

andererseits die Vorprodukte just in time direkt an die Produktionsstation geliefert werden und innerhalb der Produktionskette keinerlei Fehlproduktionen oder Ausfälle erwartet werden müssen. – Dies klingt wie Science -fiction, ist aber in *leanen* Unternehmen Alltag. Natürlich ist kein soziales und kein technisches System perfekt, aber für Miniaturstörungen reicht die Flexibilität und Problemlösungskompetenz der Mitarbeiter und Anlagen, und größere Fehler passieren mittlerweile nur noch einmal im Jahr.

Dieser reibungslose Fertigungsfluß wird durch ein kompliziertes Gefüge vielfältigster Einzelmaßnahmen gewährleistet (eingehender siehe Bösenberg u. Metzen 1992: 138-153; weiterführend und äußerst anschaulich ist Suzaki 1989). Auf jeden Fall funktioniert es auch ohne Roboter, ist also auch auf nichttechnische Bereiche übertragbar. Neben technischen, organisatorischen und methodischen Lösungen bildet das quasi wissenschaftliche Verständnis der hoch qualifizierten Mitarbeiterinnen und Mitarbeiter von ihrem jeweiligen Arbeitsprozeß das wesentliche Fundament dieser nahezu perfekten – und sich ständig weiter perfektionierenden – Prozeßbeherrschung. Dies gilt ebenfalls für die stark arbeitsteilige Fließfertigung. So gesehen hat *LM* die scientific community um einige Millionen Werkerinnen und Werker erweitert.

Umfassendes Qualitätsmanagement, Total Quality Management (TQM) verlagert den Schwerpunkt der Qualitätssicherung von der traditionellen Nachkontrolle immer weiter in Richtung zeitlich vorauseilender Qualitätsplanung. Qualität bedeutet dabei nicht nur „Fehlerfreiheit“, sondern letztlich Kundenzufriedenheit. Durch den Wandel der Kundenbedürfnisse fließen so immer mehr ästhetische, ergonomische, soziale und ökologische Kriterien in den Qualitätsbegriff.

Die Basis für die Planung, Umsetzung und Einhaltung kundenorientierter Qualitätsmaßstäbe bildet ein hohes Informationsniveau. Von der Kundenbefragung beziehungsweise -beobachtung über die Transformation der Kundenwünsche in Produkteigenschaften (Quality Function Deployment –QFD) bis hin zur statistischen Prozeßregelung (SPC – Statistical Process Control) müssen den für Qualität Verantwortlichen – und das sind im *LM* alle – die notwendigen Informationen zur Verfügung stehen. Informationsgewinnung, -aufbereitung und -verbreitung wird damit neben der „Humanware“ zur zweiten Schlüsseltechnologie im *LM* (zu den hier unter TQM verwendeten Begriffen und weiteren Einzelheiten siehe Bösenberg/Metzen 153-166).

TQM verlangt die nahezu vollkommene Prozeßbeherrschung. Prozeßbeherrschung baut ihrerseits auf TQM. Diesen Erfolgszirkel kann man sich als Gewinde vorgestellen, das sich durch den Prozeß der permanenten und vorauseilenden Fehlersuche sowie der ständigen Verbesserung immer höher schraubt. Das im *LM* erreichte Niveau erfreut aber nicht nur die Kunden, sondern auch die Buchhalter. Beherrschte Prozesse schließen selbst die verborgenste Form von Verschwendung aus. Zufriedene und dadurch loyale Kunden ersparen eine Menge Akquisitions- und Werbeaufwand und gestatten eine ausgeglichenere Produktionsplanung.

LM entwickelte eine Methode zur Immunisierung von Arbeitsprozessen gegen Störgrößen und außerdem einen neuen Fehlerbegriff. Hierfür zeichnete der *leane* Qualitätsdenker Taguchi verantwortlich. Mit Hilfe der statistischen Versuchsplanung untersuchte er die Reaktion der unterschiedlichen Prozeßmomente auf Steuer- und Störgrößen. Solcherart konnten die Momente ausgebaut werden, die stärker auf Steuergrößen und weniger stark auf Störgrößen (Schmutz, Temperatur, Schwingungen etc.) reagieren und umgekehrt. Als Fehlerdefinition ersetzte Taguchi das Überschreiten von Toleranzgrenzen durch die Abweichung vom Idealwert (Taguchi 1989). Deshalb können *leane* Werker und Ingenieure an diesem Annäherungsprozeß auch unendlich lange verbessernd arbeiten.

Mehr als parallelisiertes Projektmanagement

Integrierte Produktentwicklung, Simultaneous Engineering ist die Zauberformel für die schnelle, sparsame und effiziente Entwicklung neuer, erfolgreicher Produkte. Die Erfüllung dieses höchst attraktiven Leistungsversprechens wird von allen Unternehmen dieser Welt begehrt. Für *LM* ist integrierte Produktentwicklung seit langem Routine. Was hindert die anderen? Die Antwort: das kleine Adjektiv, nicht mehr und nicht weniger. *Leane* Unternehmen entwickeln, ihre neuen Produkte so, wie sie auch produzieren. Dabei arbeiten sie nach dem Muster des schlanken kontinuierlichen Fertigungsflusses und entsprechend den zehn *leanen* Arbeitsprinzipien, das heißt in Gruppen, planvoll, in kleinen Schritten und so weiter.

Die Pläne und Entwürfe werden direkt in der Produktion ausprobiert. Das erspart zusätzliche Modell- und Versuchsabteilungen und sichert die spätere Umsetzbarkeit und Ökonomie in der Produktion. Der fach- und technologieorientierten Abgrenzung tüchtiger Spezialisten in Labors und Studios setzt *LM* die Einbeziehung dieser Experten in die kundenorientierte Produktion entgegen. Produktentwicklung ist ein Teil der Produktion, die ständige Verbesserung der Produktion ein Teil der Produktentwicklung.

Leanes Arbeiten in der Entwicklung wird vor allem durch die Arbeit in kleinen Teams, an kleinen Aufgaben mit sehr starker Projektleitung erreicht. Die Anforderungen definieren Markt und Kunden. Über „Benchmarking" wird der Wettbewerb unfreiwillig, über Marktforschung und direkte Beteiligung werden die Kunden freiwillig in die Entwicklung einbezogen. Die Lieferanten gehören sowieso zum Projektteam. Die ständig abgefragten Kundenwünsche und die Kapazitäten der Produktion im eigenen Haus und bei den Lieferanten bestimmen den Entwicklungsaufwand. Das technische Interesse der Entwickler bleibt demgegenüber im Hintergrund. (Zu den weiteren technischen Details siehe Bösenberg/Metzen a.a.O., 166-174.)

Am Simultaneous Engineering wird die enge Verflechtung zwischen den Grundstrategien im *LM* am deutlichsten. Ohne kontinuierlichen Materialfluß, umfassendes Qualitätsmanagement, proaktives Marketing, strategischen Kapitaleinsatz und die Integration der Lieferanten, Händler, Kunden mittels der Strategie des „Unternehmens als Familie" bleibt die integrierte Produktentwicklung auch weiterhin ein zwar attraktives, aber nicht zu erreichendes Ziel.

Fünf Prozent mehr Stammkunden = Neunzig Prozent mehr Gewinn

Proaktives Marketing ist unsere *lean*-gemäße Übersetzung der gemeinhin als „aggressive marketing" gekennzeichneten Absatzpolitik des *LM*. Proaktives

Marketing setzt auf die langfristige und vertrauensvolle Zusammenarbeit zwischen Unternehmen und Kunden und betreibt dazu eine Politik der offensiven Kundenbindung. Für *leane* Unternehmen ist proaktives Marketing nicht eine Bereichsaufgabe, sondern die unternehmensweite Einbeziehung aller Bereiche in die Geschäfts-, Arbeits- und Lebenswelt der Kunden. Umgekehrt wird auch versucht, die Kunden in die marktbezogene Entwicklung des Unternehmens zu integrieren.

Das ganze Unternehmen geht energisch, positiv und zielgerichtet auf den Markt und die Kunden zu. Dabei versucht es, sich engagiert im Markt einzurichten und die Kunden durch Qualität, Verbindlichkeit und Dienstbereitschaft zu gewinnen – für die Zukunft, um nicht zu sagen: für immer. (Zu den Details siehe Bösenberg/Metzen a.a.O., 175-184.) Diese Marketingstrategie ist symbiotisch: Das Unternehmen lebt von den Kunden, die Kunden mit den Produkten. Gerd Gerken (1990) nennt dies „Interfusion".

Natürliche Verbündete im Kampf um Kundengunst und Marktposition sind selbstverständlich die Händler, aber auch die Lieferanten beziehungsweise strategische Allianzpartner. So wird die gesamte Wertschöpfungskette fitter und schlanker zum Wohle der Kunden und zum gemeinsamen Marktvorteil der alliierenden Partner. Kontinuierlicher Materialfluß ist auf die gleichmäßig vollen Auftragsbücher des proaktiven Marketings ebenso angewiesen wie proaktives Marketing auf die gleichbleibend hohe Produktqualität des Total Quality Managements. Der Austausch von nützlichen Informationen – früher wohl gehüteter Geheimnisse, ja sogar von Mitarbeitern und Technologie zwischen den Marktpartnern – bleibt schließlich nur noch eine logische Konsequenz.

Durch proaktives Marketing wird die Unbestimmbarkeit der Zukunftsmärkte deutlich reduziert. *LM* ist dem Wesen nach ein dynamisches System gegenseitiger Verpflichtungen. Wenn das System gut funktioniert, erzeugt es die Bereitschaft zum Engagement und zur ständigen Erhöhung der Leistungsfähigkeit und Schlankheit im Sinne eines größeren Kundennutzens. Was den Kunden tatsächlich längerfristig nutzt, zahlt sich ebenso gewiß in erhöhter Kaufbereitschaft wie in größerer Kauffähigkeit aus. Hierin erkennen die Wissenschaftler der MIT-Studie sogar die Chance, gesamtwirtschaftlich kritische Schwankungen der Marktnachfrage im nationalen, selbst im globalen Rahmen zu dämpfen (Womack et al. 258-262).

Vorrang der Strukturebene vor der monetären Wertebene: Politik der vollen Taschen

Strategischer Kapitaleinsatz im *LM* ist ebenso der „Unabhängigkeit" des Systems von der Umwelt gewidmet wie die anderen Grundstrategien. Das Finanzgebaren *leaner* Unternehmen ist dabei eher an langfristig gleichbleibenden Renditen interessiert als an kurzfristig hochrentablen Projekten.

Gewinne werden daher wieder reinvestiert beziehungsweise zur Finanzierung strategischer Unternehmens- und Markterweiterungen herangezogen. Eine insgesamt durchaus lohnende Politik, wie das relativ glimpfliche Abschneiden japanischer Unternehmen in der jüngsten Weltwirtschaftsrezession belegt.

Manager *leaner* Unternehmen werden inzwischen hoch gehandelt. Dabei wären sie noch vor Jahren bei den üblichen Auslesekriterien – Betriebsgröße, Mitarbeiterzahl und Technologiestandard – chancenlos durchgefallen. *Leane* Unternehmen stehen auch gemäß den überkommenen Bewertungskriterien westlicher Banken nicht besonders gut da. Ihr Anlagenkapital ist häufig nicht groß und nicht neu genug. Dahinter steht die Maxime, daß normale Geschäfte so *lean* sein müssen, daß sie Kapital für strategische Vorhaben erwirtschaften. Außerdem investieren *leane* Unternehmen sehr viel in „soft facts" wie Qualifikation, Know-how und soziale Strukturen. Dies alles wissen unsere Banken (noch) nicht zu würdigen. Kein Wunder, sind sie doch selbst wesentlich unproduktiver als ihre japanischen Konkurrenten.

Strategische Geschäfte müssen sich nicht kurzfristig amortisieren, aber ein „passender" und attraktiver Baustein für die weitere Unternehmensentwicklung sein. In der (Kapital-) „Not" helfen auch Freunde. In Japan haben sich aus alter Tradition Unternehmensfamilien gebildet, die aus gegenseitigem Engagement und Vertrauen heraus mit dem notwendigen Kapitalzuschuß aufwarten, wenn die eigenen Möglichkeiten nicht mehr ausreichen. Diese „Keiretsu" bestehen in der Regel aus je einem Konzern der Hauptbranchen Automobilbau, Anlagenbau, Metallurgie, Handel, Transport, Banken und Versicherungen. Diese Integration von Technologie, Kapital und Know-how in strategischen Allianzen ermöglicht beinahe jede Art strategisch vorteilhaften Kapitaleinsatzes.

Die Investionen der *Toyota Motor Corporation* in die Entwicklung des *LM* sind beredtes Beispiel für die langfristige Rentabilität strategischer Investitionen in „weiche" Produktivitätsfaktoren. *Leane* Kapitalgeber vertrauen dabei mehr auf den überdauernden Erfolg der Entwicklung unternehmenseigener Stärken als auf die unmittelbare Mehrung der Kapitalmenge. Ihr Anlagenbegriff ist eher systemisch-sozial und evolutionär als trivial-technologisch und possessiv und fördert dadurch die weitere Entwicklung *leaner* Fitness.

„In diesen heil'gen Hallen kennt man die Rache nicht"

Unternehmen als Familie klingt zwar nostalgisch oder romantisch, dahinter verbirgt sich lediglich eine realistische Sicht auf die Austragungskosten inner- und zwischenbetrieblicher Interessengegensätze. Das strategische Konzept vom Unternehmen als Familie bildet hierfür einen wirtschaftlichen und sozialen Lösungsansatz: Die Interessenkonflikte, Mißverständnisse und

Spannungen zwischen Betrieb und Mitarbeitern, zwischen verschiedenen Unternehmensbereichen und zwischen kooperierenden Unternehmen werden erst einmal als natürlich angesehen und akzeptiert. Durch ein Bündel geistiger, organisatorischer, wirtschaftlicher und sozialer Maßnahmen versucht *LM*, betriebliche und marktwirtschaftliche Konflikte vor der Eskalation zu bewahren, zu mildern, ihnen vorbeugend zu begegnen und sie sogar einer wertschöpfenden Regelung zuzuführen.

Zum Instrumentarium dieser Strategie gehören

- Vereinbarungen übergeordneter Zielstellungen,
- eine langfristige wirtschaftliche Bindung,
- die Allgemeinverbindlichkeit der *leanen* Leitgedanken und Arbeitsprinzipien,
- der konsensuelle Interessenausgleich,
- eine freizügige und funktionale Informationspolitk,
- die Arbeit in Gruppen, Teams und Netzwerken,
- der Führungsstil,
- die Gestaltung der Arbeitsplätze,
- die Qualifizierung und Förderung der Mitarbeiter und Partner
- sowie immer und überall die Bereitschaft zum einvernehmlichen Teilen von Gewinnen.

Der wirtschaftliche Erfolg von Unternehmen hängt zunehmend von „internen Potentialen" ab, das heißt vor allem von der Qualifikation und Leistungsbereitschaft der Mitarbeiterinnen und Mitarbeiter. Die Erschließung dieses Potentials braucht harmonisierende Kooperationsformen, freieren Informationsaustausch und eine flexiblere gegenseitige Unterstützung bei Problemen. Dieser „human relations"-Ansatz versucht bereits seit den dreißiger Jahren, den Produktivitätsfaktor „soziales Klima" hoffähig zu machen (Mayo 1945). Die Erschließung sozialer Ressourcen für Wirtschaftsbetriebe ist also weder neu noch japanisch. *LM* hat sie lediglich konsequent umgesetzt.

Wer gehört zur Familie? Natürlicherweise erst einmal die Mitarbeiter, ihre Teams, Bereiche, Betriebe und Einzelunternehmen. Hier gilt die Familiensicht auch für die kleineren Einheiten. Der einzelne setzt sich ein für das Erreichen des Gruppenziels, die Gruppe für die Weiterentwicklung des einzelnen. Und so pflanzen sich die „Gemeinschaften der Verantwortung" (ein Bild von Prof. Hiroaki Kobayashi; ders. 1992) fort bis hinauf zur Verantwortung der Konzerne für den *Keiretsu* (wie in den 70er Jahren für *Mazda*) und umgekehrt. Bei *Toyota* bezeichnet man die Kunden als die „Inhaber", also gehören auch die Kunden zur Familie. Die hohe Kundenloyalität gegenüber *leanen* Unternehmen belegt dies.

4.4 Back to the roots: Persönliche Techniken und Werkzeuge

„Ich weiß nicht, was soll es bedeuten ..."
Heinrich (Harry) Heine, 1824

Die „mikroskopische" beziehungsweise „wissenschaftliche" Sicht auf die Arbeit

Die Mitarbeiterinnen und Mitarbeiter *leaner* Unternehmen haben eine andere Arbeitsauffassung als der Schiffer in Heines tragisch-schönem Lied von der Loreley. Sie konzentrieren sich auf den Arbeitsprozeß und ihre Fähigkeit, diesen zunehmend besser zu beherrschen. Der Rheinschiffer vor den Felsenriffen von St. Goarshausen achtete dagegen auf den goldenen Lohn seiner Arbeit und havarierte. Das Loreley-Lied wurde 1824 während des „großen Spurts" der industriellen Revolution in Großbritannien geschrieben. Es beschreibt das Ende der handwerklichen Prozeßorientierung und dramatisiert den Beginn der Funktionsorientierung standardisierter und atomisierter Fabrikarbeit – für die nur noch der Lohn Sinn macht.

LM hat die handwerkliche Freude an der eigenen Kunstfertigkeit auf die industrielle Fließfertigung übertragen. Das Meisterstück ist allerdings kein gegenständliches Schaustück mehr, sondern der Grad der praktischen und wissenschaftlichen Durchdringung des Fertigungsprozesses. *LM* fördert diese Prozeßorientierung durch eine zugleich breite (mittels Jobrotation) wie tiefe Qualifizierung, durch die Bereitstellung wissenschaftlicher Denk- und Werkzeuge sowie durch ein ausgefeiltes Belohnungssystem von Prozeßkriterien. Hieraus entwickelt sich die als „mikroskopisch" beziehungsweise „wissenschaftlich" kennzeichenbare Sicht auf die Arbeit. Äußere Kennzeichen hierfür sind eine hohe Konzentration und das schnelle Reagieren auf Probleme – und seien es Felsenriffe.

Werkzeuge für geistige Schläge

Die persönlichen Techniken und Instrumente des *LM* helfen diese Konzentrations- und Problemlösungsfähigkeit aller Mitarbeiter auf allen Ebenen zu fördern. Das bekannteste menschliche Werkzeug ist der Hammer. Er bringt menschliche Körperkraft schnell auf den Punkt. Genauso wirken Problemlösungswerkzeuge. Nur bringen sie statt der mechanischen die menschliche Geisteskraft in kurzer Zeit auf den Problempunkt.

Die Mehrzahl der *leanen* tools wurde in westlichen Industrieländern „erfunden". Aber der überwiegende Teil dieser Propheten wissenschaftlicher Arbeitsmethodik fand erstmals in der japanischen *Lean Production* die umsetzungsbezogene Anerkennung. Dazu wurden sie anwendungsfreundlich vereinfacht und für die Alltagstauglichkeit optimiert. Berühmt wurden diese tools bald auch im Westen, zum Beispiel die Kanban-Karte und der Qualitätszirkel einschließlich Moderationstechnik (siehe Abb. 10: Persönliche Techniken und Werkzeuge).

Jeder im Unternehmen beherrscht diese Denkzeuge, vom Werker bis zum Vorstand. Das erleichtert die gegenseitige Verständigung und schafft Übersicht, so ähnlich wie es die Buchführung seit der frühen Neuzeit für die Kaufleute tut. Schlagworte wie die „fünf W" (fünfmal „Warum?" fragen, um die Fehlerursache zu ergründen) oder die „fünf S" (fünf Regeln zur Schaffung von Ordnung und Sauberkeit am Arbeitsplatz) sorgen für Merkfähigkeit und rasche Verbreitung.

Die „seven (elementary) tools" (die sieben statistischen Werkzeuge) werden eingesetzt, um den Fehlerteufel, der sich bekanntermaßen wie ein Eichhörn-

Persönliche Techniken und Werkzeuge

Standardisiertes Schulwissen wird im Betrieb durch standardisiertes Basiswissen für betriebliche Aufgaben ergänzt

In der Schule lernt jeder Lesen, Schreiben und Rechnen. Im Betrieb lernt jeder Arbeitsregeln für Standardsituationen, einfache Verfahren zur Problemlösung und Planung sowie Moderationstechniken für Gruppenarbeit.

Hilfsmittel zur Problemlösung und für Planungsaufgaben: Die „7 Tools" und die „7 New Tools"

Einfache grafische Methoden auf wissenschaftlicher Basis, unternehmens- und industrieweite Standardisierung vereinfacht hierarchie- und bereichsübergreifende Verständigung.

Eingängige Arbeitsregeln für Standardsituationen

Schlagworte wie die „5 M" oder „5 S" sorgen für Merkfähigkeit und gute Verbreitung.

Moderationstechniken für Gruppenarbeit

Sie bringen die Gruppe zu konkreten Ergebnissen, geben jedem Mitglied eine erkennbar nützliche Funktion.

Quality- und Industrial-Engineering-Techniken

Standardisiert zur Erleichterung der Kommunikation zwischen Spezialisten, Managern und Anwendern. Vereinfachung anspruchsvoller mathematischer Methoden für die praktische Anwendung im Betrieb.

Abb. 10

chen dem direkten Zugriff entzieht, mit dem statistischen Köcher einzufangen. Dazu dienen

- die einfache Strichliste,
- das Histogramm,
- das altehrwürdige Pareto-Diagramm,
- das Balkendiagramm zur Stratifikation von Daten,
- die Regelkarte für Routineprüfungen von Maßschwankungen,
- das Korrelationsdiagramm und
- das Ursache-Wirkungs-Diagramm.

Diese einfachen grafischen Werkzeuge zur Deutung von statistischen Häufigkeiten helfen den Werkern wie den Qualitätsexperten, Zuverlässigkeits- und Verschleißproblemen auf den Grund zu gehen.

Die Befunde fließen ein in die wöchentlichen Verbesserungsvorschläge und in die Arbeit der periodischen Projektzirkel. Dort werden zur Strukturierung des Planungs- und Entscheidungsprozesses Moderationstechniken und die „new seven" (die sieben neuen Werkzeuge) eingesetzt. (Dazu mehr und Weiterführendes bei Bösenberg/Metzen a.a.O. 201-215.) Die nächsten Projektziele werden visualisiert und ausgehängt und sind so den Betroffenen, Beteiligten und Interessierten zugänglich. Die Mitarbeiter im *LM* verfügen über sehr viele solcher Denkzeuge und Informationsmittel, für jede wiederkehrende Aufgabenstellung mindestens eines. Alle sind standardisiert und bilden zusammengenommen so etwas wie eine dritte Kulturtechnik, neben Sprache und Rechnen.

Die Pflege und Weiterentwicklung dieser persönlichen Techniken und Instrumente gehört zu den vornehmsten Aufgaben des *leanen* Managements. Vor allem in unserer westlichen Industriekultur genießen solche Standardwerkzeuge nicht die ihnen gebührende Anerkennung bei akademisch qualifizierten Führungskräften: Den einen sind sie zu einfach, den anderen sind sie für die Anwendung durch die Werker zu schwierig.

Einen dritten Vorbehalt behandelt das Gedicht von der gesangsgewaltigen und goldreichen Loreley: zu starke Ergebnisorientierung und zu schwache Prozeßorientierung. Investitionen in die qualifizierenden Denk- und Werkzeuge der Mitarbeiter zahlen sich bis auf wenige Ausnahmen nicht umgehend aus. Dafür machen sie aber die Schiffer stolzer und lenken ihren Blick auf die Felsenriffe – langfristig sowieso der einzige Weg, zur „schönsten Jungfrau" zu gelangen.

5. *LM* kann man nicht analytisch denken: Eine lernstrategische „Ermahnung"

„Complex systems tend to produce complex responses (not solutions) to problems."
John Gall

Prozeßdenken versus Kästchendenken

Die Grundstrategien des *LM* sind – daran sei noch einmal erinnert – keine Bereichsstrategien. *LM* sieht die unternehmerischen Grundaufgaben als Aufgaben für das gesamte Unternehmen. Unternehmen als Familie gilt also nicht nur als Strategie der Personalabteilung. Die bereichsweise Überantwortung solcher Grundaufgaben ist im *leanen* Denken nicht einmal vorstellbar, so wie wir uns umgekehrt die Loslösung zum Beispiel der Marketingaufgabe von der Marketingabteilung nur schwer vorstellen können.

LM organisiert nicht nach akademischen Graden und Disziplinen, sondern nach Informations- und Materialflüssen und sowieso viel weniger starr. Der Sinn und Umfang anliegender Aufgaben organisiert sich quasi einen temporären „Bereich" – zumeist in der Form von Projekten –, der allerdings mindestens über die gleichen Kompetenzen verfügen muß wie in traditionellen Unternehmen die klassischen Bereiche. So definieren sich auch herausragende Mitarbeiter *leaner* Unternehmen weniger durch ihre Bereichsposition als durch ihre erfolgreichsten Teamprojekte.

Die Beurteilung der Wirksamkeit einzelner Grundstrategien ist praktisch nicht möglich. *Leane* Finanzstrategen würden nie eine strategische Investition in ein nicht*leanes* Unternehmen wagen. Es sei denn, diese Beteiligung zielte auf etwas anderes als langfristige Erlöse aus diesem Unternehmen. Die Effizienz der *leanen* Grundstrategien fußt immer auf der gleichzeitigen Verwirklichung der jeweils anderen Grundstrategien. Sie sind nur im *leanen* Verbund wirksam, können also kaum mit Management-by-Konzepten oder anderen nicht*leanen* Strategien verglichen werden.

Das Modell nennt „Roß und Reiter" – leider kennt leane Realität nur totale Interdependenz

Und noch einmal zur Erinnerung: Die Gesamtheit der fünf (philosophischen) Leitgedanken (Proaktivität, Ganzheitlichkeit etc.) reguliert die Ausgestaltung jeder der zehn (praktischen) Arbeits- und Organisationsprinzipien (Gruppe-Team-Netzwerk, Wertschöpfung hat Priorität, etc.). Die Gesamtheit der zehn „Gebote" definiert die praktischen Lösungsmuster von jeder der sechs Grundstrategien für die zentralen Unternehmensaufgaben (kontinuierlicher Materialfluß, umfassendes Qualitätsmanagement etc.). So konkretisieren sich die *leanen* Leitgedanken schließlich in den von den Grundstrategien zur operativen Umsetzung ausgewählten Methoden, Techniken und Instrumente, in der Arbeitsplatzgestaltung sowie in den Informationsmedien und Materialbewegungen.

Das alles klingt sehr konstruiert und spiegelt insofern eher die Grenzen der begrifflichen Modellierbarkeit soziotechnischer Systeme wider als die quicklebendige Realität *leanen* Managements. Andererseits soll das hier vorgestellte Führungsmodell auch nur ein zusätzliches Denkzeug beim systemischen Umgang mit Unternehmensentwicklungsaufgaben abgeben und die Selbstreflexion *leaner* Unternehmen erleichtern.

Verbindung von intuitiven und rationalen Denkverfahren

Das Denken in geordneten Modellen ist eine existentielle Notwendigkeit, auch und gerade angesichts einer zunehmend komplexen Wirtschaftswelt. Philipp Herder-Dorneich (1992) hat die historischen Entwicklungsstufen des Denkens untersucht (ebd. S. 97 ff.) und sie hinsichtlich ihrer Leistungen zur Modellierung von Realität beschrieben (ebd. S. 203 ff.).

In Abbildung 11 (Systeme kann man nicht denken ...) habe ich, einem Vorschlag Herder-Dorneichs folgend, eine Synopse der Denkstufen und ihrer Leistungsprofile hinsichtlich der verschiedenen Denkfunktionen erstellt. Die Grafik ergibt ein Gesamtbild, bei dem Leistungsspitzen und Leistungslücken sich gegenseitig kompensieren. Dadurch läßt sich in einem „rückkoppelnden Vorgehen“ (ebd. S. 221), Systemwissen durch mehrere aufeinanderfolgende Phasen „produzieren“.

Der Prozeß beginnt mit intuitiv-assoziativem („wildem“) Entdecken evidenter Phänomene. Über die Stufen meditativen und essentiellen („Wesen-“) Denkens werden relevante Merkmale kombiniert und zu Wirkhypothesen verdichtet. Diese können dann kausalanalytisch (rational) der empirischen Überprüfung überantwortet werden, um schließlich auf der systemischen (strukturalen) Denkstufe zu einem Netzwerk interdependenter Elemente verbunden zu werden. Das Ganze dann wieder von vorne beginnen usw. usw. (ebd. S. 222 f.).

Es scheint kein Zufall zu sein, daß für die Denkleistung „Mitteilen (Didaktik)“ keine Denkstufe einen besonderen Schwerpunkt bildet. Dem noch am besten abschneidenden essentiellen Denken fehlt aber gerade die Vernetzungsleistung, die beim Denken komplexer Strukturen nötig wäre. Dies erklärt, warum *LM* bislang nur praktisch vermittelbar war, und es begründet die Notwendigkeit, *leane* Kompetenz – zwar mit denkerischer Begleitung – überwiegend aber durch praktisches Selbsterarbeiten zu erwerben.

Dem essentiellen Denken entspricht das klassische Definieren (= Begrenzen) von zentralem Wesen (lat. *genus proximum*) und peripheren Eigenschaften (lat. *differentia specifica*). Eine Realdefinition von *LM* als hochkomplexem Wirtschaftssystem ist aber – wie mehrfach dargelegt – nicht möglich: *LM* kann man tun, aber nicht sagen. Deswegen haben im *LM* auch die Tuer das Sagen und die Sager tun das ihre dazu.

Systeme kann man nicht (küssen) denken, aber Denken in Modellen kann man lernen

Denkstufen		Denkleistungen: Diagnose – 1 Entdecken (Heuristik)	Diagnose – 2 Benennen (Namen, Typen)	Erklären – 3 Beschreiben (Historie)	Erklären – 4 Analysieren (Prognostizieren)	Verstehen – 5 Verstehen (Gewichten)	Verstehen – 6 Bewerten (Normieren)	Therapie – 7 Mitteilen (Didaktik)	Therapie – 8 Anweisen (Politik)	
Intuitiv	**Assoziativ**	+++	+++	-	-	++	+	+	-	**Erscheinungen** (Bastelndes Denken)
Intuitiv	**Mediativ**	-	+	+	-	+++	+++	++	-	**Ganzheiten: Innen/Außen** (Erschließendes Denkens)
Rational	**Essentiell**	-	+++	+++	-	+	+++	+++	+	**Wesen/Eigenschaften** (Gestaltendes Denkens)
Rational	**Kausal**	+	+++	+++	+++	-	+	+	++	**Ursache/Wirkung** (Handelndes Denken)
Rational	**Struktural**	-	+	-	+++	-	-	++	+++	**Element/System/Struktur** (Vernetztes Denken)

in Anlehnung an Herder-Dorneich (1992: 203-209): Leistungsprofile des Denkens

Abb. 11

6. Als „systemische" Zusammenfassung eine Geschichte – zugleich: Vierter (letzter) Definitionsversuch von *LM*

> ***„Der traditionelle Manager ist ein Geschichtenerzähler, er glaubt allerdings noch daran, daß seine Geschichten ‚wahr' sind."***
>
> ***Hans Rudi Fischer, 1992***

Eine kleine Geschichte für Segler

An der Schwelle zur Moderne siegte im Mittelmeer die frühbürgerliche Schiffahrtskunst über die spätantike Seekriegstechnik, das kleine, wendige Segelschiff über die große starke Rudergaleere.

Es triumphierten auch die vielseitigen Bürger–
Segler über die hoch spezialisierten Krieger–
Sklaven, die engagierten Gemeinschaften über die
angetriebenen Helotenmassen.

Heute kämpfen nicht mehr Freie gegen Sklaven.
Aber auch heute „gewinnen" die Unternehmen, die sich*
lieber auf die flexible Intelligenz ihrer Mitstreiter
und auf selbständige, kleine Einheiten als auf den
massierten Einsatz weniger Muskelgruppen und den
Sachverstand einsamer Spezialisten verlassen.

(*) im Sinne von bestreiten, leisten, die Kosten decken

Literatur

Beer, S. (1985): Der Wille der Völker. In: G.J.B. Probst u. H. Siegwart (Hrsg.): Integriertes Management. Bausteine des systemorientierten Managements. Bern (P. Haupt). 377-400.

Beer, S. (1972): The Brain of the Firm. London (Allen Lane).

Bösenberg, D. u. H. Metzen (1992): Lean-Management. Vorsprung durch schlanke Konzepte. Landsberg a.L. (Moderne Industrie).

Fischer, H. R. (1992): Management by bye? Philosophische Nachschläge zum Abschied vom Prinzipiellen. In: Ch. Schmitz, P.-W. Gester u. B. Heitger (Hrsg.): Managerie. 1. Jahrbuch für systemisches Denken und Handeln im Management. Heidelberg (Carl-Auer-Systeme). 15-40.

Gerken, G. (1990): Abschied vom Marketing. Interfusion statt Marketing. Düsseldorf (Econ).

Grabher, G. (1993): Effizienz durch Redundanz. Die Bedeutung für die Regionalpolitik. *WZB-Mitteilungen 59*: 3-5.

Harmon, R. L. u. L. D. Peterson (1990): Die neue Fabrik. Einfacher, flexibler, produktiver – hundert Fälle erfolgreicher Veränderung. Frankfurt/M. (Campus).

Herder-Dorneich, P. (1992): Vernetzte Strukturen. Das Denken in Ordnungen. Baden-Baden (Nomos).

Hofstadter, D. R. (1986): Gödel Escher Bach – ein endlos geflochtenes Band. München (dtv).

Hofstätter, P. R. (1991): Gruppendynamik. In: W. Sarges u. R. Fricke (Hrsg.): Psychologie für die Erwachsenenbildung/Weiterbildung. Ein Handbuch in Grundbegriffen. Göttingen (Hogrefe). 241-245.

Imai, M. (1992): Kaizen. Der Schlüssel zum Erfolg der Japaner im Wettbewerb. München (Langen Müller Herbig). (engl. Orig. (1986): Kaizen)

Kanter, R. M. (1989): When Giants Learn to Dance. Mastering the Challenge of Strategy, Management and Careers in the 1990s. New York (Simon and Schuster).

Kaneda, H. (1993): Was kommt in Japan nach Lean Production? Untersuchungen über die Weiterentwicklung des Toyota-Systems und das Produktionssystem der nächsten Generation. Landsberg a.L. (Moderne Industrie).

Kobayashi, H. (1992): Wie würde ein Japaner eine deutsche Automobilfabrik organisieren? Wie weit sind japanische Organisations- und Führungsprinzipien auf Europa anwendbar? In: K.J. Schmidt (Hrsg.): Lean Production. Landsberg a.L. (Moderne Industrie).

Linsmeier, K.-D. (1993): Den Optimierungsprozessen der Natur auf der Spur. *Handelsblatt 9*: 22.

Malik, F. (1989): Strategie des Managements komplexer Systeme. Ein Beitrag zur Managementkybernetik evolutionärer Systeme. 4. Aufl. 1993. Bern (Paul Haupt).

Mayo, E. (1945): The Social Problems of an Industrial Civilization. Boston (Harvard University Press).

McKinsey & Company, Inc. u. G. Rommel et al. (1993): Einfach überlegen. Das Unternehmenskonzept, das die Schlanken schlank und die Schnellen schnell macht. Stuttgart (Schäffer-Poeschel).

Metzen, H. (1993): Die Literaten des Wandels. Kommentierte Synopse aller wichtigen Bücher zum Thema Lean-Management. *Manager Magazin 2:* 142-151.

Ohno, T. (1993): Das Toyota-Produktionssystem. Frankfurt a.M. (Campus). (jap. Orig. (1978): Toyota Seisan Hoshiki)

Putman, H. (1991): Repräsentation und Realität. Frankfurt a.M. (Suhrkamp).

Reiss, M. (1993): Implementierung als Erfolgsbasis des *Lean*-Management. In: gfmt (Hrsg.): Lean-Management. Der Weg zur schlanken Fabrik. München (gfmt). 447-484.

Reiss, M., H. Gassert u. P. Horvath (Hrsg.) (1993): Komplexität meistern – Wettbewerbsfähigkeit sichern. Stuttgart (Schäffer-Poeschel).

Schmidheiny, S. (Hrsg.) (1992): Kurswechsel. Globale unternehmerische Perspektiven für Entwicklung und Umwelt. Zürich (Artemis & Winkler).

Schneidewind, D. (1991): Das japanische Unternehmen. Uchi no kaisha. Berlin (Springer).

Seeliger, E. G. (1986): Handbuch des Schwindels (dt. Orig. 1922 indiziert). Frankfurt/M. (Insel).

Steiner, G. (1990): Von realer Gegenwart. Hat unser Sprechen Inhalt? München/Wien (Hanser).

Steinmann, H. u. G. Schreyögg (1990): Management. Grundlagen der Unternehmensführung, Konzepte, Funktionen, Praxisfälle. Wiesbaden (Gabler).

Suzaki, K. (1989): Modernes Management im Produktionsbetrieb. Strategien, Techniken, Fallbeispiele. München (C. Hanser). (engl. Orig. (1986): The New Manufacturing Challenge)

Suzaki, K. (1993): The New Shop Floor Management. Empowering People for Continuous Improvement. New York (Free Press). (Erscheint Anfang 1994 bei C. Hanser, München.)

Taguchi, G. (1989): Quality Engeneering. Minimierung von Verlusten durch Prozeßbeherrschung. München (C. Hanser).

Vester, F. (1991): Ausfahrt Zukunft Supplement. Material zur Systemuntersuchung. München (Studiengruppe für Biologie und Umwelt).

Warnecke, H.-J. (1992): Die fraktale Fabrik. Revolution der Unternehmenskultur. Berlin (Springer).

Weeber, K.-W. (1990): Smog über Attika. Umweltverhalten im Altertum. Zürich (Artemis).

Willke, H. (1991): Systemtheorie: Eine Einführung in die Grundprobleme der Theorie sozialer Systeme (3. Aufl.). Stuttgart (Fischer).

Willke, H. (1990): Beobachtung, Reflexion, Supervision. *Systeme 2:* 105-118.

Womack, J. P., D. T. Jones u. D. Roos (1991): Die zweite Revolution in der Autoindustrie. Konsequenzen aus der weltweiten Studie des Massachusetts Institute of Technology. Frankfurt a.M. (Campus). (engl. Orig. (1990): The Machine that changed the World)

NOTIZEN AUS DER SCHULE DER KOMPLEXITÄT

„Nous sommes toujours dans la préhistoire de l'esprit humain. Seule la pensée complexe nous permettrait de civiliser notre connaissance."
Edgar Morin, Introduction à la pensée complexe

Prolog: Lernfähigkeit als „Betriebsprämisse"

„Lernfähigkeit ist kein neuer Begriff, aber gleichwohl bricht man mit der Tradition des Bildungsgedankens, wenn man im Lernen des Lernens die Zentralfigur sieht, um die alles graviert." (Luhmann/Schorr 1988: 85). Das ist heute der Fall, wenn zunehmend von Unternehmen als weiterführenden und als spezifischen Organisationen des lebenslangen Lernens ihrer Mitarbeiter die Rede ist.

Der Bruch ist allerdings weniger in der zeitlichen Dehnung des Bildungsangebots zu suchen oder in einer Verlagerung des Erziehungssystems ins Wirtschaftssystem, sondern in der Vorstellung, daß sich das Konzept des zu lernenden Lernenkönnens in eine funktional differenzierte Gesellschaftsordnung einpaßt. „Es kann insofern als Korrelat evolutionärer Veränderungen des Gesellschaftssystems begriffen werden: Höhere Komplexität, die selektives Verhalten erzwingt, erfordert höhere Umstellfähigkeit auf der Ebene sozialer wie auf der Ebene personaler Systeme" (ebd. S.87).

Mit dem Lernen des Lernens ist dann ein Prozeß angesprochen, der seine eigene Prämisse (Lernen) zu steigern intendiert, als Selbststeigerung (Lernen des Lernens). Es geht um „eine *gelegentlich* intensiv einsetzbare und dafür *dauerhaft* bereitzuhaltende Spezialkompetenz" (ebd. S.87). Ob auf Personen oder auf Organisationen bezogen, bedeutet Lernfähigkeit deshalb immer auch, daß Erwartungen zur Disposition gestellt und in der Situation umstrukturiert werden. Lernfähigkeit „hängt deshalb davon ab, daß kognitiv und nicht normativ, änderungsbereit und nicht kontrafaktisch-durchsetzungsbereit erwartet wird" (ebd. S.87).

Insofern scheint sich, übertragen auf Unternehmen, in der Formel der „lernenden Organisation" die Einsicht durchzusetzen, daß Lernfähigkeit nicht einfach als Resultat (Output) von Weiterbildung oder von Erfahrung des Wandels (Change Management) gesehen werden kann, sondern selbst als die eigentliche „*Betriebsprämisse*, die durch die laufende Inanspruchnahme entwickelt wird. Insofern ist die Funktion keine erst künftig eintretende Gegenwart, sondern je gegenwärtige Zukunft. Das Lernen lernt sich selbst" (ebd. S.87).

Damit ist allerdings ein Organisationsbegriff vorausgesetzt, der weitab der vom Management gesetzten Zweckrationalität des Unternehmens liegt. Angesprochen ist eine auf Systemtheorie basierende neue Perspektive zum Verständnis sozialer Systeme. Ein soziales System kann verstanden werden als das Zustandekommen einer emergenten Ordnung, „die *bedingt* ist durch die Komplexität der sie ermöglichenden Systeme, *die aber nicht davon abhängt, daß diese Komplexität auch berechnet, auch kontrolliert werden kann*" (Luhmann 1984: 157).

In einem solchen Kontext gegenseitig sich bedingender Selektionsmöglichkeiten (hier wird in der Theorie der Begriff der „doppelten Kontingenz" eingeführt), die zur Systembildung führen, ist *Lernen* zum Beispiel dann „die Bezeichnung dafür, daß man nicht beobachten kann, wie Informationen dadurch weiterreichende Konsequenzen auslösen, daß sie in einem System partielle Strukturveränderungen bewirken, ohne dadurch die Selbstidentifikation des Systems zu unterbrechen" (ebd. S.158).

Dies bedeutet auch, daß soziale Systeme immer bis zu einem gewissen Grad durch Unsicherheit und daraus resultierende Ungewißheit in ihrer Systembildung geprägt sind. Um diese zu stabilisieren oder zu absorbieren, kann versucht werden, die im System vorkommenden eigenen Verhalten an bestimmte Erwartungen zu binden, an die weitere Handlungen angeschlossen werden können. Dies geschieht so beim Lernen, wo Erwartungen als *Wissen* behandelt werden (vgl. ebd. S. 447).

Ein System, das solche *Generalisierungen* über Erwartungen vornimmt, erlaubt es, die Möglichkeit der Selektion zu steigern, indem dadurch respezifiziert werden kann, welche neuen Kombinationen helfen könnten weiterzuführen. Wenn also Wissen als Erwartung die Bedingung von Lernvorgängen ist, dann bedeutet das, daß die Änderbarkeit des Wissens wie auch des Nichtwissens, das man weiß oder nicht weiß, immer vorausgesetzt sein muß (vgl. ebd. S. 448).

Lernen, Systeme, Komplexität: Eine neue Konstellation für Unternehmen

Meistens, ohne die vorausgehenden Überlegungen mitverfolgt zu haben, sind *Lernen, Systeme, und Komplexität* inzwischen drei Modebegriffe geworden, die – einzeln oder in Kombination – die Auseinandersetzung mit dem, was in Unternehmen geschieht oder geschehen soll, in den letzten Jahren gründlich in Bewegung gebracht haben.

Vieles von dem, was heute als neue Erkenntnis oder als *Paradigmenwechsel* eingestuft wird, das heißt als eine im Vergleich zur hergebrachten Sehweise grundsätzlich veränderte Betrachtung des Unternehmens und seiner jeweiligen Umwelt, sucht auf dem Boden der Ideen des Lernens, der Systeme, und der Komplexität eine neue Identität.

Das mag damit zu tun haben, daß man in den drei Begriffen am ehesten eine Grundlage dafür zu finden hofft, sich bislang noch unerprobte Perspektiven anzueignen, die es einem erlaubten, angesichts der ungelösten und vielleicht zunehmend unlösbaren Probleme sowie der wenig hoffnungsvollen Zukunftsaussichten, dennoch neue Erkenntnisse zu gewinnen.

Damit fangen die Schwierigkeiten aber erst an, denn ohne *Theorie* als Erklärungsmuster fehlt, wie eingangs angedeutet, das reflexive Werkzeug als Zugang zur aktiven Beobachtung der Bedeutung dieser Begriffe. Unsere Ausführungen können in diesem Rahmen deshalb nur versuchen zu beleuchten, welche (neuen) perspektivischen Darstellungen zu entwerfen wären, wenn man vertraute Gegenstände auf eine (unbekannte) Ebene projizierte, die die Sehpyramide (des neu gewonnenen Bewußtseins) durchschneidet – hatte nicht Leo-Battista Alberti (1404-1472) in der Mitte des 15. Jahrhunderts das Perspektivenproblem als *intersegazione della piramide visiva* definiert?

Lernen, vor allem aber Lernen des Lernens; *Systeme*, vor allem Organisationen, verstanden als sich selbstorganisierende, dynamische soziale Systeme; *Komplexität*, vor allem als Ausdruck nicht mehr nachvollziehbarer Selektionen in der Vielfalt der rekursiven Interaktionen und Interdependenzen sämtlicher Operationen eines Systems; alle drei stehen heute als Begriffe im Vordergrund der Diskussionen – vom Umgangswort bis zur Theorie.

Dabei ist zu bedenken, daß der heute von den Unternehmen und ihren Beratern selbst als *Novum* gefeierte Einzug und Einbezug dieser Begriffe in die betriebswirtschaftliche Welt allerdings vergessen läßt, daß sie da allemal als Nachzügler auftreten: Sie kommen herüber (1) aus vorausgegangenen, sehr markierten Diskussionen der Pädagogik im und seit dem ausklingenden 18. Jahrhundert zur Bildung und der Funktion des sich differenzierenden Erziehungssystems (von den Begriffen der „educatio, institutio, instructio" hin zum „erziehenden Unterricht" und zur Formulierung, zum Beispiel mit Wilhelm von Humboldt, einer Theorie der „Bildung"); sie kommen aus (2) den entstehenden Sozialwissenschaften und ihren Untersuchungen zum Phänomen der Organisation, vom späten 19. Jahrhundert bis zur gegenwärtigen Theorie sozialer Systeme, begriffen als informationell geschlossen und über Kommunikation sich selbstreproduzierend; und sie kommen letztlich aus (3) den Naturwissenschaften, deren revidierte Weltbilder seit dem Anfang dieses Jahrhunderts die „Wendezeit" der Wissenschaft eingeläutet haben (vgl. Luhmann 1992 b, Luhmann/Schorr 1988, Luhmann 1984, Atlan 1991, Morin 1990).

Neu ist allerdings die Beobachtung, daß ein solch wahrhaftig komplexes Ineinandergreifen von Lernen und Organisation im wirtschaftlichen Bereich noch nie als in derart notwendig empfundener Konstellation aufgetreten ist. Dies allein scheint ein Hinweis dafür zu sein, daß es sich um ein die Unternehmenswelt weit übersteigendes Phänomen handelt und daß damit eine *Erwartungshaltung beziehungsweise ein unerfüllter Selektionsbedarf gegenüber neuem Wissen* signalisiert wird, die beide offenbar außerhalb des einst „frei" geglaubten Entscheidungswillens des Managements liegen und sich von diesem unabhängig entwickeln.

Diese gegenwärtige Konstellation in Erinnerung zu rufen und sich auf die vorausgehenden, fachlich bisher eher getrennt geführten Diskussionen zu beziehen, beabsichtigt vor allem, die inzwischen außerordentliche Bedeutung, die der Kombination dieser Begrifflichkeiten zukommt, besser zu verstehen und damit gerade dem wirtschaftlichen Umfeld leichter zugänglich zu machen. Die Tatsache, daß die daran geknüpften Fragen heute ins Zentrum des unternehmerischen Handelns gerückt sind, scheint außerdem anzuzeigen, wie durchlässig Unternehmen in ihrer Entwicklung – nach Jahrzehnten langer juristisch determinierter Grenzziehung – für die Aufnahme gesamtgesellschaftlicher Muster und sozialer Vorbilder geworden sind und wie ihnen, auf der Suche nach neuen Kriterien des Erfolgs, dadurch eine im gesamt- und weltwirtschaftlichen Kontext gegenüber Politik auf einmal wieder führende Rolle im sozialen Wandel zukommt.

Argumentationshintergrund zum organisationalen Lernen

Lernen wird in erster Linie als „Prozeß der Veränderung kognitiver Strukturen, der sich in Verhaltensmodifikation ausdrückt", verstanden (Klimecki/Probst/Eberl 1991: 134). Als Resultat wird in der Regel eine Erweiterung der Handlungs- und Reflexionsfähigkeit erwartet. Dabei meint Erweiterung einmal erhöhte Adaptation an einen neuen, „außengesetzten" Kontext, oder aber pro-aktive, das heißt „eigengesetzte", Veränderung (change) des Kontextes.

Fähigkeit zur Adaptation und zum Change sind Kehrseiten derselben Medaille kontextuellen Lernens. Beide Transformationen setzten letztlich reflexive Lernfähigkeit – Lernen des Lernens – voraus, einerseits der einzelnen Mitglieder der Organisation, andererseits der Organisation als solcher, des „Systems". In diesem letzteren Sinn wird der Begriff des organisationalen Lernens eingeführt, der anzeigen soll, unter welchen Bedingungen Lernen in Organisationen erleichtert beziehungsweise Lernhindernisse abgebaut werden können (vgl. Klimecki/Probst/Eberl 1991).

Daß Organisationen selbst als „Lern-Subjekte" gesehen werden, kann auf eine bereits beträchtliche Tradition betriebswirtschaftlicher Literatur zurückblicken (vgl. Pautzke 1989). Wenn dennoch in der Praxis vorwiegend nur die Frage im Vordergrund steht, wie das Einzelmitglied einer Organisation lernen lernt, also mehr vom Lernen *in* der Organisation die Rede ist als vom Lernen der Organisation (vgl. Geissler 1991), dann liegen die Gründe weniger beim fehlenden Lernverständnis der Unternehmen als bei der Feststellung, daß die von der Theorie vorgestellten Voraussetzungen der lernenden Organisation *in der Praxis* zum allergrößten Teil weder gegeben, noch gar erkannt sind.

Einerseits, wenn die Organisation (das Management?) als lernende Organisation Lernfähigkeit erleichtern oder Lernhindernisse abbauen wollte, müßte sie ja für sich selbst reflektieren könnnen, wie Wissen unabhängig von ihren Mitgliedern konstituiert wird; wie durch solches Lernen „nützliche" Wissensbestände erhöht werden; und wie weiter eine Akzeptanz oder ein Konsens sich darüber herausbildet, welche organisationsspezifischen Grundannahmen und Werte zu verbesserten Handlungskriterien führten (vgl. Klimecki/Probst 1992).

Aber wie tut sie dies? Wie hilft sie sich dabei? Wer befindet über Nützlichkeit und Akzeptanz? Ein Ausweichen auf ein „dies ist Sache des Managements" als Antwort stiehlt, so scheint uns, der lernenden Organisation – verstanden als komplexes soziales System – die Pointe ihres Beweises.

Die Schwierigkeiten mit dem skizzierten Ansatz beruhen auf der allzu leicht eingegangenen Prämisse, daß die lernende Organisation als „Summe" (auch wenn nicht gleichwertig) ihrer lernenden Einzelmitglieder, auf welche die Kognition zurückgeht, begriffen wird. Dieser Rückbezug auf physische Personen als systemkonstituierende Einheiten ist systemtheoretisch zumindest fragwürdig (vgl. Luhmann 1984, z. B. 67 f. oder 191 ff.). Außerdem sind in der Praxis Beobachtungen unter der Annahme der Organisation als Summe ihrer Mitglieder kaum einzulösen.

Andererseits basiert die angesprochene Lernfähigkeit auf der Annahme eines nicht näher bestimmten organisationseigenen „Wissens". Zum einen muß festgestellt werden, daß ein systemspezifischer Gebrauch des Begriffs *Wissen* heute bei weitem nicht geklärt ist – deskriptive Kategorien wie „cognitive maps" (vgl. Hedberg 1981), Kultur und damit verbundene Verhaltensnormen und Werte (vgl. Argyris/Schön 1978), „knowledge base" in einem Schichtenmodell der organisatorischen Wissensbasis (vgl. Pautzke 1989), Primärressource der Wirtschaft schlechthin (vgl. Drucker 1992), alleiniger wirklicher Wettbewerbsvorteil (vgl. Nonaka 1991), und so weiter geben für einen systemisch zu bestimmenden Begriff des Wissens, beziehungsweise Nichtwissens, wenig her. Diesen Darstellungen entgeht im wesentlichen der Einbezug einer theoretisch begründeten System- und Komplexitätsdimension.

Über diese Prämissen und Unbestimmtheiten hinaus sind es aber vor allem die fehlende Erkenntnis der Voraussetzungen und die Rationalität, unter denen Wissen als Erwartung in Organisationen produziert wird, und was sich damit verändert, die den Zugang heute noch erheblich erschwert (vgl. Escher 1992).

Gerade hier liegt aber für uns die Kernfrage organisatorischen Lernens: Wie können Organisationen verfügbares Wissen so wiedereinsetzen, daß sie durch ihre Leistungen Wissen für sich effizienter verfügbar machen können; und wie kann gleichzeitig mit dem neuen Wissen, das so in einer Organisation vermehrt oder anders verfügbar wird, ein vorteilhafter gestaltetes Geschäft (also „Handlung") auf der Basis dieses Wissens oder mit eben diesem Wissen, interaktiv mit Partnern und Kunden, generiert werden?

Bevor wir an diesem Punkt unserer Ausführungen sowohl auf die system- als auch auf die komplexitätstheoretischen Implikationen zum Organisationslernen lenken wollen, soll aufgrund des oben Gesagten ein Beispiel aus der Praxis die bis jetzt aufgeworfene Problematik kurz illustrieren.

Beispiel aus der Praxis[1]

Die in der Praxis vorgefundenen Situationen organisatorischen Lernens betreffen meistens Lernen *in* der Organisation, bezogen auf einen neu zu setzenden Kontext (Change) oder auf einem antizipiert vorgegebenen Kontext (Adaptation), beide auf vermehrte Handlungsfähigkeit der Organisation abzielend.

Das, was gelernt werden soll, ist immer an den jeweiligen Kontext der Organisation gekoppelt. Die strategische Ausrichtung des organisatorischen Wandels, die vorgefundene Marktposition, die Zielvorgaben, die wahrgenommene Unternehmenskultur, sie alle liefern Referenzpunkte, an denen Lernziele bewertet werden können. Lernen wird zum Anlaß, den neuen Kontext zu internalisieren.

Die bedeutendsten Erfahrungen hierzu stammen neuerdings aus dem Bereich des globalen, firmenübergreifenden Change Managements. Immer mehr beobachtet man in Unternehmen eine Verlagerung des Lernens von der formalen Weiterbildung edukativer Prägung in das alltägliche Betriebsgeschehen, meistens in enger Verknüpfung mit gerade laufenden Veränderungvorhaben.

Ob neue Projekte, neue Strukturen, neue Strategien, neue Produkte, ob in Reaktion oder Antizipation von Veränderungen der Umwelt, sie alle erfordern neue Kenntnisse. Mehr noch: Sie fordern Reflexion über das Warum, die

Rationalität der Veränderung, und also über den zu verändernden Kontext selbst.

In einigen Beispielen kann Lernen als Internalisierung des Kontextes sehr weit gehen. Dies war der Fall, als 1990 *Digital Equipment Corporation (Europa)* eine tiefgreifende Veränderung ihrer gesamteuropäischen Vertriebs- und Dienstleistungsorganisation unter dem Motto der Schaffung eines *„Netzwerks von Entrepreneuren in der globalen Unternehmung“* aufgriff.

Lernen der Komplexität

Bei diesem Changevorhaben (1991-1992) ging es darum, im Vorspiel der europäischen Integration und der raschen Internationalisierung des Großkundengeschäfts, den Schritt voraus zu wagen von der zunehmend beengenden, funktional und national orientierten Matrixstruktur in Richtung flexibler, autonomer, doch zugleich vernetzter und kundenorientierter Vertriebsteams. Diese sollten in einem Käufer-Zulieferer-Verhältnis zu den kompetenz- und know-how-intensiven Dienstleistungszentren (für Beratung, Systemintegration, Kundenausbildung, Wartung usf.) sowie zum Infrastrukturleistungsangebot (der Länder vorort, also Finanzen, Human Resources und Organisation, Administration, Logistik, etc.) stehen. Als absoluter Referenzpunkt des Wandels für alle Mitglieder der Organisation galt immer die kompromißlose Ausrichtung auf den Kunden.[2]

Um der Illusion einer fälschlichen Komplexitätsreduktion zu entgehen – gesamteuropäisch bedeutete dieser Schritt immerhin die Übertragung von Leistungsverantwortungen von über 20 Ländern an die etwa 300 neuen Entrepreneure –, war es in diesem Beispiel undenkbar, ein Organisationsmodell so fertigzustellen, das heißt zu vereinfachen, daß es als solches hätte übernommen und quasi per „Verordnung“ implementiert werden können. Die vermeintliche Vereinfachung hätte eine nur noch unerträglichere, der Sache fremde neue Komplexität angefeuert (vgl. Baecker 1992). Außerdem: Wer, wenn nicht die Betroffenen, das heißt die *empowerten* Entrepreneure selbst, hätten die Träger der Implementierung sein sollen? Dies hätte auch den akzeptierten Grundsätzen des „high involvement management“ und des „high performance work systems design“ widersprochen (vgl. Lawler 1991, Hanna 1988).

Infolgedessen mußte ein völlig alternativer, Komplexität gewährender Prozeß vorgeschlagen werden. Dieser sollte, so konsistent wie möglich mit dem vorgegebenen Entrepreneurgedanken, helfen, das Implementierungsproblem zu bewältigen. Wichtiger noch war der angestrebte Lernprozeß: Im Vordergrund stand die praktisch von allen Akteuren selbst zu erfahrende Organisationsfähigkeit.

Mit andern Worten ging es um das Ermöglichen von Lernen im (ernsten) Kontext des neuen Operierens, Interagierens, und der damit geschaffenen

Interdependenzen, also das Lernen der Komplexität als Kontext, in dem es für die „neuen" Entscheidungsträger um immer neue Selektionen der Möglichkeiten sinnvoller Lösungen für das System als Ganzes geht. Wo alte Tabus im Wege standen, sollten adäquate Lösungen, die für den Nutzen des Kunden Sinn machen, zum Zuge kommen. Asymmetrien unter verschiedenen Einheiten, statt rigide Vereinheitlichungen, sollten durchaus gespielt werden können.

Dem ganzen Changeunternehmen wurde dabei und darüber hinaus auch ganz bewußt die Hoffnung unterstellt, daß, durch die explizite Aufforderung, Unterscheidungen unvoreingenommen und interakiv vorzunehmen – o.k. für die Kunden *oder* o.k. für die Firma? – und dabei Selektionen zu treffen, die Organisation anfangen werde, sich als insgesamt lernend zu verstehen, und sich entsprechende Wissenserwartungen und Verhalten aneigne, die eben der Einsicht, die die Veränderungen ausgelöst haben, erfolgreich entgegenkommen sollten.

„Lego" als Designprinzip

Der vorgeschlagene Prozeß war entsprechend einzigartig. Statt einer „Verordnung" wurde an mehreren für zukünftige Entrepreneurkandidaten einberufenen Leadership-Foren die „Werkzeuge des Lernens" und die dazugehörigen „Bausteine" vorgestellt. Es sollte wie beim *Lego* vorgegangen werden: Vorgegeben wurden nur einerseits die sogenannten *organisation building blocks,* organisatorische Grundeinheiten oder Letztstrukturen, zum Beispiel der Account-Manager und sein Team, und, andererseits, eine sehr beschränkte Zahl von *design principles*, Bindegliedern in Form von operationalen Grundsätzen und Standards, nach denen die neuen Entscheidungsträger mit der nötigen Disziplin, aber in freier Wahl, die Bausteine kundengerecht auswählen und so zusammensetzen können, daß sie im „Netzwerk" funktionieren. Solche „principles" betreffen zum Beispiel Regeln wie: Ausgaben der Unternehmer sollen in Balance mit Einnahmen stehen, Kostendeckungsbeiträge für Dienstleistungen, Verankerung von gegenseitigen Leistungsvereinbarungen im „integrierten Unternehmerplan", standardisiertes Reportingsystem für alle Entrepreneureinheiten, grenzüberschreitende Verantwortlichkeiten, Konsistenz von Zurechenbarkeit und Meßkriterien.

Wenn heute bei *Digital Equipment Corporation,* ein im Zuge der Evolution wiederum weiterführendes, jetzt aber auf weltweite Ebene verlagertes Organisationsdesign mit insgesamt neun kunden- und produktorientierten Business Units zum Zuge kommt, dann hat das mehr mit der anschließenden Dynamik sozialer Systeme zu tun, als mit Lernerfolg, resp. -mißerfolg des organisationalen Lernens: Die Firma unterzieht sich heute einem weltweiten Lernprozeß, der grundsätzlich auf den beschriebenen Erfahrungen aufbaut.

Vorteile der vernetzten Kommunikations- und Informationsinfrastruktur

Das Beispiel liefert in unserem Zusammenhang eine weitere wichtige Erkenntnis, die damit zu tun hat, daß es aus dem Erfahrungshorizont der Informatikbranche kommt. Es signalisiert eine oft übersehene Grundvoraussetzung organisationalen Lernens überhaupt: Die *Kommunikations- und Informationsinfrastruktur der vernetzten Organisation.* Die von vielen anderen Unternehmen, die sich als vernetzt verstehen, oft ungeahnte Bedeutung der Kommunikationsinfrastruktur verdient hier hervorgehoben zu werden.

Der ganze Wandel konnte in ungeahnter Weise Nutzen von der in *Digital* weltweit vorgegebenen technischen Vernetzung via Electronic Mail und interaktiven Notes Conferences von über 100 000 angeschlossenen Mitarbeitern und Partnern in der bestehenden Kommunikations- und Informationsinfrastruktur ziehen. (*Digital* operiert weltweit das größte private interne Netzwerk). Diese Infrastruktur war eine wenigstens für *Digital* implizite Voraussetzung – technologisch ebenso wie verhaltens- und erwartungsmäßig – um die Metapher der „vernetzten Organisation" sowohl in bezug auf die sogenannte „information utility" als auch auf das entsprechende „mentale Modell" bewahrheiten zu können (vgl. auch Ador 1992).

Ohne diesen wirklichen und alltäglichen Zugang zu Komplexität über das Netzwerk und seine *trans*-nationalen, sowie *intra*- und *inter*-organisationalen Interdependenzen, wären multidimensionale Strukturen, verzweigte organisationale Subsysteme, sofortige feed-back-loops und rekursive Korrekturen weder denkbar noch kreativ.

Darüber hinaus ist es auch nicht leicht, sich vorzustellen, welche Formen sonst eine Organisation erfinden müßte, um eine effektive „Netzwerkmentalität" zu entwickeln, in der es sich netzwerkmäßig fühlt und verhält. Die Herausforderung ist aber letztlich nicht, ein Netzwerk zu besitzen oder nicht, sondern nicht wirklich zu wissen, welche operationale und selektive Regulationsmechanismen der Organisation am Werk sind und wie der „Verkehr" im System Netzwerk sich abspielt: Ohne Netzwerkverhalten hat auch Lernen keine Flügel.

Die „unwirkliche" Systemwirklichkeit

Wir haben bis jetzt – einschießlich unseres Beispiels – ein bloß implizites Verständnis von Systemwirklichkeit, in Anlehnung an die Theorie sozialer Systeme, vorausgesetzt, das *so* jedoch in der heutigen Unternehmenspraxis nicht als vorhanden angesehen werden darf.

Gleichzeitig hatten wir die Prämisse des organisationalen Lernens, das auf die Summe der lernenden Individuen einer Organisation rekuriert, als systemstheoretisch nicht ausreichend begründet hingestellt.

Der den Unternehmen fehlende Bezug auf ihre eigene Systemwirklichkeit hat zur Folge, daß es zu lähmenden semantischen Verständnismöglichkeiten kommt. Es findet eine dauernde „Paradigmenverwischung" statt zwischen Handeln und Problemartikulation, oder präziser gesagt: zwischen zweckrationalem, im mechanistischen Ursache-Wirkungs-Denken verhafteten Handeln einerseits und einer vielleicht intendierten, aber nicht reflexionsfähigen systemischen Beobachtung der Selbstreferenz produzierenden Operationen des sozialen Systems andererseits.

Selbst wenn heute noch nie soviel wie zuvor von Systemen die Rede ist, von integriertem oder von evolutionärem Management, von systemischem oder von vernetztem Denken und Handeln, von Selbstorganisation und Selbstreferenz – festzustellen ist, daß dies in überwiegendem Maße Beobachtungen durch Beobachter außerhalb des Systems der unternehmerischen Organisationen sind, von Beratern, von Dozenten, und selbst dann noch, angewandt auf die Praxis, in meistens abgeschwächter, dem Management allzu leicht entgegenkommender Weise.

Gewiß ist der Zugang zur offenen Baustelle der Systemtheorie problematisch. Aber angesichts von nahezu fünfzig Jahren interdisziplinärer Tradition seit den kybernetischen Gründerjahren mag es dennoch erstaunen, wie anspruchslos und wenig konsequent Managementlehre im allgemeinen und Busineßschulen in den USA und Europa im einzelnen mit so grundsätzlichen Fragestellungen noch bis vor kurzem umgegangen sind – dies trotz sehr verdienten und bemerkenswert frühen Ausnahmen, insbesondere dank der Anstrengung einiger Dozenten, die aus dem Umkreis der Hochschule St. Gallen hervorgegangen sind.

Das Problem in der Praxis ist aber folgendes: Wie können Organisationen, die sich selbst nicht systemisch verstehen können, Systemeigenschaften beanspruchen, gerade zum Beispiel beim organisationalen Lernen, wenn über Systembewußtsein innerhalb der Organisation nicht kommuniziert wird und dieses selbst nicht mitreflektiert werden kann?

Damit stellt sich die Frage, auf welcher Grundlage Organisationen überhaupt als Systeme verstanden werden sollen. „Will man dieser Frage nachgehen, muß man die Rationalitätsprämisse (...) herausoperieren, um sich nicht schon durch den Organisationsbegriff auf einen Zusammenhang von Organisation und Rationalität festzulegen. (...) Wir stehen damit vor der Frage, ob ein rationalitätsfreier Begriff von Organisation überhaupt möglich ist, ein Begriff ohne Bezug auf Ziele und Mittel, ohne Bezug auf Optimierung, ohne Bezug auf die relative Leistungsüberlegenheit formaler Hierarchie. Wenn ja, so scheint mir, dann auf sehr allgemeinen systemtheoretischen Grundlagen und nur, wenn diese, im Austausch gegen die Realitätsprämisse, genügend Struktur anbieten können." (Luhmann 1992 a: 165).

Genau aus diesem Grund lassen sich die eingangs erwähnten systemtheoretischen Grundlagen nicht ohne wesentlichen Theorieverlust auf „leicht zugänglich gemachte" Managementtheorien übertragen. Wenn überhaupt, müßte der *Theorie*lernprozeß des Managements dieselbe Selbstreflexion und -beobachtung mit sich bringen, wie die, die Theorie für die Wirklichkeit von sozialen Systemen selbst postuliert.

Ob dabei „soziales System" als ein reines Gedankenkonstrukt, ein Beobachterinstrument sozialer Funktions- und Reproduktionsweisen angesehen wird oder ob Organisationen in „Wirklichkeit" sich als Ausprägungen stets selbstreferentieller und sogar autopoietischer, das heißt sich selbst reproduzierender Systeme, definieren lassen, ist dann letztlich weniger wichtig, als einzusehen, daß es überhaupt die Möglichkeit gibt, Unternehmen als eigengesetzliche Systeme zu verstehen.

Erst dann wäre Lernen im System immer zugleich auch Systemlernen, also Beobachten und Beschreiben, wenn dieses selbst wieder eine Differenz einführte und so im System neue Elemente erzeugt, über die kommuniziert, beobachtet und beschrieben werden kann. Erst dann würde organisationales Lernen heißen, diese oder jene beobachtete Unterscheidung zu entscheiden, wobei dann mit „Entscheidung" nicht ein psychischer Vorgang gemeint ist, sondern eine Kommunikation; nicht ein psychisches Ereignis, eine bewußtseinsinterne Selbstfestlegung, sondern ein soziales Ereignis (vgl. Luhmann 1992 a: 165 f.).

Lernen im sozialen System ist dann immer auch Handeln: „Organisationen können als geschlossene Systeme der Produktion von Entscheidungen ihre eigenen Strukturen nur durch eigene Entscheidungen spezifizieren. Sie können nur selbst lernen. Zugleich benutzen sie ihre selbstorganisierten Strukturen, um Erwartungen zu spezifizieren, die sicherstellen, daß das Handeln, und zwar jedes Handeln, im System als Entscheidung behandelt werden kann." (Luhmann 1992 a: 165 f.).

In der Möglichkeit, daß Unternehmen früher oder später sich intensiv mit der Frage nach ihrer eigenen Systemwirklichkeit auseinandersetzen werden, liegt unserer Meinung nach das tiefstgreifende Veränderungspotential betriebswirtschaftlicher Logik der Zukunft, und zugleich auch die größte Herausforderung an die Unternehmen: Wie werden sie eines Tages die Unterscheidung zwischen Zweckrationalität und Systemrationalität machen und konsequent als Ausgangslage ihres Handelns reflektieren können?

Zurück in die Schule der Komplexität

Hier drängt sich hoffnungsvollerweise der Begriff der Komplexität auf. So paradox es klingen mag: Es ist immer der Komplexität zu verdanken, wenn sich am Ende Systemrationalität doch noch durchsetzt.

Von komplexen Systemen ist dann die Rede, wenn es nicht mehr möglich ist, wegen der „Zunahme der Zahl der Elemente, die in *einem System* oder für *ein System als dessen Umwelt* zusammengehalten werden müssen“, jedes Element zu jedem anderen in Beziehung zu setzen. Ab einer gewissen Schwelle, an die man sehr rasch stösst, zwingt die grosse Zahl aller möglichen Beziehungen zueinander – deren Verschiedenartigkeit und unterschiedlichen zeitlichen Horizonte – das System zur Selektion der jeweils möglichen Verknüpfungen (vgl. Luhmann 1984: 46 f., 1990: 59 ff.).

Komplexität bedeutet deshalb immer auch Selektionszwang gegenüber anderen möglichen Relationierungen. So ist das System einer nicht nachvollziehbaren Kontingenz ausgesetzt: Es operiert in einer eigendynamischen, sich selbst ausdifferenzierenden Systemrationalität.

Entgegen den zweckrationalen Vorstellungen, Komplexität müsse (und könne) reduziert werden, erlaubt systemrationale Reflexion Komplexität als Lösung zu sehen, und zwar als Lösung derjenigen Probleme, die wegen nicht funktionierenden Vereinfachungen Komplexität nur steigern. „Komplexität ist die Lösung der Probleme, die aus der Verkennung des Phänomens organisierter Komplexität resultieren. Organisierte Komplexität regeneriert sich selbst, wenn sie es mit Vereinfachungen zu tun bekommt, die ihr in welcher Hinsicht auch immer unangemessen sind. Komplexität ist die Lösung all der Probleme, die mehr als eine Lösung haben.“ (Baecker 1992).

Bezogen auf organisationales Lernen bedeutet das nichts weniger, als daß, systemrational gesehen, Komplexität die beste Schule für die Lernfähigkeit des Systems selbst ist. Über Generalisierungen fordert sie Respezifikationen von Wissenserwartungen an. Sie ermöglicht ein „Steigerungsinteresse, ein Interesse an höherer Generalisierung, die viel Verschiedenes und noch Unbekanntes übergreift, und die im Anschluss daran scharf selektiv wirkt“ (Luhmann 1984: 447). Lernen, bedingt durch Wissen als generalisierte Erwartung, aktualisiert, verändert und reproduziert so Wissen, Erfahrungen, Fehler, die für den Erhalt der Einheit des Systems erforderlich sind. Dadurch ist Lernen in der Lage, selbst und eigenständig Bezüge zwischen den beobachteten Elementen wahrzunehmen und auszuwählen, *Lernen zu lernen*, und so für die Fortführung von systemeigenem Wissen zu sorgen.

Die Konsequenz daraus liegt dann in der Frage, wie das System mit dem durch komplexes Systemlernen vermehrt beziehungsweise anders verfügbar werdenden Wissen umgehen wird, vor allem, wie die Relevanz der lernenden Selbstbeobachtungen als Entscheide für weiteres Operieren wieder Eingang ins System finden.

Die Varietät solcher Wissensproduktion scheint uns angesichts der in komplexen sozialen Systemen möglichen Formen bei weitem nicht ausgeschöpft zu sein, weder aus der Sicht (1) der zugänglichen und verwertbaren Technologien noch aus jener (2) des notwendigerweise neu zu verstehenden Prozeßwissens – nächst Lesen und Schreiben etwa neue Formen der Textgeneration (literacy), der Zahlenoperationen (numeracy), der Bild-/Tonverwertung (multi-mediacy), Such- und Ablageprozesse (navigation) – noch aus der Sicht (3) der komplex sich ausdifferenzierenden Wissensinhaltsgefüge als emergente Didaktik, an die die sozialen Interaktionen lernend anschließen könnten (vgl. Rada 1992, Senge 1991).

Gegenüber den Anforderungen komplexer Systeme scheint aber das durch das Unternehmen abgesteckte Feld der Lernmöglichkeiten unvergleichmäßig eng bemessen, bislang auch noch durch marginalisierende Pilotprojekt- oder Experimentthematik vom Ernstfall Praxis abgeschirmt. Deshalb spielt sich eine zunehmende Verlagerung solcher neuen Möglichkeiten des Lernens hinter das Change Management ab, welches sich doch, wie allgemein akzeptiert wird, immer gleich dem Ernstfall zu stellen hat. Mit der Folge allerdings, daß, wenn das zutrifft, Change Management dann nicht mehr den Ausnahmezustand darstellt, sondern den einzig mit Systemverhalten kompatiblen Normalzustand.

Thesen zum weiteren Anknüpfen

Unter konsequentem Einbezug der anskizzierten System- und Komplexitätsdimensionen könnte abschließend unsere These zum weiteren Anschließen dann etwa so lauten: (1) Lernen im System ist die Fähigkeit, dank ambienter Komplexität die Selektion von Wissen so fortzusetzen, daß sie selbst wieder Wissen produziert. Wenn dem so ist, dann (2) bedarf es organisatorisch-technischer Voraussetzungen, die die notwendige Informations- und Kommunikationsinfrastruktur („utility") verwirklichen helfen, ohne die die reflexive Lernfähigkeit im Sinne der fortgesetzten Erwartung und Selektion von Wissen in Unternehmen heute noch nicht zustande kommen kann; dabei darf nicht angenommen werden, daß Lernen allein diese Voraussetzungen zu schaffen vermag. (3) Die Frage allerdings, was erwartetes Wissen dann sein wird, oder vielmehr *Nichtwissen* - über bestehende kommunikative Vereinbarungen hinaus –, muß vorerst (noch) offenbleiben.

Anmerkungen

1 Ausführlicher beschrieben in *Jahrbuch Weiterbildung 1993*, Handelsblatt, Düsseldorf.

2 Verständnishalber muß vermerkt werden, daß – obwohl daran gekoppelt – zentrale Stellen wie Produktentwicklung, Fertigung oder strategische Investitionen, die ihre Entscheidungen ohnehin corporate-weit treffen, von dieser Reform, die zur Hauptsache die direkte Vertriebsorganisation betraf, ausgenommen blieben.

Literaturverzeichnis

Ador, P. (1992): Neue Kompetenzen durch Verbindungen. Organisatorische Implikationen standardisierter Kommunikation. *gdi impuls* 2/92: 64-70.

Argyris, C. u. D. Schön (1978): Organizational Learning. A Theory of Action Perspective. Reading, MA.

Atlan, H. (1991): Tout, non, peut-être. Paris.

Baecker, D. (1992): Fehldiagnose „Überkomplexität“. Komplexität ist die Lösung, nicht das Problem. *gdi impuls* 4/92: 55-62.

Drucker, P.F. (1992): The New Society of Organizations. *Harward Business Review*, Sep-Oct. 95-104.

Escher, F. (1992): Notes on the Knowledge Utility. Unveröffentl. Manuskript. Genf.

Geissler, H. (1991): Vom Lernen in der Organisation zum Lernen der Organisation. In: T. Sattelberger (Hrsg.): Die lernende Organisation. Wiesbaden.

Hanna, D.P. (1988): Designing Organizations for High Performance. Reading, MA.

Hedberg, B. (1981): How Organizations Learn and Unlearn. In: P. Nystom a. W. Starbuck (eds.): Handbook of Organizational Design 1. Oxford.

Klimecki, R., G. Probst u. P. Eberl (1991): Systementwicklung als Managementproblem. In: H. Staehle u. J. Sydow (Hrsg.): Managementforschung 1. Berlin/New York.

Klimecki, R. u. G. Probst (1992): Interkulturelles Lernen. Manuskript. Genf/ Konstanz.

Lawler, E. (1991): High Involvement Management. San Francisco, CA.

Luhmann, N. (1984): Soziale Systeme. Grundriß einer allgemeinen Theorie. 2. Aufl. (1988). Frankfurt a.M.

Luhmann, N. u. K.E. Schorr (1988): Reflexionsprobleme im Erziehungssystem. Frankfurt a.M.

Luhmann N. (1988): Systeme verstehen Systeme. In: N. Luhmann u. K.E. Schorr (Hrsg.): Zwischen Transparenz und Verstehen. Fragen an die Pädagogik. Frankfurt a.M.

Luhmann, N. (1990): Haltlose Komplexität. In: N. Luhmann (Hrsg.): Soziologische Aufklärung 5. Konstruktivistische Perspektiven. Opladen.

Luhmann, N. (1992a): Organisation. In: W. Küpper u. G. H. Ortmann (Hrsg.): Mikropolitik. Rationalität, Macht und Spiele in Organisationen. 2. Aufl. Opladen.

Luhmann, N. (1992b): Beobachtungen der Moderne. Opladen.

Morin, E. (1990): Introduction à la pensée complexe. Paris.

Nonanka, I. (1991): The Knowledge-Creating Company. *Harvard Business Review*, Nov-Dec. 96-104.

Pautzke, G. (1989): Die Evolution der organisatorischen Wissensbasis. München.

Rada, J.F. (1992): Thoughts on Organisational Utopia. Unveröffentl. Manuskript. Genf.

Senge, P.M. (1990): The Fifth Discipline. The Art and Practice of the Learning Organization. London.

Systemisch angewandt . . .

GANZHEITLICHES DESIGN VON INFORMATIONSSTRATEGIEN

1. Die zurückzulegende Distanz

Die heutigen Organisationsformen der Unternehmen westlicher Prägung sind weit davon entfernt, den Anforderungen des systemischen, stärker ganzheitlichen Denkens zu genügen. Selbst in den relativ jungen Unternehmen der High-Tech-Industrie mit ihren modernen Ansätzen finden wir zu Beginn der 90er Jahre nur wenig Versuche, die Organisationen in allen ihren internen und externen Beziehungen, das heißt auch mit ihren „harten" und „weichen" Faktoren, gemeinsam wahrzunehmen. Informatik und Kultur, zum Beispiel, scheint immer noch ein nicht zusammenpassendes Begriffspaar zu sein. Das hat „gute" Gründe, aber auch viele negative Konsequenzen.

Datenverarbeitung (DV) ist heute einer der zentralen Faktoren der Gestaltung von Arbeitsabläufen und damit der unternehmerischen Wertschöpfung und Organisation. Selbst ein Restaurant oder ein Krankenhaus kann die DV nicht mehr missen, von Banken und Flughäfen ganz zu schweigen. Wie gestaltet man nun wertschöpfende Organisationen mit ihrer Informatik so, daß man ganzheitlichen Denkmodellen nahekommt? In der Praxis scheint die Distanz bis zu diesem Ziel sehr weit zu sein. Wir wollen hier nur einige Ursprünge der industriellen Entwicklung ansehen, die direkt mit der Fragestellung der DV zu tun haben, glauben aber, daß sich viele dieser Probleme verallgemeinern lassen.

Fast alle der jetzt als Fehlentwicklungen angesehenen desintegrativen Faktoren haben mit dem Taylorismus und seinen Folgen zu tun. Das gilt einmal für die Auflösung des Arbeitsablaufes in kleinste Elemente, die für die Mitarbeiter bis zum Verlust der Übersicht über das ganze Produkt und damit zur „Entfremdung" führt. Oft wird diese Atomisierung der Prozesse durch die Informatik einfach festgeschrieben. Zugleich wird in vielen Fällen das Produktivpotential der DV überhaupt nicht genutzt, weil man die ganzen vorherigen Regelungen, Managementansätze, Aufbauorganisationen und so weiter nicht in Frage stellt und sie einfach auf die mit DV automatisierten Arbeitsabläufe draufzwingt, sie also für lange Zeiten einfriert.

Zum anderen wird diese unglückliche Tendenz dadurch verstärkt, daß sich falsche Denkmuster („produktive" versus „unproduktive" Arbeit; „ausführende" versus „Managementarbeit") eingespielt haben, die die westlichen Unternehmungen teuer (Bürokratie), unflexibel (Vollkostenrechnung) und in der Tendenz mitarbeiterfeindlich („Humankapital") werden lassen.

In einem solchen Umfeld kann ein einzelner Produktivfaktor, auch wenn er noch so viel Dynamik und Attraktivität hat, nicht viel bewegen. Wie bei allen

Werkzeugen ist die Wirkung der Informatik nur so groß, wie das Geschick derjenigen, die sie einsetzen, und deren Einfluß auf das Umfeld.

Vor allem in Fertigungsbetrieben hat der Taylorismus zudem auch eine typische analytische Denkweise gefördert, die ein hervorragendes Umgehen mit dem technischen Detail mit sich bringt. Diese technisch-wissenschaftliche Ausrichtung hat zweifellos eine große Anzahl von Vorteilen, vernachlässigt aber oft die anderen, nicht so exakten wissenschaftlichen Aspekte. Das gilt wiederum auch für die Informatiker, deren Aufgabe es ist, zusammen mit den Ingenieuren der Organisationsabteilungen neue Arbeitsabläufe zu entwickeln.

So kommt es, daß wir heute eine große Anzahl von suboptimierten Arbeitsabläufen oder gar nur deren Teile finden, die sich als Automatisierungsinseln schlecht mit den umliegenden Vorgängen abstimmen lassen, die informationsmäßig eine Unmenge von Schnittstellen erzeugen und gesamthaft gesehen nicht sonderlich produktiv sind.

Außerdem werden Arbeitsprozesse vernachlässigt, die nicht direkt der Wertschöpfung dienen, oft also administrativer Art sind: Sie sind stark verteilt und können von den Mitarbeitern stark beeinflußt werden. Das aber macht sie für den technokratischen Ansatz unbequem, und man läßt sie beiseite. Damit ist aber klar, daß die Distanz bis zum Ziel einer ganzheitlichen Unternehmensentwicklung noch enorm weit ist und daß die Informatik sie nicht allein zurücklegen kann. Sie bedarf zahlreicher unterstützender Faktoren, die zum Teil schon in die Ausbildungsbereiche der Ingenieure und Kaufleute zurückreichen; vielleicht aber auch den Abschied vom Taylorismus einläuten müßten.

2. Die Rolle der Informatik

Wie eine vollständig beschriebene Zielvision von idealtypischen systemischen Unternehmungen, ihren Arbeitsabläufen und Mitarbeitern aussehen sollte, hat sicherlich viel mit Wertvorstellungen zu tun. Ohne aber ins Gebiet normativer oder gar gesellschaftspolitischer Diskussionen einzudringen, kann man doch einige erste Zielaussagen hinsichtlich der Informatikrolle in diesem Umfeld wagen:

1. Die DV hat den Charakter eines unterstützenden Werkzeuges. Selbst in Bereichen hoher Automatisierung wie zum Beispiel bei elektronischem Bankenverkehr ist sie nur ein Teil einer Dienstleistung und ersetzt den menschlichen Kontakt (am Schalter) nicht vollständig.
2. Die von DV unterstützten Arbeitsabläufe generieren mit dem Wegfall von Routinevorgängen oft die Notwendigkeit neuer Dienstleistungen (Anlageberatung neben dem Bankschalter) mit höheren Wertschöpfungen. Kreative Neudesigns von Arbeitsabläufen werden notwendig.

3. In den Fällen totaler Automatisierung (zum Beispiel vollautomatische Montagehallen in der Automobilindustrie) erhöht sich der Gestaltungsanspruch an die wenigen übriggebliebenen menschlichen Funktionen (Wartung, Kontrolle, Sicherheits- und Qualitätsüberwachung etc.).
4. Informationsverarbeitung wird aufgrund zunehmender Standardisierung auf allen Ebenen und relativ abnehmender Kosten zu einem noch wichtigeren Mittel, um Arbeitsabläufe zu verbessern und damit Wettbewerbsvorteile zu erzeugen. Die Informatik wird wirklich strategisch, das heißt stärker marktwirksam, kostenmäßig absolut noch bedeutender als heute und als Infrastruktur langfristig zu planen.
5. Die Informatik wird Bestandteil einer integrierten Unternehmensplanung, die versucht, möglichst viele relevante Parameter zu berücksichtigen:

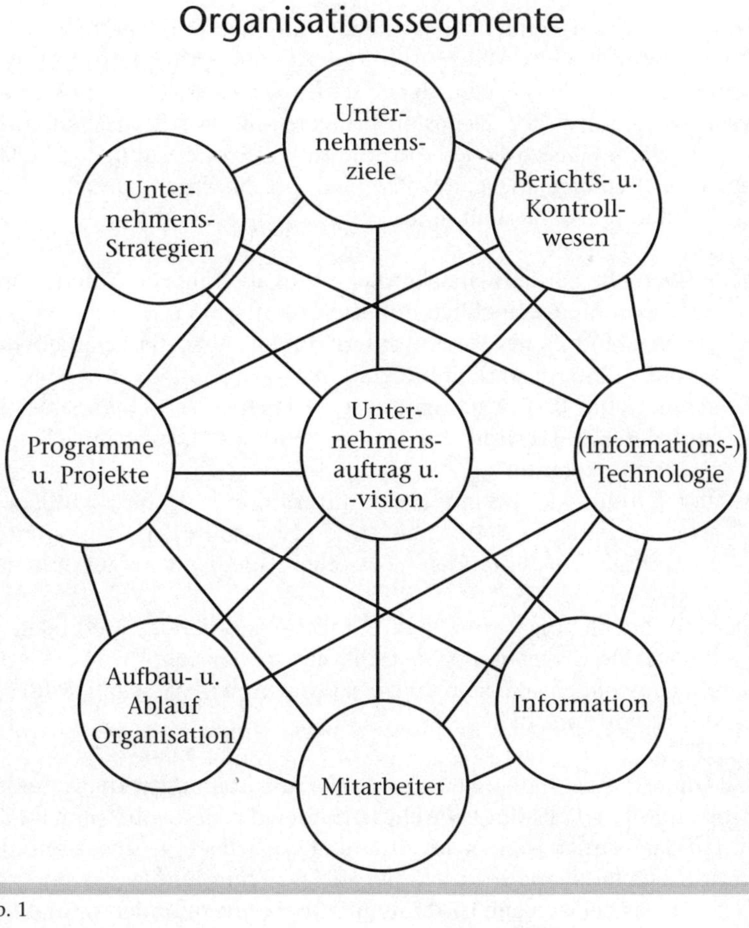

Abb. 1

3. Anspruchsvolle Zwischenetappen

Wenn man die unternehmerischen Dimensionen auflistet, die bei einer Neugestaltung oder bei einer Überholung (sog. „Re-Engineering“) einer Organisation zu berücksichtigen wären, wird einem klar, warum die Tätigkeit eines Spitzenmanagers vor allem in Zeiten des Umbruchs quasi unmöglich ist. Zusätzlich zu denen der Abbildung 1 müßten dann noch Produkte, Dienstleistungen, Geographien, Märkte, nationale und interne Kulturen, Ressourcen, Kontrollfragen, externes und internes Image und so weiter aufgeführt werden. Alle diese Faktoren haben aber ihre eigenen Entwicklungszyklen, Philosophien und Verhalten und damit auch ein wechselndes Gewicht bei dem Design von Unternehmen. So wird bewahrendes Verhalten oft vorschnell zur unternehmerischen Maxime: Es minimiert Komplexität und Dynamik, aber erhöht das Risiko durch verzögerte Reaktionen.

Ganzheitliche Unternehmensdesigns sind in absehbarer Zeit deshalb meines Erachtens nicht in Sicht. Wir müssen uns zur Zeit wohl damit begnügen, Zwischenetappen abzustecken, deren schrittweises Erreichen uns immer näher an eine holistische Zielvision bringen soll. Diese Zwischenschritte haben bereits ein beachtliches Anspruchsniveau und können in relativ beliebiger Reihenfolge angegangen werden. Im Einzelnen handelt es sich, wie in Abbildung 2 dargestellt, um:

1. strategische betriebswirtschaftliche Vorgaben für die Unternehmen der Zukunft einschließlich unternehmerischer Visionen;
2. ein Verständnis des Gesamtunternehmens als datenverarbeitendes System: „Enterprise Data Integration“;
3. gemeinsame Berücksichtigung der Faktoren Mensch/Organisation und der (DV-)Technik im Design- und Einführungsprozeß: „Enterprise Integration“;
4. eine Öffnung der Design- und Einführungsphasen für wichtige Entscheidungsträger („Sponsoren“) und ausgewählte Repräsentanten der zukünftigen Ausführenden („Betroffene, die in Teams zusammenarbeiten");
5. neue beteiligungs- und kommunikationsfördernde Methoden im Bereich Design, genauso wie im Projektmanagement;
6. ein Hinwenden zu neuen Organisationsformen, die sich bewußt fern des Taylorismus halten.

Fast alle diese Punkte stellen heute echte Herausforderungen an die meisten Betriebe und sicherlich so gut wie alle Behörden dar. Zu beobachten ist aber ein verstärkter Druck – auch im öffentlichen Bereich –, sich zumindest teilweise dieser Probleme anzunehmen. Ein Mangel an umfassenden Erfahrungen (die nur bei wenigen Unternehmensberatern zu finden sind), hochkarätigem Organisations- und Personalentwicklungswissen und eine weitverbreitete Abneigung gegen Prozeß-Know-how (Visualisierungs- und Moderationstechniken) machen anspruchsvolles Veränderungs-Management noch seltener.

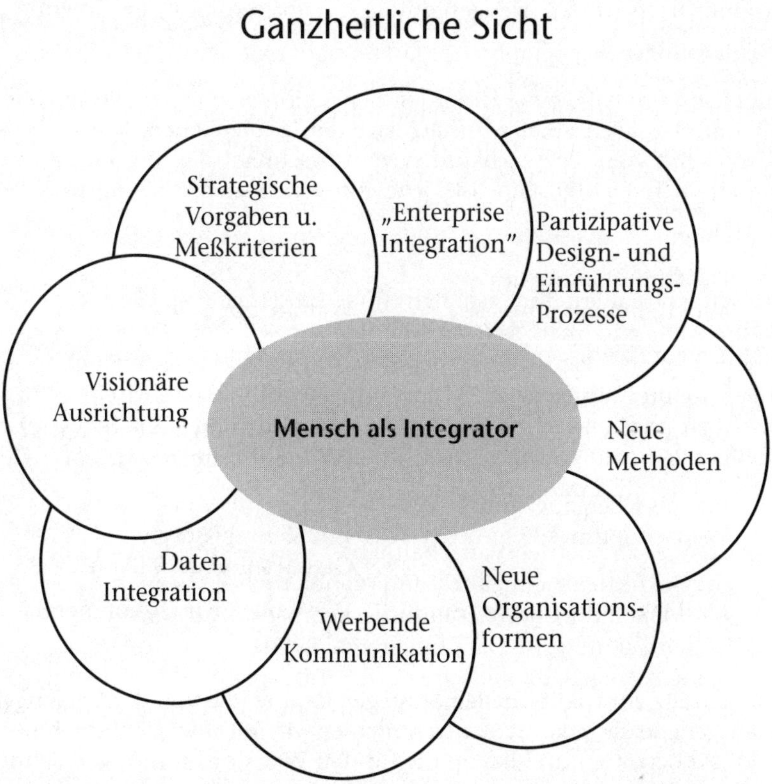

Abb. 2

Es gilt hier zu betonen, daß die vorgenannten Punkte keinen Anspruch auf Vollständigkeit erheben. Wichtig ist aber die Beobachtung, daß sich die Faktoren in ihrer Wirkung so stark gegenseitig aufwerten, daß Quantensprünge organisatorischer Effektivität erreicht werden, wenn sie alle gleichzeitig aktiv eingesetzt werden können.

All diese kritischen Erfolgsfaktoren für organisatorisch effektive Unternehmensdesigns werden hier im einzelnen übersichtsmäßig besprochen.

4. Zwischenetappe 1: Strategische Unternehmensvisionen

Es ist offensichtlich, daß Organisationen und ihre Wertschöpfung nur dann „richtig" sind, wenn sie den Erwartungen der wichtigsten Interessengruppen mit ihren legitimen Ansprüchen genügen. Für die Designaufgabe heißt das, daß man die Wünsche der Kunden, Mitarbeiter, Kapitalgeber et cetera für den Zeitpunkt nach (!) der Neugestaltung antizipieren muß, um „richtig zu liegen".

Dieses kann mit Hilfe einer Unternehmensvision geschehen, die alle Merkmale und Aussagen einer wünschenswerten, erfolgreichen, ja attraktiven Zukunft enthalten. Diese Zukunftsvision beschreibt die folgenden unternehmerischen Richtgrößen, die jede für sich weitere Energie freisetzen sollen:

1.	Die Formulierung des Unternehmensauftrags:	Warum gibt es uns?
2.	Zielvorgaben:	Was möchten wir erreichen?
3.	Eine Vision in Slogan- oder Bildform:	Was macht uns so einzigartig? (Vision im engeren Sinne)
	und als Übergang zum Wertschöpfungsdesign:	Wie sieht die ideale Organisation der Zukunft aus?
4.	Ein Makro-Organisationsmodell:	Wie wollen wir (zusammen) arbeiten?

Im Gegensatz zur traditionellen Strategieplanung, die von der Vergangenheit ausgehend die Zukunft plant, empfehlen wir, mit einer „Unternehmensvision" zu beginnen und davon die für den Weg dorthin nötigen Schritte abzuleiten. Wir arbeiten von der Zukunft „rückwärts" zur Gegenwart.

In der Praxis werden diese strategischen Vorgaben nur ungern gemacht. Es ist nicht ungewöhnlich, daß Spitzenmanager es vermeiden, sich derart festzulegen. Einmal ist ihnen das Risiko zu groß, „falsche" Visionen zu äußern, und zum anderen sind ihnen die strategischen Planungsprozesse zu schwerfällig, zu arbeitsaufwendig und zu schnell wieder überholt.

Der erste Einwand ist charakteristisch für die heutige Verdrängung unternehmerischer Verantwortung. Es müßte gerade eine primäre Aufgabe des Topmanagements sein, das Risiko auf sich zu nehmen, Zukunftsvisionen zu erzeugen. Trotzdem läßt sich diese Barriere verringern, indem man den Teamansatz auch für die Visionsentwicklung wählt und so das individuelle Risiko verteilt.

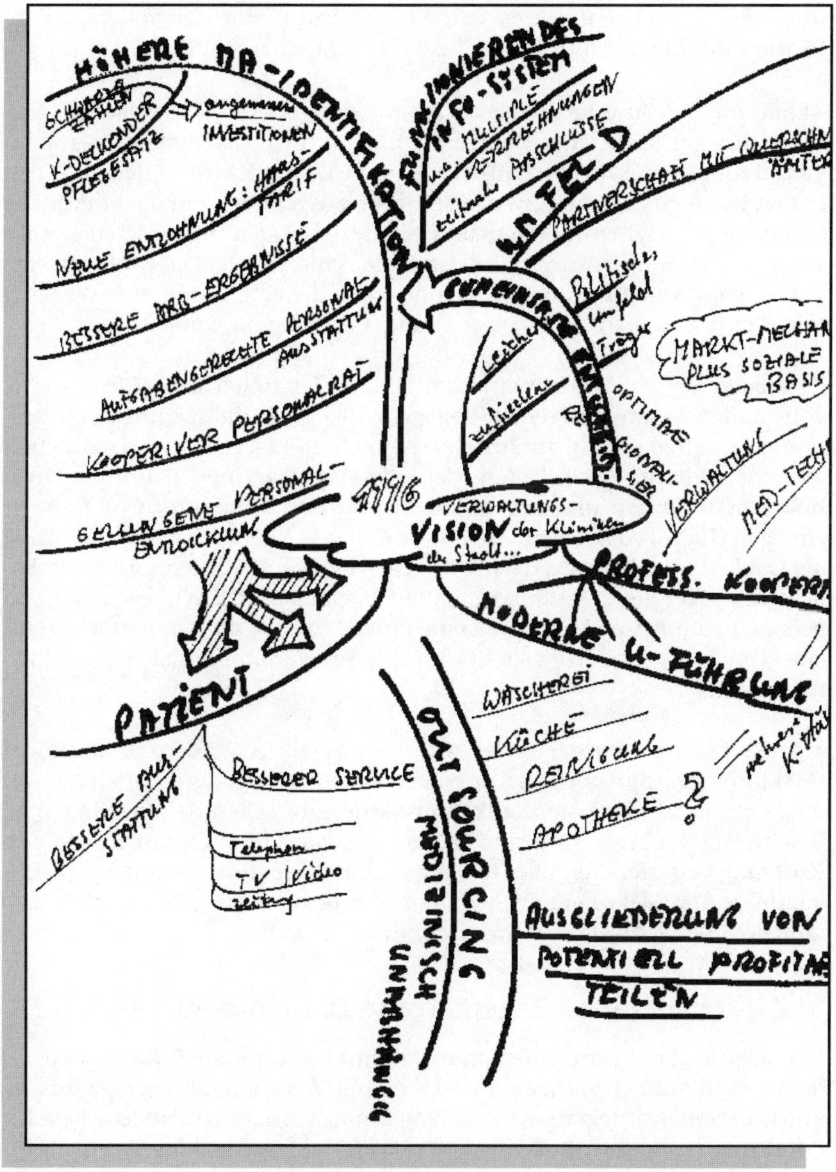

Abb. 3

Den zweiten Widerstand kann man nach unserer Erfahrung dann überwinden, wenn es einem gelingt, die entsprechenden Vorgaben mit Hilfe von gruppendynamischen Ansätzen und hochgradig visuellen Methoden in kürzester Zeit – in drei Tagen zum Beispiel – im Führungsteam zu erarbeiten.

Außerdem erhält man durch den Workshopstil eine viel höhere Identifikation mit den Ergebnissen als bei herkömmlicher Strategiearbeit.

Abbildung 3 zeigt eine mit der Mind-Mapping-Methode dargestellte Zielvision für ein städtisches Krankenhaus. Von allen beteiligten Interessenvertretern gemeinsam geschaffen, wird diese Graphik nicht selten als Plakat in den Kliniken beziehungsweise Betrieben ausgehängt, um die Mitarbeiter neugierig zu machen für die neue Vision. Verbunden mit anderen graphischen Darstellungen wie zum Beispiel der eines Strategieportfolios lassen sich so stark vereinfachte Aussagen machen, die eine viel höhere Wirkung und damit Akzeptanz generieren als Aktenordner voll von Zahlen.

Zusätzlich zu den betriebswirtschaftlichen Zielgrößen bedarf es für eine vollständige Vision auch einer Aussage darüber, wie die zukünftige Organisation aussehen soll. In zusätzlich zwei bis vier Tagen lassen wir mit einer spezifisch hierfür entwickelten Methode (*Top Mapping*) zukünftige Organisationsstrukturen und Arbeitsabläufe sowie Informationsflüsse in einer einzigen Graphik darstellen. Abbildung 4 zeigt ein Beispiel, das den Wechsel der Darstellungsebene gut darstellt. Wegen der Standardisierung der Symbole lassen sich diese Visionslandkarten leicht von Dritten verstehen. So bedeutet zum Beispiel eine Insel eine große Organisationseinheit, ein Haus eine Abteilung, Straßen gleich Informationswege, Sümpfe gleich Unklarheiten, et cetera.

Mit der Normierung der Bilder wird eine vereinfachende und allgemein verständliche „Sprache" für das Organisationsdesign geschaffen, die es möglich macht, die Kommunikationsbarriere zwischen den Beteiligten zu beseitigen. Die Ergebnisse sind Makrovorgaben, die später noch der Verfeinerung bedürfen, um über Pflichtenhefte bei der Programmierung anzukommen. Die Makrodesigns helfen aber enorm, da sie eine wertvolle Gesamtsicht der Prozesse und ihrer Schnittstellen geben.

5. Zwischenetappe 2: „Enterprise Data Integration"

Der Begriff „Enterprise Integration" stammt ursprünglich aus Zeiten, in denen man mit der Vernetzung der Computer begann, also geographische und funktionale Integrationen der Programme vornahm. Weltweite Berichterstattung, länderübergreifende Logistik, Produktentwicklung et cetera wurden dadurch möglich. Meistens spielte sich das innerhalb großer Unternehmen („Enterprises") ab, so daß „Enterprise Integration" oft die Voraussetzung für neue Organisationsformen wurde, wie sie zum Beispiel in der jetzigen Dezentralisierungswelle sichtbar werden.

Praktisch alle wesentlichen Geschäftsvorgänge haben hohe Informationsbestandteile, gleichgültig ob man eine Fertigung, eine Bank oder ein Kran-

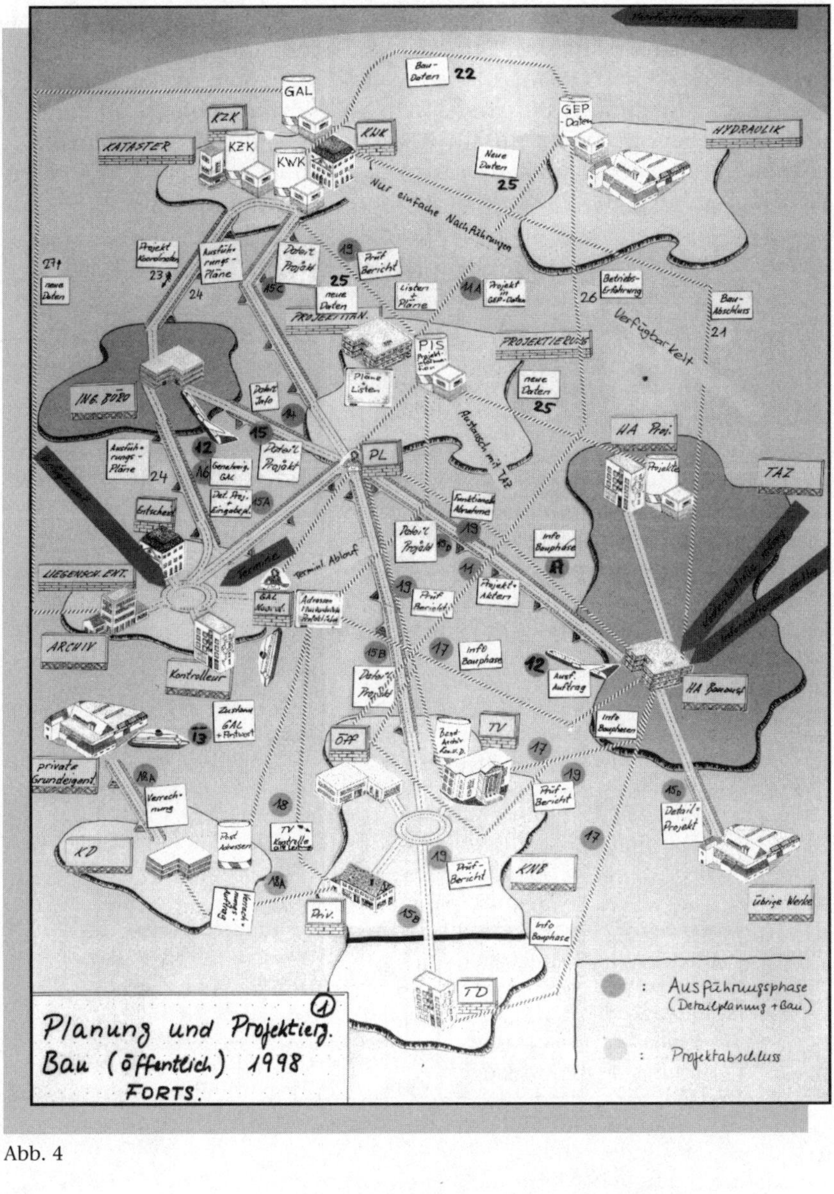

Abb. 4

kenhaus anschaut. Die vernetzte DV mit ihren verteilten, überall zugreifbaren Anwendungen und ihrer theoretisch weltweiten Informationstransparenz zu jeder Zeit wird nun ein zentraler Antriebsfaktor bei der Überarbeitung dieser Vorgänge. Hier besteht eine großartige Gelegenheit, sich ganzheitlichen Sichtweisen anzunähern.

Ein guter Einstieg dabei wäre es, zuerst die Dominanz der Kundenbedürfnisse (als Geschäftsarchitektur oder Unternehmensmodell ausgedrückt) zu akzeptieren, dann DV- und Organisationsfragen gemeinsam unter den richtungsweisenden Anleitungen der strategischen Geschäftsvision zu optimieren und sich dabei permanent für alle Ressourcen (Mitarbeiter, DV, Finanzen etc.) zu fragen, wie sie am besten zur Visionserreichung beitragen können („Enterprise Integration" im weiteren Sinne, s. Abbildung 5).

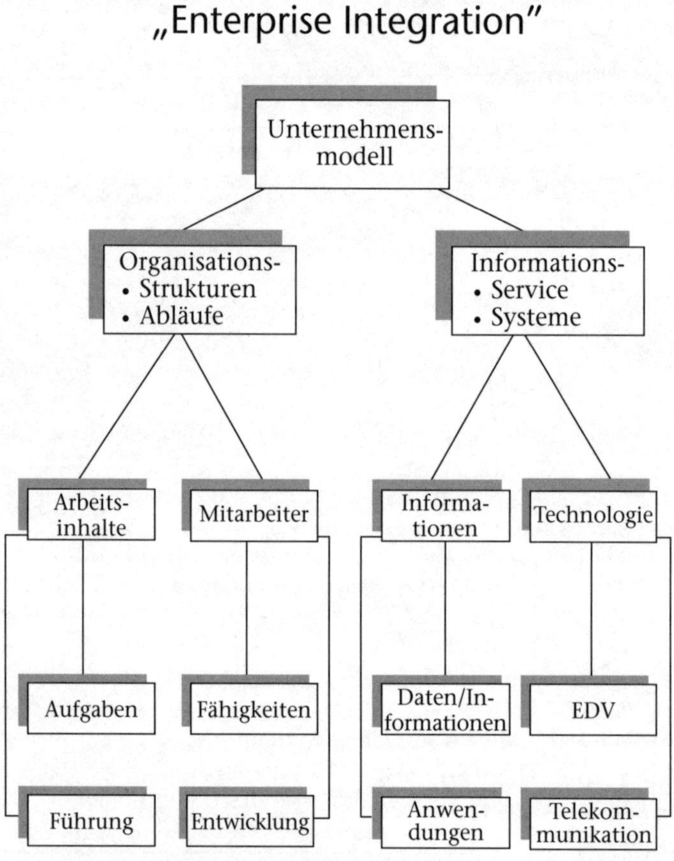

Abb. 5

Bezogen auf die DV heißt das zum Beispiel, daß das Wissen um neuste Ansätze entweder durch die entsprechenden Spezialisten oder durch die Hersteller verständlich in den Designprozeß (und eine DV-Strategie) eingebracht werden muß. Das enorme Produktivitätspotential der vernetzten DV und des „Client-Server"-Ansatzes zum Beispiel bedürfen dann einer konkreten Umsetzung in das jeweilige Umfeld, um wirksam zu werden.

Leider hat die starke DV-Orientierung des Enterprise Integration in der Praxis in vielen Fällen zu einem „verdrehten" Ansatz geführt: Man fragt zuerst, was die DV leisten kann und organisiert sich dann so, daß man datenverarbeitungsgerecht arbeiten kann. Die Informatik wird nicht als unterstützendes Werkzeug, sondern als dominierende Antriebs- und Gestaltungskraft eingesetzt.

Meist beschränkte sich die Integration in solchen Umfeldern auf informationstechnische Fragen („Enterprise Integration" im engeren Sinne). Durchaus wichtige Kompatibilitätsfragen für Hard- und Software und immer mehr auch für Anwendungen werden so dominant, daß zum Beispiel organisatorische Fragen in den Hintergrund geraten. Als Einzelfaktor auf dem Wege zu systemischen Unternehmensdesigns sei hier jedoch die Wichtigkeit des Daten- und Informationsmanagements als unternehmerischer Wert hervorgehoben. Die stark verbesserte Wertschöpfung von durchgehend verknüpfbaren Applikationen beginnt zum Beispiel mit durchgängig benutzbaren Definitionen, Konventionen zur Benutzung und zur Veränderung der wesentlichen Begriffe.

Bei den heutigen hochgradig vernetzten Applikationen müssen zentral gesteuerte Daten- und Applikationsmanagementaktivitäten – den Fragen der Einzelanwendung vorgeschaltet werden. In großen Konzernen wie in Kleinfirmen müssen hier „Sprachregelungen" für die DV vereinbart werden, will man ein enorm kostenempfindliches Durcheinander verhindern. Falls dieser „Dschungel" inkompatibler Anwendungen und Daten bereits besteht, wird es zu einer Frage mit strategischer Bedeutung, wann man eine „Flurbereinigung" (meist mit hohem Risiko) angehen will oder muß.
Um diese Problematik klein zu halten, empfehlen wir, die Wertschöpfungsdesigns zuerst auf der Makroebene zu optimieren, das heißt, den Fragen der Funktionalität von Anwendungen eine Normierungen des Daten- und Anwendungsmanagements vorauszuschicken. Dabei können dann zum Teil sehr umfangreiche spezielle Aktivitäten notwendig werden. Unternehmensweit müssen unter anderem festgelegt werden:

- ein alle Unternehmensteile umfassendes Datenmodell
- ein entsprechendes „Wörterbuch" (Data Dictionary)
- logische Modelle für Applikationsfelder
- Zugriffs- und Veränderungsrechte für Datenbanken
- Managementvorschriften für das gesamte Gebiet, vor allem hinsichtlich der Standardisierung bzw. Freiheitsgrade für die Designer.

Damit hat Enterprise Integration drei wichtige zusammenführende Teile:

technische Integration:	maximale Kompatibilität von Hardware, Netzen und Betriebssystemen

Anwendungsintegration:	verteilte Nutzung von Applikationen
Datenstandardisierung und -verwaltung:	die „Sprachregelung".

Zwischenetappe 3: Integration des Faktors Mensch

Wie gerade ausgeführt, wäre der Integrationsstoß durch die vernetzte Informatik ideal zur Überarbeitung von Arbeitsabläufen gemeinsam (!) mit den Ausführenden, das heißt noch immer mit den Mitarbeitern. Die Enterprise Integration im weiteren Sinne (siehe Abbildung 5) fällt den Unternehmern aber wegen der Technologielastigkeit noch sehr schwer.

Wenn aber betriebliche Veränderungen fast ausschließlich als reine DV-Projekte betrachtet werden, dann stehen oft enorme Schwierigkeiten ins Haus. Erfahrungsgemäß wird zum Beispiel im Bankenbereich nur ein Drittel der DV-Projekte als erfolgreich implementiert angesehen! Der dabei übliche Trend, neue Arbeitsabläufe ausschließlich als DV-Funktionalitäten zu gestalten, fordern die Mitarbeiter geradezu heraus, die Untauglichkeit der Systeme zu beweisen. So geplant und eingeführt, wird die DV ganz klar eher ein Hemmschuh für Produktivitätsverbesserungen. DV-Funktionalitäten sind – außer bei voller Automatisierung – aber nur ein Teil der Wertschöpfung!

In den späten achtziger Jahren kam eine Gegenbewegung im professionellen Projektmanagement und bei den dezentralen DV-Herstellern gegen die Technologielastigkeit auf. Bei ihnen sollten nun – wie vorher bereits mehrfach gesagt – alle vier Designelemente gemeinsam unter der Geschäftsarchitektur optimiert werden.

Mitarbeiter – Abläufe/Strukturen – Information – Technologie.

Dabei geht man davon aus, daß im ganzheitlichen Sinne all diese Faktoren als Befähiger angesehen werden sollen. (Die neueren Denkweisen gehen eigentlich wieder mehr auf eine Mitarbeiterdominanz zurück. Auch wir tendieren in diese Richtung.)

Außerdem tragen in der Zukunft unbegrenzte Verfügbarkeit und einfache Nutzung der Informationen zu einer Vereinfachung des betrieblichen Zusammenlebens bei. Durch das Ersetzen von Regeln durch Vertrauen läßt sich eine Entbürokratisierung erzielen, die produktivitätssteigernd ist und schnelle Anpassungen an Marktveränderungen ermöglicht. Die Offenheit von Informationen erleichtert dann aber auch eine bessere und breite Beteiligung an Problemlösungen, ein schnelles Einsetzen von Task Forces und Projekten und so weiter.

Die vielfachen persönlichen Bindungen in einer solchen Organisation können aber auch dazu beitragen, die gegenseitigen Verpflichtungen abzusichern, die hinsichtlich der Einhaltung von Zusagen so wichtig sind. Das in „politischen" Umfeldern so bedeutsame „Commitment" – vor allem bei Funktions- (oder Macht-) Ebenen übergreifenden Fragen – kann meist nur über die Person, selten über die Sache, erreicht werden.

Wie aber kann der Faktor Mensch besser in die Neugestaltung von Wertschöpfungsprozessen einbezogen werden? Wie kann der sozialintegrativen Kraft der Gruppen in einer Organisation eine wesentlich produktivere Rolle zugewiesen werden? Diese kann wie ein Klebstoff für alle wichtigen betrieblichen Elemente wirken, wenn ihr Netzwerk von formellen und informellen Bindungen überall dort interveniert, wo Probleme entstehen. Vertrauen, Solidarität und Beteiligung sind die Triebfedern der Selbstheilungs- und Selbstorganisationsmechanismen von teamorientierten Organisationen. Den Teams würden wir gerne auch eine stärkere Rolle im Design und in der Einführung von Veränderungen zuweisen.

Dabei schlagen wir vor, weiter zu gehen als zum Beispiel in der Autoindustrie, wo Firmen wie *Volvo* mit Teamansätzen in der Produktion arbeiten. Ebenso haben sich die Quality Circles der Japaner in vielen Ländern, so zum Beispiel in Frankreich, stark durchgesetzt. Hier geht es hauptsächlich darum, neben einer Humanisierung der Arbeit und der Arbeitswelt, die wesentlichen Faktoren der Gruppendynamik produktiv zu nutzen. Das Engagement der Gruppenmitglieder füreinander und für das Produkt oder Projekt wird für Problemlösungen und Leistungsqualität genutzt.

Diese positiven Effekte haben allerdings die Tendenz, sich mit der Zeit zu verflüchtigen, wenn das sonstige betriebliche Umfeld nicht mit ähnlichen Verhaltensmustern und Werten versehen ist. Oft entwickelt sich dann ein „Wir-gegen-die-anderen"-Gefühl – ein falscher Wettbewerb zwischen Gruppen – und innerhalb der Gruppe eine Abkapselung mit gefährlichen Tendenzen zum unflexiblen Kämpfen für eigene Ideen.

Durch Vernetzung der Teams (jeweils ein Teammitglied ist bei einem anderen Team vertreten), Zielsetzungen, die gruppenübergreifend und damit integrativ sind, und durch Hilfen wie Training in wichtigen Kommunikations- und Moderationsmethoden et cetera können die vorgenannten negativen Möglichkeiten verringert werden. Eine wirkliche Chance, die soziale Integrationskraft der Gruppe voll auszuschöpfen, besteht aber nur, wenn dieses Konzept nicht nur in isolierten Teilen einer Organisation eingeführt wird, sondern allgemeingültiges Organisationsprinzip wird, also zum Beispiel auch von für alle offenen DV-Systemen gestützt ist.

Zusätzlich zu der Vernetzung der Design- und Einführungsteams und einer Öffnung der gesamten Organisationen in möglichst funktionsübergreifende Teams, empfehlen wir das Folgende:

1. In den Design- und Projektteams müssen alle betroffenen Aspekte personell repräsentiert sein. Das gilt auch und ganz besonders für die „weichen" organisatorischen Aspekte, für die sich allerdings oft nicht genügend Know-how in den Betrieben findet, wie zum Beispiel für Arbeitszufriedenheit. Neben den Prozeßingenieuren, den Informatikern und den funktionalen Spezialisten brauchen wir im Prinzip auch Ausführende und deren Manager. Potentielle Interessenskonflikte sollten ruhig personell repräsentiert sein: zum Beispiel Ärzte und Schwestern gemeinsam in einem Krankenhausreformteam.
2. Die Zielvorgaben für diese Teams müssen explizite „Öffnungsaussagen" machen, das heißt klar darauf hinweisen, daß es erwünscht ist, Arbeitsabläufe zu vervollständigen, zu verkürzen, zu vereinfachen mit dem Aspekt optimaler Technologienutzung durch den Menschen.
3. Ein qualitativ guter Übergang von der Design- in die Ausführungsphase kann auch nur dann gelingen, wenn Repräsentanten der Ausführenden, die bereits im Design mitbeteiligt waren, jetzt auch bei der Einführung helfen. Sie werden als Botschafter für Glaubwürdigkeit der Vorgaben sorgen und können gleichzeitig Feedback an die Designteams geben.
4. Ein weiterer kritischer Erfolgsfaktor des teamorientierten Projektmanagements ist neben hervorragenden Führungseigenschaften auch der der Prozeßmoderierung. Effektive Arbeitsabläufe sind auch innerhalb der Gruppen wichtig; brauchen also ihr eigenens Design und ihre spezifische Ausführung.
5. Der projektinterne Arbeitsstil sollte dem der zukünftigen Organisation entsprechen. Man kann schlecht offene, kreative Umfelder mit bürokratischen Projektmethoden oder Einstellungen herbeiführen. Die Kultur der Projektausführung wird die Kultur der Zielorganisation beeinflussen.

Damit kann der Mensch in Organisationen ein extrem wichtiger Integrationsfaktor werden, wenn er generell in Teams arbeitet und so an der Gestaltung seiner Arbeitsabläufe und an der Einführung der nötigen Veränderungen hierfür partizipiert. Richtig befähigt, kann er dem Produktionspotential der Informatik zur vollen Entfaltung verhelfen. Damit ist und bleibt der Mensch der beste und einzig „ganzheitlich" funktionierende Integrator in gemischten hochkomplexen Systemen wie Unternehmen. Das Problem ist, daß er diese Fähigkeit sowohl konstruktiv wie auch destruktiv einsetzen kann.

Zwischenetappe 4: Neue Planungs-, Entscheidungs- und Kommunikationsmethoden

Die zunehmende Komplexität der betrieblichen Umfelder, zum Beispiel durch weltweite Aktivitäten und steigende Informationstransparenz, erfordert wenigstens auf den Ebenen der Entscheidung und Kommunikation von Veränderungen die Fähigkeit, Dinge so zu verdichten, daß sie einfach zu verstehen sind, ohne falsch zu werden. Ein oft vergessenes Hilfsmittel ist das der visuellen Reduzierung der Komplexitäten; eine der wichtigsten Formen, den Abstraktionsgrad der Aussagen zu erhöhen. Dabei ist die Wahl des Modells und der richtigen Abstraktionsebene eine große Kunst. Zum Beispiel werden mathematische Erklärungen in der Praxis oft abgelehnt, weil deren Axiome (lineare Kausalität und strenge Vorhersehbarkeit) im Zusammentreffen zwischen technischen und sozialen Komponenten oft nicht gültig sind.

Am besten ließe sich dieses Thema natürlich an einem Bild erläutern: dem der „Helikoptersicht", die es einem ermöglicht, „sich besser zurechtzufinden". Oder an (Land-)Karten, die „einem Orientierungshilfe geben". Die Methode des „Top Mapping" wurde in Abbildung 3 vorgestellt und kann als Musterbeispiel für alle drei Bereiche (Entscheidungsfindung, Planung und Kommunikation) angesehen werden.

a) Bilder

Anstatt langer verbaler Ausführungen, die meist nicht oder zumindest nicht zu Ende gelesen werden, können Informationen visuell enorm gebündelt, verdichtet und vereinfacht werden. Neue strategische Ausrichtungen oder Visionen, organisatorische Veränderungen, Neuorientierung der Organisationskultur, et cetera lassen sich viel leichter in Posterform, in kurzen Videos, in Slogans oder Pins kommunizieren. Ein Bild sagt mehr als tausend Worte!

Damit wird die eigentlich gewünschte sachliche Aussage sicherlich nicht mehr kontrollierbar. Aber das war sie vorher auch nicht! Die individuellen Wahrnehmungs- und Interessenfilter haben hier einen „objektiven" Empfang der Botschaften auch vorher nicht zugelassen. Bilder aber garantieren wenigstens *Wirkung*.

Gemeinsam von Entscheidungsträgern erarbeitete bildhafte Aussagen verpflichten diejenigen, die mitgewirkt haben, auch viel stärker als in herkömmlichen Entscheidungsprozessen. Wenn man dann auch noch wichtige Inhalte wie zum Beispiel die der gezeigten *Top Map* ausarbeiten läßt, erhält diese den Charakter einer Zielvision mit klaren Zukunftsvorstellungen.

In einem Bilde geben wir Gelegenheit, die idealtypische Zukunft als Ganzes sichtbar und zumindest partiell verständlich zu machen. Im Team von

Entscheidern und Fachleuten erstellt, entspricht dieses Bild den Kriterien der Konsensus, der Mitarbeiter- und Managementbeteiligung und der leichten Kommunizierbarkeit.

b) Abstraktion

Übersicht zu behalten in rasch ändernden Umfeldern ist normalerweise nur möglich durch den Wechsel der Wahrnehmungs- und damit auch Darstellungsebene. Leitbilder oder Visionen (man beachte die Aussagefähigkeit dieser Worte) spielen deshalb eine zunehmende Rolle für Organisationsausrichtungen. So können zum Beispiel gemeinsam entwickelte Slogans oder Symbole der Schaffung von Identitätsgefühlen helfen. Immer häufiger findet man die Bereitschaft in der Wirtschaft, mit Methoden zu arbeiten, die stärker aus der Psychologie kommen. Neue Medien wie Video, Telekonferenzen, Plakate und so weiter helfen, die innerbetriebliche Kommunikation mehr als „Werbung" zu verstehen, denn als Befehlsausgabe.

c) Farbe

Gute Erfolge zur Erhöhung der Identifikation der Mitarbeiter mit neuen Firmenausrichtungen lassen sich bei den vorgenannten Ansätzen besonders dann erreichen, wenn diese durch spezifisch farbliche Symbolik unterstützt wird. Ein Beispiel dafür ist die Verwendung der gleichen Farben und Symbole in allen wesentlichen Organisationsveröffentlichungen, in der Werbung und in der internen Kommunikation („corporate identity").

d) Interaktion

Bekanntlich wirken Veränderungsaussagen dann am besten, wenn sie „bottom up" von den Betroffenen selber entwickelt und vorgeschlagen werden. Durch Mitwirkung an konkret sichtbaren Ergebnissen wird der höchstmögliche Identifikationsgrad erreicht. Im angelsächsischen Bereich spricht man vom „buy-in effect". Betroffen sind aber nicht nur die Mitarbeiter, die man über Repräsentanten so früh wie möglich in die Veränderungsprozesse einbeziehen sollte, sondern auch die Manager. Mit partizipativen Designentwicklungsmethoden, wie den gezeigten *Top Maps* und Mind Maps (s. Abb. 6), können sie sich nicht ihrer Gestaltungs- und Visionsverantwortung entziehen. Der Teamansatz erleichtert aber das Akzeptieren des vorhandenen Risikos.

e) Kommunikation

Im modernen Unternehmen mit Mitarbeitern, die zunehmend erwarten, gut informiert zu sein über Veränderungen an ihren oder um ihre Arbeitsplätze, müssen diese Änderungen gut kommuniziert werden. Die beste und einfachste Art dies zu tun, ist eigentlich, alle Betroffenen in Arbeitsgruppen selber erarbeiten zu lassen, mit welchen Beiträgen sie zukünftig in die neuen Arbeitsabläufe hineinpassen könnten.

Soweit möglich, sollte man diesen Weg gehen. Aber oft ist das wegen der Unternehmungsgröße oder aus anderen Gründen nicht sinnvoll. Dann – aber auch in allen anderen Fällen – ist eine überzeugende Kommunikation des gewünschten Wandels von großer Bedeutung. Man muß davon ausgehen, daß sich Widerstände, Reibungsverluste und Leistungseinbrüche in diesen Situationen nicht vollständig vermeiden lassen. Eine gute Kommunikation kann diese negativen Effekte aber wenigstens teilweise reduzieren.

Erfolgskriterien für eine „gute" Kommunikation sind unter anderem:

- wenige, kurzgefaßte Zielaussagen – am besten über die Zeit klargestellt;
- Bündelung der Zielgrößen in eine leicht verständliche Vision; ein „griffiges" Leitbild mit hoher Motivationskraft;
- klare Identifikation der Visionsträger: persönliche An- und Aussprachen des Spitzenmanagements, eventuell Videovorträge, et cetera;
- Graphisch-visuelle Verdichtung der Aussagen, so daß sie als Poster, attraktive Broschüren et cetera quasi überall sichtbar gemacht werden können; eigentlich bedarf es in der hier angesprochenen Situation so etwas wie einer internen „Corporate-Change-Image"- oder „Public-Relation"-Aktivität: die Mitarbeiter wollen auch gewonnen werden für Veränderungen; sie wollen sie auch „kaufen"!

f) Einführung

Bei der Implementierung der geplanten Veränderungen wird oft der Fehler eines zu krassen Überganges gemacht. Neue Leute sollen nun Dinge „zum Laufen" bringen, an denen sie vorher nicht mitgewirkt haben. Eine personelle Verpflichtung (Designer in Ausführungsteams, Projektmanager in den Designteams) und eine klare Identifikation von „Sponsoren" im Topmanagement als Zugriff zu Machthebeln sind mehr als wünschenswert.

Wichtig ist dabei auch, einer Technologielastigkeit aus dem Wege zu gehen und die Teams zu befähigen, alle wesentlichen Aspekte des zukünftigen Arbeitsablaufes kreativ und doch pragmatisch anzugehen. Das kann verhältnismäßig einfach dadurch erreicht werden, daß man Spezialisten aller Richtungen, nicht nur DV-Gurus, an den Teams beteiligt.

Auch hier ist man auf der Suche nach komplexitätsbewältigenden Methoden.

Wenn man sich die Komplexität vieler Abläufe klar macht – wie zum Beispiel die in einer Raffinerie, einer Großbaustelle, im Flugzeugbau –, wird einem wahrscheinlich klar, warum so viele Unternehmen auch hier auf der Suche nach unterstützenden Werkzeugen sind. Zur Zeit sind zahlreiche moderne computergestützte Anwendungen im Test, um den Anforderungen der Modellierung gerecht zu werden. Dabei sind Teilerfolge sichtbar, aber der große Durchbruch zum „Computer Aided Organization Design" oder zur standardisierten Projektmodellierung ist noch nicht gelungen.

Zwischenetappe 5: Teamorientierte, „neue" Unternehmensformen

Zur Zeit gehen wir wieder einmal durch eine Phase, in der die Informatik stark unter Druck gerät, weil sie angeblich nicht die versprochenen Produktivitätsgewinne gebracht hat. Hier tritt ein bedenkliches Fehlverständnis von betrieblicher Komplexität zutage. Einmal wird ein einziges Werkzeug, die DV, nicht wesentliche Produktivkräfte allein freisetzen können, und zum anderen zeigt sich ein naives Unterschätzen der betrieblichen Wechselbeziehungen und -wirkungen.

Dabei hat in der Realität meist nur eine Automatisierung gewisser Teilfunktionen stattgefunden, das Umfeld mit seinen bürokratischen Ausprägungsformen ist aber oft nicht überarbeitet worden. So hilft ein CAD-System wenig, wenn man nicht zur gleichen Zeit ein zielorientiertes Entwicklungskonzept (Time-based-Management, Concurrent Engineering etc.) mit der Reduzierung von Hierarchieebenen und organisatorischen Schnittstellen angeht. Eine Verkürzung von Prozeßketten wird von der DV nicht erzwungen, sie muß dem mittleren Management abgerungen werden.

Ohne konsequente Ablauf- und Strukturüberarbeitung hat die Informatik oft sogar einen negativen Effekt, insbesondere wenn es sich um große Vernetzungen bei Verwaltungsprozessen handelt. Die erfolgte Festschreibung der dann oft zwanzig Jahre alten Arbeitsprozesse ist oft wegen ihrer Nebeneffekte sehr unproduktiv und kann wegen der vielen Querverbindungen nicht leicht verändert werden. Man spricht von „automatisiertem Chaos".

Die Konsequenz für das Unternehmensdesign ist klar: Die Informatik hat nur Werkzeugcharakter. Ihr Produktivpotential kann nur voll ausgeschöpft werden, wenn die meisten anderen Designfaktoren mitoptimiert werden. Für die Organisationsfrage heißt das, daß

- die Organisationseinheiten klein gehalten werden sollten,
- das Denken in Teams eine allgemeine Kultur wird,
- die Hierarchien flach gehalten werden,
- Macht von Individuen stärker auf Gruppen übergeht,
- keine Formen der Diskriminierung vorliegen: keine Funktion, Abteilung, kein Standort oder Produkt wird deutlich bevorzugt, sondern alle optimieren nach den gleichen Philosophien und Richtlinien.

Wenn diese Faktoren wirksam werden, tritt ein interessantes Phänomen auf: Die Informatiklösungen werden mit den Arbeitsprozessen sehr viel einfa-

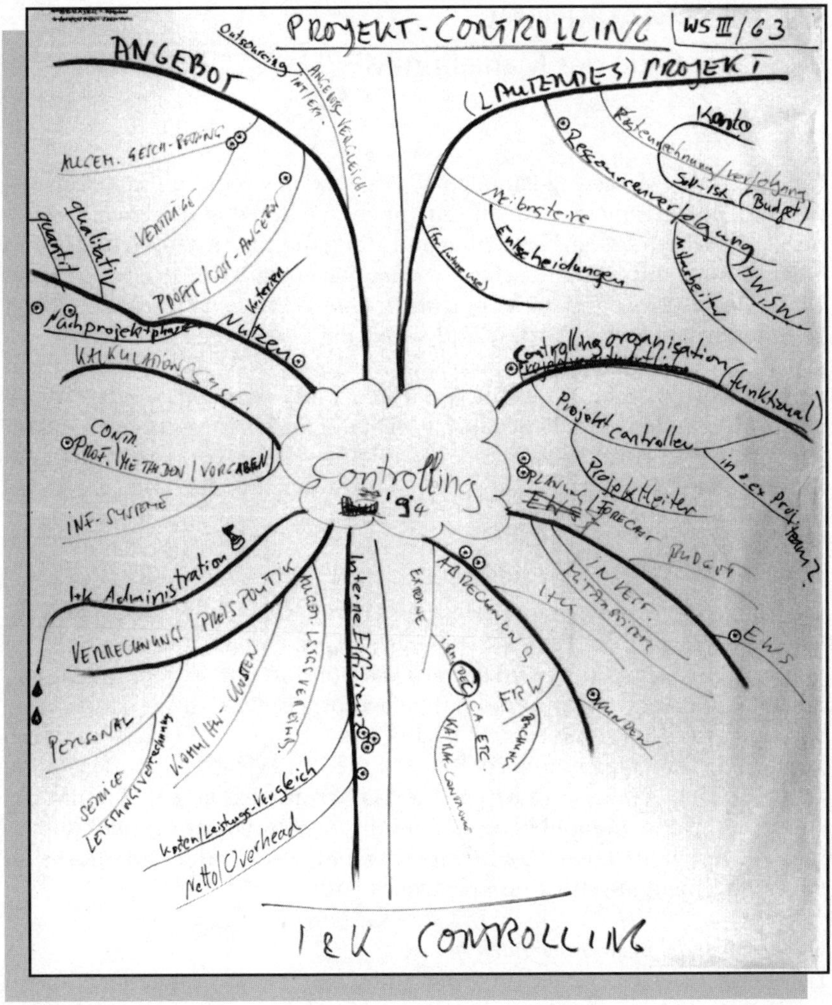

Abb. 6

cher, ganze Ebenen von Berichterstattungen entfallen, die Detailsicht ist durch Praxisnähe so gut, daß vieles gar nicht mehr „auf den Computer" muß.

„Lean Production" als Konzept geht in diese Richtung, wirkt aber nur, wenn vom Markt her *zuerst* die Abläufe, *dann* die Strukturen und *zuletzt* die Informatik überholt werden. Selbstverständlich braucht es ein schrittweises Vorgehen, um das Potential der wichtigen Produktionsfaktoren wie der DV und der Mitarbeiter voll zur Wirkung zu bringen.

PROZESSMARKETING
oder: Das Ende des Marketing-Mix?!

Das klassische Marketing-Paradigma „Der Mix" als Handlungsrahmen hat weitgehend ausgedient. Nur Unternehmen, die ihre dynamischen Umwelten als ihr Lebenssystem betrachten und Marketing als Austausch der ganzen Organisation mit seinem Lebenssystem, haben langfristig eine Chance. Dieser Perspektivenwechsel vom Instrumentenkasten zum Prozeß verlangt und produziert neues Denken und neue Denkwerkzeuge. Der Artikel vergleicht das Mix-Modell mit dem Ansatz des Prozeßmarketing, führt einige in der Marketingsprache unübliche Begriffe ein und beschreibt, wie die Prozeßperspektive andere, nützliche Bilder von Markt und Organisation stimuliert. Die fünf Basistechniken des Prozeßmarketing werden vorgestellt und zum Abschluß ein Modell zur praktischen Einführung des neuen Ansatzes.

1. Die Crux des Mix

Das Marketing-Mix-Konzept findet hohe Würdigung in Theorie und Praxis. Die Suche nach dem besten Mix – jener spezifischen Kombination der Marketinginstrumente Produkt, Preis, Distribution und Kommunikation – beseelt Generationen von Produktmanagern, leistete er ihnen doch beste Dienste. Was ging denn schief? Nichts, im Prinzip – außer daß das Mix-Modell, seit seiner Erfindung vor fast 50 Jahren, das gleiche blieb, die Märkte hingegen sich radikal wandelten. Die Marktkomplexität zeigt sich in der Gleichzeitigkeit von rapider Segmentierung, fast Atomisierung *und* Globalisierung, von Vielfalt *und* Veränderungsdynamik. Die Aussagen darüber sind heute Allgemeingut, die Konsequenzen nicht.

Lineares Handeln von Innen nach Außen

Der Marketing-Mix ist das Produkt eines linear von innen nach außen gerichteten Denkens und Handelns. Er paßt in Verkäufermärkten. Wer aber auf Senden und Überzeugen programmiert ist, kann nicht wirklich zuhören, nicht Dialoge führen und dabei lernen. Der Einsatz der klassischen Marketinginstrumente wurzelt im Weltbild der „trivialen Maschine" (Heinz von Foerster), das suggeriert, daß sich Märkte bewußt und linear verändern lassen, und so immer öfter zu kurz greift. Dann heißt's üblicherweise: Try harder. Aber ob ein Außendienstmitarbeiter mehr oder weniger eingestellt oder ein Verkaufsfolder mehr oder weniger produziert wird, ist in vielen Situationen eine völlig irreführende Fragestellung. Mehr desselben – mehr Verkaufsdruck, detaillierter ausgetüftelte Mixstrategien – all das ist immer seltener zentral entscheidend für Erfolg und Erfolgsfähigkeit in komplexen Märkten.

Der Mix sieht das Produkt, nicht das Ganze

Als der Marketing-Mix erfunden wurde, ging es um Produktmarketing und sonst nichts. Heute ist das Produkt primär Dienstleistung. Heute produziert die Organisation viel mehr Produkte als damals, sie besteht nicht nur aus vielen einzelnen Produkt-Markt-Kombinationen, sondern auch aus Produktgruppen, Geschäftsfeldern und Sparten. All das läßt sich nicht steuern wie ein Schiff – schon gar nicht mittels linearer Marktmodelle. Deshalb hat der Mix für die moderne Organisation so wenig Relevanz. Starr „Innen" und „Außen" zu trennen, ist gefährlich geworden. Der Kunde wurde zum Ko-Produzenten des Produktes beziehungsweise zum Prosumer. Ein unserer Zeit angemessenes Marketinghandlungssystem endet nicht an den Grenzen der eigenen Organisation. Man muß das ganze Geschäftssystem im Blick haben. Dies kann nicht mehr nur im Kopf weniger besonders erfahrener Marktkenner, zum Beispiel Produktmanager oder Marketingleiter, Vertriebsleiter oder Geschäftsführer, geschehen.

„Innen" ist für den Mix eine Black box, nicht existent

Der Mix ist nach außen gerichtet – er schaut nicht nach innen, nicht auf die Mitarbeiter. Aber Menschen mit Emotionen machen Marketing, sie verantworten die Qualität der Dienstleistungsprozesse, sie machen den Unterschied. „Erfolgreiche Marktkommunikation hängt zu 70 Prozent von begeisterten Mitarbeitern und nur zu 30 Prozent von schönen Drucksachen und so weiter ab." (Häusel 1992). Das gilt für Produktentwicklung analog. Auch die MitarbeiterInnen haben sich verändert. Die Veränderungen zeigen sich in den veränderten Werthaltungen, Wissensniveaus und Erwartungen. Sie machen beim Pförtner nicht halt. Es kostet mittlerweile mehr Kraft, sie im Inneren der Organisation stillzuschweigen, ruhigzustellen, als sie wahrzunehmen und als Wettbewerbschance zu nutzen.

Oben wird gedacht, und unten wird gehandelt

„Oben (bei den obersten Führungskräften, unterstützt von den Marketingspezialisten) wird gedacht und unten (bei den vielen Menschen mit Kunden- und Marktkontakt) wird gehandelt." Das altbewährte Führungsweltbild funktioniert in komplexen Märkten nicht mehr. Es behindert nachhaltig Schnelligkeit und Qualität der Marktpräsenz, weil niemand die Summe der marktrelevanten, widersprüchlichen Handlungen im Griff haben kann. Alle steuern mit. Die Unübersichtlichkeit der marktrelevanten Handlungen steigt. Die einzelnen Teile der Organisationen werden kompetenter und autonomer. Die Wechselwirkungen ihrer unterschiedlichen marktrelevanten Handlungen sind zu akzeptieren, und die Zunahme an widersprüchlichen Handlungen produziert unvermeidbare Konflikte nach innen und außen. Die Konfliktbearbeitung geschieht am besten früh und schnell. Organisationen setzen Kräfte frei, wenn sie den schädlichen Versuch aufgeben, mit *einer* marktrelevanten Zunge sprechen zu wollen. Organisationen agieren und entscheiden schneller, wenn sie lernen, sich in den verschiedenen Sprachen der Spezialisten, verbunden durch das Esperanto der Prozeßlogik, verständlich zu machen. Der Marketingspezialist hingegen, der rechthaberisch besser weiß, was der richtige Mix ist, wirkt dialoghemmend und damit kontraproduktiv zu seiner deklarierten Aufgabe.

„Kästchendenken" im traditionellen Marketing

Der Irrtum, daß Marketing in der Marketingabteilung „gemacht" wird, wiegt schwer, aber noch schwerer wiegt, daß das traditionelle Mixkonzept zwangsläufig „Kästchendenken" ausdrückt. Es kommt von seiner eingebauten Perspektive auf Funktionen und Hierarchie nicht los. In reifen Unternehmen zählt die funktional-hierarchische Strukturperspektive: Wer macht was? Wer darf was machen, entscheiden und was nicht? Wofür bin ich, mein Team, Abteilung, Bereich, Standort zuständig? Wofür nicht? Wie wichtig ist meine Funktion, usw.? Macht die Marketingabteilung oder der Vertrieb Marketing, oder wer? Aus diesem Führungsblick entsteht Effizienzschwäche im Operativen und Kurzsichtigkeit im Strategischen. Warum? Er führt zu einem Handeln, das sich an folgenden Kriterien ausrichten muß:

1. Das Sichern von Revieren und der Grenzen des eigenen Aufgabenbereichs ist vorrangig wichtig. Alles andere wäre – aus der Strukturperspektive gesehen – tatsächlich Leichtsinn gepaart mit Naivität.
2. Die hierarchischen Beziehungen haben überragende Bedeutung. Die Beziehung zum Vorgesetzten oder dessen Vorgesetzten sichert Überleben und Karriere. Und umgekehrt: die zu den Mitarbeitern, oft schon weniger wichtig und gepflegt, sichert die zu verantwortenden Arbeitsergebnisse.
3. Im Arbeitsprozeß sind bestenfalls die jeweils vorgelagerte und nachgelagerte Funktion/Abteilung im Fokus. Die Regelbeziehung ist die des Forderns beziehungsweise Zurückweisens von Forderungen. Aus zu eng definiertem Verantwortungsgefühl entsteht so zwangsläufig ein Suboptimum im Gesamtprozeß – absolut ohne böse Absicht, niemand hat Schuld (siehe auch Schmitz' Artikel „Prozesse und Fähigkeiten" in diesem Jahrbuch).
   So wird klarer, warum die beschworene „Schnittstelle zum Kunden" sehr häufig unter „ferner liefen" rangiert. Verfestigt wird dies durch eine beliebte Spielregel in Organisationen: Der strukturell bedingte Mangel an Kundenorientierung wird mit viel Sprache gut zugedeckt und so wirkungsvoll einer Änderung entzogen.

Je komplexer die Märkte, desto weniger Mix

Trotz aller heute erforderlichen Einschränkungen bleibt der Mix, ein Symbol des linearen Marketing, eine erfolgreiche Technik, eine Vereinfachung, die funktioniert (Baecker 1992). Er bleibt das denkbar nützlichste Denkinstrument für Märkte, die einfach strukturiert und wenig dynamisch sind, gleichförmig wachsen (bzw. schrumpfen) und von Verkäufermacht geprägt sind. Seine Nützlichkeit sinkt in dem Maße, wie der Komplexitätsgrad des jeweiligen Marktes steigt. Man kann risikolos voraussagen, daß einfache Marktkonstellationen seltener werden. „Mache die Dinge so einfach wie möglich – aber nicht einfacher!" Einsteins Definition für Eleganz gilt für die Aussagen zum Mix genauso wie durchgängig für alle folgenden.

Die Vorliebe, Märkte und Organisationen in Märkten als Ursache-Wirkungs-Mechanismen zu begreifen, ist praktisch, weitverbreitet und nur schwer aufzugeben. Trotzdem sind die leisen Zweifel einer zunehmenden Zahl von Führungskräften und Unternehmen berechtigt. Sie sind mit allzu „einfachen" Marketingmodellen nicht gut gerüstet, die Vielfalt und Dynamik der Märkte angemessen wahrzunehmen und gelassen in gewinnträchtiges Lernen umzumünzen.

2. Marketing als Prozeß

Was bedeutete es für Unternehmen, wenn sie sich jetzt von bewährten Führungs- und Marketingmodellen lösen, wo die „einfachen" Lösungen vermehrt selbst zum Problem werden? Was nehmen sie wahr? Was tun sie weiterhin, was nicht mehr? Wie versuchen sie, die marktrelevanten Ereignisse, Handlungen und Prozesse mitzusteuern? Aus solchen Fragen formt sich eine neue Disziplin: Prozeßmarketing. Sie ist nahe verwandt mit generellen Ansätzen des Prozeßmanagement (Quinn 1990; Hammer 1990; Peters 1993). Die Begriffe *Prozeß* und *Marketing* haben gemeinsam, daß sie beide informationsarm geworden sind. Sie wurden in der Vergangenheit allzuoft in vielen Situationen beliebig gefärbt verwendet. Deshalb sei zuerst ein Blick auf Basisbegriffe geworfen, mit dem Ziel, daß das entwickelte Begriffsverständnis einen nützlichen Unterschied macht.

Verknüpfung von Markt und Organisation

Unternehmen sind soziale Systeme, was heißt, daß sie in eine größere Umwelt eingebettet sind. Diese nennen wir *Lebenssystem,* um zu kennzeichnen, daß jedes Unternehmen vorstellbar ist als Teil, aber nicht Zentrum vieler verschiedener Geschäfts- beziehungsweise Lebenssysteme, in welchen es gut (über-) leben können will. Abbildung 1 deutet an, daß sich ein „egozentrisches" Marktbild als kurzsichtig und indirekt teuer erweist.

Weiterführende Marketingfragen lauten eher: Welchen Akteuren und Gruppen im jeweils fokussierten Geschäfts- beziehungsweise Lebenssystem sollte es relativ gut gehen, damit auch unsere Organisation gut leben kann? Wofür haben wir Mitverantwortung und Beiträge zu leisten? Die Fragen sind nicht moralisch, sondern im ureigensten Interesse der Organisation begründet.

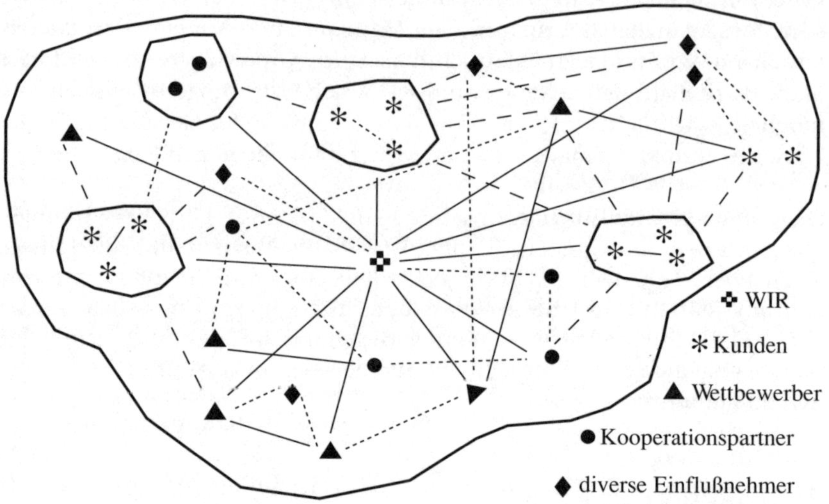

Abb. 1: Das Lebenssystem

Die Primäraufgabe von Marketing ist unter diesen Aspekten einfach zu formulieren. Sie besteht in der Verknüpfung von Markt und Organisation mit dem Ziel, die Erfolgsfähigkeit der Organisation nachhaltig zu sichern. Ohne Lebenssystem kein Unternehmen, ohne Ökologie keine Ökonomie. Die System-Umwelt-Differenz kann man übrigens ziehen, wo man will. Sie ist nicht auf ganze Unternehmen und seine Märkte beschränkt, sondern genauso auf jede beliebige Organisationseinheit und ihre Märkte, ja jedes Organisationsmitglied und sein Überlebenssystem anwendbar. So rücken auch die wichtigen internen Kunden und internen Märkte in den Fokus. Kurz: Marketing is everything! (McKenna 1991 b).

Diese formulierte Primäraufgabe beinhaltet, daß die in die Organisation eingewobenen Marketingprozesse im Endeffekt alles entscheiden. Ausnahmslos jeder interne Leistungsteilprozeß hat dauerhaft nur Wert und Preis, wenn er marktrelevant ist, was er wiederum nur sein kann, wenn er gut gekoppelt ist an seine externen und/oder internen Märkte. Unter diesem Aspekt spielt jedes Organisationsmitglied, das sich nicht für Marketing mitverantwortlich versteht, mit dem beträchtlichen Risiko, daß die internen wie externen Kunden und Marktpartner solch fortgesetztes Desinteresse mit Ablehnung und Abstoßung quittieren werden! Wie viele interne Dienstleister in verschiedensten Funktionen querbeet fallen gerade jetzt aus allen Wolken, merken spät, daß auch sie Märkte haben.

Der Marketingbegriff – up to date gebracht

Konzipiert man das Unternehmen als *System im Austausch mit seiner Umwelt* und Marketing als *Mitgestalten des Lebenssystems* (Abb. 1), dann ist auch der Marketingbegriff zu überdenken. Dafür stehen drei Begriffsdimensionen zur Wahl:

1. Die breiteste und anspruchsvollste Dimension ist die von Marketing als „Querschnittsfunktion". Marketing ist – idealtypisch wie Qualität – quasi als roter Faden durchgängig in der ganzen Organisation präsent. In jede Tätigkeit ist permanente Orientierung an den externen und internen Märkten eingewoben.
2. Marketing als Mitgestaltung der Marktbeziehungen und Märkte. Hier sind nicht alle Organisationsmitglieder, Abteilungen und hierarchischen Ebenen für Marketing „zuständig", sondern nur die relativ marktnäheren, aber sicher erheblich mehr als die Funktionen Marketing und Vertrieb.
3. Die engste Dimension – Marketing als Summe der spezialisierten marktrelevanten Dienstleistungstätigkeiten wie zum Beispiel Marktforschung, Verkaufsförderung, Werbung, Produktmanagement. Hier wird Marketing auf Spezialistenfunktionen beschränkt.

Keine der drei Dimensionen ist a priori besser als die andere. Eine einfache „Komplexitätsregel" möge helfen: so eng wie möglich und so breit wie nötig. Die enge Begriffsdimension paßt für wenig komplexe Teilmärkte und/oder einfach strukturiert definierbare Marketingprobleme. Doch ist die Verständigung darüber nicht beliebig, welche der drei Begriffsdimensionen in der konkreten Problemlösung beziehungsweise Kommunikation angewandt wird beziehungsweise am besten paßt. Dieser Verständigung Sorgfalt zu widmen lohnt sich. Sie ist Voraussetzung für gelingende Marketingpraxis.

Die Priorität gilt heute der Prozeßdimension von Marketing, ein zentraler Begriff heißt *Relationship Marketing.* (McKenna 1991 a). Hier bezeichnet Marketing das Gestalten von Leistungs- und Kommunikationsprozessen, Tauschvorgängen, also von Beziehungen zwischen Organisationen und ihren relevanten Marktpartnern. Diese Definition ist einseitig, Marketing umfaßt auch das Managen der marktrelevanten Strukturen. Prozeß und Struktur sind die zwei Seiten der Marketing-Münze, die sich wechselseitig ermöglichen und ergänzen. Prozeßmarketing – auch wenn es hier absichtsvoll in den Vordergrund gestellt wird – ersetzt nicht Strukturmarketing, und die Kunst besteht im fließenden Wechsel zwischen beiden!

Struktur und Prozeß – ein theoretischer sidestep

Bei der Besprechung der Stärken und Grenzen des Mix-Modells war viel von gestiegener Marktkomplexität die Rede. Marketingmodelle sind also kompromißlos daran zu messen, ob sie dem Manager helfen, sinnvoller und eleganter mit Komplexität umzugehen. Genau das ist die primäre Funktion von Struktur und Prozeß, je auf seine Weise! Je größer die Marktkomplexität, desto mehr hat Führung die unabdingbare Aufgabe, die Organisation vor Überlastung zu schützen. Dies geschieht durch die starke und immer dementsprechend riskante Selektion, welche „Marktgeräusche" relevant und deshalb zugelassen sind und welche nicht. Die Selektion durch Strukturgebung ist die durch Ausschluß. Strukturen halten ein begrenztes Repertoire von Wahlmöglichkeiten offen, durch gleichzeitigen Ausschluß vieler anderer (Luhmann 1984: 388). Was für die Organisation als nicht relevant gilt, ist zweifelsfrei daran zu erkennen, daß es dafür keine Struktur gibt.

Wenn man nicht der Meinung ist, daß zum Beispiel Großkunden einer ganz besonderen Betreuung und Koppelung mit der eigenen Organisation bedürfen, dann gibt es dafür keine eigene Strukturform. Gleiches gilt für andere Varianten der Marktsegmentierung, für Arbeit an Unternehmensvision oder marktorientierter Personalentwicklung.

Solche Selektion findet nicht nur durch Organisationsstruktur und geregelte Abläufe statt, sondern genauso durch Erwartungen, Regeln, Normen, Kommunikations- und Entscheidungsstrukturen. Die Selektion mittels Prozessen ist eine ganz andere. Sie läuft über die Unumkehrbarkeit der Zeit. Prozesse bestehen aus irreversiblen Ereignissen. Sie können nicht rückwärts laufen. Für einen Prozeß ist also die Vorher-Nachher-Differenz entscheidend. Prozesse kommen zustande, indem konkrete selektive Ereignisse zeitlich aufeinander aufbauen, aneinander anschließen (Luhmann 1984: 73 f. u. 388). Nicht jede Ereignisfolge ist auch Prozeß, sondern er braucht Ereignisse und Handlungen gleicher Typik in einer Sequenz, die Sinn macht. Prozeß ist die „geschlossene" Gestalt eines nicht wirklich vorausbestimmbaren Ablaufs – geschlossen durch bestimmte Akteure, Motive, Interessen, Konflikte und Ergebnisse (Willke 1993).

Struktur steht für das Verschließen und Sich-nicht-stören-Lassen. Prozeß steht für das Öffnen des Unternehmens und das Wahr-Nehmen relevanter Überraschungen und„Störungen" in der Umwelt. So weit, so abstrakt. Doch haben diese theoretischen Aspekte allerhöchsten Nutzen im riskanten Geschäft der Führung, wie sich später, bei der fünften Basistechnik des Prozeßmarketing, noch zeigen wird.

Renaissance einer Selbstverständlichkeit!?

Eine prozeßbezogene Sicht einzunehmen, heißt zuerst einmal einer Selbstverständlichkeit zu neuer Ehre verhelfen. Die Sicht des „gestandenen", erfolgreichen Unternehmers ist die Prozeßsicht – „Der Schornstein muß rauchen" oder „Es muß was weitergehen!". Um das notwendige Ergebnis zu erreichen, muß eines dem anderen folgen, unabhängig von strukturellen Fragen. Infolge der Unübersichtlichkeit der Märkte und Unternehmen sinkt allerdings die Erfolgswahrscheinlichkeit dieses „naturwüchsigen" Prozeßmanagements; selbst für Unternehmer besteht Professionalisierungsbedarf.

Beispiel 1:
Ein hochqualifizierter Produktmanager eines Pharmaunternehmens wird nach zehnjähriger Betriebszugehörigkeit gekündigt, weil er sich intern fortgesetzt persönlich schwierig zeigte und „nicht führbar" war. Die Hierarchie konnte sich nie sicher sein, daß er ihre Linie vertreten würde. Die Prozeßsicht ergab ein ganz anderes Bild. Er agierte marktnah. Er pflegte für das Unternehmen wichtige Beziehungen zum und im Markt. Die Kunden, VIPs und Außendienstkollegen schätzten seine Dienste sehr. Mit mehr Prozeß- und weniger hierarchischem Kästchendenken, so erkannte der Marketingdirektor im Coaching, hätte er den Produktmanager nie gekündigt.

Der Prozeßansatz fokussiert mehr auf Unternehmertum im Unternehmen (Intrapreneure) als auf funktionale Teilaufgaben, mehr auf Ablauf- als auf Aufbauorganisation, mehr auf nachhaltige Erfolgsfähigkeit im Markt als auf Macht (eventueller Bereichsfürsten). Die Prozeßperspektive liegt zur Strukturperspektive quer (siehe Abb. 2). Durch einen Perspektivenwechsel um 90 Grad sieht man das eigene Unternehmen, die eigene Abteilung im jeweiligen Geschäftssystem garantiert mit anderen Augen. Der Prozeßansatz ist intellektuell ebenso einfach zu verstehen wie emotional ziemlich irritierend, besonders für Manager in Großunternehmen und in traditioneller Betriebswirtschaftslehre ausgebildete Marketingleute. Sie sind besonders geübt in der Struktursicht. Wir alle sind mehr gewohnt und geübt, auf die Teile – hier die Teilprozesse – zu schauen als auf das Ganze. Dafür werden wir zumeist belohnt! Deshalb ist der Perspektivenwechsel bewußt vorzunehmen. Selbstverständlich findet er nicht statt. Deshalb ist sein praktisches Üben wichtig und lohnend zugleich.

Beim Analysieren von abteilungs- und unternehmensübergreifenden Leistungsprozessen verblüfft mich immer wieder, wie den Führungskräften regelmäßig die Prozeßperspektive „wegrutscht". Sie landen im Handumdrehen bei Strukturfragen:
„Wie wirkt sich eine veränderte Aufgabenverteilung auf das Einfluß- und Machtgefüge aus? Was mache ich – und meine Mitarbeiter, denen ich mehr oder weniger verpflichtet bin –, wenn ..."

Perspektivenwechsel setzt Kreativität, Überraschungen und andere Gefühle frei, er produziert neue Erkenntnisse und Ansätze für bisher unbekannte Potentiale im Wettbewerb.

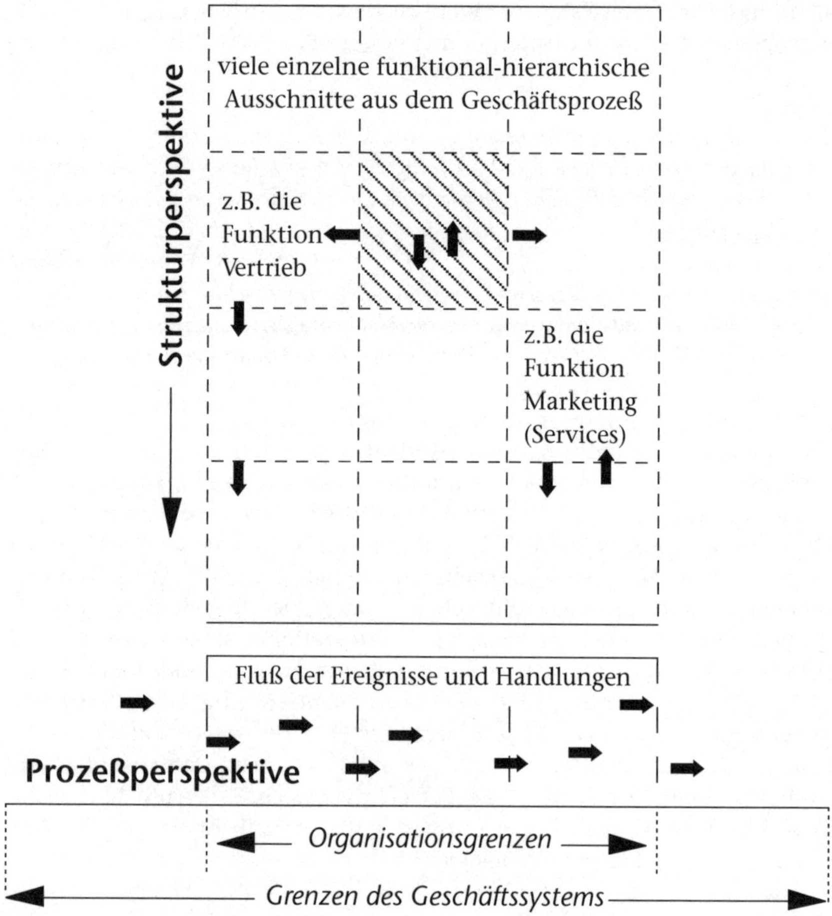

Abb. 2: Prozeßperspektive versus Strukturperspektive

Primäraufgabe: Mehrwert für den Kunden schaffen

Marketing prozeßhaft sehen heißt, jene Kette von Teilleistungen innerhalb des Unternehmens und in seinem Marktmilieu zu managen, die das übergeordnete Ziel verbindet: den Kunden und anderen Marktpartnern Mehrwert zu schaffen. Im einzelnen befaßt sich Prozeßmarketing damit, die im Markt, bei den Marktpartnern beeinflußbaren Teilprozesse und die marktrelevanten Ereignisse beziehungsweise Tätigkeiten in der Organisation so miteinander zu verkoppeln, daß sie in ihrer Gesamtwirkung (mehr) Marktnutzen und Effizienz, (mehr) Qualität und Sinn produzieren. Diese Aufgabe beinhaltet auch, die müßige Suche nach der Stelle, die „Marketing macht", aufzugeben. Jener Prozeß, der sich aus Teilleistungen „entwickelt", um Mehrwert zu produzieren, ist der Marketingprozeß. Prozeßmarketing nimmt die vor Jahrzehnten formulierte Marketingidee „Unternehmensführung vom Markt her" ernst und radikal beim Wort.

Beispiel 2:
Ein Unternehmen des Baugewerbes, vor 25 Jahren noch Pionier in intelligenter industrieller Vorfertigung der Betonbewehrung, klagt seit vielen Jahren über starken Preisdruck, zunehmendes Auftreten von Diskontern und bedrohlich sinkende Erträge. Man fokussiert auf Wettbewerber, Mengen und Preise; ein anderes Marktbild ist nicht relevant. Intern sind die einzelnen Funktionen streng abgegrenzt. In Projektgruppenarbeit zeigen schon erste grobe Prozeßanalysen, daß der Markt viel komplexer ist und mehr Chancen bietet und daß das dominante Strukturdenken das Unternehmen zu einem unendlich langsamen „Dinosaurier"-Dasein zu verdammen scheint. Relevant wurden diese Erkenntnisse durch das regelmäßige Ausweiten des Blicks auf das ganze Geschäftssystem, was besonders dadurch gelang, daß ein Statiker festes Mitglied, Kunden und andere Marktpartner regelmäßig eingeladene Gäste in der Projektgruppe waren. Die Statiker wurden vom Behinderer zum wichtigen Partner, weil man sie „als unsere kostenrechnerischen Frühwarner und Kostensenker" erkannte. In ähnlich grundlegender Weise veränderte sich das Bild der Beziehungen zu den auftragvergebenden Baufirmen.

Die Grundfragen des Prozeßmarketing:
Die Grundfragen des Prozeßmarketing gehen in zwei verschiedene Richtungen: in die operative und in die strategische. Der generelle Maßstab ist klar und für beide Fragerichtungen gleich: dem Markt Mehrwert bieten und dem Unternehmen nachhaltige Verbesserung von Gewinn und Erfolgsfähigkeit.

Die operativen Prozeßoptimierungsfragen lauten etwa so:

- Welche marktrelevanten Leistungs- und Kommunikationsprozesse, intern und extern, gibt es? (Identifikation der Prozesse)
- Wie laufen sie? Wo laufen sie gut, stocken sie, sind sie blockiert oder fehlen ganz? (Einschätzung von Quantität, Intensität und Qualität).
- Welcher Teilprozeß schließt an welchen zeitlich an? Mit welcher Logik?
- In welchen Teilprozessen stecken Potentiale für Optimierung, das heißt Qualitätssteigerung, Speedmanagement und/oder Kostensenkung?

Die strategischen Prozeßinnovationsfragen lauten etwa so:

- Kann die Sequenz nicht ganz anders komponiert sein? Innerhalb der Organisation(seinheit), innerhalb des Geschäftssystems.
- Wie kann durch eine ganz andersartige Reihenfolge oder Verteilung der Leistungen auf die Marktakteure eine Prozeßinnovation entstehen?

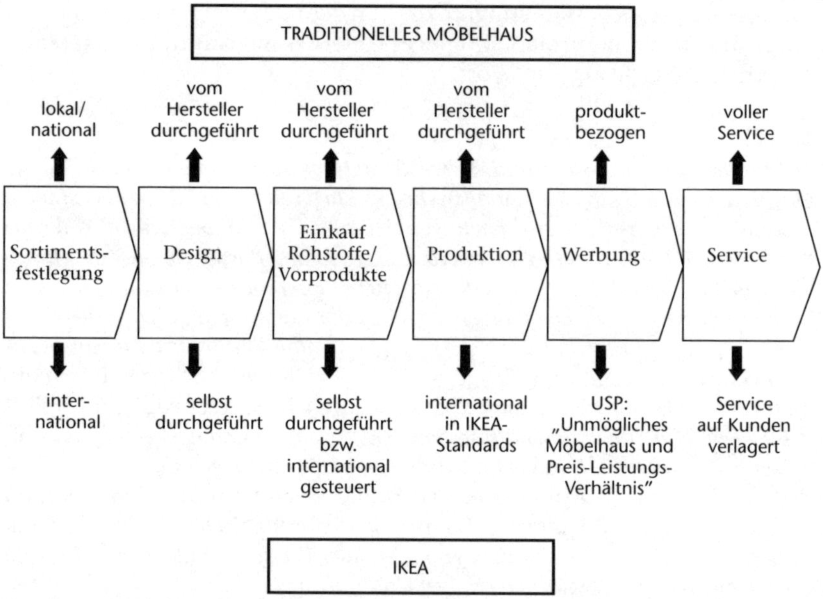

Abb. 3: *IKEA* ist das Paradebeispiel dafür, wie durch ein anderes Arrangement der Teilleistungsprozesse etwas Neues geschaffen werden kann. In jedem der sechs Teilprozesse in der Abbildung hat *IKEA* einen Unterschied zum traditionellen Möbelhaus erfunden, was die Verteilung der Tätigkeiten zwischen sich, seinen Zulieferern und seinen Kunden betrifft. Durch solche Prozeßinnovationen entstehen neue Märkte und Geschäftssysteme, was grundsätzlich in jeder Branche möglich und durchzudenken ist.

Prozeßmarketing weist drei Besonderheiten auf

Wozu braucht es Prozeßmarketing, wo doch in allen derzeit propagierten Konzepten die Nähe zum Kunden, Beweglichkeit und Schnelligkeit beschworen werden? Aus der vorangegangenen Beschreibung lassen sich drei Besonderheiten zusammenfassen, die einen Unterschied machen:

1. bezieht sich Prozeßmarketing auf das ganze Geschäfts-/Lebenssystem. Nach außen versucht es, weit über die Grenzen der eigenen Organisation hinaus, die Wertkette bei Kunden und Marktpartnern mit deren Augen zu analysieren und wertsteigernd mitzugestalten. Nach innen achtet es auf die in allen Leistungsprozessen „eingebaute" Marktrelevanz. Ohne Prozeßmarketing schmort die Organisation in ihrem eigenen Saft!
2. „behandelt" Prozeßmarketing Märkte und Organisationen nicht wie Maschinen und Manager nicht wie Kapitäne oder Chefmechaniker. Soziale Systeme haben nicht das *eine* Gaspedal, auf das man drückt, wenn man schneller fahren will. Prozeßmarketing versucht daher, die

Eigentümlichkeit sozialer Systeme, wie zum Beispiel ihre grundsätzliche Unberechenbarkeit, zu akzeptieren und ihr gerecht zu werden.

3. sind die Menschen mit der ganzen Bandbreite ihrer Möglichkeiten und Gruppen mit ihrer Dynamik kein Störfaktor, wie in den technokratischen Prozeßansätzen, sondern die treibenden Kräfte mit höchstem Stellenwert.

   Diese drei Besonderheiten sind je nach Branche und Unternehmen unterschiedlich relevant. Die Faustregel „Je komplexer und dynamischer der fokussierte Teilmarkt ist, desto ..." unaufschiebbarer wird Prozeßmarketing, könnte auch hier nützen.

Drei Elemente: Perspektive, Analyse und Management

Prozeßmarketing ist ein neuer A*nsatz*, weil er aus drei Elementen komponiert ist, die sich wechselseitig stützen und verstärken:

1. *die Prozeßperspektive einnehmen lernen*. Bislang bin ich nur auf sie näher eingegangen , weil mit ihr der ganze Ansatz steht und fällt.
   „Die Prozeßperspektive ermöglicht, die den bestehenden Prozessen zugrundeliegenden Spielregeln in Frage zu stellen und danach das Prozeßdesign buchstäblich neu zu erfinden." (Hammer 1990).
2. *Praktizieren der Prozeßanalyse von außen nach innen*. Prozeßreflexion zur Regel machen, das heißt die Kommunikations- und Entscheidungsprozesse, besonders an den sogenannten Schnittstellen in der Organisation, beobachten. Eventuell Neudesign durchführen und die eine oder andere Prozeß(spiel)regel ändern.
3. *Prozeßmanagement zur Disziplin in der Organisation entwickeln*. Das heißt in aller Kürze: Ergebnisse ins Zentrum stellen, Vorhaben konkrete Zeitperspektiven zugrunde legen, die Ereignissteuerung des Prozesses als Gefahr und Chance zugleich akzeptieren, „Störungen" produktiv zu wenden als Anregungen für neue Bezugnahmen insbesondere zwischen inneren Vorgaben und äußeren Ereignissen, dauernd wechselnde Perspektiven einnehmen und andere dazu ermuntern (Willke 1993).

Veränderte Anforderung an Führung

„Zentrale Kompetenz des Prozeßmanagement ist deshalb die der Moderation. Der Manager muß in der Lage sein, die in einem bestimmten Prozeß zusammenlaufenden w*idersprüchlichen* Logiken, Interessen, Motive (...) zu einem positiven Ergebnis zusammenzubringen – nicht per Autorität, sondern per Moderation und Kontextsteuerung." (Willke 1993).

3. Praktischer Kern: Die fünf Basistechniken

Was bedeutet der Prozeßansatz für die Marketingpraxis in Organisationen? Wo muß Prozeßmarketing konkret ansetzen, wenn das System durch gute Marktkoppelung nachhaltig erfolgsfähig sein will? Immer sind die fünf folgenden Basistechniken im Spiel:

1. für Systemklarheit sorgen;
2. zwischen Innen- und Außenperspektive wechseln;
3. zwischen Öffnen und Verschließen wechseln;
4. Verbindungsstellen managen;
5. Fokuswechsel austesten und vornehmen.

Mehr als diese fünf Basistechniken braucht man für die Praxis nicht – manchmal nur eine davon, in umfangreicheren Veränderungsvorhaben alle fünf in Kombination und Wechselwirkung.

1. Für Systemklarheit sorgen

Erste Voraussetzung für effizientes Marketing ist die sorgfältige Abgrenzung und klare Kommunikation der Gestalt des Geschäfts-/Lebenssystems, um das es in der konkreten Problemlösung geht. Hier ist zu fragen: Wen muß ich bei der konkreten Marketingproblemlösung einbeziehen, wen kann ich ungestraft übersehen? Wem im Lebenssystem muß es relativ gutgehen, damit es uns selbst auch weiterhin gutgeht? Wenn das Geschäftssystem zu eng gesehen wird, dann sind unangenehme bis existenzbedrohende Überraschungen früher oder später unausweichlich. Die Beispiele sind Legion.

Beispiel 3:
Die Krise in der österreichischen verstaatlichten Industrie in den 80er Jahren war dort, wo ich Einblick hatte, zu einem guten Stück Ergebnis von zu eng definierten Lebenssystemen. Die Beziehungen zu Politikern waren von überragender Bedeutung, und auch mit guten Beziehungen zu Stammkunden, zum Beispiel im Kraftwerksbau, fand man lange Jahre gutes Auskommen. Dabei wurde „übersehen", daß für nachhaltige Erfolgsfähigkeit trotz allem Neukunden und Neuprodukte zu entwickeln sind und daß der Markt Österreich, ergänzt durch etwas Export zum Überleben nicht reichen würde. Zu diesem Zeitpunkt kamen gutgemeinte Marketingseminare für Führungskräfte vielleicht zehn Jahre zu spät und griffen zu kurz.

Es sind eher die erfahrenen Praktiker, die zu einer zu engen Definition neigen, weil sich die Kräfteverhältnisse und Akteure im Lebenssystem oft langsam und damit unmerklich verändern. Andrerseits besteht bei trivialen beziehungsweise komplizierten (aber nicht komplexen) Marketingproblemen kein Grund, das Lösungssystem weiter als unbedingt nötig zu definieren.

Beispiel 4:
Pharmaindustrie. Jeder im Krankenhaus-Marketing weiß, daß die Beziehungen zu den Verwaltern traditionell unterentwickelt beziehungsweise eher schlecht sind. Und jeder weiß, daß ihre Bedeutung aufgrund des Kostendrucks im Gesundheitswesen steigen wird. Doch ist am Markt nicht zu erkennen, daß ein Anbieter dem konsequent entspräche und die erforderlichen Problemlösungs- und Prozeßfähigkeiten entwickelte.

Damit für Systemklarheit gesorgt ist muß man die ganze dynamische „Leistungsprozeßkette", die die vielen relevanten Marktpartner – verschiedene Kundengruppen, Distributoren, Co-Marketingpartner, indirekte Einflußnehmer und viele mehr im konkreten Fall – miteinander unsichtbar verbindet, nachzeichnen und mitgestalten. Es geht darum, in der Organisation ein aktuelles, lebendiges, ganzes Marktbild buchstäblich zu zeichnen (siehe Abb.1). Methoden, die sich praktisch bewähren, sind zum Beispiel:

1. Vesters Papiercomputer in einfachen Konstellationen;
2. das tatsächliche Zeichnen von System-Beziehungs-Landkarten auf mehreren Pinnwänden;
3. nimmt die spielerische, unkomplizierte Nutzung von Computern, zum Beispiel mit *Apple*-Software, zu.

Diese Arbeit ist immer problembezogen durchzuführen und ein dynamischer Lernvorgang, der auf fortlaufenden Dialogen mit den Marktpartnern aufbauend vielfältige Markterfahrung produziert.

2. Zwischen Innen- und Außenperspektive wechseln
Prozeßmarketing ist am leichtesten erkennbar an seinem fortlaufenden Wechsel zwischen Innensicht und Außensicht. Orientierung an der Innensicht heißt, die vielen verschiedenen Teillogiken der spezialisierten Abteilungen und der hierarchischen Ebenen innerhalb der Organisation wahr- und ernstzunehmen. Orientierung an der Außensicht heißt, die Marktlogik beziehungsweise die des ganzen fokussierten Geschäftssystems ebenfalls wahr- und ernstzunehmen. Die Marktlogik erwächst aus der widersprüchlichen Vielfalt der Teillogiken der Zielgruppen, Marktsegmente, Partner und anderer Mitspieler im Markt.

Marketing ist *nicht* das sich linear stärkere Öffnen für Marktinformationen und Marktsignale, Chancen wie Bedrohungen. „Wer für alles offen ist, kann nicht ganz dicht sein." (Vulgäre und doch Volksweisheit.) Marketing ist vielmehr die Kunst, sich selektiv gegen die allermeisten Marktgeräusche zu verschließen – und trotzdem nichts, was für die andauernde Erfolgsfähigkeit der eigenen Organisation wesentlich ist, zu überhören! Genau dazu dient der fortlaufende Wechsel zwischen Innensicht und Außensicht innerhalb des jeweils gewählten Geschäftssystems. Er fördert echte Informationen und Neugier zutage.

Beispiel 5:
Eine Produktentwicklung von außen nach innen. DELL Computer werden per Fax in ganz maßgeschneiderter Konfiguration bestellt und stehen innerhalb von 24 Stunden (wirklich) betriebsbereit am Schreibtisch. Später ist über Hotline alle Art von Unterstützung zu haben. Die diesem innovativen „Marketing-Mix" zugrundeliegende Frage könnte etwa so lauten: Angenommen, wir wollten die Produktnutzung durch den Kunden anders und besser als bisher verstehen: Welche Arbeit beziehungsweise Probleme sind für die (potentiellen) Kunden mühselig oder zeitaufwendig? Wie könnten wir ihnen diese Arbeit beziehungsweise Probleme abnehmen und als Problemlösungen in unser Produkt einbauen? Welcher Vertrieb ist dann zu wählen? Die Außensicht richtet sich auf Kostenreduktion in der Kundenorganisation beziehungsweise bei den anderen Marktpartnern, die Innensicht (genauso wichtig) auf die eigenen Kosten.

Man sollte mit der Außensicht starten, bei den für die Marktpartner relevanten Nutzenmaßstäben. Es ist immer wieder eine interessante Arbeitserfahrung, sehr elegant und befriedigend: War man lange genug in der Außensicht, dann kommen von selbst die Fragen zum „Marketing nach innen", nach internem Informationssystem, Marketingorganisation und so weiter. Der Wechsel wieder zurück zur Außensicht geht hingegen nicht automatisch, er ist bewußt zu steuern!

Prozeßmarketing leitet die Idee, daß der Wechsel Innen/Außen fortlaufend eine neue, energievolle Sinnbalance produziert. Es ist dies die Sinnbalance zwischen Dienst am Kundennutzen beziehungsweise Umweltnutzen und Dienst am Überleben und Gedeihen des Unternehmens und seiner MitarbeiterInnen. Wird der Wechsel nicht vorgenommen, dann verkommen zum Beispiel selbst im Ansatz sehr potente Projekte zur „Prozeßoptimierung" sehr schnell zu im Endeffekt wenig ergiebigen Personalstands- und Kostenreduktionsprogrammen, ohne daß die Organisation dabei Konstruktives gelernt hätte.

3. Zwischen Öffnen und Verschließen wechseln

Die Basistechnik 3 des Prozeßmarketing bezieht sich auf das „richtige" Timing des Wechselns zwischen mehr Öffnen und mehr Schließen der Organisation. Dies führt im Ergebnis zu einem ungleichmäßigen Pulsieren zwischen mehr nach außen gerichteter Aktivität und mehr nach innen gerichteter, mehr Action im Markt und mehr Konzentration auf alte oder zukünftige Stärken. Die Pulsation soll zu der Dynamik und dem Dynamikwechsel der Teilmärkte passen. Dazu braucht es Intuition und die Fähigkeit, leise Signale wahrzunehmen. In verschiedenen Branchen braucht man sehr verschiedene Pulsfrequenzen, zum Beispiel in den Informationstechnologien oder im Verkehrsgeschäft. In „langsamen Branchen" kann man auch lange Zeit mit einem relativ hohen „Schließungsgrad" sehr erfolgreich sein, dabei zum Beispiel im Alltag die bestehenden Abläufe ständig in kleinen Schritten optimieren. Je dynamischer und komplexer die Märkte sind, desto schneller muß der Puls der Organisation gehen.

Zu langsamer Puls beinhaltet das Risiko, daß man entweder *innen* Marktinformationen nicht schnell genug verarbeitet oder *außen* eine strategisch relevante Veränderung der Prozesse im Markt verpaßt. Mit dauernd zu schnellem Puls riskiert man andererseits, in der Organisation nie genug Langsamkeit und Ruhe für Konzentration und Besinnung zu finden.

Beispiel 6:
Eine österreichische Spedition ist seit langer Zeit erfolgreich, konservativ, national eine der größten, im Europamaßstab klein. Der europäische Binnenmarkt ab Januar 1993 und die „Öffnung" der Ostmärkte verändern das Geschäftssystem radikal. Bei EG-Beitritt Österreichs 1996 wird der Teilprozeß Verzollung, die wesentliche cash cow in der Dienstleistungskette, die die Warenflüsse begleitet, wegfallen. Österreich wird logistisch zum Bundesland des zehnmal größeren Deutschland. Alle wesentlichen Marktbeziehungen sind in Frage gestellt, neu und anders aufzubauen. Das wurde in Analysen zu den Marketingprozessen erkannt, und man zog daraus die Konsequenzen. Fazit: Jetzt ist eine Phase des Sich-mehr-Öffnens und Sich-vom-Markt-Irritierenlassens gekommen, um die aktuellen Chancen und Risiken aufzuspüren.

Die Basistechnik, Öffnen/Schließen, beinhaltet auch, einen klaren Blick dafür zu entwickeln, wann den Marketingprozessen kollektiv erhöhte Aufmerksamkeit zu widmen ist und wann man sich wieder relativ mehr schließen kann.

Beispiel 7:
1992 redeten alle im Gesundheitswesen über das „Seehofer-Gesetz" (GSG), das am 1. Januar 1993 in Kraft trat. Die obersten Führungskräfte eines Pharmaunternehmens hatten im Herbst '92 Wichtigeres zu tun, als sich im Team die Auswirkungen, die dieses Gesetz kurzfristig und langfristig haben könnte, konsequent auszumalen. Tatsächlich trafen sie die zum Teil massiven Umsatzeinbrüche völlig überraschend. Auch die Arbeit an einer Vision „Wir im Gesundheitsmarkt 2010" (die Herausforderungen und Chancen) steht noch nicht auf der Marketingagenda dieser Führungsgruppe. Dies ist – aus meiner Sicht – ein riskantes Verschließen und Zuwarten in einer Phase erhöhten Risikos.

4. Verbindungsstellen managen

Die Märkte verändern Organisationen nicht, sie liefern „nur" Daten oder Informationen. Organisationen verändern sich selbst oder gar nicht, und sie tun dies gemäß ihrer immer originellen Organisationslogik. Diese erwächst irgendwie aus der widersprüchlichen Vielfalt und den Wechselwirkungen zwischen vielen verschiedenen Teillogiken, die innerhalb der Organisation alle ihren Sinn und Nutzen haben. Teillogiken sind zum Beispiel – um einige zu nennen –: Techniklogik und Produktionslogik, Kostenlogik und Geldlogik, Aktionärslogik und Führungslogik. Die spezialisierten Abteilungen und Bereiche haben die wichtige Funktion, so verantwortungsvolle Sachwalter der jeweiligen Teillogik zu sein, daß jede angemessen Beachtung findet. Trotz aller *Lean*-Konzepte wird die Spezialisierung und Differenzierung in Organisationen weitergehen. Damit steigt die Gefahr unkoordinierten Eigenlebens der Teile und die Notwendigkeit, Integrationsprozesse zu managen. Beim „Management der Verbindungsstellen" sind zwei verschiedene Tätigkeiten zu erfüllen.

1. Prozeßmarketing hat besonders auf das Anfangen, Beenden und Verknüpfen der Marketingteilprozesse im engeren Sinn zu achten. An den Verbindungsstellen entstehen Kosten und Zeitverzögerungen, die oft nicht im Kundeninteresse liegen.
   Wer nimmt welche marktrelevanten Aufgaben wahr, innerhalb der Organisation(seinheit) und „außerhalb" bei den Marktpartnern? (Das ist die notwendige Strukturfrage zum Start.)
   Wie findet die Verknüpfung dieser Aufgaben und der vielen einzelnen Aktivitäten statt, sodaß ein marktgerechtes Vorgehen des Unternehmens gewährleistet wird? Wie können wir lernen, auf die Effizienz besonders an den Verbindungsstellen zwischen den spezialisierten Aufgaben zu achten?
2. Bei den innerorganisatorischen Differenzierungs- und Integrationsprozessen hat Prozeßmarketing laufend Bezüge zu externen Vorgängen, primär jenen im Markt, herzustellen. Die Basistechnik 4 besteht darin, einzelne Aspekte der Marktlogik an den Verbindungsstellen immer wieder so interessant einzubringen, daß sie im Konzert der vielen oben angeführten Teillogiken eine Chance haben, mit gehört zu werden.
   Wie werden marktrelevante Aktivitäten mit anderen Unternehmensaktivitäten verknüpft? Wie werden marketingrelevante Informationen im ganzen Unternehmen verarbeitet, zum Beispiel mit der technischen Produktentwicklung fortlaufend verbunden?

Was meinen Sie, wie oft und gut wurde die Marktlogik bei Mercedes im Entwicklungsprozeß seiner neuen S-Klasse gehört und akzeptiert? Wie gut konnte sie zum Beispiel neben der Techniklogik bestehen? Nirgendwo wäre die breiteste Begriffsdimension von Marketing, die der Querschnittsfunktion, nützlicher als hier beim Management der Verbindungsstellen. Prozeßmarketing leistet im Unternehmen wichtige Integrationsbeiträge, wenn Marktlogik alle noch so verschiedenen Abteilungen und Bereiche verbindet, ohne die einzelnen, spezialisierten Teillogiken im geringsten abzuwerten.

5. Fokuswechsel austesten und vornehmen

Die Aufgabe der fünften Basistechnik ist, herauszufinden, wann die Grenzen der Möglichkeiten des Prozeßmarketing erreicht beziehungsweise überschritten sind. Die Grenze des Ansatzes liegt dort, wo grundlegendere Veränderungen, das heißt Veränderungen von Strukturen und/oder Verfahren, erforderlich sind, um ein Marketingproblem angemessen zu lösen. Effektives Prozeßmarketing führt schnell zu den wirklich relevanten Strukturfragen und vice versa. Das Üben des Fokuswechsels macht entscheidungssicherer, welche Aufgaben und Probleme besser unter Prozeß-, welche besser unter Strukturgesichtspunkten abgearbeitet werden. Hier zeigt sich der praktische Nutzen der Theorie zu Struktur/Prozeß.

1. Mit dem *Zusammenhang* von Struktur und Prozeß hat der Manager eine *doppelte Wahl* zur Hand, was er beziehungsweise das Führungsteam als relevant betrachtet und zulassen will, und was nicht.
2. Die *Differenz* von Struktur und Prozeß erlaubt ihm eine *Stufung der Auswahl* je nach Situation, indem das Grobe von Strukturen, das Feine von Prozessen aussortiert wird. (Deshalb ist auch Vorsicht vor Verwechslung angebracht: Mit Prozessen ist nur ganz schwer wieder reaktivierbar, was Strukturen ausgeschlossen haben. „Grob" ist keineswegs gleich zu setzen mit „wichtig" oder „fein" mit „weniger wichtig". Man kann also das Richtige tun wollen, aber mit dem falschen Ansatz.)

Beispiel 8:

Unternehmen des Baugewerbes – Fortsetzung von Beispiel 2. Die über einen langen Zeitraum eingeübten Strukturen zeigten sich sehr starr, weshalb Prozeßmarketing allein nicht reichte; Strukturen waren zu ändern. Dies führte zu zwei weitgehend autonomen Markt- beziehungsweise Geschäftsbereichen plus Dienstleistungs-Profitcenters. In diesen sind die Leistungsprozesse jetzt neu zu erfinden. Sicher ist, daß funktionsübergreifendes Teamwork und Blick für das Ganze in den neuen Strukturen viel höheren Stellenwert haben werden (müssen).

3. Die Zweistufigkeit erlaubt zusätzlich die Kombination von Veränderung und Beharrung, Stabilität und Innovation. Und sie erlaubt, schrittweise, fallweise und situationsabhängig das anscheinend Relevante auszuwählen. So hilft die Zweistufigkeit ganz wesentlich, das immer gegenwärtige Risiko falscher Reduktionen zu verringern (Willke 1993).

4. Schritte zu einem funktionierenden Prozeßmarketing

Bleibt noch die Frage offen: Wie läßt sich ein funktionierendes Prozeßmarketing einführen? Generell geschieht dies in den vier Phasen:

1. Zieldefinition,
2. Blick von außen, und Prozeßmarketing innen entwickeln,

3. Problemlösungsinhalte auswählen,
4. Fördermaßnahmen einleiten und steuern.

Es liegt in der Natur des Prozeßansatzes, daß die hier mögliche Konkretisierung von Phase zu Phase (siehe Abb. 4) abnimmt.

Phase 1: Zieldefinition

- Welche Ziele im Markt beziehungsweise im Lebenssystem sollen mit Prozeßmarketing (besser als bisher) erreicht werden?
- Welche Probleme im Markt und marktrelevanten Probleme in der Organisation sollen gelöst werden?
- Bei welchen Problemen beziehungsweise Absichten ziehen wir aus Prozeßmarketing einen hohen Nutzen?
- An welchen Ergebnissen ist die Zielerreichung beziehungsweise Problemlösung erkennbar und meßbar?

Sorgfältige Arbeit an diesem Startschritt ist nicht nur die Voraussetzung für Schritt 2, sondern auch Effizienzvorgabe für alle weiteren Schritte und ständige Erinnerung im Prozeß, sowohl konkrete Ziele zu aktualisieren als auch kein „Projekt am Weg" länger als nötig am Leben zu erhalten. Die Prozeßfrage am Beginn und unterwegs lautet:

- Wann ist die Arbeit wegen Zielerreichung oder erkennbarer Unerreichbarkeit des Zieles zu beenden?

Phase 2a: Blick von außen

- Woraus besteht das Lebenssystem, das für das vorliegende Problem beziehungsweise angestrebte Ziel relevant ist?
- Was sind die für das Ziel/Problem relevanten Gruppen von Akteuren innerhalb der Organisation, im Markt und in den Umwelten, die wesentlich auf den fokussierten Markt wirken? Wer gehört dazu? Wer nicht? Wer wird (allzu leicht) übersehen?
- Wie ist die relative Marktdynamik einzuschätzen?
- Wie ist die Qualität und Intensität der einzelnen Beziehungsstränge im gesamten Lebenssystem, nicht nur in unserem engsten „eigenen" Beziehungsnetzwerk?
- Welche Möglichkeiten sehen wir und andere in unserem Lebenssystem in bezug auf das unter (1) beschriebene Ziel beziehungsweise Problem?
- Welche Problemlösungsfähigkeiten sind für die Kunden und andere Marktpartner kritisch beziehungsweise werden zukünftig kritischer?

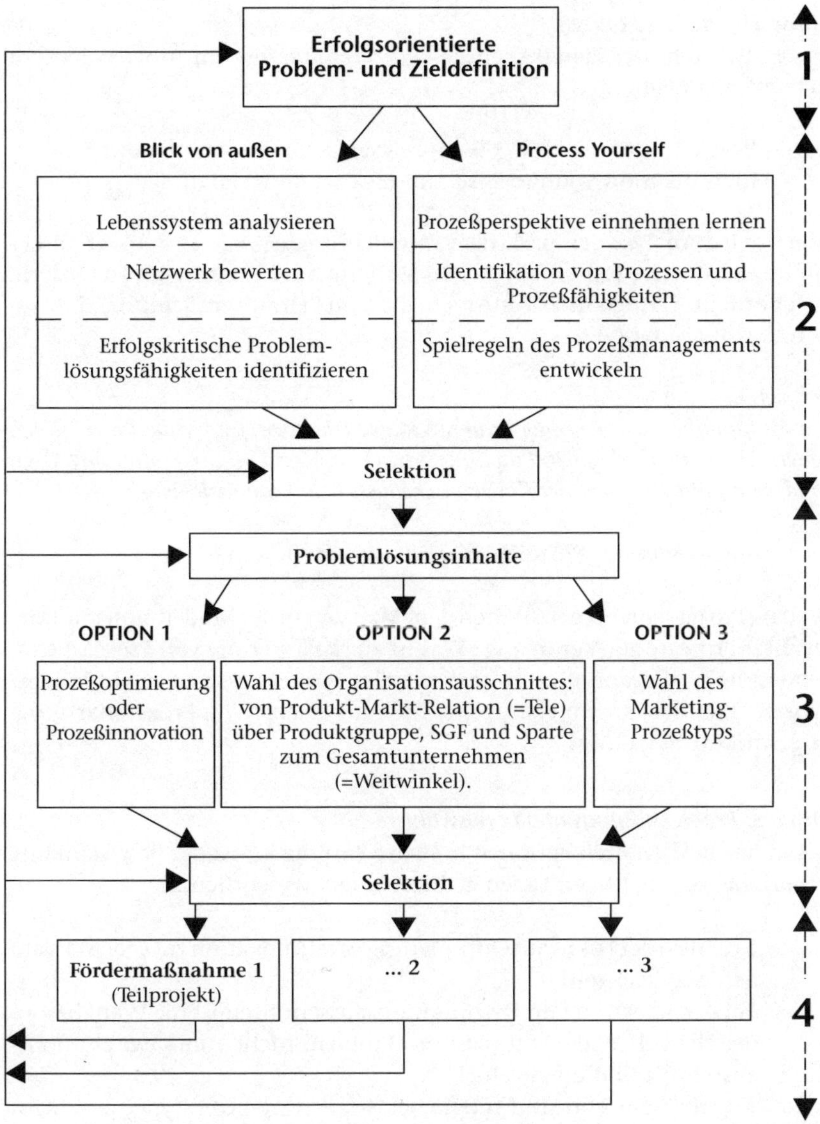

Abb.4: Ablaufmodell für Prozeßmarketing

Phase 2b: Process Yourself

Das Entwickeln der Fähigkeiten des Prozeßmarketing im Inneren bezieht sich auf drei Elemente:

- Wie kann man lernen, die Prozeßperspektive einzunehmen?
- Identifikation von Prozessen und Prozeßfähigkeiten.

Wie ist eine Analyse der marktrelevanten Leistungsprozesse konkret durchzuführen? Welche Prozeßfähigkeiten sind mit aller Kraft weiter zu fördern, welche nicht? (Einige Stichworte mehr dazu im Beitrag von Schmitz, „Prozesse und Fähigkeiten".)

Beispiel 9:

Ein Pharmaunternehmen mag in dieser Phase erkennen, daß seine Prozeßfähigkeiten nicht in überlegener Präparateentwicklung und -markteinführung liegt, sondern im Management der flächendeckenden Krankenhauslogistik.

- Spielregeln des Prozeßmanagements entwickeln.

Welche Prozeß(spiel)regeln stehen dem Manager in der Moderation marktrelevanter Prozesse zur Verfügung? Was ist zur Realisierung von Prozeßmanagement in der Organisation zu verlernen, zu lernen und neu zu entdecken? Woran erkennt man ein gelungenes Zusammenspiel von Prozeßmarketing und Strukturmarketing?

Phase 3: Problemlösungsinhalte auswählen

Besonders bei den drei Optionen in Phase 3 ist die Kunst der Beschränkung darauf, die *jetzt* richtigen Fäden aufzunehmen, wesentlich.

- Es ist also der Fokus auf Optimierung *oder* Innovation zu legen statt auf beides (gleichzeitig).
- Bei der Selektion von Organisationsausschnitten ist die Wahl besonders heikel. Wie leicht paßt das Problem nicht zum Organisationsausschnitt und umgekehrt!
- An welchem von fünf möglichen Marketingprozeßtypen erscheint jetzt eine Analyse am ergiebigsten und vorrangig angezeigt?

(Die fünf Prozeßtypen sind: Marktpflege/Markt halten, Marktdurchdringung, Marktausweitung, Neuproduktentwicklung und Diversifikation. Die Typen brauchen immer verschiedene Prozesse, und Organisationen sind sehr selten in allen fünf Typen gleich erfolgsfähig.) Diese Entscheidung ist am leichtesten zu treffen. Die Ebene der Produkt-Markt-Relationen ist die praktischste und interessiert viele Organisationsmitglieder am meisten.

Phase 4: Fördermaßnahmen einleiten und steuern

Die Fördermaßnahmen, und insbesondere ihre Mischung, werden so einzigartig sein wie die Situation des Unternehmens in seinen Märkten. Durch die vorangegangenen drei Phasen sollte gewährleistet sein, daß die Fördermaßnahmen relevant, gezielt, ergebnisorientiert und deshalb sehr ökonomisch sein werden.

5. Wann, was und wem nützt es?

Viel mehr Aufmerksamkeit auf die marktrelevanten Prozesse und ihr Management zu legen, heißt natürlich nicht, daß die einzelnen Spezialistentätigkeiten wie Verkauf oder mediale Kommunikation, Marktforschung oder Produktentwicklung nicht mehr wichtig wären. Nein, Prozeßmarketing als roter Faden verhilft diesen Marketingteilprozessen aus ihrer allzu häufigen Isolation, gibt ihnen Orientierung, hilft, qualitativ zweifelhafte und unnötige Arbeit zu vermeiden. „Wenn (...) das Problem darin liegt, daß Unternehmen zu sehr mit sich selbst beschäftigt sind und die Umwelt, vor allem den Markt, nicht als laufende Information und Korrektur verwenden, dann ist die Prozeßperspektive produktiver als alternative Angebote." (Willke 1993). In den vorangegangenen Beschreibungen klangen fortlaufend die Variationen zweier Melodien durch: Effektivität und Lernen.

Der rote Faden zu mehr Effektivität

Die Effektivität des Prozeßmarketingansatzes zu realisieren, heißt zu einem guten Stück zuerst, radikal anspruchsvollere Vorstellungen für Marketingziele zu entwickeln und selbst ernstzunehmen. Halbierung oder noch stärkere Reduktion von Zeitspannen für Produktentwicklung, Auftragsabwicklung, Reklamationserledigung und vieler anderer Reaktionszeiten – bei gleichzeitig höherer Arbeitsqualität – ist erreichbar. Prozeßmarketing steigert Qualität und Geschwindigkeit zugleich. Dadurch entsteht höherer Austauschnutzen und höhere Bindungskraft in den Beziehungen mit den externen Marktpartnern. Gleiches gilt für die internen Prozesse und Beziehungen. Die Sicht des Prozeßmarketing hilft mehr Chancen zu sehen. Sie hilft ergebnisorientiert den Blick zu öffnen für das aktuelle Lebenssystem, für Position, zukünftige Chancen und Wege in diesem Lebenssystem (siehe Beispiel 6). Die Relation von Zeiteinsatz für Projektgruppenarbeit und Relevanz der Ergebnisse ist sehr gut.

Unternehmerisches Handeln wird gefordert und gefördert

Prozeßmarketing fordert bei den Führungskräften und MitarbeiterInnen unternehmerisches Handeln heraus. Ihre Aufgabe wird es, in Teams und Projektgruppen ihren ganzen Leistungsprozeß zu überblicken und zu verstehen. Dieser weitere Blick produziert mehr Sinn für den Wert des eigenen Beitrags zu einem wertvollen Ganzen und daher nachhaltige Selbstmotivation. Den MitarbeiterInnen wird möglich, in und zwischen Gruppen selbstorganisierte Mitverantwortung für die Ergebnisse ihres Tuns zu übernehmen. Das Unternehmen, das sich dem Prozeßmarketing verschreibt, fließt im Strom des gesellschaftlichen Wertewandels und wird zu einer attraktiven Adresse am Arbeitsmarkt.

Ein Baustein zur lernenden Organisation

Zwischen Prozeßmarketing und der Lernfähigkeit einer Organisation besteht eine enge positive Wechselwirkung. Einerseits findet Prozeßmarketing nur in solchen Unternehmen Anklang und Wirkung, die schon erfahren haben, daß das Lernen von noch so vielen Individuen nicht reicht für das Lernen von Organisationen (Senge 1990). Hat andrerseits Interesse an Organisationslernen begonnen, so ist Prozeßmarketing der wirkungsvollste (mir bekannte) Weg zu markant mehr konstruktivem Lernen in der Organisation. Warum? Weil Lernen, verstanden als gemeinsame Weiterentwicklung mit Kunden und dem Markt, die beste (einzige?) Garantie für nachhaltige Erfolgsfähigkeit der Organisation darstellt und somit umgekehrt hilft, die generelle Lernfähigkeit der Organisation weiter zu steigern.

Nutzen hat der Ansatz des Prozeßmarketing im Bereich der Industriegüter, Investitionsgüter, Pharmazeutika und Dienstleistungen gezeigt. Zum Konsumgütermarketing – mit Ausnahme von Automobilen – und aus dem Handel kann ich keine Praxiserfahrung berichten. Über die Grenzen und Schwächen des Ansatzes ist derzeit wenig aus der Praxis zu berichten, da seine Stärken noch nicht ausgelotet sind. Auf den ersten Blick erscheint es sicher als eine Schwäche, daß Prozeßmarketing weder sofort noch billig zu haben ist. Zu Beginn muß breiteres Engagement in der Organisation mittels Übung/Training, Projektgruppenarbeit und anderen Fördermaßnahmen schrittweise stimuliert werden. Die voll gewinnbringende Realisierung von Prozeßmarketing braucht Zeit – so wie alle Prozesse Zeit brauchen.

Literaturverzeichnis

ask Beratungs AG (1992): Das schlanke Unternehmen. (Unveröffentlichtes Manuskript).

Baecker, D. (1992): Fehldiagnose „Überkomplexität". Komplexität ist die Lösung, nicht das Problem. *gdi impuls 4/92*: 55-62.

Drucker, P.F. (1992): Dienstleister müssen produktiver werden. *Harvard Manager 2/1992*: 64-72.

Hammer, M. (1990): Reengineering work: Don't automate, obliterate. *Harvard Business Review July/August*: 104-112.

Häusel, J. (1992): Markt-Kommunikation. In: Marketing-Management nach außen. (Unveröffentl. Manuskript).

Kaplan, R.B. a. L. Murdock (1991): Core process redesign. *The McKinsey Quarterly (Number 2)*: 27-43.

„Leidensdruck" fördert Wandel. asw-Fachgespräch: Kundennahe Organisation. *absatzwirtschaft* 9/1992.

Luhmann, N. (1984): Soziale Systeme. Frankfurt (Suhrkamp) 1. Auflage.

McKenna, R. (1991a): Relationship marketing. Successful strategies for the age of the customer. Reading, MA (Addison-Wessley).

McKenna, R. (1991b): Marketing – ein neues Paradigma setzt sich durch. *Harvard Manager* 3/1991: 27–34.

Nevis, E.C. (1988): Organisationsberatung. Ein gestalttherapeutischer Ansatz. Köln (Edition Humanistische Psychologie).

Peters, T. (1993): Jenseits der Hierarchien. Liberation Management. Düsseldorf. (Econ).

Quinn, J.B. u. P.C. Paquette (1990): Technology in services: Creating organizational revolutions. *Sloan Management Review* (Winter 1990): 67–78.

Quinn, J.B., T.L. Doorley u. P.C. Paquette (1990): Technology in services: Rethinking Strategic Focus. *Sloan Management Review*. Winter 1990: 79–87.

Schein, E.H. (1988): Process Consultation. Volume I: Its role in organization development. (2. ed.). Reading, MA (Addison-Wesley).

Schein, E.H. (1987): Process consultation. Volume II: Lessons for managers and consultants. Reading, MA (Addison-Wesley).

Senge, P.M. (1990): The fifth discipline. The art and practice of the learning organization. New York (Doubleday).

Stalk, G. , P. Evans a. L.E. Shulman (1992): Competing on capabilities: The new rules of corporate strategy. *Harvard Business Review*. March/April: 57–69.

Willke, H. (1982): Systemtheorie. Stuttgart.

Willke, H. (1993): Persönliches Gespräch am 22. März 1993.

Wichtiger als Literatur waren mir die vielen Dialoge mit Klienten und Kollegen. Unter den letzteren danke ich Harry Allabauer, Jockel Häusel, Christof Schmitz und Helmut Willke besonders herzlich.

PARADOXIEN IN NONPROFIT-ORGANISATIONEN

Im folgenden wollen wir Aspekte beschreiben, die uns in der Auseinandersetzung mit Organisationen wie Greenpeace, Amnesty International, Global 2000, dem Verein für Bewährungshilfe und soziale Arbeit und anderen aufgefallen sind. Unsere Beobachtungen stammen zu einem Teil aus intensiver Zusammenarbeit, zum anderen auch aus kürzeren Kontakten mit diesen Einrichtungen. Im folgenden geht es nun nicht darum zu behaupten, daß jede soziale, menschenrechtspolitische oder ökologische Nonprofit-Organisation genau so ist wie beschrieben, wir werden vielmehr versuchen, allgemeine Tendenzen auszumachen. Denn trotz der unterschiedlichen inhaltlichen Orientierung der Organisationen fallen erstaunliche Parallelitäten, immer wieder ähnliche Muster beziehungsweise Spannungsfelder auf, die sicher auch anderen Nonprofit-Organisationen (NPO) nicht fremd sind.

Um welche Organisationen geht es?

Bei aller Skepsis gegenüber Typologien, die vor allem bei komplexeren Bereichen nie völlig trennscharf sein können, werden wir uns zur Orientierung dennoch einer solchen bedienen (siehe Abb.1).

Entsprechend dieser Einteilung fallen die von uns betrachteten Organisationen in den Bereich der politischen NPO. Für manche gelten allerdings auch Merkmale der als karitativ bezeichneten, in einigen Fällen auch einige der gemeinwirtschaftlichen NPO. So gibt es beispielsweise Vereine, die zwar gesetzlich festgelegte öffentliche Aufgaben erfüllen, dafür auch öffentliche Gelder erhalten, sich gleichzeitig jedoch auch anderer Finanzierungsquellen bedienen und als private Vereine organisiert sind (z. B. den Verein für Sachwalterschaft und Patientenanwaltschaft, eine Organisation der Vormundschaft für Entmündigte in Österreich, den Verein für Bewährungshilfe und soziale Arbeit etc.).

Das Gleiche läßt uns in Ruhe, aber der Widerspruch ist es, der uns produktiv macht. (Goethe 1827)

Eine wichtige Erkenntnis unserer Arbeit ist die, daß es bestimmte notwendige Widersprüche und Spannungsfelder gibt, die zwar permanent Schwierigkeiten in bezug auf die Steuerbarkeit von Organisationen mit sich bringen, die sich aber grundsätzlich nicht auflösen lassen – und auch gar nicht vollständig aufgelöst werden dürfen.

Welche sind nun die zentralen Spannungsfelder der hier betrachteten Organisationen? Im folgenden geht es uns nicht um Vollständigkeit, wir wollen uns vielmehr auf einige wenige Thesen konzentrieren und diese dafür etwas näher ausführen.

Trägerschaft		Zweck, Aufgabe	Arten, Typen
Staatliche NPO	**Gemein-wirtschaftliche NPO**	Erfüllung demokratisch festgelegter *öffentlicher Aufgaben* (auf Bundes-, Kantons-, Gemeindeebene), Erbringen konkreter Leistungen für die Bürger (Mitglieder)	△ Öffentliche Verwaltung △ Öffentlicher Betrieb: – Verkehr, Post, Energie – Spital, Heim, Anstalt – Schule, Universität – Museum, Theater, Bibliothek
Private NPO	**Wirtschaftliche NPO**	Förderung und Vertretung der *wirtschaftlichen* Interessen der Mitglieder	△ Wirtschaftsverband △ Arbeitnehmerorganisation △ Berufsverband △ Konsumentenorganisation △ Genossenschaft
Private NPO	**Soziokulturelle NPO**	Gemeinsame Aktivitäten im *Rahmen kultureller, gesellschaftlicher Interessen.* Bedürfnisse der Mitglieder	△ Sportverein △ Freizeitvereine △ Kirche, Sekte △ Privatklub △ Spiritistischer Zirkel
Private NPO	**Politische NPO**	Gemeinsame Aktivitäten zur Bearbeitung und Durchsetzung *politischer (ideeller)* Interessen und Wertvorstellungen	△ Politische Partei △ Natur-, Heimat-, Umweltschutzorganisation △ Politisch orientierter Verein △ Organisierte Bürgerinitiative
Private NPO	**Karitative NPO**	Erbringung *karitativer Unterstützungsleistungen* an bedürftige Bevölkerungskreise (Wohltätigkeit, Gemeinnützigkeit)	△ Hilforganisationen für Betagte, Behinderte, Geschädigte, Süchtige, Arme, Benachteiligte △ Entwicklungshilfe-Organisationen △ Selbsthilfegruppen mit sozialen Zwecken

Abb. 1 Vielfalt der Nonprofit-Organisationen
Quelle: Schwarz 1986: 7

Politisch-soziale NPO stellen sich häufig gegen Organisation und brauchen sie gleichzeitig doch.

Oft ist ein zentrales Ziel dieser Organisationen das Bekämpfen beziehungsweise Überlisten anderer Organisationen. Ein guter Sozialarbeiter kennt die Schwachstellen von Bürokratien und hilft seinem Klienten, möglichst unbeschadet durch den Behördendschungel zu gelangen. Ein guter Umweltschützer wiederum beschäftigt sich intensiv mit den wunden Punkten gut organisierter Industriebetriebe, um Ansatzpunkte für Aktionen zu finden. Und die Mitarbeiter in Menschenrechtsorganisationen entwickeln erstaunliche Fähigkeiten im Kampf gegen rigide, klar strukturierte Organisationen wie Diktaturen oder diesen unterstellte Gefängnisverwaltungen.

Diese Fähigkeiten werden nun aber auch im eigenen Haus „geübt". Jede noch so kluge Vorschrift wird sofort umgangen, und das ist in der Hinsicht sinnvoll, daß damit für den Erfolg wichtige Kernfähigkeiten trainiert werden. Es ist zugleich aber auch kontraproduktiv, weil es die eigene Effizienz schwächt. Während diese NPO nun nach außen hin oft äußerst erfolgreich sind, tauchen daher immer wieder Probleme mit der Steuerung des eigenen Apparates auf.

Die tägliche Konfrontation mit den negativen Folgen effizienter profitorientierter Organisationen, wie Umweltverschmutzung oder ein wenig sorgsamer Umgang mit Menschen, scheint zu einer tief verwurzelten Abneigung gegen Organisation im allgemeinen zu führen, die auch vor der eigenen Tür nicht immer Halt macht. In der Folge wird jegliche Organisationsarbeit, die ja Dienstleistung gegenüber der inhaltlichen Arbeit sein sollte, als Vereinsmeierei und unnötige Wichtigtuerei abgetan: „Also ich muß nicht unbedingt einen Geschäftsführer haben, und ich brauch' auch keinen Buchhalter. Es interessiert mich auch gar nicht, daß da irgend etwas zentral verwaltet wird. Für mich ist einzig und allein wichtig, daß ich immer die Informationen und das Material habe, die für meine tägliche Arbeit wichtig sind", meint diesbezüglich ein Mitarbeiter.

Die Akzeptanz von formalen Strukturen und formaler Macht ist in politisch-sozialen NPO vergleichsweise gering – Personenorientierung und Individualität werden großgeschrieben.

„Sozial engagierte Menschen neigen aus ihrer besonderen Identifikation mit den Schwachen und Benachteiligten dazu, jeglicher Form der Machtausübung grundsätzlich kritisch zu begegnen. Interne Widerstände gegen das Führen sind eng verknüpft mit der Ablehnung von Macht." (Habe 1991: 32) Viele Mitarbeiter der betrachteten Institutionen sehen eine wichtige Aufgabe darin, die negativen Folgen von Macht aufzuspüren, öffentlich zu machen und zu bekämpfen. Daher fällt es ihnen oft schwer, klare formale Strukturen und damit auch formale Macht in den eigenen Reihen zuzulassen und nicht permanent in Frage zu stellen. Dies ist einerseits notwendig, weil damit die Glaubwürdigkeit der Organisation und auch die Motivation der oft ehrenamtlichen Mitarbeiter erhöht wird: „Wir sind eine Freiwilligenorganisation, da paßt eben keine straffe Organisation dazu." Andererseits ist es aber auch behindernd, denn klare Entscheidungs- und Machtstrukturen ermöglichen flexibles, rasches Handeln und geben Sicherheit. Unklare Strukturen wiederum erzeugen Unsicherheit und Mißtrauen und machen Platz für informelle Macht, die dann oft stärker ist, als es eine mit Funktionen verbundene, demokratisch kontrollierte formelle Macht je sein könnte. Beides geht zu Lasten der Effizienz. „Einerseits ist es gut, daß es bei uns nicht autoriär zugeht, daß es nicht so hierarchisch wie in manchen Betrieben ist, andererseits ist es oft chaotisch, und dann würde es mir gefallen, wenn es bei uns straffer ablaufen würde", bringt eine Mitarbeiterin die Paradoxie auf den Punkt.

Selbst wenn es klare formale Strukturen gibt, wie definierte Kompetenzregelungen, Entscheidungs- und Verantwortungsbereiche, gewinnt man als Außenstehender oft den Eindruck, daß alles getan wird, um diese durch informelle Regelungen und Informationskanäle zu umgehen. Wer etwas braucht, sucht sich jemanden, den er kennt – und das muß nicht unbedingt der für diesen Bereich Zuständige sein. Um eine Entscheidung herbeizuführen, braucht es viel Geschick bei der Aufbereitung des Bodens. Dies ist natürlich auch gewinnorientierten Unternehmen nicht fremd; aufgrund der Notwendigkeit, ehrenamtliche und somit nicht durch Dienstvertrag verpflichtete Mitarbeiter zur Zustimmung zu bewegen, gewinnen diese informellen Strukturen im NPO-Bereich aber eine weitaus größere Komplexität und Bedeutung. Negative Folgen davon sind häufig die Überforderung von Beziehungen, Emotionalisierung, „Gleichmacherei" sowie Unübersichtlichkeit und daraus resultierendes Mißtrauen.

Der Widerspruch zwischen formellen und informellen Stukturen, zwischen der Notwendigkeit von Macht und deren Ablehnung bzw. Hinterfragung ist, so meinen wir, nicht aus der Welt zu schaffen. Wenn es den Organisationen aber gelingt, ihn sich bewußt zu machen, mit ihm zu leben und ihn für die

Zwecke der Organisation zu nutzen, kann gerade hieraus eine Stärke erwachsen. Wie etwa auch bei den Grünen die Diskussion zwischen „Fundis“ und „Realos“ neben allen damit einhergehenden Effizienz- und Imageverlusten hilft, die Organisation lebendig zu erhalten, verhindern die beschriebenen Widersprüche auch bei den hier betrachteten Organisationen ein Versteinern von Strukturen und damit den Verlust von Glaubwürdigkeit. Darüber hinaus werden Mitarbeiter der NPO vermutlich nirgends besser für den „Kampf“ gegen andere Organisationen geschult, als im eigenen Heim, trainieren sie nirgends besser das Auffinden und Nutzen informeller Kanäle als im Dschungel ihrer eigenen Institution.

Und noch einen Vorteil bringt die „Unübersichtlichkeit“: Sie macht die NPO bis zu einem gewissen Grad unangreifbarer. Möglichen Gegnern – und derer gibt es genug – gelingt es weniger leicht als bei klar hierarchisch strukturierten Unternehmen, die Personen beziehungsweise Funktionen ausfindig zu machen, an denen man ansetzen muß, um der Organisation zu schaden. Oder, wie es ein Mitarbeiter einer großen Umweltschutzorganisation formuliert: „Unsere Organisation ist wie eine Qualle, da weiß man auch nicht, wo man hinhauen muß, um sie zu treffen.“

Die Ziele von politisch-sozialen NPO sind meist unerreichbar: „Genug ist nicht genug“ lautet die Devise, und das Spannungsfeld heißt Allmacht versus Ohnmacht.

Sei es die vollständige Sanierung der Umwelt oder die gleiche und gerechte Behandlung aller Menschen – zur Gänze erreichbar sind die Oberziele der hier betrachteten NPO nicht, jeder noch so große Erfolg kann stets nur ein sehr kleiner Schritt in die gewünschte Richtung sein. Da hat es so mancher Produktionsbetrieb, der sich bestimmte Stückzahlen oder Ertragskennziffern zum Ziel setzt, doch leichter, seinen Erfolg auszuweisen. Oder, wie ein Betroffener es ausdrückt: „Manchmal denke ich mir, wir haben doch wirklich einiges verändert in den letzten Jahren, aber wenn ich dann wieder ins Büro komme und die ganzen Mißstände rund um uns mitbekomme, dann kommt mir das, was wir erreichen, wieder so lächerlich vor ..."

Eine unangenehme Folge dieser Unerreichbarkeit ist häufig eine massive Überforderung aller Mitarbeiter. So kann der Beweis, sein Bestes gegeben zu haben, oft viel weniger über die Qualität erbrachter Leistungen als vielmehr hauptsächlich über die Menge der Arbeit erbracht werden. Unzählige – meist unbezahlte – Überstunden werden geleistet (nicht selten bis zum Erreichen des vielzitierten Burn-out-Syndroms), und viele Büros stehen nahezu andauernd am Rand des Kollaps.

Eine weitere Gefahr liegt vermutlich darin, daß das beständige Hin- und Herpendeln zwischen Allmachts- und Ohnmachtsgefühlen oft unverstanden bleibt und Außenstehende eher Distanz halten läßt. Eine Funktion dieses Verhaltens kann darin zu sehen sein, daß sich diese Organisationen dadurch vor Vorwürfen schützen, sich mit Spendengeldern ein angenehmes Leben zu finanzieren. Darüber hinaus bringt ein gewisses Maß an Nochnicht-Erreichtem auch Motivation, die neue Energien mobilisiert, mit sich.

Arbeitsinhalte und Ziele der politisch-sozialen NPO sind stark von moralischen Kategorien geprägt. Motivation und Engagement sind groß, Lust und Feiern dagegen verpönt.

In wohl beinahe jeder Profitorganisation wird gelegentlich über Kunden gewitzelt, manchmal auch gleich über die Sinnlosigkeit des gesamten Unternehmens. Diese Entlastungsmöglichkeit, die im Alltagsstreß zuweilen ganz guttun kann, fehlt in vielen hier beschriebenen Institutionen, „die Sache ist zu ernst um sich darüber lustig zu machen". Die starke Wert- und Moralorientierung der politisch-sozialen NPO führt über Schuldgefühlsproduktion oft zu großer Belastung der Mitarbeiter und erschwert darüber hinaus das Feiern von Erfolgen: „Über jeden kleinen Mißerfolg reden wir tagelang, aber Erfolge gehen bei uns unter wie ein Stein im Wasser. Denn irgendwie ist ja wirklich kein Grund zum Feiern, wenn man bedenkt, wieviel da noch im Argen liegt. Aber manchmal denke ich mir, wie komme ich dazu, dauernd mit dem Gefühl herumzurennen, nicht genug geschafft zu haben", so beschreibt ein Mitarbeiter die Situation. Die „Kosten" dieser moralischen Haltung finden wir darüber hinaus in der alltäglichen Kommunikation: Der Vorwurf, einen dieser Grundwerte verletzt zu haben, also zum Beispiel nicht ökologisch oder sozial gehandelt zu haben, schlägt alle weiteren Argumente und kann jede Auseinandersetzung an jeder beliebigen Stelle unterbinden und zu einer Grundsatzdebatte überleiten.

Der „Nutzen" dieser Wert- oder Moralorientierung liegt sicher im daraus resultierenden Engagement der Mitarbeiter (die in profitorientierten Unternehmen oft geforderte und nur selten erreichte Identifikation mit dem Produkt wird hier Wirklichkeit). Dabei ist meist nur, wer von der Sache überzeugt ist, und Dabeisein heißt zugleich auch, die Bereitschaft mitzubringen, übergroßen Einsatz zu leisten. Die gemeinsamen Werthaltungen zu für die Organisation zentralen Themen gewährleisten auch in der Regel ein sehr rasches Reagieren auf Anforderungen von außen.

Politisch-soziale NPO haben ein spezifisches Verhältnis zu Geld: Sie brauchen es, „dürfen" es aber nicht haben.

Um eine Organisation aufrechterhalten zu können, um Mitarbeiter zu beschäftigen oder Büros zu betreiben, braucht es Geld, das gilt im gleichen Maß für Profit- wie für Nonprofit-Organisationen. Im Gegensatz zu ersteren dürfen die hier beschriebenen Organisationen die Existenz von genügend Kapital aber oft nicht zugeben, weil sonst die Spendefreudigkeit oder auch die Zuwendung öffentlicher Stellen schlagartig nachlassen würde. Sie gälten dann nicht mehr als „bedürftig", womit ein wichtiges Motiv für Spenden wegfiele, und wären auch weniger gut als Ventil für das schlechte Gewissen ihrer Spender geeignet.

Andererseits müssen NPO wie jeder andere ordentliche Betrieb auch über genügend Reserven verfügen, um im Krisenfall – die Einnahmeseite ist ja hier meist noch schwerer kalkulierbar als im Profitbereich – nicht in Zahlungsschwierigkeiten zu geraten und Mitarbeiter entlassen zu müssen. Greenpeace Deutschland wurde beispielsweise im Frühjahr 1992 massiv von den Medien attackiert, als publik wurde, daß diese Organisation über finanzielle Reserven verfügte, die aber gerade den laufenden Strukturkosten von etwa zehn Monaten entsprachen.

Politisch-soziale NPO müssen also das Kunststück zuwege bringen, so viel Geld zu akquirieren wie möglich (die Aufgaben sind ja wie bereits erwähnt unendlich), in einem größeren Ausmaß als andere sparsam damit umzugehen (weil meist kritischer beobachtet) und gleichzeitig stets den Eindruck zu erwecken, über viel zu wenig Geld zu verfügen, was wiederum zu Unsicherheiten im Innenverhältnis führt.

Wir hoffen, daß es uns gelungen ist, deutlich zu machen, was es so schwierig macht, die hier betrachteten Organisationen zu managen. Aufgrund der aufgezeigten Eigenheiten ist es nicht möglich und in vielen Fällen sogar kontraproduktiv, Konzepte aus dem Profitbereich unhinterfragt zu übernehmen. Sowohl Manager als auch Berater in diesen NPO müssen sich sehr intensiv mit deren spezifischen Charakteristika auseinandersetzen, um passende Modelle und Vorgangsweisen zu entwickeln.

Literatur:

Habe, J. (1991): Möglichkeiten und Grenzen des Personalmanagements in Nonprofit-Organisationen am Beispiel von Amnesty International. Unveröffentl. Diplomarbeit: WU Wien.

Königswieser, R. u. C. Lutz (1990): Das systemisch-evolutionäre Management. Wien/Zürich (Orac).

Schwarz, P. (1986): Management in Nonprofit-Organisationen. *Die Orientierung* 88.

Schwarz, P. (1992): Management in Nonprofit-Organisationen. Bern/Stuttgart/Wien (Paul Haupt).

PANEM ET CIRCENCES

Algorithmen und Denkzeuge in der Systemischen Gesprächsführung

„Jemand der seine Intelligenz mißbraucht,
um die Intuition zu behindern,
wäre besser blöd geboren."
Max Ophüls

Systemisch denkende Menschen (und Manager/innen) beschäftigen sich mit der Konstruktion von Zusammenhängen und Wechselwirkungen, die sie in ihrem Kopf über bestimmte Phänomene in der Wirklichkeit und deren Aus- und Rückwirkungen auf ihre Entscheidungen und Unternehmungen gestalten.

Sie tun dies, um neue Handlungsmöglichkeiten zu eröffnen oder zumindest verschiedene Möglichkeiten in ihrer Unterschiedlichkeit zu erörtern, bevor sie sich für die Umsetzung bestimmter Szenarien in der „Wirklichkeit" entscheiden.

Hierzu bedienen sie sich dreier grundlegender Vorgehensweisen:
Denken, Sprechen und Handeln (Umsetzung der ersten beiden Komponenten in der Wirklichkeit bzw. Außenwelt).

Sprachphilosophisch gesehen, wirft die Relation und Koppelung dieser Komponenten einige Fragen auf:
Ist Sprache quasi eine (2, 3, 4 etc.) 1 : 1 (2,3,4 etc.) Abbildung der Welt, oder wird jeder Sprachgebrauch erst in seinem Kontext verständlich? Und wenn, wer entscheidet dann darüber, in welchem Kontext sich die Sprecher befinden? Last but not least, welchen Einfluß haben Rolle, Gefühl und Person der Sprechenden in diesem Prozeß ?

Der Sprachphilosoph Ludwig Wittgenstein, der erst durch seine enge Beziehung zu Carl Auer die Welt auf sein Werk aufmerksam machen konnte (Simon u. Weber 1990), versucht in seinem Spätwerk, die Beziehung von Sprache und Wirklichkeit durch den Begriff des Sprachspiels aufzulösen. Er wählt hierzu häufig die Analogie des Schachspiels (siehe auch Fischer 1990).

Kommunikation als Schachspiel

Diese Überlegungen führen dazu, daß Kommunikation und Gespräche, wie ein Schachspiel beschrieben und dann natürlich auch betrieben werden kann. Wörter, Sätze und daraus im jeweiligen Sprachkontext entstehende Bedeutungen werden von zwei oder mehreren Beteiligten wie Bauern,

Läufer, Springer, Türme, Königin und König als Sprachfiguren nach bestimmten Regeln auf einem „Kommunikationsschachbrett“ manövriert.

Es kommt somit weniger auf die Inhalte des Gesprochenen an, als vielmehr auf die Flexibilität, mit der jemand seine Kommunikationsfiguren, zwar regelgesteuert, aber flexibel, zu bewegen weiß. Der Kommunikationsschachspieler, der die meisten Varianten zur Verfügung hat und am weitesten im voraus mögliche Züge (Kommunikationsreaktionen) des oder der anderen Spielpartner simulieren kann, wird das Spiel beherrschen und/oder gewinnen, zumindest wird ihm bei schwierigen Partien und hoher „Kommunikationsspielstärke“ der Mit-/Gegenspieler ein Remis gelingen.

Ohne diese Analogie überstrapazieren zu wollen, sei bemerkt, was ohnehin jeder weiß: Kaum ist eine Partie zu Ende gespielt, beginnt schon die nächste, und häufig sind Manager gezwungen, eine Mischung aus Simultan-, Blitz- und Blindschach auf mehreren „Kommunikationsschachfeldern“ zu spielen, während sich in der Zwischenzeit die Mit-/Gegenspieler in Ruhe ihre Reaktionen überlegen können.

Kommunikation als Tennisspiel

Eine weitere Analogie wäre, Kommunikation als Tennisspiel zu begreifen. Ein Spiel, in dem genau wie beim Schach das Spielfeld, der Spielfeldbelag und der Wechsel der Spielzüge festgelegt sind, aber nicht der Wechsel von Schlagvariationen, Aufbau, Tempo, Rhythmus und Dynamik der Spielmanöver.

Beim Tennisspiel bleibt noch weniger Zeit zum Überlegen als beim Schachspiel. Die Beteiligten müssen reflexhaft und damit intuitiv reagieren, sonst knallt ein Ball schon in den Zaun hinter dem Rückspieler, bevor er sich überhaupt zum Return gemuckt hat.

Tennis- und Schachspieler wissen das. Deshalb bereiten sie sich - je nach Spielklasse und Ehrgeiz - in unendlichen Trainingssequenzen auf das schnelle und reflexhafte Reagieren im Ernstfall vor.

Hierzu bedienen sie sich einiger einfacher Mittel:

- Zerlegen von häufig auftretenden Spielvarianten in einzelne Komponenten, und
- wiederholtes Durchspielen dieser Komponenten auf dem Platz (in vivo) und im Kopf (in sensu bzw. durch mentales Training), in
- unterschiedlichem Tempo (Zeitlupe bis zu Zeitraffer), mit
- unterschiedlichen Reaktionsvarianten auf die häufigsten Spielvarianten.

Diese Vorgehensweisen kann man als Algorithmus oder Denkzeug beschreiben. Der Name *Algorithmus* geht auf den arabischen Mathematiker Mohammed Ibn Musa Alchwarizmi (um 800 n. Chr.) zurück und bezeichnet ein allgemeines Verfahren zum Lösen von Problemen (Vollmer 1991).

Ein Algorithmus sollte bestimmte Eigenschaften haben:

- er sollte leicht zu erlernen sein,
- er sollte einfach zu handhaben sein,
- er sollte in bestimmten Einzelschritten zu Lösungen führen,
- er sollte inhaltsunabhängig zu Ergebnissen führen.

Ein systemischer Algorithmus sollte weitere Eigenschaften besitzen:

- er sollte zu Mehrfachbeschreibungen, also mehreren Lösungen führen,
- er sollte flexible und vielfältige Reaktionen erlauben,
- er sollte den Kontext, in dem etwas geschieht, besonders berücksichtigen,
- er sollte Neutralität, Neugierde und Respektlosigkeit ermöglichen (Gester 1991).

„Kommunikationsschachspieler" und auch schon solche, die es noch werden wollen, greifen intuitiv zu denselben Trainigsmethoden wie Tennis- und Schachspieler und zu ähnlichen Vorgehensweisen wie bei einem systemischen Algorithmus um ihre kommunikative Spielstärke zu erhöhen.

Sie schaffen sich die beneidenswerte Situation, daß sie einen Kommunikations- und Interaktionsprozeß zu jeder Zeit stoppen oder anhalten und dann überlegen könnten, was die bessere oder beste Antwort bzw. Frage auf welche Reaktion gewesen wäre.

Mit diesem Vorgehen katapultieren sie sich in die uns allseits bekannte Nachtsituation nach einem Gespräch, das man am verflossenen Tag mit einer oder mehreren Personen geführt hat und bei dem man aus eigener Sicht nur unbefriedigend reagiert hat.

In diesen schlafgestörten „Nightflights" (Fagen 1982) simulieren sie ständig dieselbe Situation vom vergangenen Tag, mit einem Unterschied: Durch das nächtliche Nach-„arbeiten" der bekannten Situation fallen ihnen all die besseren und schlagfertigeren Antworten und Fragen ein, die sie dem oder den anderen hätten geben bzw. stellen können. Sie rechnen hoch, wie sie jeweils wieder elegant und schlagfertig auf deren Reaktionen reagiert hätten. Mit dem einzigen Unterschied: Es ist etwas zu spät, die Sache ist gelaufen.

Das führt – soweit man nicht in ungelösten Endlosschleifen von immer neuen und damit weiteren verschlimmbessernden Problemszenarien verhaften bleiben will – zu alternativen Lösungen, mit dem nächtlichen Racheschwur: Wenn ich den oder die noch mal in die Finger (ins Gespräch) kriege, dann werde ich es dem oder denen aber saftig zeigen. Hier vollziehen sie Hochrechnungsszenarien nach dem klassischen Hollywoodmuster des Showdowns in einem Wildwestfilm: „There´s a next time, there´s a better time. Auf gut schwäbisch: „Am End wird zammezählt".

Leider meist mit dem oft enttäuschenden Ergebnis in der nächsten „Real-" oder „Echtzeitsituation", daß man beste Chancen hat, genauso hilflos, unbeholfen und belämmert dazustehen, dazuliegen bzw. „niedergestreckt" worden zu sein wie zuvor.

Natürlich geht es einem systemisch operierenden Manager nicht darum, am Ende wirklich gewonnen zu haben, er strebt nicht die im Management so häufig in verschiedenen Varianten gepriesene Beherrschungsrhetorik an. Es geht ihm um vielfältige Variierung und Hochrechnung, damit er im „Ernst"-Fall flexibel reagieren kann.

Wenn dem nun so sein sollte oder könnte, wie würden Systemiker sich solche nächtliche (Alp)traumszenarien zunutze machen? Ganz „einfach": Spätestens nachts drauf oder noch besser tags zuvor würden sich Systemiker in simulierten Hochrechnungsszenarien auf solche kommunikative – und interaktive „Showdowns" vorbereiten! Sie fragen wie? Ganz „einfach"! Indem der oder die Systemiker/in sich Hochrechnungsszenarien konstruiert, die dem Modell vom Sprachspiel eines Beobachters folgen, und zwar nach den Kriterien:

A In-put(e) Welche Muster kann der Beobachter erkennen, die sein/e Gesprächspartner macht/en?

B. Trance-put(e) Was kann der Beobachter sich hierzu nach welchen Hochrechnungsszenarien überlegen, und unter welchen Umständen würde welche Aussage des Beobachters welche Folgen ergeben? Der Beobachter geht hier in einen Zustand der nach innen gerichteten Aufmerk samkeit, eine leichte Alltagstrance.

C. Out-put(e) Wie kann der Beobachter unter Berücksichtigung von A und B welche Sprech- und Handlungsakte wie äußern, damit er dadurch welche Ergebnisse erzielt?

Wie sieht das im einzelnen aus?

Hochrechnungsszenarien

A In-put(e):

Zerlege (interpretiere) eine Aussage auf den Ebenen a) – g)

a *Sprechakt*
Der Beobachter fragt sich: „Welchen Sprechakt kann ich bei meinem Gesprächs partner erkennen?"

(Winograd u. Flores (1989 und Weick (1985) stellen im Management insbesondere die im Folgenden aufgezählten Sprechakte fest.)

An-/nachfragen,Erklären, Überprüfen, Kontrollieren, Belobigen, Danksagen, Auszeichnen, Verabreden, Vereinbaren, Verpflichten, Versprechen, Widersprechen, Zustimmen, Anweisen, Befehlen, etc.

b *Handlungsebene:*
Der Beobachter fragt sich: „Was will der Gesprächspartner bei mir mit seinem Sprechakt auf der Handlungsebene möglicherweise erreichen?"
Unterwerfung, Rückzug, Angriff
Verführung, Bestechung, Erpressung
Warnung, Einschüchterung, Drohung

c *Emotion:*
Der Beobachter fragt sich: „Mit welchen Gefühlen ist der Sprechakt meines Gesprächspartners moduliert oder ziseliert?"
positiv, neutral, negativ
Freude, Ärger, Wut, Haß etc.

d *Beziehungsangebot*
Der Beobachter fragt sich: „Welches Beziehungsangebot ist in der Aussage meines Gesprächspartners enthalten?"
gleich zu gleich
gleich zu ungleich, one-up/one-down (Haley 1978)
symmetrisch/komplementär
eskalierend/deeskalierend (Watzlawick et al. 1969)

e. *Metapher:*
Der Beobachter fragt sich: „In welche Sprachbilder, Geschichten, Analogien oder Metaphern ist die Aussage meines Gesprächspartners gekleidet?" (Gester 1986)
belebt/unbelebt
real/fiktiv
zivil/militärisch

f *Paraverbale Merkmale*
Der Beobachter fragt sich: „Mit welchen paraverbalen Mustern geht die Aussage meines Gesprächspartners einher, welche paraverbalen Merkmale unterstützen, verstärken oder widersprechen der Aussage?“
Bewegung, Sitz- und/oder Stehhaltung,
körperliche Parameter, Atmung, Puls, Herzschlag, Hautfarbe, Hautwiderstand etc.
Sprechtempo, -rhythmus und Stimmklang

g *Kontextuelle Markierungen*
Der Beobachter fragt sich: „Wie wird die Aussage meines Gesprächspartners durch den Kontext in dem das Gespräch stattfindet, beeinflußt?“
geschäftlich, privat, formell, informell etc.

B Trance-put(e):
Der Beobachter überlegt sich verschiedene Antworten (Sprechakte) als Reaktionen auf die Aussage des Gesprächspartners und analysiert seine Antworten nach den Kategorien a) – g).

Der Beobachter überlegt sich dann: Welche verschiedenen Reaktionen könnte mein Gesprächspartner nun wiederum auf meine verschiedenen Reaktionen zeigen? Mein Gesprächspartner könnte auf welchen der verschiedenen Sprechakte:

- was sagen,
- was denken,
- wie fühlen,
- wie handeln
- mir welches Beziehungsangebot machen?

Der Beobachter überlegt dann, welche der möglichen Reaktionen seines Gesprächspartners für ihn das Best-, Middle- und Worst-case-Szenario sein würden, das heißt: Auf welche Reaktion meines Gesprächspartners fiele es mir nun wiederum am leichtesten bis schwersten zu reagieren?

Da das Worst Case Szenario für den Beobachter die größte Herausforderung darstellt, überlegt er nun eine oder mehrere Antworten als Reaktion auf das Worst Case Szenario. Denn wenn er mit der seiner Meinung nach schlimmsten Situation umgehen kann, dann wird er auch eine Reaktion auf die leichteren Reaktionsalternativen wissen.

C Out-put(e):
Nach den Schritten A) Inpute und B) Trance-put(e) entscheidet sich der Beobachter für eine seiner Hochrechnungsvarianten und deren sprachliche

Gestaltung unter Berücksichtigung von Wortwahl, Ausdruck und paraverbalen Kriterien. Hierbei ist die Frage, ob der Beobachter dieses Out-put(e) zunächst auch erst wieder in einer simulierten Situation, zum Beispiel einem Rollenspiel, ausprobiert, oder ob er sich ohne weitere Simulation gleich in die Echtzeitsituation begibt.

Wie oder wo auch immer, er beobachtet die Reaktion bei seinem Mit-/ Gegenspieler und modifiziert sein Sprechspiel in Abhängigkeit von diesen Reaktionen. Im Anschluß daran beginnt er wieder bei A) Inpute und simuliert die nächsten Spielvarianten.

Natürlich sei nochmals betont, daß dieses nur ein Trainingsmodell und kein ratsames Vorgehen für den Ernstfall, der ja in Echtzeit abläuft, sein kann, sonst wäre man blitzschnell in der Situation des Rückschlägers auf dem Tennisplatz, der den Ball des Aufschlägers hinter sich in den Zaun krachen hört, weil er bei einer Aufschlagsgeschwindigkeit von 120 MpH fünf Minuten lang die beste Reaktionsvariante simuliert hat, aber ständiges Anwenden dieser Trainingsalgorihtmen führt zu einer besseren und variableren Spielweise im Ernstfall behaupten Tennis- und Schachspieler, Skifahrer und Musiker sollen seit langem so vorgehen.

Schnellendes Umsteigen in der Buckelpiste

Die Skifahrer unter Ihnen wissen um die großen Freuden des schnellenden Umsteigens in einer Buckelpiste. Hierbei versucht ein Skifahrer, in Abhängigkeit von Wetterbedingungen Hangneigung, Schneeart, Geländeform, seinem konditionellen und skitechnischen Vermögen seine Fahrtgeschwindigkeit und Route durch die Buckelpiste zu finden und zu kontrollieren. die buckelige Geländeform, die manchem ungeübteren Skifahrer todesähnlichen Angstschweiß auf die Stirn treibt, löst bei diesem Skifahrer geradezu Freude und Entzücken aus. Er sieht Buckel und Dellen nicht als Hindernisse, sondern als willkommene Verstärker und Beschleuniger seiner Fähigkeiten. Je doller die Schikanen des Geländes sind, desto besser und variabler kann er widerum auf die äußeren Faktoren durch sein konditionelles und skitechnisches Vermögen reagieren. Hier ein kleiner Kompressionsschwung im Buckeltal, da spring er von Buckeltop zu Buckeltop, um dann einen „Helikopter" einzubauen (wenn er vom skihandwerklichen in den skiartistischen Bereich umsteigt) und so weiter.

Er kann die unterschiedlichsten Routen mit den unterschiedlichsten Schwungformen bei unterschiedlicher Fahrtgeschwindigkeit ohne Bauchlandung und Bruchlandung fahren.

Was passiert dabei in seinem Kopf und Körper? Kurz bevor er sich eine Buckelpiste hinunterstürzt, wählt er den ersten Einstieg in die Piste. Er hat sich kurz visualisiert, wie er den Einstieg in die Piste wählen wird, und fährt los. Während er in Abhängigkeit von Hangneigung und Fahrtgeschwindigkeit circa zwanzig bis vierzig Meter vorausschaut, stellt er sich weiter vor, wie er sich gleich, wenn er an dieser Stelle angekommen ist, bewegen wird; gleichzeitig spürt und koordiniert er ständig die schnell wechselnden Stellungen seiner Körperbewegungen und seiner Ski. Je besser es ihm gelingt, diesen simultanen Prozeß von zukunftsgerichtetem Visualisieren und gegenwartsgesteuertem Koordinieren zu synchronisieren, desto sicherer und lustvoller wird seine Fahrt.

Nun habe ich drei Analogien aus dem Sport- und Wettbewerbsbereich gewählt, ich weiß nach vielen Gesprächen mit Musikern von Klassik über Jazz bis Rock'n'Roll, daß Musikern die gleichen Algorithmen angewandt werden. Bei Musikern finden diese Algorithmen ihren Entwicklungszenith nicht nur im orchestralen Zusammenspiel, sondern auch bei Komposition, Improvisation oder einer Jam Session (höre z. B. Mayal 1969).

Literatur:

Fagen, Donald (1982): The Nightfly. Warner Brothers Records.

Fischer, H.-R.: (1990): Sprachspiele und Geschichten. Zur Rolle der Sprache in der Therapie. *Familiendynamik 15:* 190-211.

Gester, P.-W. (1986): Konstruktion von Metaphern, Analogien und Geschichten. Ein Trainigspapier. Unveröffentlichtes Manauskript.

Gester, P.-W. (1991): Warum der Rattenfänger von Hameln kein Systemiker war. In: Managerie, 1. Jahrbuch für systemisches Denken und Handeln im Management. Heidelberg. Carl-Auer-Systeme.

Haley, J. (1978): Gemeinsamer Nenner Interaktion. Strategien der Psychotherapie. München. Pfeiffer Verlag.

Mayall, John (1969): The Turning Point. Polydor.

Simon F. B. u. Weber G. (1990): Carl Auer. Geist or Ghost. Heidelberg. Carl-Auer-Systeme.

Weick, K. E. (1985): Der Prozeß des Organisierens. Frankfurt.

Winograd T. u. Flores F. (1989): Erkenntnis Maschinen Verstehen. Berlin.

Vollmer, G. (1991): Denkzeuge. Mannheimer Forum 90/91. Piper Verlag.

Watzlawick, P. Beavin, J. u. Jackson D. (1969): Menschliche Kommunikation. Bern. Hans Huber.

Über das Unternehmen hinaus . . .

PRODUKTE – IHRE SEELE UND IHRE WIDERSPRÜCHE

Wenn sich heute herausstellt, daß ein Produkt nicht oder nicht mehr auf dem Markt ankommt, im Unternehmen deswegen Konflikte ausbrechen, weil sich im Grunde alle sehr bemüht haben und ihr Bestes geben, dann liegt dies meist an der widersprüchlichen „Seele" des Produktes.

Ihre Erforschung und Berücksichtigung bei Entwicklung, Produktion und Verkauf kann nicht nur helfen, die Konflikte sinnvoll zu bearbeiten, sondern auch dem Produkt wieder (oder erstmals) den Erfolg auf dem Markt zu geben, den es nach den Anstrengungen seiner Hersteller auch verdient.

„Die Seele ist gewissermaßen alles", hat Aristoteles formuliert. Heute würde man wohl sagen müssen: Es ist der vernetzte Zusammenhang, in dem ein Produkt gesehen werden muß. Die Menschen wollen nicht primär ein Auto, sondern sie wollen individuell und frei reisen. Das Auto ist nur ein Element des Verkehrs. Wer Autos produziert, muß heute über Sinn und Unsinn des Gesamtverkehrs nachdenken. Eine Versicherung ist eine Form, wie man Risiko in der Zukunft mit Hilfe von Geld bewältigt. Aber Geld hat viele Dimensionen, und das Opfer in Form einer Versicherungsprämie ist nur eine davon. Wer versichern will, muß sich wohl auch um die anderen kümmern. Wer Baumaterialien verkauft, verkauft eigentlich den Wunsch des Menschen, etwas auf Dauer zu stellen – weil es schön ist, will er ein Haus bauen. Weil sich der Augenblick aber nicht auf Dauer stellen läßt, muß das Baumaterial um so haltbarer sein. Die Produkte sollen für den Menschen Widersprüche bewältigen. Diese Widersprüche treten in den Unternehmen als Konflikte auf, die man nur lösen kann, wenn man den Gesamtzusammenhang untersucht.

Gehindert wurden wir an der ganzheitlichen Situation bislang durch das neuzeitliche Weltbild, das gerade dabei ist, einem neuen Platz zu machen.

Die „Geisteraustreibung aus der Natur", wie Schiller es formulierte, war sicher eine der großen Errungenschaften und Fortschritte der Neuzeit. Durch sie ist es gelungen, die Gegenstände objektiv nach den Gesetzen der Naturwissenschaft und nach abstrakten Modellen zu verstehen und in der Folge auch zu manipulieren. Der Mensch schuf sich eine Art Kunstwelt, in der er nach bestimmten abstrakten Gesichtspunkten Einteilungen treffen konnte, Zusammenhänge erforschte und dann über die Technik in die Realität umsetzte.

Ich habe oft schon vorgeschlagen, die Naturwissenschaft eigentlich Kunstwissenschaft zu nennen, denn nur für relativ künstliche Gebilde gilt die mögliche und weitgehend vollständige Beschreibung durch die Modelle der Physiker. Schon der berühmte Fall eines Blattes vom Baum im Winde ist nicht mit den Gesetzen der Physik, jedenfalls nicht vollständig und eindeutig, zu beschreiben. Hier gibt es zu viele Unwägbarkeiten und chaotische Nebendimensionen.

Die Subjekt-Objekt-Trennung, mit deren Hilfe die Geisteraustreibung aus der Natur gelungen ist, den Gegenständen ihre Seele zu nehmen, hatte aber neben diesen unbestreitbaren Vorteilen (die Manipulierbarkeit durch die Technik) auch einige gravierende Nachteile. Die Bedeutung der Naturprodukte, der Naturdinge, aber vor allem der technischen Produkte für die Kommunikation und den Gesamtzusammenhang ging weitgehend verloren oder trat jedenfalls in den Hintergrund. Man ging lange Zeit vom technisch Machbaren aus, und Sinn und Bedeutung eines Dinges wurde von den Technikern festgelegt. Welche Bedeutung aber ein Produkt für die Menschen hatte, das wurde nicht mehr klar und deutlich gesehen. Im Gegenteil, es gab sogar die Tendenz, die Gesetzmäßigkeiten, mit deren Hilfe man Gegenstände der Natur oder Kunstprodukte, technische Dinge objektiv beschreiben konnte, diese Beschreibungsmethode, weil sie sich bewährt hatte, sogar auf Menschen anzuwenden. Einer der wichtigsten Punkte ist etwa dabei die Elimination von Widersprüchen. Die Mathematik ist die Wissenschaft von der Vermeidung der Widersprüche schlechthin und nur das, was mathematisch beschrieben werden kann in der Natur, ist eigentlich wissenschaftlich richtig erfaßt. Das, was sich den mathematisch naturwissenschaftlichen Kriterien entzieht, ist nicht wirklich verstanden oder brauchbar beschrieben.

Diese Grundauffassung des Weltbildes der Neuzeit ist nun in der Gegenwart in vielen Punkten erschüttert worden, und man kann ohne weiteres vom Ende dieses Weltbildes sprechen. Die Grenze der Machbarkeit der Natur durch den Menschen wurde erfaßt, die Grenzen der Anwendbarkeit naturwissenschaftlicher Methoden in anderen Wissenschaften, wie etwa in den Sozialwissenschaften oder auch in den Wirtschaftswissenschaften, wird heute mehr als deutlich. Es ist auch offensichtlich, daß es notwendig wird, den Produkten, die die Menschen verwenden, ihre Seele wiederzugeben.

Der Kern der naturwissenschaftlichen Betrachtungsweise bestand ja wohl darin, von allen Bedeutungen eines Gegenstandes, die sich nicht den objektiven Gesetzmäßigkeiten im Rahmen quantitativer Beschreibungsformalismen beugen, abzusehen. Man sieht ab vom Hier und Jetzt, man sieht ab von den emotionalen Qualitäten, die ein Produkt auslösen kann, man sieht ab vom Sinn eines Produktes generell und betrachtet es nur als Ding in Raum und Zeit mit bestimmten Funktionen. Daß ein Ding, eine Maschine wie etwa ein Auto, für verschiedene Personen oder Gruppen ganz unterschiedliche Bedeutungen haben kann, beginnt man erst langsam in der Gegenwart zu verstehen. Wenn man aber dieses Weltbild verläßt und sich der neueren, vernetzten Betrachtung zuwendet, dann erfährt man plötzlich, welche ganz unterschiedlichen Dimensionen in den verschiedenen Produkten stecken; ja sogar Widersprüche können im Produkt stecken, und wir haben eine Reihe von Gesetzmäßigkeiten erforscht, die im Zusammenhang der Interaktion von Mensch und Produkten hier anwendbar sind. Diese Forschung steckt sicher noch in den Kinderschuhen, aber es gibt schon eine Reihe von sich abzeichnenden neuen Produktdimensionen, die auch in der Managementpraxis recht erfolgreich angewandt werden können.

Eine der wichtigsten davon ist der Zusammenhang von Produktwidersprüchen und Konflikten. Wir stellen ja in der Geschichte immer wieder fest, daß die Blickrichtung der Betrachtung zwischen Natur und Mensch hin und her pendelt. Schon die erste Krise der ionischen Naturphilosophen wurde dann von den Sophisten und den Philosophen abgelöst. Man stellte dann den Menschen als Maß aller Dinge dar. Dabei stellte man fest, daß der Mensch eine Reihe von Widersprüchen in sich hat, die mehr oder weniger im Grundsatz unlösbar sind. Diese Widersprüche finden sich in allen Phantasien der vorschriftlichen Zeit und seitdem es schriftliche Aufzeichnungen gibt immer wieder. Sicher gehört dazu der Versuch, den Tod zu überwinden; aber auch die Beschränkungen, die uns durch die Leiblichkeit auferlegt wurden, hat man immer versucht aufzulösen. Dabei stellen wir schon fest, daß das Unterworfensein unter die Gesetze der Physik ja nur einen Teil der menschlichen Existenz ausmacht. Schon der Organismus setzt sich bis zu einem gewissen Grad über bestimmte Zusammenhänge hinweg, gar aber erst die Psyche oder der Geist genügen überhaupt nicht mehr den Gesetzen der Natur.

Später hat man dann gesagt, es gehöre eben zur Natur des Menschen, nicht mehr vollständig der Natur unterworfen zu sein. Dem Menschen gelingt es zum Beispiel, zum gleichen Zeitpunkt an verschiedenen Orten anwesend zu sein, sofern er dies in seiner Phantasie tut. Er verläßt seinen Körper und bewegt sich phantasiemäßig zu anderen Zeiten, wie das etwa in der Geschichts- oder Zukunftsforschung dargestellt wird, in andere Gegenden der Welt, wie uns das ja heute ununterbrochen durch die Massenmedien ermöglicht wird. Wir stellen daher fest, daß der Mensch als Körper bestimmten Gesetzen, die von der Naturwissenschaft beschrieben werden, unterliegt, daß er als Organismus anderen Gesetzen, die in der Biologie beschrieben werden – wie etwa dem der Rückkoppelung –, unterliegt und daß für den Mensch als psychisches Wesen wieder andere und als Geistwesen noch einmal andere Modelle für das Verständnis gefunden werden müssen.

Die These lautet nun, daß auch das Produkt – ein technisches Produkt wie etwa ein Telefon oder ein Auto oder auch ein Dienstleistungsprodukt wie etwa ein Versicherungsvertrag oder Geld – so wie der Mensch selber verschiedene Dimensionen an sich hat. Auch Geld hat eine materielle Seite, hat aber auch eine geistige oder psychische Komponente. Dies ist äußerst wichtig für solche, die mit Produkten handeln. Denn es ist ganz eindeutig, daß man von dieser Betrachtungsweise her auf die Frage: „Warum wird ein Produkt gekauft?" natürlich nicht mehr antworten kann: „Wegen des in Raum und Zeit, im Rahmen der physikalischen Dimensionen Feststellbaren", sondern natürlich hat die seelische, geistige oder soziale Komponente eines Produktes eine große Bedeutung.

Ich gehe nun davon aus, daß die Produkte unserer Welt und der Technik vielleicht einmal umgekehrt verstanden werden können. Ich schlage vor, daß man nicht von dem ausgeht, was technisch machbar ist, und den Fortschritt dadurch definiert, daß man die technischen Möglichkeiten erweitert, sondern eher dadurch, wie gut die Technik in der Lage ist, Antworten auf die Fragen des Menschen zu geben. So könnte man sagen, daß Laufmaschinen dem Menschen helfen immer schneller zu laufen, Flugmaschinen helfen immer schneller zu fliegen, In-die-Ferne-seh-Maschinen helfen immer besser in die Ferne zu sehen usw., so daß die Maschinen nichts anderes als eine Erweiterung seiner Körperfunktionen darstellen. In diesem Fall geht man vom Menschen aus und stellt die Frage: Welchen Grundwidersprüchen unterliegt die menschliche Existenz? Vielleicht haben die Gegenstände, die erzeugt werden, eine bestimmte Antwort, eine bessere oder schlechtere, auf diese Grundwidersprüche. Wenn das stimmt, dann müßten sich diese Grundwidersprüche auch in den Produkten wiederfinden können. Unsere These ist, sie finden sich nicht nur in den Produkten wieder, sondern diese Grundwidersprüche finden sich auch oft als Konflikte in den Organisationen derer, die diese Produkte erzeugen und vertreiben wieder. Je nachdem, wie gut es der Organisation gelingt, mit diesen Grund- oder Basiswidersprüchen des Produktes umzugehen, desto größeren Erfolg wird sie auch auf dem Markt haben. Dieser vernetzte Ansatz soll an einigen Beispielen nun erläutert werden.

Die Dichter haben immer wieder die Widersprüche, die Produkten anhaften, aufgegriffen. So hat etwa Wilhelm Busch die damals „moderne" Verwendung des Fernrohres kritisiert:

> ***„Warum soll ich nicht beim gehen***
> ***sprach er, in die Ferne sehen***
> ***schön ist es auch anderswo***
> ***und hier bin ich sowieso."***
> ***Hierbei aber stolpert er***
> ***in den Teich und sieht nichts mehr.***

Solange die Menschen in kleinen Stammesgesellschaften als Jäger und Sammler oder später auch als Viehzüchter innerhalb einer Gruppe durch die Steppen und Wälder unserer Welt zogen, besonders in den Warmzonen der

Erde, genügte die direkte Kommunikation zur Interaktion der Menschen untereinander. Mit dem Seßhaftwerden, Ackerbau und Viehzucht und dem Aufkommen von Tausch von Produkten, entwickelte der Mensch auch die Möglichkeit indirekter Kommunikation. Der A kann ein Produkt, das er erzeugt, zum Beispiel Tiere, an den F verkaufen, ohne den jemals persönlich kennenzulernen. Der Tausch wird über Händler vermittelt, später dann über zentrale Orte, die eine je eigene Bedeutung auch in der Verteidigung bekamen.

Diese indirekte Kommunikation führte nun zu einem Grundproblem dergestalt, daß der Mensch das Bedürfnis hatte, mit anderen, die er kannte, in direkter Kommunikation zu sprechen. Diese anderen waren aber nicht anwesend. Wie kommuniziert man nun über Raum hinweg? Ich möchte mit einem Menschen zusammensein, mit dem ich nicht zusammen bin. Wie kann ich trotzdem kommunizieren? Das ist früher technologisch sehr aufwendig gelöst worden durch Briefe und Boten und immer mit einer gewissen Zeitverzögerung; Feedback, Rede und Gegenrede ist nicht richtig möglich gewesen. Die Technik löst nun mit Hilfe des Telefons diesen Grundwiderspruch auf. Ich kann mit Menschen sprechen, auch wenn sie nicht anwesend sind. Dies bedeutet, daß praktisch jederzeit und immer eine Intimsphäre in der Zweierkommunikation aufgerichtet werden kann, in Extremfällen sogar besser aufgerichtet werden kann, als sie in der Einheit von Raum, Zeit und Handlung unter Umständen möglich ist. Mit dem Telefon überspringt man die sozialen Schichten, die eine Person oder eine Zweierbeziehung umgeben. Jugendliche haben berichtet, daß sie bei einer relativ faden Party, bei der sie sich gegenseitig in ihren Kommunikationen auch in intimen Kommunikationen blockierten, dann nach Hause gehen und einander anrufen und am Telefon beginnen, zum Beispiel A mit F über X zu sprechen, einander auszurichten usw. Dieser Abschluß, diese kommunikative Nach-Party am Telefon, sei manchmal viel interessanter als die ursprüngliche. Das heißt, in der Zweierkommunikation eines Telefongespräches tritt in relativ ungestörter Form wieder eine Intimsphäre auf, die anders gar nicht so einfach hätte errichtet werden können. Neuerdings soll es sogar gelingen, Sexualität in dieser abstrakten Dimension in einzelnen Aspekten befriedigender durchzuführen als in der realen Anwesenheit der beiden sexuellen Interaktionspartner zu einem Ort, zu einer bestimmten Zeit.

Betrachtet man somit das Telefon als technischen Versuch einer Synthese des menschlichen Grundwiderspruches, indirekte Kommunikation auf direkte zurückführen zu können, dann ergibt sich daraus natürlich die Voraussetzung eines Individualtelefons, das man immer bei sich tragen kann.

Aber auch wenn man nun das Telefon als Interaktionsinstrument auf ein Sozialgebilde überträgt, dann stellt sich sofort ein neuer Grundwiderspruch heraus: Wieweit spiegelt das Telefon, zum Beispiel eine Telefonanlage in einem Unternehmen, die dort vorhandene und mehr oder weniger funktionsfähige Sozialstruktur wider, oder muß sich die Sozialstruktur etwa an das Telefonsystem anpassen? Diese Frage tritt zum Beispiel im Fall von Gruppenschaltungen auf: Wer vertritt wen im Falle der Abwesenheit, zu wem kann man stellvertretend das Telefon umschalten? Und so weiter.

Innerhalb der Unternehmen, die Telefone erzeugen und vertreiben, tritt nun der Konflikt auf: Wieweit wollen die Kunden bestimmte technische Spezifikationen, die technisch möglich sind, nicht kaufen oder wieweit kann die Technik, das, was die Kunden wollen, nicht liefern? Wird dieser Konflikt nur unzureichend ausgetragen, dann kommt das heraus, was wir heute auf dem Markt haben: Geräte mit vielen technischen Finessen, die kaum genützt werden, und Unzufriedenheit über die Dinge, die man bräuchte, aber nicht bekommen kann.

Sich über die Produktwidersprüche im klaren zu sein, ist also schon *vor* Beginn einer neuen Produktplanungsphase nötig. Technik ist immer eine Antwort, wie aber lautete eigentlich die Frage?

Meines Erachtens könnten die Telefonhersteller viel Geld und Mühe sparen, wenn sie die Bedeutung der einzelnen Elemente ihres Produktes erforschen, bevor sie entwickeln.

Ein Beispiel ist auch das von Angst und Sicherheit. Grundsätzlich ist die Zukunft ungewiß, und daher hat jeder Mensch Angst vor der Zukunft. Es gab daher immer schon das Problem, diese Zukunft in irgendeiner Form abzusichern, wodurch die Handlungsfähigkeit des Menschen wiederhergestellt werden kann. Man sieht in Extremfällen, daß jemand, der ununterbrochen Angst hat, nicht handeln kann. Deutlich ist das zum Beispiel beim Autofahren, es reihen sich 90 Prozent aller Autofahrer bei einer Eigeneinschätzung unter die 10 Prozent der besten Autofahrer ein. Natürlich muß das rein objektiv der Gaußschen Wahrscheinlichkeitsverteilung genügen, die sozusagen Selbstüberschätzung der Autofahrer hat aber einen sehr guten Sinn, denn Autofahrer, die von sich glauben, daß sie keine guten Autofahrer sind, fahren ständig in Angst und sind tatsächlich in höherem Maße, auch objektiv, unfallgefährdet, als dies bei solchen der Fall ist, die weniger Angst haben. Natürlich sind die, die sich völlig selbstüberschätzen, ebenfalls unfallgefährdet.

Hier ist es interessant, welche psychischen und physischen Absicherungsmechanismen unsere Gesellschaft gefunden hat. Im Prinzip ist es der an sich unlösbare Widerspruch: Ich will heute ein mögliches Unglück in der Zukunft vermeiden – was kann ich tun, um für die Zukunft abgesichert zu sein? Nun gab es hier immer schon das Ritual des Opfers, daß immer dann, wenn man

Angst hat, durch Herbeiführen eines kleinen Schadens, Opferung eines Teiles des Gutes, dessen Verlust man befürchtet, wie man das früher personifiziert hat, das Schicksal oder die Götter, besänftigt wurden. Man hat den Schaden herbeigeführt, und die Angst ist verschwunden. Sogar im Tierreich kann man das heute noch feststellen, daß, wenn ein Raubtier in einer Herde sein Opfer gefunden hat, die Herde ihre panische Flucht beendet und die Angst verschwunden ist. Die Opferpriester haben schon früh diese Funktion erfüllt, daß sie den Menschen einen Teil des zu schützenden Gutes abgenommen und geopfert haben. Die letzten Nachfolger dieser Opferpriester sind heute die Versicherungsgesellschaften. Man spendet heute nicht mehr eine Kerze dem Heiligen Christophorus, um auf Reisen sicher zu sein, sondern man schließt eine Reiseversicherung ab. Dabei klopft einem der Versicherungsvertreter nach der Unterzeichnung des Antrages auf die Schulter und sagt: „Jetzt kann Ihnen nichts mehr passieren." Der Bauer läßt sich gegen Feuer versichern. Was er hofft, und das ist auch so in den meisten Fällen, daß es nicht brennt.

Diese Grundproblematik ist ebenfalls ein Basiswiderspruch: Ich will etwas gesichert haben, was aber im Prinzip nicht möglich ist. Nun ist schon seit den alten Opferpriestern hier neben der psychologischen Wirkung, daß man eine Sicherheit gewinnt, indem man das Unglück herbeiführt, auch eine materielle Sicherung durch den sogenannten Risikoausgleich geschaffen worden. Schon im Tempel konnte man, wenn man einmal in einer Notsituation das Saatgut aufgegessen hatte, neues Saatgut „vorgeschossen" bekommen, um wieder anbauen zu können und nicht verhungern zu müssen und insbesondere nächstes Jahr wieder opfern zu können. Dieser Risikoausgleich ist nun in Form der Versicherungsgesellschaften sehr stark perfektioniert worden, wobei der Widerspruch zwischen dem, was man will und braucht, die psychohygienische Funktion, wie wir das nennen, und dem, was möglich ist, nun in der Organisation als Konflikt übernommen wird. Denn der Außendienst verkauft im wesentlichen Sicherheit oder Absicherung. Im allgemeinen geben sich die Außendienstmitarbeiter zusammen mit dem Kunden der Meinung hin, daß damit das Unglück gebannt sei, und nun nichts mehr passieren könne. Deswegen haben auch Außendienstmitarbeiter ein sehr gespanntes Verhältnis zu den sogenannten Schadenssätzen, am liebsten würden sie die gar nicht ansehen, jedenfalls aber sind fast überall gewerkschaftliche Kampfmaßnahmen ergriffen worden oder werden noch immer ergriffen, wenn Unternehmensleitungen sich bemühen, die Provisionen nicht nur nach den abgeschlossenen Anträgen, sondern auch nach der Anzahl der bei einem solchen Auftrag auftretenden Schäden auszubezahlen. Wodurch sozusagen die Risikenselektion verbessert werden soll.

Auf der anderen Seite, im Innendienst, gibt man sich nicht nur keinen Illusionen hin, sondern hat auch eine sehr genaue Statistik über die tatsächlichen Schäden, aufgrund derer ja die Prämie berechnet werden muß. Dieser

Konflikt ist nicht zu beseitigen, sondern muß gepflegt werden. Es hat einen großen Vorteil für die Gesellschaft, wenn diese Auseinandersetzung möglichst vor Ort in den Geschäftsstellen stattfindet, weil man dort natürlich auch die genaueren Umstände besser beurteilen kann und der jeweilige statistische Rahmen der Risikenselektion und die konkreten Umstände eines Versicherten zusammen gesehen werden können.

Hier übernimmt eigentlich die Versicherungsgesellschaft mit ihrer Konfliktaustragung zwischen dem Außendienst (Kundenwunsch Sicherheit) und dem zentralen Risikoausgleich den Widerspruch, den der Mensch in sich hat: etwas zu wollen, was nicht geht.

Eine solche Produktforschung heißt eigentlich, daß der Abstraktionsprozeß, der in der Neuzeit stattgefunden hat, in dem man alle Phänomene in Teile zerlegt und sich nur die heraussucht, die man brauchen kann, wieder rückgängig macht. „Man hat die Dinge in der Hand, es fehlt aber das geistige Band", hat schon Goethe diese Methode kritisiert.

Ein solches Produktverständnis führt also dazu, den Dingen wieder ihre Seele zu geben. Ein schönes Beispiel, wie ein Produkt als bloß Technisches einseitig abstrakt für sich genommen, sich in seiner Bedeutung ins Gegenteil verkehren kann, ist das Auto. Für das Individuum löst das Auto eine Reihe von Grundwidersprüchen, zum Beispiel den von Wohnen und Reisen:

Es gibt Menschen, für die bedeutet Wohnen Leben und Reisen Tod. Wohnen ist Leben, heißt: Zu Hause fühle ich mich wohl, da lebe ich. Reisen aber ist eine gefährliche Angelegenheit. Das ist eine Ackerbauer-Ideologie, die seßhaften Bauern haben gesagt: „My home is my castle." – Dies wäre aber unvollständig, wenn wir nicht die Gegengleichung auch anstellten: Reisen = Leben, Wohnen (Bleiben) = Tod. Das wiederum ist ein alter Nomadentraum, sich durch Reisen die Unsterblichkeit erwandern. Solange ich etwas Neues erfahre (< fahren), lebe ich. Ich erfahre das Leben, es besteht aus Erfahrungen; wenn ich nichts mehr erfahren kann, lebe ich nicht mehr. Wohnen = Tod, wenn man mich einsperrt in ein Gefängnis (Schlafsarg), dann bin ich eigentlich tot. Wirklich bleiben kann ich nur, wenn ich tot bin, Leben aber ist Veränderung, Leben ist Bewegung.

Das Auto ist nun ein Instrument, das beiden Seiten gerecht wird. Es ist nämlich ein mitführbares Territorium, ein mitführbarer Wohnraum. Es gilt die Gleichung, daß Wohnen Leben ist, denn ich bin im Auto ja zu Hause, da wohne ich – und umgekehrt gilt auch die andere Gleichung: Weil ich reise mit dem Auto, erfahre ich Leben – und brauche nicht zu Hause bleiben in dem eigentlichen Gefängnis, es ist ein „mobiles Gefängnis". Als mitführbarer Wohnraum löst mir das Auto die Dialektik vom Wohnen und Reisen und befriedigt in mir die Anteile des Seßhaften und die des Nomaden. Dieses

Verhältnis kann ich beliebig variieren, ich kann ein bißchen mehr fahren – das Wohnmobil ist überhaupt die beste Akzentuierung –, ich kann etwas weiter fahren, wenn ich mehr nomadisch sein will, kann weniger weit fahren, wenn ich mehr seßhaft sein will. Das heißt, das Auto erlaubt mir eine viel bessere Balance dieser Dialektik von Wohnen und Reisen, ich kann, wenn ich alt bin zum Beispiel und nicht mehr so seßhaft werden will, dann kann ich wieder reisen, kann mir ein Auto kaufen und kann auch damit in meiner Lebenszeit das ausbalancieren: Ich kann nicht nur jahreszeitlich, berufsmäßig, sondern auch in meiner Lebenszeit diese Dialektik zu einer besseren Balance bringen. Das ist eine Leistung, die das Auto mir erbringt, das kein anderes Instrument bisher im gleichen Ausmaß so verwirklichen kann.

Das Auto aber, das neben dieser Dialektik gut und gerne noch weitere 24 solcher Grundwidersprüche zur Synthese bringt (wie wir anläßlich einer solchen Forschung herausgefunden haben), löst aber nicht nur Probleme, sondern schafft auch welche. Die exzessiv betriebene individuelle Mobilität schlägt in ihr Gegenteil um, wenn alle auf diese Weise gleichzeitig mobil sein wollen. Wohnen und Reisen beginnen wieder in Gegensatz zu geraten, wenn etwa das Reisen der einen in den Städten das Wohnen der anderen stört oder gar, wenn wir im Stau stehen und die individuelle Mobilität überhaupt verschwindet.

Langsam beginnt sich in der Automobilbranche die Erkenntnis durchzusetzen, daß das Auto nur vernetzt, im System des Gesamtverkehrs betrachtet werden kann.

Durch die Untersuchungen der „mehrdimensionalen Ursachenforschung" zeigt sich meist erst, welche Dimensionen eines Produktes für den Gebrauch welche Bedeutungen haben. Auch dies wird meist erst aus dem philosophischen Begriff vom Sinn des Produktes her verständlich.

Die Vernetzung der einzelnen Faktoren, die eine Produktpersönlichkeit ausmachen, ist dabei interdisziplinäre Arbeit. Vorher weiß man eigentlich nie, welche Wissenschaft welche Dimension erklären kann. Dies kann ohne weiteres etwa die Psychoanalyse sein. So konnten wir für ein Sparkasseninstitut herausfinden, warum die Kunden zwar Geld sparten, aber dort keinen Kredit wollten. Die Ursache waren Schuldgefühle, die mit dem Kreditnehmen verbunden waren. Diese Schuldgefühle wurden durch die Abwicklung der Kreditnahme sehr gefördert. Wir empfahlen als neues Produkt, dem Kunden aufgrund eines angesparten Betrages das „Recht" auf einen Kredit einzuräumen (Sparkredit) und die Kreditnahmeabwicklung zu entmoralisieren. Dies führte zu einer Zunahme des Kreditgeschäftes.

Aber auch kulturelle Vorurteile spielen oft eine Rolle, zum Beispiel konnten wir aufklären, warum ein Grill schwer an Hausfrauen, die als Zielgruppe angesehen waren, verkäuflich war: Grillen ist oft eine Sache der Männer, die Frauen fühlen sich durch diese, ihrer Meinung nach primitive Form der Fleischzubereitung, eher konkurriert.

Auch historische Entwicklungen spielen oft eine Rolle. So konnten wir aufklären, warum so wenig Frauen als Beamte im Innenministerium der BRD arbeiten. Beamte werden nicht für Leistung, sondern (laut Gesetz) für Verfügbarkeit entlohnt. Dies wird von Frauen weniger, von Müttern fast gar nicht akzeptiert.

Stammesgeschichtliches Erbe darf bei dieser Art von Produktforschung nicht vernachlässigt werden. So spielen zum Beispiel Territorialverhalten oder Gesetzesmäßigkeiten der Vitalfunktionen bei Nahrungsmitteln oder bei der Körperpflege eine große Rolle.

Es lassen sich aber auch Phänomene wie etwa Krankheit besser verstehen, wenn man sie im Gesamtzusammenhang betrachtet.

Bei einem Projekt berichteten Ärzte immer wieder, daß sie bei bestimmten Personen erfolgreich wären, bei anderen nicht. Die wenigsten hatten dafür eine Erklärung. Manche Ärzte wiederum meinten, sie hätten bei bestimmten Krankheitsbildern Erfolg – bei anderen nicht. Die Befragung der dazugehörenden Patienten ergab dasselbe Bild. Eine nähere Analyse der erfolgreichen und der nichterfolgreichen Arzt-Patienten-Kontakte ergab nun, daß sowohl Patienten als auch Ärzte einen bestimmten, aber doch jeweils verschiedenen Begriff von Krankheit haben können. Mit „Begriff" ist gemeint, daß Krankheit einen bestimmten Sinn des menschlichen Daseins definiert. Nicht nur für verschiedene Personen, sondern auch zu verschiedenen Zeiten kann dieser Sinn bei ein und derselben Person verschieden sein.

So empfinden manche Menschen die Krankheit als Folge einer Schuld. Sie kommen niedergedrückt und kleinlaut zum Arzt, der dann auch wirklich mit erhobenem Zeigefinger fragt: „Was haben wir denn wieder angestellt?" Der Patient erlebt die schmerzhafte Spritze oder die schwere Medikation („bittere Pillen") als gerechte Strafe für seine Missetat. Er nimmt die Strafe an und wird wieder gesund. Der Sinn der Krankheit (Schuld) und die dazupassende Rolle des Arztes (Richter) entsprechen einander (Heilungsäquivalenz). Der Vorgang von Erkranken und Heilen hat seinen Sinn im Gesamtgefüge der menschlichen Beziehungen.

Völlig anders sieht es aus, wenn für einen Menschen Krankheit nicht nur die Folge einer Schuld darstellt, sondern als Flucht vor der jeweiligen Situation verstanden wird. Er möchte (bewußt oder unbewußt) für eine Weile aussteigen, Ruhe haben. Ein Medikament braucht er als Alibi, damit alle sehen, daß er krank ist. Mehr Wirkung sollte dieses Medikament nicht haben. Der Arzt wird zum Fluchthelfer, der ihn eine Woche krankschreibt. Die Reaktion des oben beschriebenen Arztes würde dieser Patient als sehr unpassend und unangebracht empfinden. Eine schmerzhafte Bestrafung – wofür? Die Krankheit ist sozusagen schwer erarbeitet und Selbstbelohnung. Der erhobene Zeigefinger des Arztes signalisiert Nichtverstehen, der Patient wird künftig anderswo seine Zuflucht nehmen. Sinn der Krankheit und Rolle des Arztes entsprechen in diesem Fall einander nicht.

Nachdem wir diesen Zusammenhang entdeckt hatten, ergab sich zunächst die Theorie der Heilungsäquivalenz. Jede Krankheitsauffassung erfordert eine bestimmte Rolle des Arztes, die er dem Patienten gegenüber darstellen muß. Entspricht der Arzt mit seiner Rolle dem Krankheitsbegriff des Patienten, dann sind beide zufrieden, und sie können mit der Krankheit in der gewünschten Weise umgehen. Entspricht er nicht, dann verschlimmert sich der Zustand subjektiv – auch unabhängig vom tatsächlichen Krankheitsstatus. Das Mißverständnis zwischen Arzt und Patient rüttelt an dem jeweiligen Welt- und Selbstbildnis beider Beteiligten. Der Patient stellt beim unangebrachten Rollenverhalten des Arztes dessen Autorität in Frage. Im Wiederholungsfall geht dieser Zweifel möglicherweise auf die ganze Ärzteschaft über – der erste Schritt zum Heilpraktiker oder Alternativmediziner ist getan. Auf seiten des Arztes führt dies zu einer Kränkung seiner Kompetenz, was bei Wiederholung im Extremfall zur zynischen Menschenverachtung führen kann.

Die Frage, die sich im Rahmen unseres Projektes nun aufdrängte, war die: Welchen Sinn kann Krankheit für den Menschen haben, und wieviele verschiedene entsprechende Rollen des Arztes gibt es?

Eine erste Systematisierung ergab 17 verschiedene Krankheitsbegriffe, die wir dann auf 10 reduzierten. Die Liste der Krankheitsbegriffe ist sicher nicht vollständig – wir hoffen aber, die wichtigsten gefunden zu haben.

An erster Stelle steht der Krankheitsbegriff der Schulmedizin: Krank ist der Mensch, dessen Werte von den Normalwerten stark abweichen. Dieser Krankheitsbegriff tritt in den Interviews bei Patienten selten auf (und wenn, dann bei Hypochondern, die ständig ihre physiologischen Meßwerte kontrollieren). Es gibt schon auch Patienten, die ihren Körper für eine Maschine halten und mit einem medikamentösen Organservice zufrieden sind. Bei Ärzten wird dieser traditionelle Krankheitsbegriff offiziell hochgehalten, bei längerer Diskussion stellt sich aber heraus, daß viele Ärzte noch zusätzliche Krankheitsbegriffe entwickelt haben. Leider bleiben diese Gedanken meist privat – es gibt wenig öffentliche Diskussion unter Ärzten über die Sinnauffassung von Krankheit.

Sehr häufig traten hingegen die an zweiter und dritter Stelle angeführten Krankheitsbegriffe auf:

Man ist den ständigen Kampf des Erwachsenendaseins leid und möchte wieder einmal – wie ein Kind – gepflegt werden, sich in ein warmes Bett kuscheln und die längst verlassene Symbiose wieder aktivieren. Diese Bedeutungsdimension der Krankheit ist vermutlich kulturspezifisch (unsere anonyme Industriegesellschaft legt dies nahe) und klimaspezifisch: Der kalte Norden zum Beispiel bringt im Winter mehr Krankheiten als im Sommer. Der Arzt muß hier die Rolle der Mutter übernehmen. Der Patient will angenommen werden und das Gefühl haben, daß ihm jemand helfen will. Im Zentrum stehen die Gefühle und Bedürfnisse des kranken Menschen. Die Technik sowie alle rationalen Erklärungen werden als feindselig erlebt. Sie verschlimmern die Krankheit.

Krankheit kann auch mit zu großer Infantilisierung des Menschen einhergehen. Heilung steht ja auch immer in der Dialektik, daß auf der einen Seite man sich selbst nicht mehr helfen kann – auf der anderen Seite, nur wenn

Heilungsäquivalenz-Tafel

Sinn der Krankheit	gesund	Heilung	Rolle des Arztes	Medikament
1. Krankheit als Normabweichung	normgerecht	Reparatur	Organ-mechaniker	Ersatzteil, Betriebsstoff
2. Defizit an Symbiose, subj. Krankfühlen	schmerzfrei	Symbiose	Mutter	Vater, Droge
3. Defizit an Selbstbestimmung, Krankheit als Regression	frei, selbstbestimmt	Erziehung	Vater	Muttermilch
4. Krankheit als Initiation, Reifungskrise	wandelbar, stabil	Verwandlung	Medizinmann	Symbol für Verwandlung
5. Krankheit als Organgschwäche	Funktions-fähigkeit der Organe	Kompensation	Gärtner, Kumpan	Krücke, Prothese
6. Krankheit als Flucht, „Aussteigen"	kein Bedürfnis nach Aussteigen	Wieder-einsteigen	Fluchthelfer, Ausgebeuteter	Alibi, Austrittskarte
7. Symptomträger für soziale Konflikte	funktionsfähige Sozialstruktur	Konflikt-management	Sündenbock, Sozialtherapeut	unnötig bzw. Repräsen-tanz d. A.
8. Krankheit als Störung des Gleichgewichtes	Gleichgewicht	Ausbalancieren	Priester	Mittel zum Ausbalancieren
9. Krankheit als Schuld	entsühnt, erlöst	Strafe	Richter	Sühneopfer, Talisman
10. Krankheit als Bewältigung der Todesangst	lebend	Überleben	Totenrichter	Nektar und Ambrosia

man sich selbst helfen kann, kann man wieder gesund werden. Vermutlich irgendwann während der Krankheit schlägt dieses Bedürfnis in sein Gegenteil um. Man hat nicht mehr ein Defizit an Symbiose, sondern ein Defizit an Selbstbestimmung. Man ist an ein Bett gefesselt, seiner Umwelt ausgeliefert, ist immobil wie ein Kleinkind, das möglicherweise die Motorik noch gar nicht beherrscht. Man ist geschwächt, durch Fieber verwirrt, kann sich nicht richtig artikulieren und so weiter.

Durch die körperliche Einschränkung ergibt sich auch eine psychische: Der Patient zeigt forderndes Verhalten (wie ein ungezogenes Kind), ist lästig, uneinsichtig und nur auf sich selbst konzentriert. Menschen, die krank sind, werden daher oft von den Pflichten des Erwachsenen entbunden und nicht ganz voll genommen. Dieser absichtlich oder unabsichtlich herbeigeführte Zustand des unverantwortlichen Kindes wird, wie gesagt, durch besonderes Behütetwerden und Gepflegtwerden, durch größere Aufmerksamkeit von Familie, Umwelt und Arzt belohnt. Selbst wenn in diesem regressiven Zustand die Möglichkeit geboten wird, versäumte Lebensabschnitte nachzuholen, so schlägt dieser Zustand irgendwann in das Bedürfnis um, wiederum erwachsen zu werden.

In diesem Fall hat der Arzt seine Mutterrolle gegen eine Vaterrolle zu wechseln. Der Vater ist nicht derjenige, der wie die Mutter auf die Bedürfnisse eingeht, sondern dieser will vom Menschen Leistung. Väterliche Autorität wird in unserem Kulturkreis übersteigert in Gottvater gesehen, und interessanterweise werden auch die Ärzte als Götter in Weiß bezeichnet, als allmächtig erlebt, und ihren Anweisungen ist unbedingt Folge zu leisten. Der Arzt weiß, wo es lang geht, und ist in der Lage, die Eigeninitiative des Menschen anzuspornen. Damit wird auch die Quadratur des Kreises dieser Arztrolle ausgesprochen, denn ohne Autorität kann der Mensch nicht gesund werden – mit zuviel Autorität kann er es auch nicht, sofern er die gesamte Heilungskapazität dem Arzt überträgt. Hier ist der erzieherische Aspekt das Zentralproblem des Heilungsprozesses.

Wie wir festgestellt haben, zeigt das Medikament bei dieser Krankheitsauffassung Reste von symbiotischer Bedeutung: Es wird lieber flüssig als fest eingenommen, was mit der seinerzeitigen Funktion der Muttermilch erklärt werden kann.

Die in Punkt 4 der Tabelle angeführte Sinndimension der Krankheit – nämlich Krankheit als Initiation und als Reifungskrise des Individuums – ist ein uralter und in allen Kulturen bekannter Sinn von Krankheit. Krankheit wird oft als Todesnähe verstanden – im Volksmund spricht man vom „kleinen Tod". Damit ist nicht gemeint, daß Krankheiten tatsächlich oft zum Tod führen, sondern Krankheit wird als Verwandlung des alten Menschen, der stirbt, aufgefaßt und Gesundung wird als Wiedergeburt, als kleine

Auferstehung gefeiert. Eine Krankheit durchgestanden zu haben, macht reifer und stärker. Deswegen ist das Verhältnis von Krankheit und Heilung immer auch ein Symbol für Tod und Auferstehung, und insofern als geeignet für Initiationsriten aufgefaßt worden. Der eine Zustand stirbt, und ein neuer, besserer wird geboren. Manche Initiationsriten helfen der Krankheit sogar nach. Es werden schmerzhafte Vorgänge wie Beschneidung und künstlich durch Gifte erzeugtes Fieber dem zu Initiierenden zugefügt. Nach der Gesundung sprechen auch viele Kranke in unserem Kulturkreis von den ausgestandenen Schmerzen. Es gibt Fälle, wo ein Wettstreit darüber entbrennt, wer mehr durchgestanden hat bei Operationen usw. Die Anthroposophen vertreten die Theorie, daß Krankheit der Kinder und der Erwachsenen wertvolle Entwicklungsschübe bringt. Man hat festgestellt, daß geimpfte Kinder, die bestimmte Krankheiten daher nicht bekamen, deutlich in der Entwicklung zurückblieben gegenüber Kindern, die diese Krankheiten durchgestanden haben.

Der Arzt ist bei diesem Krankheitsbegriff derjenige, der über die Zeremonien dieser Initiation bzw. dieser Auferstehung verfügt – somit eine Art Medizinmann. Der Medizinmann ist je nach Kulturkreis ein kleinerer oder größerer Zauberer, der über die geheimnisvollen mystischen Hintergründe und Zusammenhänge der Riten verfügt – meist aufgrund einer langen Tradition. Magisches Denken ist in unseren Tagen keineswegs ausgestorben, und viele Ärzte sind verwundert über die Wirkung ihrer Medikamente, die vom naturwissenschaftlichen Ursache-Wirkungs-Begriff her oft gar keine reale Wirkung haben (Placebo, Homöopathie etc.). Für den nicht Eingeweihten ist ja das ganze Klimbim und Klimborium, die offiziellen Zeremonien der heutigen Medizin von der Untersuchung bis zu den Therapiemethoden ohnehin nur eine Nachfolge der alten klassischen Priester- und Medizinmanntradition. Die Wissenschaft hat ja heute die Rolle übernommen, die ehedem die Kirche hatte.

Die Verwandlungshilfe, die der Arzt so wie der Medizinmann früher dem einzelnen angedeihen ließ, gipfelt vor allem darin, daß der Mensch seinem neuen Leben nun einen neuen Sinn gibt. Dieser Sinn kommt aus ihm selbst heraus – allerdings unter der Geburtshilfe des Arztes. Das Medikament wäre Zaubertrank, der in vielen Märchen auftritt und mit dessen Hilfe man von einer Existenz in eine andere hinüberwechseln kann. Eine solche Zaubertrankfunktion wollen die Patienten sehr oft von den Ärzten mit Hilfe des Medikamentes.

Punkt 5: Fast jeder Mensch hat irgendwo Organschwächen, besondere Punkte von Sensibilität und Anfälligkeiten – sei es vererbt, sei es erworben. Es ist auch durchaus möglich, daß sich Umwelteinflüsse in bestimmte Empfindlichkeiten umsetzen. Dieser *locus minoris resistentiae* sollte jedem Menschen bekannt sein. Es ist dies jener Punkt, bei dem sich bei Überlastung oder bei Verlust des Gleichgewichts eine Störung oder eine Organschwäche entwickelt. Der Arzt hat hier die Aufgabe, diese Organschwächen dem Patienten darzustellen, mit ihm gemeinsam die Minderwertigkeit des betreffenden Organs zu kompensieren und eigentlich die Rolle des Gärtners anzunehmen. Er wird nicht nur die Entwicklungsgeschichte des einzelnen Organs und seiner Schwäche durch ausführliche Anamnesen, Lebensskriptvorstellungen usw. analysieren. Er wird auch feststellen, was im Rahmen der übrigen Organabstimmung der Stärkung des betroffenen Organs dient, und er wird auch die Umwelteinflüsse, Dauerbelastungen unter die Lupe nehmen. Insbesondere hat die Vorbeugungsmedizin hier einen wichtigen Ort, nämlich insofern, als man Organschwächen von Haus aus Krankheiten zu vermeiden trachtet. Das Medikament hat hier die Funktion einer zeitweiligen oder dauernden Prothese zur Stützung von Organen.

Wie man sieht, hat der Arzt eine jeweils unterschiedliche, aber doch immer genau definierte soziale Rolle, auf die er übrigens im Medizinstudium viel zuwenig vorbereitet wird.

Punkt 6: Die Krankheit als Flucht wurde oben schon angeführt.

Punkt 7: Am deutlichsten ist dies bei Krankheiten, die in Familien oder in Gruppen auftreten, weil die Konflikte sich an einer bestimmten Person konkretisieren. Hier muß der Arzt, will er Erfolg haben, die Kunst des Konfliktmanagements beherrschen. Die Symptome bloß zum Verschwinden zu bringen, gleicht dem Kampf mit der Hydra: Sie treten immer wieder auf, wenn auch möglicherweise in anderer Form.

Der Verlust der Mehrgenerationenfamilie, die Anonymisierung unserer Gesellschaft scheint dem Arzt eine Reihe von Funktionen zu übertragen, die er früher in diesem Ausmaß nicht gehabt hat und die weder der Medizinmann noch der klassische Arzt früherer Epochen übernehmen konnte. Viele Ärzte der Gegenwart scheinen damit auch ziemlich überlastet zu sein. Insbesondere, wenn der Arzt auch bei korrektester Abstinenz dennoch in einem Sozialgebilde eine bestimmte Rolle zugewiesen bekommt, wie etwa die Rolle des Sündenbocks, in die man als Sozialtherapeut nur allzuleicht geraten kann. Der Arzt, der sehr oft nicht gelernt hat, als Projektionsfigur dazustehen, versucht nun, sich aus dieser Situation wieder herauszukatapultieren. So bleibt oft das Gefühl bei den Betroffenen zurück, daß die Ärzte die Ursache für die Krankheit sind. Sehr viele Ärzte versuchen hier, an ihrer Stelle dem Medikament die Bedeutung zu geben, die Heilfunktion im Sozialgebilde zu übernehmen. Nicht immer natürlich ist dies von Erfolg gekrönt.

Punkt 8: Daß Krankheit auch als Störung des physiologischen wie des psychischen Gleichgewichts aufgefaßt werden kann, ist Traditionsgut in vielen außereuropäischen Medizinschulen, besonders in der chinesischen. Die europäische Medizin ist dabei, sich dieses Wissen anzueignen.

Der wesentliche Sinn der Krankheit besteht in der Annahme, daß der Mensch sich in einem dynamischen und daher sehr labilen Gleichgewicht befindet, das ständig durch seine Initiative, durch die Realisierung seiner Freiheit aufrechterhalten werden muß. Dabei muß eine Reihe von Gegensätzen ausbalanciert werden. Der Mensch hat nicht nur äußere Gegensätze wie Tag und Nacht, Winter und Sommer, Trockenheit und Regenzeit zu bewältigen, sondern auch Gegensätze wie den von Mann und Frau, von männlichen und weiblichen Anteilen in ihm selbst, von Yin und Yang, von alt und jung und so weiter. Immer dann, wenn die Balance einmal nicht gelingt, tritt eine Über- oder Unterdosierung einer bestimmten Substanz bzw. von Energie auf, die dann Schwäche und Mangelerscheinungen zur Folge hat. Viele Ärzte sprechen bei Konflikt- oder Streßsituationen von solchen Störungen des Gleichgewichtes.

Punkt 9: Diese Auffassung hat auch eine gewisse Nähe zur nächsten Dimension, nämlich die schon oben erwähnte Krankheit als Schuld. Auch die Schuld ist ja eine Form, wie aus dem Sozialgebilde etwas aus dem Gleichgewicht gekommen ist. Der Arzt tritt in diesem Zusammenhang als Hüter der Ordnung, als Hüter des Gleichgewichtes auf. Er weiß auch jene Maßnahmen, mit deren Hilfe es möglich ist, das Gleichgewicht wieder auszubalancieren. Krankheit hat allerdings hier einen sehr starken positiven Bezug. Sie führt dazu, eine außer dem Gleichgewicht geratene Lebenssituation wieder einzubalancieren, und die Funktion des Arztes besteht zunächst darin, die Situation akzeptieren zu helfen. Wird die Störung des Gleichgewichtes insbesondere mit einer großräumigen Störung des Sozialgebildes oder gar der kosmischen Ordnung in Zusammenhang gebracht, dann zeigt sich die eigentliche Priesterfunktion des Arztes, der den Zusammenhang mit der größeren Ordnung herstellen kann.

Punkt 10: Eine wichtige Funktion haben die Ärzte bei der letzten von uns angeführten Dimension der Krankheit, die für die Bewältigung der Todesangst steht. Zunächst stellt der Versuch, Alter in Krankheit umzufunktionieren, eine Erleichterung für den alten Menschen dar. Denn Krankheit ist heilbar, Alter aber nicht. Der Mensch gewinnt Hoffnung auf Besserung des Zustandes. Langsam wird ihm aber der Arzt beibringen müssen, daß hier ein Alterungsprozeß vorliegt, der irreversibel ist. Stellt der Arzt dies zu früh fest, verliert er die Zuneigung und das Vertrauen des Patienten, stellt er es zu spät fest, versäumt er vielleicht kostbare Zeit, in der der Patient noch lernen kann, den Alterungsprozeß zu akzeptieren. Der Arzt ist hier in der Rolle des Totenrichters: Er entscheidet, ab wann welche Therapie für den alternden Menschen noch sinnvoll ist und welche nicht, und letztlich muß er auch bei der Entscheidung helfen, wie weit nicht der Tod diesem Leben vorgezogen werden muß.

Das Problem bei der mehrdimensionalen Ursachenforschung ist, daß die Erforschung dieser Faktoren jeweils einer anderen Wissenschaft obliegt und dennoch alle Faktoren ineinander greifen, da der Mensch ja als Einheit handelt. Man darf daher nicht einer Wissenschaft allein (etwa der Psychologie oder der Psychoanalyse) die Erforschung der Produktbedeutung überlassen. Das Problem der Vernetzung liegt in der Koordination dieser verschiedenen Wissenschaften und der Kommunikation unter ihnen, sieht doch jeder in seiner Wissenschaft (deren Methode ihm Sicherheit gibt) oft die einzig mögliche oder jedenfalls zentrale Betrachtungsweise.

Die Koordination verschiedener Aspekte eines Produktes durch Wissenschaftler des jeweiligen Gebietes erfolgt mit Hilfe gruppendynamischer Teamarbeit. Je nach Problem wird dieses Team unterschiedlich zusammengesetzt. Die dabei herausgearbeiteten Faktoren haben meist sowohl eine positive, als auch eine negative Wirkung. Wenn das Produkt etwa von vielen Menschen gekauft wird, weil es „in" ist, dann ist dies gleichzeitig auch wieder für einige gerade der Grund, es nicht zu kaufen.

Ich gehe nun davon aus, daß der Erfolg eines Produktes oder einer Leistung (ob das nun ein Auto ist, eine Versicherung oder das Gewinnen von Schülern für eine Privatschule) durch verschiedene positive und negative Faktoren in einem Gleichgewicht gehalten wird.
n = Anzahl der verkauften Stücke:

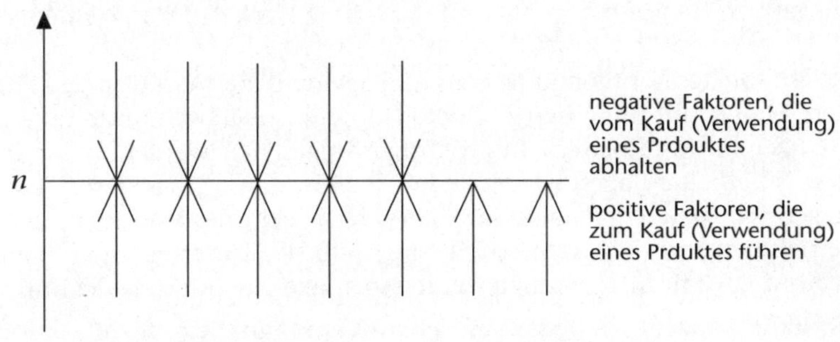

Will man diese Linien beeinflussen, also etwa die Anzahl *n* der gekauften Autos, Versicherungsverträge oder geworbenen Schüler erhöhen, oder haben sich etwa durch äußere Umstände diese Anzahlen sozusagen ohne Zutun reduziert, dann gibt es zwei Möglichkeiten:

1. Man schafft neue positive Faktoren, zum Beispiel neue Produktvarianten, die es bisher noch nicht gab (Turbomotor, Sparkredit etc.),
2. oder man reduziert einen oder einige der negativen Faktoren (Abbau der Schuldgefühle beim Kredit etc.).

Ich gehe davon aus, daß ein Teil dieser Faktoren den Auftraggebern immer schon bekannt ist. Interessanterweise ist der Prozentsatz bei den positiven Faktoren wesentlich höher als bei den negativen. Also etwa 50 Prozent der positiven Faktoren und 20 Prozent der negativen sind schon bekannt.

Dieser Unterschied hängt damit zusammen, daß die meisten (mit Recht) stolz sind auf ihr Produkt und daher die Kritik daran weniger gerne hören. Durch die Erforschung der Produktbedeutung für das Handeln der Menschen wird die Anzahl der bekannten Faktoren erhöht. Da die externen Berater und die Interpreten nicht so am Produkt hängen wie die Auftraggeber, werden positive und negative Faktoren in gleicher Weise untersucht.

Die Erforschung aller Dimensionen ergibt nun eine Art Röntgenbild des Produktes. Man sieht, welche Faktoren für welche Käufer, Konsumenten, Benützer wie und warum wichtig sind oder was Krankheit für einen Menschen bedeutet. Man sieht auch, welche Widerstände gegen das Produkt oder die Art des Vertriebes oder die Verpackung oder die Werbung existieren. Die Tätigkeit des Managements ist nun in Kenntnis des Röntgenbildes viel effizienter zu gestalten als ohne fundierte Informationen über die positiven und negativen Faktoren sowie ihre Vernetzung.

Dabei hat sich herausgestellt, daß die Arbeit an den negativen Faktoren, die Beseitigung oder Reduktion der Widerstände, wesentlich rascher einen Erfolg bringt als die Installation neuer, positiver Faktoren. Gerade im Bereich der negativen Faktoren liegt aber oft der blinde Fleck des Managements.

Ohne ein solches Röntgenbild ist das Management auf Vermutungen angewiesen. Man kennt nur einen Teil der Faktoren, wobei bestimmte Faktoren von einzelnen Mitarbeitern für wichtiger angesehen werden als andere. Andere Mitarbeiter haben wieder andere Präferenzen. Dies erklärt sich, wie oben gezeigt, vor allem daraus, daß die Widersprüche des Marktes bei guten Unternehmen ihre Repräsentanten innerhalb des Unternehmens haben. Viele Konflikte im Unternehmen werden sozusagen im Interesse der Kunden ausgetragen.

Auf welche der Faktoren schließlich ein Marketingkonzept aufgebaut wird, hängt traditionellerweise, das heißt ohne genaue Kenntnis der einzelnen Faktoren der Produktbedeutung oder ohne Produktphilosophie, auch oft vom Resultat eines Machtkampfes innerhalb der Firma ab und nicht nur von den Bedürfnissen des Marktes. Hier reagiert jede Organisation so wie ein Mensch, der etwas wissen möchte (oder wissen muß), es aber nicht weiß: Er verwendet als letzte Informationsquelle, die ihn nie im Stich läßt, seine Phantasie. Daß dabei die Interessen, zum Beispiel von Abteilungen, sowie die Machtverhältnisse eine Rolle spielen, liegt auf der Hand. Gerade die ungenügende Kenntnis der Faktoren leistet solchen Machtkämpfen Vorschub. Nicht selten werden durch die Aufklärung der Produktbedeutung auch die eigentlichen Hintergründe von hausinternen Konflikten sichtbar.

Mit Hilfe eines solchen „Röntgenbildes eines Produktes" ist es auch leichter, ein Briefing für eine Werbekampagne zu veranstalten oder Vorschläge für eine solche Kampagne auf ihre mögliche Wirkung im vorhinein zu beurteilen. Man tappt jedenfalls weniger im dunkeln als ohne Informationen durch die mehrdimensionale Ursachenforschung.

Bei einem Großteil der bisherigen Forschungen hat die philosophische Theorie des Produktes auch dazu geführt, daß die traditionelle Logik relativiert werden mußte. Speziell der Umgang mit Widersprüchen, wie er in der Wissenschaft, aber auch in Hierarchien üblich ist, reicht nicht aus, um Produktwidersprüche und die daraus resultierenden Konflikte zu verstehen und zu beeinflussen.

So besagt etwa einer der Grundsätze unseres Denkens (das 2. logische Axiom), daß von zwei einander widersprechenden Aussagen mindestens eine falsch sein muß. Aristoteles hat diese Regel aufgestellt und für das europäische Denken damit festgelegt, daß nicht etwas wahr sein kann und das Gegenteil davon auch wahr sein kann. Auf diesem Grundprinzip beruhen heute die Naturwissenschaft und – leider – auch die meisten anderen Wissenschaften.

So erfolgreich dieses Prinzip vom zu vermeidenden Widerspruch aber in den Naturwissenschaften und natürlich auch in der Technik ist, so sehr verhindert es tiefere Erkenntnisse im Bereich zwischenmenschlicher Kommunikation. Emotionen zum Beispiel folgen überhaupt nicht den Prinzipien der Logik. Produkte (Geld, Auto, Reisen, Eis, Telefon usw.), die eine emotionale Bedeutung haben (und die haben fast alle), sind daher nur zu einem geringen Teil verständlich, wenn man die Regeln unserer Logik anwendet.

Wir mußten daher bei unseren bisherigen Erforschungen der Seele eines Produktes diese Axiome der Aristotelischen Logik verbessern und neue Prinzipien finden. Dabei haben wir neben Eigenentwicklungen auch Anleihen bei anderen Kulturen gemacht. So hat etwa der zur selben Zeit wie Aristoteles in China lebende Laotse das 2. Axiom der Logik ganz anders formuliert. Er sagt: Solange man nur eine Seite eines Widerspruchs besitzt, verfügt man nur über die halbe Wahrheit. Nur wer beide Seiten eines Gegensatzes berücksichtigt, hat die volle Wahrheit.

Mit dieser Logik eröffnen sich für unsere Forschungen eine Reihe überraschender Einsichten und praktikabler Anwendungsmöglichkeiten. Wir konnten plötzlich verstehen, wieso etwa ein Autofahrer gleichzeitig für und gegen ein Tempolimit sein konnte, wieso Geld gleichzeitig intimer Besitz und anonymes Zahlungsmittel sein konnte, wieso man in Hierarchien gleichzeitig unter einem Chef leiden und sich trotzdem bei ihm sicher fühlen kann und so weiter.

Beim Auftreten solcher grundlegenden Widersprüche (Aporien) kann es daher nicht Aufgabe des Managements sein, diese Widersprüche zu eliminieren (wie es die Logik verlangt), sondern eher sie zu organisieren und beide Seiten – die ja recht haben – in eine sinnvolle Balance zu bringen.

Diese Balance gelingt aber nur, wenn man die Widersprüche – und zwar beide Seiten – kennt. Nach unseren Erfahrungen wird in Organisationen häufig eine der beiden Seiten verdrängt. Sie existiert dann nur mehr im Untergrund oder inoffiziell, wird geduldet und geht nur mit „schlechtem Gewissen" in Managemententscheidungen ein (z. B. wäre es„logisch", Kompetenzen eindeutig aufzuteilen – in der Praxis aber übernimmt man, wenn es nötig ist, auch Arbeiten vom Kollegen; „logisch" ist es, ein Pouvoir einzuhalten – wenn man ein Geschäft machen will, muß man es aber manchmal überschreiten, usw.)

Eine ausgeführte Produktphilosophie schließlich ist Voraussetzung für die Entwicklung einer Unternehmensphilosophie, die es allen Mitarbeitern ermöglicht, sich mit dem Unternehmen und seinen Zielen zu identifizieren. Der Zustimmungsgrad der Mitarbeiter (also der Prozentsatz der Demotivation) ist heute schon und wird noch mehr in Zukunft ein wichtiger Konkurrenzaspekt sein.

ORDER THROUGH FLUCTUATION – DAS GEHEIMNIS DES JAPANISCHEN ERFOLGS

I. Einführung

Japanische Unternehmen haben in den letzten Jahren an Wettbewerbsfähigkeit gewonnen und konnten gegenüber europäischen und amerikanischen Unternehmen den Wettkampf um Marktanteile zunehmend für sich entscheiden. Waren westliche Unternehmen wie *Bayer*, *IBM* und *General Motors* über Jahre hinweg die unangefochtene Nummer 1 in ihrer jeweiligen Branche, so müssen sie jetzt um ihre Positionen fürchten. Die japanischen Verfolger wie *Takeda*, *Fujitsu* und *Toyota* sind ihnen dicht auf den Fersen. In anderen Branchen, wie der Unterhaltungselektronik und der Fotoindustrie, haben japanische Unternehmen nicht nur Spitzenpositionen erreicht, sondern haben sogar ihre westlichen Konkurrenten fast völlig vom Markt verdrängt. *Sony*, *Matsushita*, *Canon* und Co. wuchsen zu international erfolgreichen Unternehmen heran und haben die Wettbewerbsordung zu ihren Gunsten verändert.

In diesem Aufsatz soll versucht werden, die Gründe des japanischen Erfolgs zu erhellen. Obwohl inzwischen schon viel zu japanischem Management geschrieben wurde,[1] gehen die Erklärungsversuche oft am Kern des Problems vorbei. Meist werden einzelne Aspekte des japanischen Erfolgs beleuchtet, ohne den Versuch zu wagen, bis an die Wurzel der einzelnen Phänomene vorzudringen.

Gemäß den wissenschaftstheoretischen Überlegungen von Kuhn soll angenommen werden, daß Paradigmen unser Weltbild bestimmen und daß industrielle Organisationen gemäß bestimmter Paradigmen handeln.[2] Der kulturelle Hintergrund von Unternehmen könnte für die Wahl der Paradigmen und somit für die Ausprägungen ihres Handelns verantwortlich sein.[3] So liegt es nahe zu argumentieren, daß die Strategien japanischer Unternehmen durch den Ganzheitlichkeitsgedanken der konfuzianischen Philosophie und die Tendenz zur intuitiven Wahrnehmung der buddhistischen Lehre geprägt sind, während ihre westlichen Pendants gemäß den Rationalitätsprinzipien abendländischer Philosophie handeln.

Die asiatischen Weltanschauungen werfen Parallelen zum Paradigma der Selbstorganisation auf. Selbstorganisation steht für die Entstehung spontaner Ordnung aus einem ungeordneten beziehungsweise chaotischen Ausgangszustand. Phänomene der Selbstorganisation wurden in den verschiedensten Wissenschaftsbereichen wie der Biologie, der Physik und der Chemie entdeckt[4] und haben auch zu Spekulationen über Prozesse spontaner Ordnungsentstehung in den Sozialwissenschaften geführt[5]. Asiatische Weltanschauungen scheinen gegenüber dem Gedanken der Ordnung eines gegebenen Systems ohne die Intervention einengender Kontrollsysteme besonders aufgeschlossen zu sein.[6] Die Forderung nach einer Einheit von Geist und Körper erschließt ein Verständnis dafür, daß das Ganze mehr ist als die Summe seiner Teile und daß zwischen den Teilen dynamische Korrelationen bestehen.

Ein Modell der Selbstorganisation, der Ansatz des belgischen Wissenschaftlers Ilya Prigogine, soll benutzt werden, um Phänomene spontaner Ordnungsentstehung in japanischen Unternehmen zu erklären. Prigogine geht davon aus, daß Ordnung durch Fluktuationen hervorgerufen wird.[7] Im Falle nichtlinearer Ungleichgewichte können energetische Fluktuationen ein dissipatives (energiestreuendes) System in einen neuen Zustand treiben. Prigogine zeigte, daß Ungleichgewichtszustände die Ursache für die spontane Formation von Ordnung in einem System sein können. Das System erneuert sich ständig selbst, während es in Wechselwirkung mit seiner Umgebung steht.

Es ist die These dieser Arbeit, daß japanische Unternehmen kontinuierlich Fluktuationen auslösen. Diese Fluktuationen sind für die Entstehung neuer Ordnungen verantwortlich. Die Unternehmen erneuern sich selbst und verlassen gezielt einmal erreichte Ordnungszustände. Die Selbsterneuerung japanischer Unternehmen könnte deren Innovationskraft und Expansionsdynamik und somit ihren Erfolg erklären. Die beiden folgenden Abschnitte werden zeigen, in welcher Weise Fluktuationen in japanischen Unternehmen auftreten.

2. Unternehmensinterne Fluktuationen

Unterzieht man japanische Unternehmen einer Mikroanalyse, so können Phänomene des kontinuierlichen Wandels erkannt werden, wie sie in westlichen Unternehmen nur in beschränktem Maße auftreten. Solche Phänomene stehen in keinem direkten Zusammenhang mit der Unternehmensumwelt und sollen daher *unternehmensinterne Fluktuationen* genannt werden. Sie treten in drei Bereichen auf: dem Kommunikationsverhalten, der Entscheidungsfindung und der Neuproduktplanung.

a) Kommunikationsverhalten

Die Angestellten japanischer Großunternehmen arbeiten während der Zeit ihrer Firmenzugehörigkeit nicht in ein und demselben Unternehmensbereich, wie dies meist in Europa der Fall ist. Sie wechseln dagegen oft die Abteilung und werden durch möglichst viele Tätigkeitsbereiche des Unternehmens geführt. Ein Mitarbeiter der Abteilung Forschung und Entwicklung lernt auch neue Aufgaben in der Marketingabteilung kennen, um zu erfahren, in welcher Weise die von ihm entwickelten Produkte vermarktet werden. Solche Arbeitsplatzwechsel erfolgen in periodischen Abständen, so daß sich die Mitarbeiter ständig neue Fähigkeiten aneignen müssen. Solch ein Vorgehen kommt dem Informationsfluß im Unternehmen zugute, da Wissen von einer Abteilung auf die anderen übertragen wird.

Wer schon einmal ein japanisches Unternehmen besucht hat, wird die andersartige räumliche Aufteilung festgestellt haben. Japaner arbeiten in Großraumbüros, was dem gegenseitigen Informationsaustausch entgegenkommt. Die Mitarbeiter kapseln sich nicht ab, sondern sind durch eine kooperative Arbeitsatmosphäre verbunden. Oft werden Teams gebildet, die Mitarbeiter aus verschiedenen Abteilungen zusammenführen. Solche Gruppenarbeit erfolgt, um mittelfristige Ziele zu realisieren. Nachdem diese Ziele erreicht wurden, werden die Teams wieder aufgelöst und neu formiert. Durch die Zuordnung zu Arbeitsgruppen werden feste und einengende Strukturschemata verhindert.

Nach Feierabend ist der Arbeitstag eines Durchschnittsjapaners noch nicht zu Ende. Die Arbeitskollegen gehen in die *izakaya*[8], um dort in ungezwungener Atmosphäre ihre Gespräche, die meist um die aktuellen Arbeitsprobleme kreisen, fortzusetzen. Diese sogenannte *nomunication*[9] dient dem informellen Informationsaustausch und verlängert beziehungsweise intensiviert den täglichen Aufbau von Wissen in japanischen Unternehmen.

b) Entscheidungsfindung

Entscheidungen in japanischen Unternehmen werden nicht, wie in westlichen Firmen, alleine vom Topmanagement gefällt. In Japan sind sehr viele Individuen am Entscheidungsprozeß beteiligt, und die Entscheidungen laufen als *Bottom-up*-Prozesse ab. Die relativ flache Organisationsstruktur japanischer Unternehmen erleichtert solche Prozesse. Die vielschichtigen Hierarchien westlicher Unternehmen dagegen führen zu *Top-down*-Entscheidungen. Insbesondere zwei Mechanismen spiegeln die Entscheidungsfindung in japanischen Unternehmen wider: *nemawashi* und *ringi*. Beide Mechanismen erzeugen Redundanz und dienen der Einbeziehung des Wissens möglichst vieler Beteiligter.

Nemawashi[10] beschreibt den Prozeß, bei dem eine inoffizielle Übereinkunft erzeugt wird, bevor eine jegliche offizielle Entscheidung fällt. Die am Entscheidungsprozeß beteiligten Mitarbeiter treffen sich bei inoffiziellen Meetings, die oft nach Feierabend beim *nomunication* stattfinden, um ihre Meinungen auszutauschen und um zu Entscheidungen zu gelangen. *Nemawashi* erfolgt im Verborgenen, und die anschließende offizielle Stellungnahme ist oft nicht mehr als eine Bestätigung der zuvor erreichten Übereinkunft.

Ein Spezialfall des *nemawashi* ist das *ringi*[11]: Mitarbeiter verschiedener Hierarchiestufen schreiben ihre Meinung zu einem bestimmten Problem auf ein

Stück Papier, das dann mehrfach durch das Unternehmen kreist, da die Mitarbeiter ihre Meinungen vergleichen und auch angleichen. Die letztlich gefällte Entscheidung ist dann eine solche, die die Zustimmung aller am *Ringi*-Prozeß Beteiligten enthält. *Ringi* ist Ausdruck der Meinungsvielfalt in japanischen Unternehmen.

c) Neuproduktplanung

Neuproduktplanungen in japanischen Unternehmen laufen nicht sequentiell wie in westlichen Firmen ab. Die einzelnen Planungsphasen überschneiden sich vielmehr.[12] In der Regel werden Projektteams gebildet, um die Spezialgebiete, Denkweisen und Verhaltensmuster der Beteiligten zu kombinieren. Da sich Schwerpunkte und Zeithorizonte der Mitglieder der Projektteams unterscheiden, müssen Integrationsprozesse stattfinden. Die Entwicklungsphasen überschneiden sich, so daß insbesondere die zeitliche Effizienz gefordert wird.

Den Projektteams wird lediglich ein weites Ziel gesetzt. Die Teams haben somit ein hohes Maß an Freiheit, so daß Fluktuationen zwischen den Mitgliedern ausgelöst werden können. Die Überschneidungen der einzelnen Projektphasen sind in gewisser Weise ein chaotisches Vorgehen, da eine Tätigkeit noch nicht beendet ist, bevor die nächste angefangen wird.

Die Spezifika der Neuproduktplanung können auf alle Planungsprozesse in japanischen Unternehmen verallgemeinert werden: Planung erfolgt nicht als die rationale Abfolge einzelner Schritte, sondern als deren Akkumulation. Dadurch wird das Wissen, das in den einzelnen Planungsvorgängen inhärent ist, miteinander verbunden und integriert.

3. Unternehmensexterne Fluktuationen

Ähnlich den Fluktuationen in Unternehmen finden auch zwischen den Unternehmen Fluktuationen statt. Solche Fluktuationen werden durch die lose Koppelung der Unternehmen untereinander erreicht. Ein Charakteristikum der japanischen Industriegesellschaft ist, daß an die Stelle von klar abgrenzbaren Unternehmenseinheiten hybride Unternehmensverbände treten.[13] Die Grenzen dieser Unternehmensverbände sind vage, und es ist oft schwer, überhaupt eine Grenze auszumachen. Unternehmensverbände sind Organisationsformen, die zwischen reinen Markt- und strikten Hierarchiebeziehungen stehen. Daher wohnt ihnen ein bestimmtes Maß an Unberechenbarkeit und Chaos inne.[14]

In Japan wird auch von kooperativen Netzwerken gesprochen, wenn solche hybride Unternehmensverbände gemeint sind.[15] Es können horizontale Netzwerke zwischen Wettbewerbern und vertikale Netzwerke zwischen

Herstellern und ihren Zulieferern unterschieden werden. Die japanische Netzwerkstruktur wird vom Staat gefördert, so daß Regierungsstellen wie das MITI (Japanisches Wirtschaftsministerium) in industrielle Netzwerke miteingebunden werden.

a) Horizontale Netzwerke

In horizontalen Netzwerken werden ehemalige Wettbewerber verbunden. Sie geben ihr antagonistisches Verhalten zugunsten einer Kooperationsbeziehung auf. Bestimmte Aktivitäten werden koordiniert, während in anderen Funktionen ihr Wettbewerbsverhalten bewährt bleibt. Dieser Wettbewerbscharakter unterscheidet horizontale Netzwerke von eher hierarchischen Kooperationsformen wie *M & A-Allianzen*[16]. Wenn sich mehr als zwei Wettbewerber in Kooperationsprojekten zusammenschließen, kann man von Kooperationsnetzwerken sprechen.[17]

Kooperation in Netzwerken kann bestimmte Teilfunktionen wie Forschung, Entwicklung, Produktion oder Vermarktung umfassen. Weiter können Allianzen auf bestimmte geographische Märkte beschränkt sein oder sich über mehrere Märkte erstrecken. Sind mehrere Funktionen in Kooperationsbeziehungen vereinigt, so entstehen weitreichende und komplexe Kooperationsnetzwerke.

In Japan sind horizontale Netzwerke weitverbreitet. Große Unternehmen wie die drei japanischen LKW-Hersteller schlossen sich beispielsweise vor kurzem zusammen, um gemeinsam Achsensysteme zu entwickeln. Auch unter mittelständischen Unternehmen findet die Strategie, in Netzwerken zu kooperieren, weiten Anklang. Gerade im Forschungs- und Entwicklungsbereich treten solche Netzwerke immer häufiger auf. In diesem Falle wird in Japan von *igyoushu koryu*[18] gesprochen.

Horizontale Netzwerke erlauben die Freiheit, eine unabhängige Unternehmenseinheit zu bleiben, aber in Teilfunktionen Wissen und Know-how von Wettbewerbern aufzunehmen. Die Fluktuationen, die durch die Redundanz überlappender Unternehmensaktivitäten ausgelöst werden, führen zu einem Informationsfluß, der die Wettbewerbsfähigkeit der Unternehmen stärkt.

b) Vertikale Netzwerke

Japanische Unternehmen haben in den letzten Jahren enge Verflechtungen mit ihren Zulieferbetrieben aufgebaut. Über den Abschluß von Lieferverträgen hinaus werden gemeinsam mit Subkontraktunternehmen Produktentwicklungen durchgeführt. Die Unternehmen erwarten von den Zulieferbetrieben Just-in-time-Belieferungen, so daß die gegenseitige Abhängigkeit im Vergleich zu reinen Marktbeziehungen recht hoch ist. Anstatt einfach auf die Aktionen der Marktpartner zu reagieren, treten Hersteller und Verwender in langfristige Interaktionen.

Das bekannteste Beispiel für ein vertikales Netzwerk ist das Zuliefersystem von *Toyota. Toyota* beschränkt sich auf die Planung, Entwicklung und Herstellung weniger Elemente der Fahrzeuge und deren Endmontage. Alle weiteren Herstellungsphasen laufen bei Subkontraktunternehmen ab, die gesamte Komponenten herstellen und vormontieren. Die Subkontraktunternehmen lassen sich wiederum von kleineren Partnerfirmen Komponenten liefern. Das Resultat ist eine pyramidenförmige Netzwerkstruktur.

Anstelle der Entwicklung und Herstellung im Hause werden möglichst viele Produktionsschritte nach außen verlegt. Die Sicherheit und Kontrolle, die mit Eigenentwicklung und -produktion gewährleistet werden könnte, wird bewußt eingetauscht gegen die Flexibilitat, die durch Fremdbeteiligung erreicht wird. Neben Kosteneinsparungen gewinnen die Herstellerfirmen Vorteile durch Know-how-Zufluß seitens der Zulieferer. Das Chaos, das durch absichtlich herbeigeführte Fluktuationen entsteht, führt zu neuem Wissen.

c) Staatlicher Einfluß

Japanische Unternehmen finden sich freiwillig zu Unternehmensnetzwerken zusammen. Es gibt keine äußere Kraft, die sie etwa in Netzwerke zwingen würde. Daher könnte man von der Selbstorganisation von Unternehmen in Netzwerken sprechen. Für kooperierende Unternehmen ist die Unternehmensumwelt nicht mehr unbedingt eine restringierende, auf die reagiert werden müßte, sondern die Unternehmen schaffen sich ihre Umwelt sozusagen selbst. Dieser Prozeß entsteht von innen heraus, da es die Unternehmen selbst sind, die kooperative Netzwerke bilden.

Dem japanischen Wirtschaftsministerium (MITI) kommt eine besondere Rolle in der japanischen Industriestruktur zu. Es schafft gezielt Visionen, die an die Unternehmen herangetragen werden und als Perturbationen von außen gegenüber den Unternehmen wirken. Solche Perturbationen sind nicht mit staatlichen Regulationen zu verwechseln, sie regen vielmehr die Unternehmen zu bestimmten Handlungsweisen an, ohne sie dazu zwingen zu wollen.

In den siebziger Jahren beispielsweise hatte das MITI ein Halbleiterprojekt angeregt, das die Elektronikkonzerne des Landes zusammenführte. Es wurden daraufhin komplexe Kooperationsnetzwerke gebildet, und Ende der siebziger Jahre war die erste Halbleitergeneration produktionsreif. 1982 waren bereits 70 Prozent des Weltmarkts für 64K-DRAMs in japanischer Hand.
Das Beispiel zeigt, wie das MITI mit langfristigen Visionen die industrielle Entwicklung des Landes beeinflußt. Das MITI gibt nur den Anstoß für Entwicklungen, die dann in den Unternehmen durchgeführt werden. In Japan finden staatlich geförderte Forschungs und Entwicklungsaktivitäten

nur zu einem geringen Prozentsatz statt, und das MITI wirkt eher als ein Auslösemechanismus für weitere Folgeaktivitäten innerhalb des Systems von Unternehmen. Es ist keinesfalls ein staatliches Kontrollinstrument. Die Visionen, die vom MITI bekannt gegeben werden, sind oft sehr hoch gegriffen, und ihre Verwirklichung scheint im Moment der Bekanntgabe eher fraglich. Die Visionen wirken als Fluktuationen, die von den Unternehmen aufgegriffen werden und zu der Suche nach neuem Wissen führen.

4. Der „japanische" Ansatz der Ordnungsentstehung

Japanische Unternehmen provozieren bewußt Chaos, um Fluktuationen auszulösen. Die Fluktuationen dienen dazu, prinzipiell Neues zu generieren. Neue Ordnungen werden somit also geschaffen, indem alte Ordnungen in Frage gestellt und negiert werden. Der Prozeß der Ordnungsentstehung in japanischen Unternehmen stellt sich wie folgt dar:

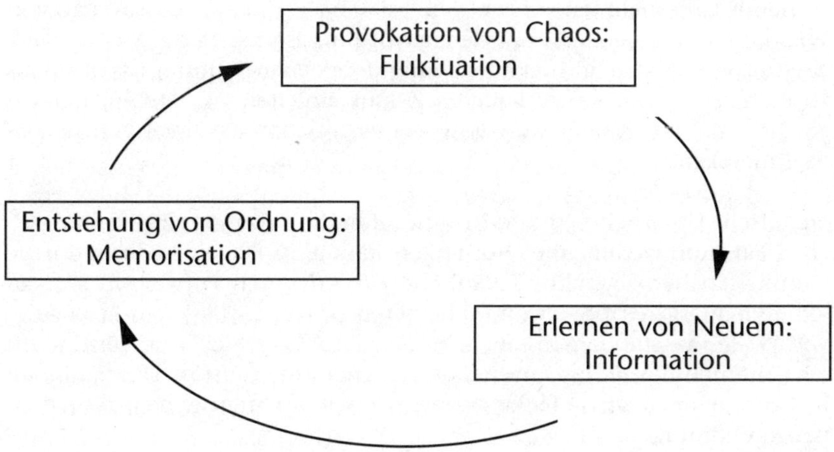

a) Provokation von Chaos: Fluktuation

Im ersten Schritt wird Chaos hervorgerufen, indem entweder unternehmensinterne oder unternehmensexterne Fluktuationen eingeleitet werden. Die Sicherheit, die mit Kommunikation „nach Vorschrift", vertikalem Entscheidungsverhalten, linearer Planung und kalkulierbaren zwischenbetrieblichen Beziehungen erreicht werden könnte, wird bewußt ersetzt durch die relative Unsicherheit von Fluktuationen. Unsicherheit stellt aber die nötigen Flexibilitätsmodule zur Schaffung von Neuem bereit.

b) Erlernen von Neuem: Information

Im nächsten Schritt werden die Fluktuationen in Information umgewandelt. Damit Neues entstehen kann, müssen die Unternehmen Lernbereitschaft zeigen. Informationen sind das Rohmaterial zur Erweiterung der Wissensbasis von Unternehmen. Neues Wissen kann im Unternehmen oder aus der Unternehmensumgebung erworben und erlernt werden. Im ersteren Falle referieren die Unternehmen nur auf sich selbst. Vorhandenes Wissen wird kritisch hinterfragt und gegebenenfalls „verlernt", um Platz für neues Wissen zu schaffen. Im zweiten Falle wird die Wissensbasis anderer Unternehmen „angezapft" und mit der eigenen verbunden. Die Unternehmen referieren nicht nur auf sich selbst, sondern erweitern ihr Referat auf die Unternehmensumgebung.

c) Entstehung von Ordnung: Memorisation

Im letzten Schritt schließlich wird das erlernte Wissen gespeichert. Die Memorisation von Wissen ist wichtig, da das erlernte Wissen nicht verlorengehen, sondern als Basis für weitere Wissensakkumulationen dienen soll. Lernende Unternehmen konzentrieren sich nicht nur auf den Zuwachs von Wissen, sondern denken in Zyklen der Ordnungsentstehung. Mit der Speicherung von Wissen und der Entstehung einer neuen Ordnung ist ein Zyklus abgeschlossen. Um einen weiteren Zyklus einleiten zu können, müssen wiederum Fluktuationen ausgelöst werden, so daß das Spiel von neuem beginnen kann.

Japanische Unternehmen sind Unruhestifter. Im Gegensatz zu ihren westlichen Partnern werden alte Ordnungen ständig in Frage gestellt und neue Ordnungen herbeigeführt. Japanische Unternehmen entwickeln sich zu lernenden Organisationen und scheinen die Mechanismen zur Erzeugung von Wissen verstanden zu haben. Wissen organisiert sich von selbst, wenn ein Unternehmen die entsprechenden Fluktuationen auslöst. Fluktuationen in Unternehmen sowie Fluktuationen zwischen Unternehmen führen zu neuen Ordnungen.

Sieht man Unternehmen als komplexe Systeme, so scheint der japanische Ansatz zur Ordnungsentstehung um so mehr ins Gewicht zu fallen. Systeme sind definiert durch die Relationen der Systemelemente untereinander sowie durch die Relationen des Systems mit der Systemumwelt. Japanische Unternehmenssysteme organisieren sich selbst, da die Relationen durch Fluktuationen, die vom System hervorgerufen werden, bestimmt werden. Selbstorganisation ermöglicht es somit, komplexe Unternehmenssysteme zu kontrollieren. Das Paradigma der Selbstorganisation scheint die Strategien japanischer Unternehmen nachhaltig beeinflußt zu haben.

Es stellt sich die Frage, inwieweit der japanische Ansatz der Ordnungsentstehung auf europäische Unternehmen zu übertragen ist. In europäischen

Unternehmen zählt die Karriere der Mitarbeiter oft mehr als das Wohl des Unternehmens. Das typisch japanische Phänomen, daß die Mitarbeiter „wie ein Mann" hinter dem Unternehmen stehen, ist im Westen eher die Ausnahme als die Regel. Daher sind Mechanismen wie innerbetriebliche Kommunikation, kollektive Entscheidungsfindung und redundante Planungsprozesse im Westen nur mit Mühe zu verwirklichen. Bedenken seitens der Gewerkschaften zum Beispiel könnten die Einführung von *comunication* erschweren. Nach Feierabend werden die wenigsten Angestellten die Bereitschaft zeigen, den Arbeitstag in der Kneipe fortzusetzen. Das Ausmaß unternehmensinterner Fluktuationen ist kulturell bestimmt und kann nicht ad hoc auf einen anderen Kulturkreis übertragen werden. Allerdings könnten westliche Manager, die die Wurzeln des japanischen Erfolgs erkannt haben, ihre Mitarbeiter dazu motivieren, ihren starken Individualismus etwas einzuschränken und ein stärkeres Kooperationsbewußtsein an den Tag zu legen. Durch die Bildung von Projektteams könnten der Informationsfluß und die Fähigkeit des innerbetrieblichen Lernens verstärkt werden.

Während in europäischen Firmen unternehmensinterne Fluktuationen nur schrittweise realisiert werden können, steht der Auslösung von unternehmensexternen Fluktuationen nichts im Wege. Anstatt mit Wettbewerbern zu konkurrieren, könnten gemeinsame Forschungs und Entwicklungsprojekte gegenseitige Synergiepotentiale erschließen. Mehr und mehr europäische Unternehmen erkennen bereits, daß die Zulieferbeziehungen nach japanischem Vorbild strukturiert werden müssen, wenn die eigene Wettbewerbsfähigkeit bewahrt werden soll. Automobilunternehmen wie *Volkswagen* und *Fiat* versuchen seit kurzem, langlastende Interaktionsbeziehungen mit Zulieferern aufzubauen. Im Zeichen multinationalen und grenzüberschreitenden Wettbewerbs scheint es außerdem nicht mehr zeitgemäß, daß das Wirtschaftsministerium, wie in Deutschland der Fall, von der Industrie quasi abgekoppelt ist und nur in Ausnahmefällen in das wirtschaftliche Geschehen eingreift. Die französiche Regierung hat dagegen bereits die Einrichtung eines Industrieministeriums nach *MITI*-Vorbild anvisiert, das Teil des Wirtschaftssystems sein und dieses durch gezielte Visionen lenken soll.

Falls europäische Unternehmen es in Zukunft verstehen sollten, gezielt Fluktuationen auszulösen, könnte verhindert werden, daß noch mehr industrielle Sektoren von japanischen Unternehmen beherrscht werden und daß Europa zu einer technologischen Kolonie Japans degradiert wird.

Anmerkungen:

1 vgl. z.B. W.C. Ouchi (1981): Theory Z: How American Business Can Meet the Japanese Challenge. Reading, MA (Addison-Wesley), und J.C. Abegglen u. G. Stalk Jr. (1987): Kaisha – The Japanese Corporation. Tokyo (Weatherhill).

2 Kuhn versteht unter einem Paradigma ein System von Prämissen, das ein in sich konsistentes Bild der Realität entstehen läßt. Für eine Einführung in Kuhns Theorie siehe T. S. Kuhn (1970): The Structure of Scientific Revolutions. Chicago (University of Chicago Press).

3 Zu dieser Auffassung kam Hofstede, der den Einfluß soziokultureller Werte auf die Strategien von Unternehmen untersuchte. Vgl. G. Hofstede (1980): Culture's Consequences. Beverly Hills (Sage).

4 Für einen Überblick siehe R. Paslack (1991): Urgeschichte der Selbstorganisation. Braunschweig/Wiesbaden (Vieweg).

5 Neben der Systemtheorie Luhmanns soll auf das im deutschen Sprachraum wenig bekannte Werk von Imada hingewiesen werden. Imada spricht von *sozialen Fluktuationen*, die soziale Systeme in einem Zustand ohne einengende Kontrollstrukturen führen können. Eine als *postmodern* bezeichnete Gesellschaft wird in einem Kooperationsnetzwerk lose gekoppelter sozialer Subsysteme gesehen. Vgl. T. Imada (1985): Jikkososhikisei. Tokyo (NTT Press); siehe ferner N. Luhmann (1984): Soziale Systeme – Grundrisse einer allgemeinen Theorie. Frankfurt (Suhrkamp).

6 Ikeda hält den Buddhismus für eine Lebensphilosophie, die im höchsten Maße persönliche Freiheit gewährleistet, ohne jedoch die Freiheit anderer Individuen einzuschränken. Vgl. D. Ikeda (1973): Seimei o kataru. Tokyo (Ushio Shuppansha).

7 Für eine Einführung siehe I. Prigogine u. I. Stengers (1984): Order out of Chaos: Man's Dialogue with Nature. Toronto (Bantam Books).

8 Die *izakaya* ist die typische Form der japanischen Kneipe, wie sie in den alten Stadtvierteln japanischer Großstädte sowie auf dem Lande anzutreffen ist.

9 von japanisch *nomu* (trinken) und englisch *communication*.

10 *Nemawashi* bedeutet wörtlich „um die Wurzel kreisen".

11 Die Schriftzeichen für *ringi* bedeuten „Diskussion durch Zirkulation".

12 Nonaka nennt dieses Vorgehen die *Rugby-Methode*. Wie beim Rugbyspiel werden Objekte (Ball bzw. Informationen) zwischen den Teammitgliedern hin- und hergeworfen. Vgl. I. Nonaka (1985): Kigyou no shinka. Tokyo (Nihon Keizai Shinbun Shuppansha).

13 Insbesondere die sogenannten *keiretsu* kennzeichen die japanische In-

dustriegesellschaft. In einem *keiretsu* werden Unternehmen verschiedenster Branchen durch gegenseitige Kapitalverflechtungen miteinander verbunden. Im Gegensatz zu Konzernen bzw. Konglomeraten bewahren die Mitgliedsfirmen eines *keiretsu* ihre rechtliche Selbständigkeit. Die drei wichtigsten Keiretsu Japans sind *Mitsubishi, Mitsui* und *Sumitomo.*

14 vgl. O.E. Williamson (1975): Markets and Hierarchies: Analysis and Antitrust Implications. New York (The Free Press).

15 Insbesondere die Arbeiten von Teramoto haben zum Bewußtwerden der Existenz von Kooperationsnetzwerken beigetragen. Für einen Überblick siehe Y. Teramoto (1990): Netowaruku paua. Tokyo (NTT Press).

16 Unternehmensaufkäufe und Unternehmenszusammenlegungen.

17 nach Y. Teramoto, F.J. Richter u. T. Takai (1993): Global Competitiveness through Strategic Alliances. In: H. Schutte (ed.): The Global Competitiveness of Asian Firms. London (MacMillan).

18 *Igyoushu koryu*: Interindustrielle Netzwerke für technologische Aktivitäten. Vgl. z.B.: K. Furukawa (1985): Igyoushu koyru no shorai. *Shoukou kinyu* 35 (6).

François U. Escher

Senior Organisation Consultant und Mitglied der European Organisation Consulting-Gruppe (EOC) bei Digital Equipment Corp. Int'l. Vormals Leiter der Gruppe für Wirtschafts- und Sozialwissenschaften des Battelle Instituts, Genf, und wissenschaftlicher Mitarbeiter der schweizerischen Hochschulkonferenz. Studium der politischen Wissenschaften am Graduate Institute for International Relations (IUHEI), Universität Genf, und Diplomand der Fachrichtungen Ethnologie und Geographie der Universität Neuenburg.

Hans Rudi Fischer

Dr. phil., Studium der Psychologie, Philosophie, Sprach- und Literaturwissenschaft; Industriekaufmann und Systemtherapeut; Autor zahlreicher Bücher. Arbeitsschwerpunkte: Kommunikations- und Kognitionspsychologie, Organisations- und Managementberatung; Geschäftsführer des Heidelberger Instituts für systemische Forschung.

Peter-W. Gester

Dipl.-Psych., geb. 1952; Psychotherapeut (Systemische Therapie, Hypnotherapie, Verhaltenstherapie); Systemberater; Geschäftsführer des Heidelberger Instituts für systemische Forschung; geschäftsführender Gesellschafter der Carl-Auer-Systeme, Heidelberg.

Barbara Heitger

Dr. jur., geb. 1958 in Münster; Studium der Rechtswissenschaften, Politikwissenschaft und Soziologie in Wien; geschäftsführende Gesellschafterin der Beratergruppe Neuwaldegg, Wien; Unternehmens- und Managementberaterin.

Heinz Metzen
Dr. phil.; Studium der angewandten Psychologie, Pädagogik und Politik in Marburg und München; Unternehmensberater, Forscher und Autor in Adenbüttel bei Braunschweig; Arbeitsgebiete: Unternehmensentwicklung, Marketing, Medien, praktische und wissenschaftliche Weiterbildung, empirische Sozialforschung, Verkehr, Umweltpsychologie.

Michael Patak
Geboren 1962 in Wien. 1989 Abschluß des Studiums der Betriebswirtschaftslehre. Seit 1987 tätig als Unternehmensberater. Ausbildung in systemischer Beratung, Gruppendynamik. Seit 1991 geschäftsführender Gesellschafter der Beratergruppe Neuwaldegg und Mitglied der Forschergruppe Neuwaldegg. Tätigkeitsschwerpunkte in den Bereichen Beratung und Ausbildung sind Unternehmensführung, Marketing, Organisation, Projektmanagement und systemische Organisationsentwicklung.

Lutz B. Reuter
Diplom-Kaufmann; war langjähriger Berater der Geschäftsführung von *Digital Europa*. Seit 1985 hat er als Unternehmensberater bei einigen großen *DEC*-Kunden strategische Umorganisationen vorgenommen und ist heute der Leiter der *Digital*-Unternehmensberatung, Schweiz. Er beschäftigt sich mit Themen wie: „Complexity Management", „Informationstechnologie und moderne Organisationsformen", „Neue Wege der strategischen Planung" etc.

Frank-Jürgen Richter
geb. 1967. Studium des Wirtschaftsingenieurwesens in Karlsruhe, Frankreich (Lyon), Mexiko (Puebla). Zweijähriges Postgraduiertenstudium an der Graduate School of Systems Management der Tsakuba Universität in Tokyo. Promotion an der Universität Stuttgart mit einer Arbeit über strategische Netzwerke.

Thomas Sattelberger

geb. 1949; von 1975-1982 im Zentralen Bildungswesen der Daimler-Benz AG Stuttgart tätig, zuerst als Leiter der Abiturientenausbildung, dann als Leiter des Trainingsdienstes Mitarbeiterführung; 1982-1988 verantwortlich für das betriebliche Bildungswesen der Motoren- und Turbinen-Union GmbH, München (MTU), seit 1985 zusätzlich zuständig für das Zentralreferat Bildung/leitende Führungskräfte der MTU-Gruppe; 1989 Leitung der Hauptabteilung „Management Development/Training" bei der Mercedes-Benz AG, Stuttgart. Seit 1990 Leiter des zentralen Bildungswesens der Deutschen Aerospace AG, München. Autor, Herausgeber bzw. Mitherausgeber zahlreicher Artikel und Bücher zu Fragen der Lebens- und Laufbahnplanung, der Personalentwicklung und der lernenden Organisation.

Christof Schmitz

Dr., geb. 1959 in Linz; Studium der Sozial- und Wirtschaftswissenschaften in Wien; Geschäftsführender Partner der ASK Beratungs-AG; Arbeitsschwerpunkte: Systemische Beratung von Unternehmen und Organisationen.

Gerhard Schwarz

Univ.-Doz. für Philosohie und für Gruppendynamik. Freiberuflich in Forschung und Lehre. Entwickelte die „Mehrdimensionale Ursachenforschung" zur Analyse von Produkten. Bücher: „Die heilige Ordnung von Männer", „Konfliktmanagement", „Raum und Zeit als naturphilosophisches Problem".

Ruth Simsa
Jahrgang 1962. Studium der Volkswirtschaftslehre (WU Wien). Post-graduate-Studium der Soziologie (IHS). Seit 1988 Assistentin am Institut für Soziologie (WU Wien). Ausbildungen in Gruppendynamik und Organisationsentwicklung (ÖGGO) sowie Gestalttherapie (ÖAGG). Forschungen, Beratungen und Führungskräftetrainings für Wirtschaft und Verwaltung.

Othmar Sutrich
geboren 1944. Diplom-Kaufmann, Master of Business Administration (MBA) Insead. Zehn Jahre Vertriebsleiter und kaufmännischer Geschäftsführer in einem Konzern. Seit 1981 Berater und Trainer bei mittelständischen Unternehmen und Konzernunternehmen, primär in den Bereichen Investitionsgüter und Dienstleistungen. Arbeitsschwerpunkte: strategisches Management, Marketing und Vertrieb, Führung, Organisation(sentwicklung), Prozeßmanagement.

Helmut Willke
geboren 1945. Seit 1983 Professor für Planungs- und Entscheidungstheorie an der Fakultät für Soziologie der Universität Bielefeld. Studium von Jura und Soziologie in Tübingen und Köln. Dr. jur. (1975 Universität Tübingen). Habilitation in Soziologie (Universität zu Köln) 1982, Gastprofessuren in Washington D.C. und Genf. Wichtigste Veröffentlichungen: Entzauberung des Staates. Überlegungen zu einer gesellschaftlichen Steuerungstheorie; Systemtheorie entwickelter Gesellschaften; Systemtheorie. Einführung in die Grundprobleme; Ironie des Staates.

Betty Zucker
Bereich Unternehmenspolitik und -entwicklung am Gottlieb-Duttweiler-Institut, Rüschlikon, Schweiz.

Bücher von Carl-Auer-Systeme

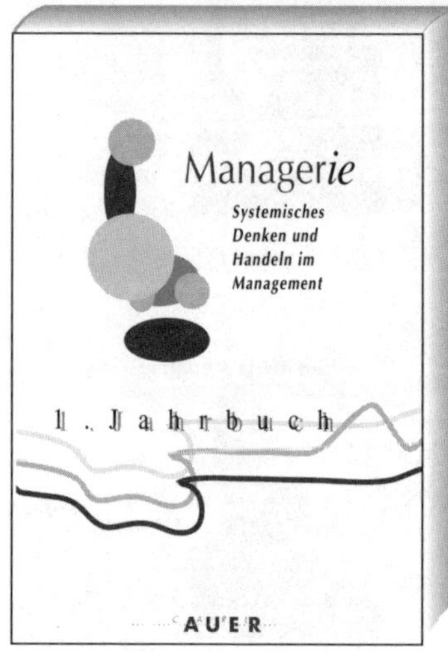

Managerie

1. Jahrbuch für systemisches Denken und Handeln im Management

Christof Schmitz/Peter W. Gester/ Barbara Heitger (Hrsg.)

262 Seiten, Kt., DM 58,–
ISBN 3-927809-17-9
Best.-Nr. 15

Beiträge zu den Themenbereichen:
Systemisches Denken:
„Management by by", Philosophische Nachschläge zum Abschied vom Prinzipiellen (Hans Rudi Fischer);
„Erfolg und Vielfalt", Zum Nutzen systemischen Denkens und Handelns im Management (Christof Schmitz);
„Der systemische Ansatz – mehr als eine Modeerscheinung?" (Rudolf Wimmer),
„Management by attraction", Aspekte des systemischen Managementverständnisses (Werner Forster);
„Wirklichkeitsverständnisse und die Steuerung professionellen Handelns in der Organisationsberatung" (Bernd Schmid);
„Postmoderne und Management", Sichtweisen eines Philosophen (Wolfgang Welsch);

… und Handeln:
„Warum der Rattenfänger von Hameln kein Systemiker war", Grundlagen systemischer Gesprächs- und Interviewgestaltung (Peter-W. Gester);
„Management-Development – systemisch" (Barbara Heitger und Hildegund Zimmermann-Seitz);
„Was hat die periodisch fallende Tendenz der Fuchs- und Kaninchenbevölkerung mit dem Computereinsatz bei Unternehmen zu tun?" (Agnes Ackerl);
„No risk, no fun", Fragen und Ideen zur Gestaltung eines Bildungsbereichs (Peter Oswald);
„Das Unsteuerbare steuern" (Axel Exner);

… über das Management hinaus:
„Familienunternehmen" (Betty Zucker und Bella Borwick);
„Die Risikogesellschaft aus systemischer Sicht", Problemaufriß und Konsequenzen (Roswita Königswieser);
„Radikale Marktwirtschaft" (Fritz B. Simon und Alfred E. Janes).

Radikale Marktwirtschaft

Fritz B. Simon und C/O/N/E/C/T/A

167 Seiten, Geb., DM 68,–

ISBN 3-927809-12-8

Best.-Nr. 17

Ein Buch, in dem die Grundlagen des systemischen Managements verständlich und leicht lesbar dargestellt werden.

Über dieses Buch:

Es geschieht nicht so oft, daß ein Psychiater und eine Gruppe von Managementberatern und -beraterinnen zusammen ein Buch verfassen. Hier scheinen zwei Bereiche aufeinanderzutreffen, die nichts miteinander zu tun haben. Und dennoch: Diese Kombination ist eigentlich nur logisch und konsequent. Während Managementberater ihre Aufmerksamkeit auf das Funktionieren, die Herstellung und Aufrechterhaltung von Ordnung richten, studiert der Psychiater die Mechanismen der Auflösung von Ordnung, die Entstehung von Chaos. Aus der Perspektive der Theorie lebender Systeme gehören aber beide Seiten zusammen, es sind die beiden Seiten derselben Medaille. Die Grundthese dieses Buches lautet: Jede menschliche Interaktion läßt sich als eine Form der Marktwirtschaft verstehen. Die theoretische Begründung für dieses Modell ergibt sich aus neueren Entwicklungen der System- und Evolutionstheorie sowie aus den erkenntnistheoretischen Konzepten des sogenannten „Radikalen Konstruktivismus".
Menschliche Verhaltensweisen lassen sich als Waren betrachten, die unterschieden, bezeichnet, bewertet und getauscht werden, d. h.: Wer handelt, der handelt.
Was dies für den Manager und seinen Alltag, die Organisation von Unternehmen, Führung, Leistung, Planung und die Unternehmenskultur etc. bedeutet, wird in diesem Buch im Blick auf Theorie und Praxis erörtert, durch viele Fallbeispiele erläutert und durch Rezepte für den Alltag des Managers ergänzt.

C/O/N/E/C/T/A-Autorengruppe

Die C/O/N/E/C/T/A ist ein Team von Organisations-Beratern und -Beraterinnen und Management-Trainern und Trainerinnen. Sie sind -von ihrer Ausbildung her- eine wohltemperierte Mischung aus Wirtschafts- und Sozialwissenschaftlern, Technikern, Pädagogen und Philosophen und betreiben gemeinsam in Wien das Beratungsunternehmen.

Kurzzeittherapie bei Alkoholproblemen
Insoo Kim Berg/Scott D. Miller
ca. 230 Seiten, Kt., ca. DM 42,80
ISBN 3-927809-23-3
Best.-Nr. 24

Zweierlei Glück
Die systemische Psychotherapie Bert Hellingers
Gunthard Weber (Hrsg.)
322 Seiten, Geb., DM 46,–
ISBN 3-927809-19-5
Best.-Nr. 20

Systemische Perspektiven
Interdisziplinäre Beiträge zu Theorie und Praxis
Karl W. Kratky (Hrsg.)
Reihe: Systemische Perspektiven
360 Seiten, Kt., DM 38,–
ISBN 3-927809-09-8
Best.-Nr. 9

Respektlosigkeit
Eine Überlebensstrategie für Therapeuten
Gianfranco Cecchin
Gerry Lane/Wendel A. Ray
109 Seiten, Kt., DM 24,80
ISBN 3-927809-24-1
Best.-Nr. 25

Rituale
Rituale in Familien und Familientherapie
Evan Imber-Black/Janine Roberts
Richard A. Whiting
ca. 420 Seiten, Kt., DM 56,–
ISBN 3-927809-13-6
Best.-Nr. 18

Autopoiesis
Eine Theorie im Brennpunkt der Kritik
Hans Rudi Fischer (Hrsg.)
2. Auflage 1992; Reihe: Systemische Perspektiven
322 Seiten, Kt., DM 48,–
ISBN 3-927809-07-1
Best.-Nr. 8

Nietzsche, Hölderlin und das Verrückte
Systemische Exkurse
Helm Stierlin
182 Seiten, Kt., DM 36,–
ISBN 3-927809-10-1
Best.- Nr. 12

Vorankündigung

Die Fragen des Beobachters
Schritte zu einer Kybernetik zweiter Ordnung in der systemischen Therapie
Karl Tomm
ca. 230 Seiten, Kt., ca. DM 39,80
ISBN 3-927809-22-5
Best.-Nr. 23

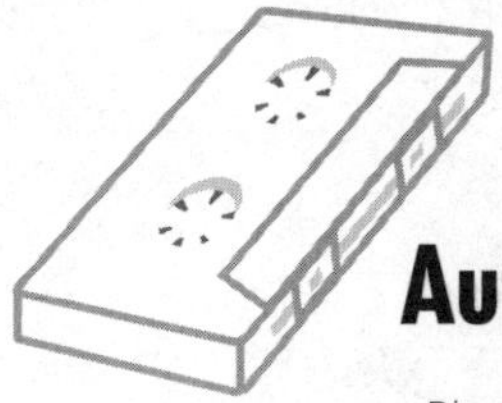

Aus dem Programm der Autobahnuniversität

Dieses Programm bietet Vorlesungen, Vorträge und Seminare aus Theorie und Praxis auf Audiocassetten.

Radikale Marktwirschaft
A. Janes (C/O/N/E/C/T/A-Organisationsberatung)
Vortrag 1992
1 Cassette, DM 19,80
Best. Nr. 2457

Nützliche Spielregeln zur Nicht-Veränderung in Organisationen
H. Allabauer (ÖSB – Unternehmensberatung)
Vortrag 1992, 1 Cassette, DM 19,80
Best. Nr. 2458

Systeme, systemische Perspektiven, professionelle Rollen und Menschen –
Ein Integrationsmodell
Bernd Schmid (ISB – Institut für systemische Beratung)
Vortrag 1992, 1 Cassette, DM 19,80
Best. Nr. 2459

Komplexität und die Steuerung professionellen Handelns in der Organisationsberatung
Bernd Schmid (ISB – Institut für systemische Beratung)
Workshop 1992,
3 Cassetten, DM 46,–
Best. Nr. 2461

Wem nützt systemisch?
Christof Schmitz
(ASK-Beratungs-AG)
Vortrag 1992, 1 Cassette, DM 19,80
Best. Nr. 2460

Ökologie und systemisches Management
Fritjof Capra/Roswita Königswieser
Vortrag 1991, 2 Cassetten, DM 29,–
Best. Nr. 2037

Trance-Phänomene in größeren Organisationen
Gunther Schmidt
Workshop 1991,
3 Cassetten, DM 46,–
Best. Nr. 2026

Wie (de-)konstruiere ich meinen Job?
Unverbindliche Phantasiereisen an den eigenen Arbeitsplatz
Jochen Schweitzer
2 Cassetten, DM 34,–
Best. Nr. 2426

Zu bestellen bei:
Carl-Auer-Systeme
Kussmaulstr. 10
D-69120 Heidelberg
Tel.: 06221/40 64 12
Fax: 06221/40 64 22